法律面对的人类形象

朱大鹏　著

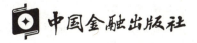

中国金融出版社

责任编辑：吕　楠
责任校对：刘　明
责任印制：丁淮宾

图书在版编目（CIP）数据

法律面对的人类形象（Falü Miandui de Renlei Xingxiang）/朱大鹏著．—北京：中国金融出版社，2013.3
ISBN 978 - 7 - 5049 - 6941 - 5

Ⅰ．①法…　Ⅱ．①朱…　Ⅲ．①法理学　Ⅳ．①D90

中国版本图书馆 CIP 数据核字（2013）第 075356 号

出版
发行　**中国金融出版社**

社址　北京市丰台区益泽路 2 号
市场开发部　（010）63266347，63805472，63439533（传真）
网 上 书 店　http://www.chinafph.com
　　　　　　（010）63286832，63365686（传真）
读者服务部　（010）66070833，62568380
邮编　100071
经销　新华书店
印刷　北京松源印刷有限公司
尺寸　169 毫米 × 239 毫米
印张　18.25
字数　320 千
版次　2013 年 3 月第 1 版
印次　2013 年 3 月第 1 次印刷
定价　35.00 元
ISBN 978 - 7 - 5049 - 6941 - 5/F.6501
如出现印装错误本社负责调换　联系电话(010)63263947

谨以此书献给我的妻子齐滢孜和我的女儿朱齐瑞萱。我深爱你们！

序　言

朱大鹏博士要将他四年前的博士论文出版成书，请我为该书写个序。作为该博士论文的指导教师，我当然是义不容辞。所以，在重读该博士论文和回顾指导过程的基础上，我欣然命笔。

对于社会科学而言，关于人的假设或者基本设想，是至关重要的。人类形象的问题，按照本书作者的观点，实际上也是关于人的假设或者基本设想，对于法律科学同样具有重要意义，所以，无论从法律规范的角度，还是从法律思想体系建设的角度，我们都应该重视法律面对人类形象的研究。因为，法律是人制定的，规范的对象又是人，还需要由人来遵守和实施。在一定意义和角度上讲，法律如同一面镜子。镜子是人制造的，又被人用来观察自己的形象。所以，如何使法律能够科学、客观、真实地反映人类的自身的形象，而不至于成为变形的"哈哈镜"，自然是法学特别是法理学应当予以关注和研究的。这也正是作者写作本书的理论和实际意义所在。

不仅如此，在以往的法学包括法理学的研究中，从个体的人的角度对于本学科进行人的假设或者基本设想，实际上是没有的，至少也是不够的。例如，经济学中有"经济人"的假设，政治学中有"政治人"的假设，有些社会科学还提出了比较综合性的"理性人"的假设，而法学领域使用的"法律人"的概念，却不是关于本学科研究的前提假设，而是指以法官、检察官和律师为主的一个群体，即所谓的法律职业共同体。可以说，本书以法律面对的人类形象为题，也有建立法学研究关于人的假设或者基本设想的意涵在内。从这一点讲，这也是本书的创新之处和填补学术研究空白的意义所在。

需要指出的是，正如本书后记中所言，作者在本科学习的是金融专业，但是一直对法学、社会学、心理学和人类学等人文社会科学情有独钟。而在师从我的八年（硕士研究生两年、博士研究生六年）学习期间，作者又一直坚持从经济学、社会学、心理学和人类学的角度，对法律面对的人类形象加以探索。例如，作者的硕士论文《论法哲学的逻辑起点——人性分析》，就是与法律面对的人类形象有关的。所以可以说，本书是作者长期的、综合的、深入的研究成果。

在本书中，作者认为，法律面对的人类形象，是指法律所要约束、保护、制裁的人的普遍的代表性特征，或作为法律工作对象的人的普遍的代表性特征。作者从人的一般需要、心理模式和社会行为模式三个方向，从人的一般需要、人的有限理性和有限意志、人的心理模式和行为决策模式、人的群体互惠和攻击、纠纷中的人类形象等五个部分，描绘了法律所面对的人类形象。人的一般需要，是人类形象的基础和根本；人的心理模式，是人类形象的躯干和中枢；人的社会行为模式，是人类形象的外在表现。这是很有探索性的研究，值得肯定。

在本书中，作者认为，人的一般需要是法律规制的目标和出发点。人的一般需要是人类形象的基础，包括公理层次、定理层次、倾向性层次三个方面。作者认为，人的一般需要是法哲学的逻辑起点和法律矛盾决策的最后依据。偏离的需要是违法和犯罪的起源性原因，法律惩罚就是对违法者某些需要的剥夺或限制，也是对受害人某些需要的满足。设计法律制度应充分把握人的需要。这样客观分析人的需要，并与法律规制紧密联系起来，是很有价值的。

在本书中，作者认为，人是有限理性和有限意志的，并深受感情影响，这是法律面对的人类形象的重要特征。人的认知能力是有限的，并随着年龄、教育和社会环境的变化而变化，这就决定了人的理性无论如何都是有限的。而且，人是具有偏见倾向的，常在司法领域导致严重的后果，这同样证明了人的理性是有限的。人是在理性有限的条件下，追求功利，并在自己认可的理性选择下作出决策的。人的意志力也是有限的，这是由于人的习惯、欲望、多重自我、情绪失控等因素决定的。人又是有着合理的自我控制的，自我控制是人守法或违法的重要内部控制力量。人是深受感情影响的，人的决策和行为易受感情影响，例如激情犯罪就是在强烈感情刺激下发生的。人的基本感情是愤怒、恐惧和快乐，这三类感情均与法律规制密切相关。报应和法律惩罚有着深刻的感情基础：在法律惩罚方面，愤怒是其心理基础，同时，快乐的感情也发挥着作用；恐惧是法律发挥威慑和规制作用的心理基础。认知对于人的行为有着重要作用，而人的认知能力决定了其意思能力和责任能力。制定刑事政策，应该是以对人类社会犯罪问题的整体性认识为前提，而这一认识离不开对人类形象的理解和把握。

从现实出发，来具体考察人的一般特征，具有重要的意义。因为，人是深受感情影响的，所以在法学研究和司法实践中，要给予人的感情因素足够的重视。这有利于我们更多地思考现实中的人：人是那么正确和完美的吗？在法律语境中，"以人为本"中的"人"，就应该是指人类形象。正是由于人是有限理性和有限意志的，警察、法官、检察官和陪审团成员也是如此，所以建立和完善司法容错机制是非常必要的。

在本书中，作者认为，人有着比较稳定的心理模式，它们是法律发挥作用的心理基础。个体的人的心理模式是由认知过程、情绪过程和意志过程组成的，每个过程都会出现偏差。这个心理模式就是法律所发挥作用的心理基础。人还有着共同的行为决策模式，行为信念、控制信念、成本—收益分析和行为意向是影响人的行为的主要因素。决策和归因思维是人行为的前导和后续。人倾向于用经济的方式来决策。人有归因思维的习惯，其在法律研究和实务中非常重要，归因是责任承担判断的前提，也与报复关系密切。人的归因是在有限理性条件下进行的，受到自我服务等偏见的影响。

从心理出发，来考察人的心理模式和行为决策模式，具有重要的法律实施的意义。在刑事、民事司法和社会法实践领域，心理科学已经有着越来越广泛的应用。比如，利用人的心理模式和行为模式来解释前些年发生的并在本书中有所论及的"马加爵案"，能更好地预防此类案件发生。

在本书中，作者认为，群体性、互惠和攻击倾向，这是法律发挥作用的重要社会条件。人是群体性动物，群体人不是个体人的简单相加。在某些或一定条件下，群体人决策可能比个人决策更缺少理性。人类具有互惠行为的倾向，在初民社会甚至有"强互惠"机制；信赖机制是互惠行为的前提。报复是互惠行为的一种。人具有攻击倾向，任何犯罪行为都可以理解为攻击行为。人的攻击行为有生理基础，也受心理因素、社会因素等影响。应该从攻击性的有关因素来控制攻击，而从儿童开始控制攻击更有效。成功的法律制度是以互惠为核心的，"给予—回报"互惠原则是人类公平感的基础，也是"所有法律的社会心理基础"。

从社会角度出发来探索人的一般特征，也是具有现实价值的。实际上，在法律调整过程，互惠关系是普遍存在的，例如辩诉交易就体现了互惠原则在法律中的应用。人是有攻击倾向的。警察或军人等特殊群体，在其社会角色职责履行过程中，有着更多不符合规制的攻击行为，所以一定要对执法人员有着严格的限制。

在本书中，作者还对纠纷中的人类形象进行了研究。构建和谐社会，需要更好地研究纠纷背后所隐藏的人类形象，而这一人类形象具有六个主要特征或六个主要方面，是构建所有纠纷有效解决机制最重要的基础。同时，提高司法裁判的可接受性，在一定意义上可以真正实现司法公正，也需要根据纠纷中人类形象的特征采取措施。

总之，本书的选题新颖、独特，具有较好的理论价值和现实意义，是一部上好的法理学著作。

中国人民大学法学院教授、博士生导师 朱力宇
2013 年 1 月 16 日

目　录

1

导　论

1.1　问题的提出

　　在每一种人类文化中，都有人类的纠纷和纠纷的解决机制。所有的法律体系都有着某些共同的特征，各个国家都会有大致相同的法律规则，比如都会禁止随便剥夺他人的生命、对于侵权者要给予适当的处罚等。即使是在那些没有纳入法律规范的习惯方面，各个民族也存在着大量相似的规则，比如与邻为善、子女尊重父母、父母照顾子女。现在世界各国的法律都禁止刑讯逼供，但在每一个国家，甚至在美国，刑讯逼供仍然存在。在这些共同现象的背后，是什么呢？我们可否寻找到一个清晰的原因，来解释这些共同的特征呢？

　　在各种文化中，从儿童开始，人们就会产生一些朴素的关于规则的观念：孩子们会说"这是我的玩具"、"我们一起来玩"，这种观念具有合同法的因素；"妈妈说过我可以……"这种观念具有宪法的因素。亚里士多德说过，"人类由于志趋善良而有所成就，成为最优良的动物，如果不讲礼法、违背正义，他就堕落为最恶劣的动物"。① 不同文化、不同宗教和民族的人，会产生激烈的冲突，但他们也能走到一起，达成协议并相互合作。这些现象的背后，是否存在着一种共同的理由？

　　我们在讨论一些法治的疑难问题时，比如权力是否要制约、如何更好地治理腐败，常常会追溯至人性等本原问题，希望从那里寻找到决策的依据。对法律科学和司法实践而言，人性无疑是一个非常重要的本原问题，我们如何来考

---

① ［古希腊］亚里士多德：《政治学》，吴寿彭译，9 页，北京，商务印书馆，1965。

察人性，科学地认识人性在法律制度中的作用呢？我们在研究每个人如何作出与法律相关的决策时，需要考虑如下问题：人是充分理性的，还是有限理性的？是受感情影响，还是不受感情影响呢？人是生物—心理—社会的综合体。通过抽象，我们是否可以得出人共同的心理模式，进而更加深入地理解人、认识人呢？单独的人和群体的人是显著不同的，法律既是针对"类人"的规定，最后又是由单个人来实施的。在思考法律相关问题时，群体人的本质特征有哪些呢？

各类社会科学在研究本源性问题时，最后都离不开对"人"或"人性"的研究；在开展研究前或在难以充分证明的情况下，需要对"人"作出各种各样的假设，如经济学理论中的"经济人"和"有限理性人"的假设，管理学中的"X理论"、"Y理论"、"复杂人"假设等。

从管理学的发展历程来看，经历了一个从忽略个人特征到关注个人特征的过程，并对管理实践产生了相应的影响。"当代组织社会学认为，组织的正式结构只提供了一个总的框架，在这个框架中，人们以高度个人的方式扮演其在科层制中的角色。没有组织的参加者，组织仅仅是一种抽象，不能真正存在。是人在创立、管理和改变着组织，人就是组织。"[1] 从社会控制的角度来说，社会本身也是由一个个的组织组成的，法律也是社会控制的一种重要手段，也可理解为一种社会管理方法，那么法律也是要高度关注个人特征的。

在法学领域，也已开展了一些研究，如刑法理论和民法理论都有这方面的研究。古典刑法理论提出了"刑法人"观念，刑事实证学派提出了"经验人"理论，民法中提出"理性人"理论等。古斯塔夫·拉德布鲁赫在《法律上的人》中这样说道："人类呈现的形象的变化是法律史上的'划时代'的变化。对于一个法律时代的风格而言，重要的莫过于对人的看法，它决定着法律的方向。"如何看待人、人性及人在社会生活中呈现的映像，对于立法者如何正当地制定法律、执法者如何正确地应用法律具有重要的意义。从法学理论的角度来研究"人"的成果还不够丰富。"在法学研究中，必须以'法律人'作为其核心假定。……它是在综合法律场中人的一般特性、行为取向之后所得出的人的'平均类型'。"[2] 笔者希望通过本书能够完成这一假设的研究工作，描绘出一个法律面对的人类形象，为法学理论研究提供一个可以参照的标准。

---

[1] 朱景文：《比较法社会学的框架和方法——法制化、本土化和全球化》，465页，北京，中国人民大学出版社，2001。

[2] 胡玉鸿：《法学方法论导论》，8页，济南，山东人民出版社，2002。

法律面对的人类形象，也就是法律所要约束、保护、制裁的人的一般性特征是什么，也可以理解为作为法律工作对象的人的一般性特征。在很多情况下，我们人类并不真的认识自己，尽管希腊古语早就强调"认识你自己"。但"本我"具有重要的意义，可以解释很多问题，也可以为一些问题找到解决思路。人类形象是一个价值判断的终极基准。比如，我们在讨论"什么是好的法律"、"法律为什么如此"等问题时，需要找到一个判断的基准，这个基准除了横向比较其他的社会、法律制度外，还需要一个终极的基准，这个终极的基准就是人类形象。人类形象也是法律规制的对象。假如我们是立法者，我们在立法的过程中，一定会思考这样一个问题：法律要约束、保护或是要制裁的对象是什么样的，怎么样才能达到立法的目标？

在法律实务中，关于人的基本知识是许多重要法律问题的解决依据。比如，关于"堕胎是否合法"的问题，我们通过对人生命的考察，就会发现，从胎儿的生命特征角度来看，堕胎是在扼杀生命；但从母亲的角度来看，胎儿的心理健康深受母亲情绪的影响，没有受到良好家庭和亲情教育的幼儿的成长会出现种种困难，母亲又是有权利选择堕胎的。再如，研究发现，某些犯罪倾向多少是带有一定遗传性的！如果我们认可这样的结论，就会对现在服刑人员的子女教育问题更加重视。还有，我们在对先民社会的考察过程中，发现先民社会的社会规则、宗教等具有特别重要的意义，我们就应该像保护人类非物质文化遗产一样来对其加以保护。所以，关于"人类形象"的研究并不是空洞的理论，不但有利于对法律意义和价值的理解，还有利于法律的实施。

与部门法已经有的"人"的研究相比，本书将站在法理学的角度，即站在一个整体法律体系的角度，汲取它们已有的研究成果，来考察法律面对的人类形象。这是一个新的、综合的视角。

1.2 什么是法律面对的人类形象

"人类形象"一词（对应的德文为 das Bild des Menschen，对应的英文为 human image），在本书中是这样被界定的：把人的整体作为被考察的对象，而总结或描绘出来的人的普遍的代表性特征。法律面对的人类形象，也就是法律所要约束、保护、制裁的人的普遍的代表性特征是什么，也可以理解为作为法律工作对象的人的普遍的代表性特征。这里的人是指自然人；普遍的代表性特征，是指大多数人都有的，同时是有代表性意义的特征。法律面对的人类形象，并不仅仅是法律规范静态面对的人类形象，还包括法律规范具体运用过程中动态面对的人类形象。

人既要支配外在的人和事物，也要被外在的人和事物支配。所以，人的主体性和客体性是辩证的统一。[1] 人是法的主体，法是由人制定和认可，并且由人来执行的。人同时也是法律关系的主体，在这一点上没有什么争论。人同时也是法的客体，原因在于人是受法保护、约束、制裁的对象。在人是否为法律关系的客体问题上，存在较多的争论。实际上，人既是社会实践的主体，又能够被认识、评价、规制，无论是自然人还是法人，都具有主体和客体的二重属性。只有突破狭隘的人类中心主义和"人非客体"的思想，我们才能够更好地认识人本身和客观世界。在本书中，人类形象就是作为法的客体出现的，就是法律所要约束、保护、制裁的对象；暂不考虑人作为法的主体所能发挥的作用。

与"法律面对的人类形象"类似的题目，国内学者的研究已有所涉及。龙晟认为，人类形象又称为人的形象或图像或类型，主要在于探讨法秩序中所设定的、所追求的理想的"人类形象"到底是什么。[2] 张恒山先生在《法理要论》一书中曾论述过法律所面对的人的行为特性，从主客体的角度对法律与人的行为之间的关系进行了论述，并认为法律所面对的人的行为就是法律所规范的个体行为等。谢海定在《法律世界中的人》演讲中提出，"法律世界中的人"是法理学研究的重要话题之一，是针对"法律如何抽象地界定人"、"法律中的人应当如何行为"、"法律如何设定和分配角色"等问题而引发的。[3]

描绘法律面对的人类形象的作用，与经济学、政治学中的"经济人"、"政治人"假设相类似，也与管理学中的"社会人"、"复杂人"的假设相类似，为法律科学的研究提供一些起点性的依据。对法律科学中的人进行研究，也是构建法律面对的人类形象的过程，就是构建法律科学中关于"人"的逻辑起点的过程；通过研究人在法律调整过程中的一般性需要、心理和社会行为等方面的特性，可以勾画出众多的普通人在特定法律场合的一般性特性和形象。

---

[1]　陆贵山：《人的客体性和主体性的统一和倾斜与文学》，载《求是学刊》，1998（1）。

[2]　龙晟：《论德国法律中的人类形象》，载《德国研究》，2007（1）。

[3]　该演讲是 2008 年 3 月 24 日在中国人民大学法学院进行的，资料来源于中国法理网（http：//www. jus. cn/ShowArticle. asp？ArticleID＝1988），2008－08－10。

1.2.1　人类形象就是从自然人的个体特征中抽象出一般性特征

对于人类形象的研究，实际也是一个"提取公因式"、获取"公约数"的过程，法律面对的人类形象是以所有自然人为基础的抽象，能够为法律科学提供一个进行判断和研究的前提。古斯塔夫·拉德布鲁赫在《法律上的人》中这样说道："不是要说法律如何评价人，也不是要说法律如何对人起作用或应当如何起作用；而是要谈法律如何想象（设想）人，如何打算对人起作用，法律采取什么方式对待人。本文题目不是关于现实中的人，而是关于人类形象（das Bild des Menschen），即呈现在法律上的、准备加以法律规定的人类形象。"①他也提出人的"公约数"对于法律具有特别重要的意义，"如果人的平等性概念没有处于这种社会类型的背景中，那么，它也就缺少了公约数，没有了这个公约数，比较和矫正、对正义的考量、司法乃至整个法律都是不可想象的"。②

从外延上说，"法律所面对的人"包括那些参与法律生活的普通民众，他们依存于法律、参与法律并受制于法律，也包括法官、律师、警察等法律从业人员，还包括法学研究、法学教育人员等。所以，简单地说，人就是对社会上参与法律生活的一般人的指称③。对于立法者而言，他们在制定法律的过程中，脑海中一定有了一个法律所规制对象的总体印象，比如，人们是会按照法律行事的，是惧怕违法犯罪的。对于法学评论家而言，他们在评价法律是否好的时候，常常会以是否违背人性、是否符合人权作为一个判断依据，人性和人权也是他们脑海中的人类形象。对于法官而言，也有对人的形象的考虑；对非一般人群，如同性恋者、少数民族的形象判断，会影响他们的判决。所以，"如何看待人、人性及人在社会生活中呈现的映像，对于立法者如何正当地制定法律，执法者如何正确地应用法律具有重要的意义"④。

1993 年，美国弗吉尼亚州的一个巡回法庭判决了沙龙·博特姆斯案。将女同性恋者沙龙·博特姆斯本人的孩子，判决给孩子的外祖母。福尔克指出七项未经核实的假设，正是这些假设引导法官作出裁决，把母亲的同性恋倾向看

---

① ［德］G. 拉德布鲁赫：《法律上的人》，舒国滢译，载《法大评论》，第 1 卷第 1 辑，2001 - 09。
② ［德］G. 拉德布鲁赫：《法哲学》，王朴译，133 页，北京，法律出版社，2005。
③ 胡玉鸿：《"法律人"建构论纲》，载《中国法学》，2006（5）。
④ 舒国滢、程春明：《西方法制的文化社会学解释框架》，载《政法论坛》，2001（4）。

做是违背儿童最大利益的因素。这些假设是：（1）同性恋和心理疾病有关；（2）同性恋妇女比异性恋妇女更不像母亲；（3）由同性恋母亲养育的儿童具有产生心理健康问题的危险；（4）由同性恋父母养育的儿童更可能遭受性骚扰；（5）同性恋母亲养育的儿童可能在建立清楚的性身份方面存在困难；（6）由同性恋父母养育的儿童比由异性恋父母养育的儿童更有可能成为同性恋者；（7）与同性恋母亲一起居住的儿童更容易受到别人的侮辱、嘲笑和排斥。但心理学家的研究表明，孩子在看护人为同性恋者的家庭中成长并没有遭受不良影响。①

胡玉鸿认为："在法学研究中，必须以'人'作为其核心假定。……它是在综合法律场中人的一般特性、行为取向之后所得出的人的'平均类型'。"② 这里提到的"人"的假设，笔者认为也就是构建一个"法律面对的人类形象"，构建一个法律科学的前提，类似于在不同的学科理论上已经存在各种不同的假设，例如有"经济人"假设、"理性人"假设、"社会人"假设、"政治人"假设等。"经济人"的假设来自于人的自私自利本性，"理性人"的假设来自于人的自私本性与意识本质，"社会人"的假设来自于人的交往本质，"政治人"的假设来自于人的群体性或类本质。那么，"法律面对的人类形象"是什么呢？这正是笔者希望通过本书来探索解决的问题。这一探索充满了困难，因为对于自身的认识是人类社会一直探求解决的问题。

这里所说的人，就是自然人。为什么是以自然人为基础呢？在法律主体中，自然人是不可再分的，是最基础的细胞。所有的拟制人——无论法人或社会团体，都是由自然人组成的，或者是通过自然人运行的。法人的本质不过是自然人实现结社自由的形式，是法律技术的拟制。也就是说，法律根据需要，规定相应的条件。符合相应条件的社会组织，就可获得相应的主体资格，成为某类法人。因此，法律上只是将"法人"视为"主体（或实体）"，并不是说法人真的就是自主自为的"实在"。霍奇逊这样说道："所有行为都是人的行为；在个体成员的行为被排除在外后，就不会有社会团体的存在和现实性。"③ 关于自然人与拟制人之间的关系，就如穆勒所说的，"人不会因聚集在一起就

①　[美] Lawrence S. Wrightsman：《司法心理学》，吴宗宪、林遐译，293 页，北京，中国轻工业出版社，2004。

②　胡玉鸿：《法学方法论导论》，8 页，济南，山东人民出版社，2002。

③　[英] 霍奇逊：《现代制度主义经济学宣言》，64 页，北京，北京大学出版社，1993。

变成了另一种物质——带有完全不同特征的物质"①。霍布斯在《利维坦》中进行了清楚的展现。

霍布斯理论的一切出发点就是"自然人"的观念，个人成为其政治学说和法律学说推演的基础。为什么必须由个人来开始对国家的研究呢？对于霍布斯而言，人们如要了解庞杂的事物，就必须首先考虑物质的最小微粒；人们如要认识国家形成和发展的过程，就必须通过物理学方法更深入地探求无限微小的东西。因此，对更大实体的解释，就需要了解其最小的构成部分，这就是"人"。所以说，"国家"既是一个观念上的抽象，也是一个实体上的存在。国家严格来说就是一个"人造的人"：主权是灵魂，官员是关节，赏罚是神经，资产是财富和实力，人民安全是事业，公平与法律是理智和意志，和睦是健康，动乱是疾病，内战是死亡。所以，国家就是个人在政治生活中的一种映像，国家的制造材料和它的创造者都是人。这样，对国家的解剖就可以从对个人的分析入手，最终得出国家的本质究竟是什么。也就是说，社会的最后和最初的因子均为个人，所以在方法论上，霍布斯的观念不外乎就是"个人既是对既成社会作减法计算时减到不可再减的基底性因素，又是由加法计算以重构一种社会时的初始性单元"。理解了个人就可以理解国家和社会；反过来说，如果忽视对个人的分析，那么有关国家与社会的理论只能是一种毫无根据的臆测。②

对于"法律面对的人类形象"的研究，就是要建构法律将对其发挥作用的，普遍、代表性的人的特性。虽然从单个个体的角度来看，每个人都以其个别性、独特性与他人差距甚远，也就是"习相远"，但就人类行为的总体倾向而言，存在着较多的一致性，也就是"性相近"。美国学者爱泼斯坦就明确指出："的确，所有个体，就自然天赋、个人志向、社会角色以及制度期待而言，是不同的。但是，他们在一点上都是相同的，这就是每一个个体都有需要，都想得到适当的满足，而且，想要更多的一些东西……这种'想要更多'的特性是普遍化的。不论是对贪得无厌的公司而言，还是对自私自利的个人而言，这种特性的可适用率都是同等的。"③ 这表明，无论生活于何时、何地，人们作为同类的物种都有着某些固定不变的特性，即有"想要更多"的欲望。

除了上述欲望，人类在情感等心理特征上还具有常态与固定的属性。休谟

---

① 陈兴良：《刑法的人性基础》，22 页，北京，中国人民大学出版社，2006。
② 胡玉鸿：《"法律人"建构论纲》，载《中国法学》，2006（5）。
③ 胡玉鸿：《"法律人"建构论纲》，载《中国法学》，2006（5）。

指出："显而易见，自然在一切人之间保持了一种很大的类似关系；我们在别人方面所观察到的任何情感或原则，我们也都可以在某种程度上在自身发现与之平行的情感或原则。……各个部分虽然千差万别，而期间仍然保持着一种很显著的类似关系；这种类似关系，对于我们体会别人的情绪而欣然立即加以接受，一定大有帮助。"① 显然，"类似"有利于人与人之间情感的交流，正是从这一观念出发，休谟将"同情心"作为人性一致性的显著表现。

在社会行为方面，正常的人也是具有固定的倾向或属性的。人类由于个人利益而生活于冲突与合作之中，经常被认为是属于不同的类别或团体的成员，常常需要为自己的行为寻找理由，会产生从众行为，自觉或不自觉地有着各种各样的偏见，既有利他的行为也有攻击的行为。人类常常在社会的互动中根据互惠原则行事。在制定和执行法律的过程中，这些倾向或属性是必须要予以重视的。

1.2.2　法律面对的人类形象由人的一般需要、人的心理模式和人的社会行为模式组成

在本书中，法律面对的人类形象由三部分组成：人的一般需要，这是人类形象的基础和根本；人的心理模式，这是人类形象的躯干和中枢；人的社会行为模式，这是人类形象的最终外在表现。② 具体如图 1-1 所示。

由于"法律生活是一种综合的生活，因而，法律上拟制的人也就是一种综合的人"③。奥地利学者菲尔德罗斯认为，"如果自然法是与人的本质相符合的构成物，那么自然法就不允许以各个单一的人性为前提，而必须对人作整体性考察"。他针对人的不同属性构造出一种复杂的、整体的人的形象：作为生物学上存在的人、作为社会存在的人、作为独立存在的人、作为历史存在的

---

① 休谟：《人性论》，关文运译，郑之骧校，354 页，北京，商务印书馆，1980。
② 舒国滢、程春明也将人类形象划分为三个层次。如果借用所谓"分层思考"（Schichtgedanken）的图式，我们可以把上述有关人的想象化约为一个"人类分层构造"（Schichtaufbau des Menschen）的观点：人实际上生存于多种秩序之中——人是自然的存在物（生物学意义上的"人"，Mensch），他具有动物的生命本性，遵循着体现某些动物本能的规律性；人是社会的存在体（社会关系意义上的"人"，具有"类本质"的人，Gattung，或者 Menschen），其具有社会（关系）的属性；人是制度—规范的存在体（社会规范赋予人意义上的"人"——"人格体"或"主体"，Person，Subject），他具有抽象的人格属性。——参见舒国滢、程春明：《西方法制的文化社会学解释框架》，载《政法论坛》，2001（4）。
③ 胡玉鸿：《"个人"的法哲学叙述》，46 页，济南，山东人民出版社，2008。

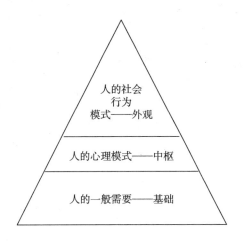

图 1-1　法律面对的人类形象的组成

人、作为超经验存在的人、作为文化存在的人。① 拉德布鲁赫曾说道："按照施普朗格的观点，法律之人不是一个简单的结构，而是一个复合的形象，一个社会结构与理论结构的混合形式。我们在法律之人的生活方式中也看到了一复合形象，因为涉及该生活方式的法律理念也表现为一个复合的形式，是正义、合目的性与法的安定性的合三为一。"② 所以，法律面对的人类形象应该是一种综合或复合的形象。

从社会学的思维方法来看，整体性思维是一个基本的思维方法。当个人作为研究对象时，社会学的注意中心通常并不是个人，而是个人的动机模式、人格特征和主观取向，特别是个人的行为或社会行动。③ 社会学家涂尔干、莫斯等均倡导社会的总体性，强调对总体性社会事实的研究。社会学的原则与宗旨，就是要洞察整个群体及其总体行为。社会学作为研究人的学问就必须回归"完整的人"，必须回归"总体性社会事实"，对有着身体和灵魂、生理与心理的"完整的人"进行研究。④ 本书较多地借用了社会学的研究方法和成果，认为对个人的考察也应该是整体性的考察，而每个自然人都是一个生理—心理—社会的综合体，人在生理、心理和社会等方面有着复合的特征。从现实中自然人抽象出来的"法律人"，也应该充分考虑到相关的方面。

① 胡玉鸿：《"个人"的法哲学叙述》，46～48 页，济南，山东人民出版社，2008。
② 胡玉鸿：《"个人"的法哲学叙述》，48～49 页，济南，山东人民出版社，2008。
③ 胡平仁：《法社会学的思维方式》，载《法制与社会发展》，2006（6）。
④ 荀丽丽：《"礼物"作为"总体性社会事实"——读马塞尔·莫斯的〈礼物〉》，载《社会学研究》，2005（6）。

在本书中，提出法律面对的人类形象由人的一般需要、人的心理模式和人的社会行为模式三部分组成，主要是出于下列考虑：

第一，有的学者认为，"法哲学的基本问题应当是法学的基本矛盾或根本矛盾。法学的基本矛盾就是权利和义务的矛盾……说明了权利和义务及其相互关系是法哲学的基本问题"①。对于权利，吕世伦、文正邦是这样认为的："所谓权利，实际上就是人们为了满足一定的需要，获求一定的利益而采取一定行为的资格和可能性。"② 权利来自哪里呢？权利来自于人的需求。因为人有种种需求，有种种利益，需要权利来满足需求和利益。人的需求和利益是权利存在的前提。如果人没有需求和利益，就不需要权利了。所以，人的需要是人非常重要的组成部分，既是权利的起源，又是行为的动机，是人类形象中最基础的部分。

第二，"法律是建立在对人类的典型性行为的一般化了的心理假设基础之上的。另外，立法者在颁布法律时也抱有这样一种期望，即这些行为会被大众普遍遵从"③。这就要求我们在研究法律面对的人类形象时，必须要研究人的心理。"人的行为是受内在的思维机制所控制驱动的。"④ 现实中的人在行为之前，必定经过一个心理过程。这个心理过程可抽象为人的心理模式和行为决策模式。任何法律规范发挥作用，都离不开个体人对法律规范的认识、判断，也必须经过心理模式才能发挥作用。社会学家莫斯指出，对行动的所有研究与观察都应该是总体的，而不是分解为各种官能。我们要向心理学家学习。我们所观察的是作为完整而复杂的存在的人，是他们的特定数量的完整而复杂的反应。我们所描述的是有肌体、有心灵的人，是这样的人群的行为和与之相对应的心态：是群众或有组织的社会或其次群体的情感、观念和意志。⑤

第三，法律作为人类社会最规范的规则体系，其对象是人类的行为。有的学者认为，法哲学的逻辑起点应是行为，"应该以'行为'作为法哲学的逻辑起点"，其根据在于"'行为'无疑是最抽象最简单的概念……又萌芽形态地包含着法这一概念的种种要素于其内"⑥。"法学若要弄懂法律，就必须首先弄

---

① 张文显：《法哲学范畴研究》，325~326 页，北京，中国政法大学出版社，2001。

② 吕世伦、文正邦：《法哲学论》，544~546 页，北京，中国人民大学出版社，1999。

③ 胡玉鸿：《"法律人"建构论纲》，载《中国法学》，2006（5）。

④ 胡玉鸿：《"法律人"建构论纲》，载《中国法学》，2006（5）。

⑤ 荀丽丽：《"礼物"作为"总体性社会事实"——读马塞尔·莫斯的〈礼物〉》，载《社会学研究》，2005（6）。

⑥ 吕世伦、文正邦：《法哲学论》，111~115 页，北京，中国人民大学出版社，1999。

懂人的行为以及与人的行为规律相关的问题。"① 从法产生的根源来看,人在初民社会就产生了这样的行为取向:"向其同伴的行为看齐,取悦与其每日相处的同伴以及被后者所取悦的欲望。这种倾向极为简单,却绝对是一切社会动物的指导规则。它是一切法律的基础。"② 人的社会本性决定了法律存在的必然性。所以,法律面对的人类形象之中,必须包括行为方面的内容;同时,法律只对具有涉他性的行为进行规范或控制,所以,纳入人类形象中的行为应该是个体的社会行为。

人类形象的三个组成部分之间有着密切的逻辑关系。人的一般需要是人最基础、最核心的部分,是整个人类形象的基础,而各个需要则是人类形象中不可再分的细胞。人的一般需要涵盖人的生理、心理和社会等方面,比如性需要,既是人的生理需要,同时也是心理需要和社会需要,也是一种心理活动和社会行为;群体性的需要,也是人的生理、心理和社会需要的综合,更是一种丰富的社会行为。任何需要的满足,都是对生理需要和心理需要的满足,同时也会演变为一种社会行为,因为所有的人都是生活在社会之中的。

人的心理模式则是人类形象的中枢,连接着人的一般需要和人的社会行为模式。法是调整人们行为的规则,而人的行为同人的心理活动是不可分的,因而法学与心理学也必然具有密切的联系。心理学对于法学具有重要的作用,借用这样一句话,"心理学对经济学就似乎像神一样——是道路、动机、指导、起源和终点"③;与经济学一样,心理学对法学就是道路、动机、指导、起源和终点。这是因为,首先,人的一般需要首先是"感觉缺少点什么"的一种心理状态,没有这种状态就不会有人的一般需要。其次,人的心理模式是人行为之前的前置模式,所有的行为都是在心理活动之后产生的,即使是下意识的行为也是人的心理模式的输出结果,只不过这种输出结果是在人的心理模式长期影响下产生的。

人的社会行为模式是人类形象的外观和最后的结果。毋庸置疑,人是社会人,人只有生活在社会中才能是真正的人。法律主要是规制法律行为的,而法律行为的背后是人的社会行为模式,所以人的社会行为是法律面对的人类形象的重要组成部分,可将其视为外观。

① 张恒山:《法理要论》,1 页,北京,北京大学出版社,2002。
② 胡玉鸿:《个人社会性的法理分析》,载《法制与社会发展》,2008(1)。
③ 饶育蕾、张轮:《行为金融学》,5 页,上海,复旦大学出版社,2005。

1.3   人类形象对法学具有重要意义

有的学者认为："任何法律制度总是有意无意地仰赖一种法学理论，而任何法学理论又总是仰赖关于人的理论。"① 建设法学理论、设计法律规范和法的实施，都离不开对人的研究，因为人既是法的主体又是法律规制的对象。法学又是一门实践科学，法的实施过程会受到各种社会因素的影响，也是离不开对人的研究。总之，人类形象对法学具有重要的意义。

1.3.1   从建设法律思想体系的角度而言，应关注对人的研究

就任何一个成熟的法律思想体系而言，如果不是以"人的模式"作为逻辑起点，整个理论体系将难以成立。比如，霍布斯在《利维坦》中假定自然状态中人人相与为敌，专门利己，毫不利人；斯密的《国富论》把一个"经济人"作为基本理论前提，即唯利是图的个人是市场经济得以运作的基础；康德在《历史哲学》中提出，人与人之间的对抗，乃是社会历史发展的动力，即他所谓的"非社会的社会性"。这就再次说明了"人的模式"的建构对于法律思想体系的极端重要性。"以人为本"是马克思法哲学价值论中的核心思想，法律的发展要以人的本性、人的自由、人的权利和人的个体为本。② 笔者认为，应该将"人"的研究，作为法律科学的逻辑起点来看待。正如周永坤教授所说的，法学研究的"基本出发点只能是人性——人类的共同性"③。

拉德布鲁赫在《法律上的人》中这样说道："人类呈现的形象的变化是法律史上的'划时代'的变化。对于一个法律时代的风格而言，重要的莫过于对人的看法，它决定着法律的方向。"④ 也就是说，人的形象的变化能够决定法律的方向。比如，从近代到现代，民法上的人就经历了从"强而智"到"弱而愚"的变化，这一变化也导致了法律规定上的诸多变化。日本《分期付款贩卖法》允许消费者在七天的"冷却期"内撤销购买合同，这与以前合同法方面保护契约的规定是不同的。这样的规定是由于消费者常常会因为一时的

---

① 龙晟：《论德国法律中的人类形象》，载《德国研究》，2007（1）。
② 吕世伦、蔡宝刚：《"以人为本"的法哲学思考——马克思的理论阐释》，载《法学家》，2004（6）。
③ 周永坤：《法理学——全球视野》，313 页，北京，法律出版社，2000。
④ 胡玉鸿：《"法律人"建构论纲》，载《中国法学》，2006（5）。

冲动，而超出自己的支付能力购买分期还款的商品；而商品销售方又处于一个比较强势的地位，为了公平的目的，才有了看似违背合同法的规定。

在宪法领域，在对人类形象不同认识的基础上，也会产生不同的法律思想。公共选择理论代表人物詹姆斯·布坎南指出："要在宪法经济学中引入人的经济学……政治学者已把下面这一点当做一个原理，即在设计任何政治制度及对宪法确定若干检查和控制条款时，每个人必须被当做一个无赖，他的所有行为除了追求私利外，别无其他目的。"① 基于这样的人类形象，就会在设计政治制度时采取诸多防范措施，防止那些"无赖之人"为追求私利而滥用政治权力。

考察一下美国宪法中关于人类形象的描述。根据美国学者奥斯特罗姆对《联邦党人文集》② 的解读，美国宪法的制定立足于以下几个基本假设：（1）在政治制度设计中个人是基本的考虑单位；（2）个人是自利的，会努力强化自己的相对优势；（3）人具有学习的能力，也有犯错的可能性；（4）理性和正义的条件、社会组织条件取决于某种形式的政治秩序。这四个假设的前三个实际上都是有关"人的模式"建构问题：第一个假设预定了个人是最基本的价值单位；第二个假设从人性角度出发，将自利作为人的特有本性；第三个假设则是从理性的角度来分析人的能力问题。这样，就确认了宪法所要赋予权利和规定义务的"人"的特质——人是自利的、具有学习能力又是有限理性的。而在美国宪法（包括《独立宣言》以及作为宪法修正案的《权利法案》）中，对个人权利的保护以及对国家权力的防范，都明显地体现了上述假定。③

所以，我们只有对隐藏在纷杂法律现象、条文背后的"人性"及"人"的形象有了清晰的把握，才能真正理解什么是好的法律、法律为什么如此等问题。我们应该穿透纷繁规则的表象，解构支撑每一个具体规则的人学依据，为法律科学尤其是法理学的持续发展奠定一个坚实的基础。人性的判断和论证常常具有抽象意义，而法律面对的人类形象的描述则更是具有实证的意义。我们

---

① 布坎南：《宪法经济学》，中译文载《市场与公共秩序》，334 页，北京，三联书店，1996。
② 《联邦党人文集》被誉为美国宪法的"圣经"，是在美国 1787 年制宪会议后，为了推动新宪法能够在 13 个州的多数获得批准，而由拥护新宪法的联邦派汉密尔顿、杰伊和麦迪逊等人，从 1787 年 10 月 27 日开始到次年 5 月 28 日在纽约《独立日报》、《纽约邮报》、《每日广告报》等报纸上发表一系列文章，共 85 篇，这些文章后来结集为《联邦党人文集》。
③ 胡玉鸿：《"个人"的法哲学叙述》，23 页，济南，山东人民出版社，2008。

希望知道，当立法者在讨论所立法律条款时，他们脑海里是否已经有了一些关于人的基本认识；这种认识是否科学、准确；是否对他们的立法活动产生了重要的影响；是否像斯密认为的那样，那些"在政府中掌权的人……似乎认为他能够像用手摆布一副棋盘中的各个棋子那样非常容易地摆布偌大一个社会中的各个成员；他并没有考虑到：棋盘上的棋子除了手摆布时的作用之外，不存在别的行动原则；但是，在人类社会这个大棋盘上每个棋子都有它自己的行动原则，它完全不同于立法机关可能选用来指导它的那种行动原则"①。

1.3.2   从设计法律规范的角度而言，应关注对人的研究

从实在法的角度而言，法律是一种规则体系，它以相关的行为模式及法律后果，设定了人们行为的方向及可能的法律责任。法的基本构成要素是规范、原则、概念和技术。法律规范作为法的要素之一，是一种高度发达的调整人类行为的规则体系。尽管有国家强制力作为实施的保障，法律所规范的仍是生活在社会中的人。查士丁尼在《法学总论》中这样写道："我们所适用的全部法律，或是关于人的法律，或是关于物的法律，或是关于诉讼的法律。首先考察人，因为如果不了解作为法律的对象的人，就不可能很好地了解法律。"②胡玉鸿教授认为，"法律是建立在对人类的典型性行为的一般化了的心理假设基础之上的。另外，立法者在颁布法律时也抱有这样一种期望，即这些行为会被大众普遍遵从"③。但美国新法律现实主义代表人物麦考利教授认为，"人，无论是单独或是集体行动，都不能期待他们在面对法律时被动地遵守"④。这样矛盾的看法，提示我们必须要对法律面对的人类形象进行深入研究：人到底会不会普遍、被动地遵从法律？如何让法律规范真正地发挥作用呢？我们在设计法律规范时，所要规制的对象将如何看待法律规范呢？

法对社会关系的调整，是通过法律规范进行的。法律规范通过规定一定的行为模式来指导人们的行为，但法律规范所规定的行为模式是否正确、科学，将对法的作用产生重大的影响。张恒山教授认为，"法学研究对象是法律，而法律规范的对象是人类的行为。法学若要弄懂法律，就必须要弄懂人的行为，和与人的行为规律相关的问题"⑤。法人类学家霍贝尔也认为，"法律是无法从

---

① ［英］亚当·斯密：《道德情操论》，蒋自强等译，302页，北京，商务印书馆，1997。
② ［罗马］查士丁尼：《法学总论》，张企泰译，11页，北京，商务印书馆，1989。
③ 胡玉鸿：《"法律人"建构论纲》，载《中国法学》，2006（5）。
④ 范愉：《新法律现实主义的勃兴与当代中国法学反思》，载《中国法学》，2006（4）。
⑤ 张恒山：《法理要论》，1页，北京，北京大学出版社，2002。

全部人类行为方式中截然分开的"①。也就是说，只有对人的行为进行深入的研究，才能更好地制定出调整人们行为的法律规范；而人的行为模式是人类形象的重要组成部分，对人类形象进行深入的研究有利于设计法律规范。法律规范是以人为核心的，对法律规范开展起点或核心性质的研究，毋庸置疑是离不开对人的高度关注的，也就是说应该从对人的研究开始。

考察一下法律规范是如何发挥作用的。法律规范采用了"假设＋处理＋法律后果"的模式。这一模式就是建立在完全理性人与自由意志人的理论预设之上的：因为人是完全理性的，那么他自然会在"合法行为＋失去违法所得＋不受惩罚"与"违法行为＋获得违法所得＋受到惩罚"之间作出理性的选择；因为人是意志自由的，如果他选择了违法行为，这个违法行为就是出于他的自由意志，那么他就要对这一自由选择负法律责任。那么人如果不是完全理性和完全意志的，又该怎么样呢？

尽管法律是对"类人"作出的规定，但法律得到真正的贯彻和遵守，是由单个人来实现的，所以我们从单个人的角度出发考察法律面对的人类形象，具有现实意义。"法律不只是一整套规则，进行立法、判决、执法和立约的是活生生的人。它是分配权利与义务，并据以解决纷争，创造合作关系的活生生的程序。"②只有这些"活生生的人"真正地参与、遵守法律，法律才可能真正地发挥出作用，而不仅仅是"纸上的法律"。在法律实施的过程中，同样面临着这样的问题：法官、陪审员是否如我们设想的那样，如同公正的法律天平，作出的判决精准且理性。"对法社会学家来说，执法不是法律逻辑的自然推演，而与执法者的经验密切相关。正像霍姆斯所说的：'法的生命不是逻辑的，而是经验的'。"③ 所有这些，都需要在对"人"进行深入研究之后，才能获得更加全面和准确的答案。这正如学者所言的那样，"就政治理论而言，最伟大的经典思想家，并不是从法律规则出发，而是从思考人的动机和心理状态出发，来开始他们的研究工作的"④。

1.3.3 从法律实施效果的角度而言，应关注对人的研究

人类社会创制法律的目的在于调整社会关系，将统治阶级的意志转化为现

① ［美］霍贝尔：《原始人的法》，严存生等译，5 页，贵阳，贵州人民出版社，1992。

② ［美］霍贝尔：《原始人的法》，严存生等译，5 页，贵阳，贵州人民出版社，1992。

③ 朱景文：《比较法社会学的框架和方法——法制化、本土化和全球化》，395 页，北京，中国人民大学出版社，2001。

④ 胡玉鸿：《"法律人"建构论纲》，载《中国法学》，2006（5）。

实的关系。法的实施就是使法律规范的要求在社会生活中得以实现的过程。这一过程会受下列因素影响:

①国家的阶级本质;②法律法规等规范性文件反映统治阶级意志的程度;③现行法与社会生活,归根到底与经济发展相适应的程度;④国家机关活动中贯彻法治原则的程度;⑤社会成员的法律意识、法律文化水平①。

上述五个要素中,第二和第五个要素均是与人类形象密切相关的。我们必须要知道统治阶级的意志是什么样的,制定出来的法律才可能和其吻合,而统治阶级的意志也是人类形象的一个组成部分;社会成员的法律意识和法律文化水平,也是人类形象的一个组成部分。所以,人类形象对于法律的实施也具有重要的作用。

1. 在我国当前司法实践中,对人类形象的重视不够充分,不利于法律实施取得良好效果。在我国当前的司法实践中,由于对人类形象的关注度不够,存在着一些显著的缺陷,并影响了法律实施的效果。具体为:

①已提倡"以人为本"的法治理念,但对"人是什么样的"仍没有足够的关注,研究也不充分。党的十六届三中全会提出了坚持"以人为本,树立全面、协调、可持续的发展观"。法学界对于"以人为本"也开展了诸多的论述,如孙国华教授认为,"构建社会主义和谐社会的各项举措,都要以人为本,要以实现人的全面发展为目标"②。对于法律实施而言,"以人为本"就是要从人的特点或实际出发,把其当做法律制度安排和法律实施的根据。

但"人"的问题是"以人为本"的关键和要害,"人是谁,是什么样的",如果这个问题解决不好,"以人为本"的法治理念也难以得到落实。有的学者指出,"以人为本"中的"人",是指现实的人,即在社会中生活和活动着的人,有两层含义:一是指社会全体成员,二是指人民。③ 这样的定义还是过于抽象,缺乏具体的描绘,并不利于指导法的实施。所以,做好人类形象的研究,能够有效解决"人是什么样的"这一问题,能够更好地在法律实施过程中贯彻"以人为本"的精神。

②由于对人的认识不充分,对一些重要问题的解决方案,仍停留在"治

---

①　孙国华、朱景文主编:《法理学》,310~311页,北京,中国人民大学出版社,1999。

②　孙国华、张小军:《以人为本与法学研究范式》,载《河南省政法管理干部学院学报》,2007(5)。

③　陈志尚:《准确把握以人为本的科学内涵》,载《北京大学学报》,2005(2)。

标不治本"的层次。由于我们对具体、生动的人认识不充分，对于一些司法过程的顽症，如刑讯逼供等，认识的深度不够，仅停留于表面。刑讯逼供在各个国家都存在。除了有警察、检查人员素质不足，管理质量差等问题外，还有一些深层次的问题，比如功利主义理念（具体见本书 3.3.4 部分），比如社会角色的攻击倾向（具体见本书 6.4.3 部分）等。就像要废除死刑，需要首先废除我们对于死刑的看法一样，对于这类顽症，也要首先清理我们的理念，其次是设计新的制度。对于错案的认识，也没有考虑到人的有限理性、心理捷径所导致的偏见等因素，提出的建议也不够深入。在本书 4.4.3 部分，笔者分析了建立司法容错机制的必要性。

③由于对人的认识不深入，对司法技术层面的问题不够重视。与国际相比，我国的法律心理学、犯罪心理学的研究成果还不够丰富，新的研究领域和成果也较少。20 世纪 80 年代以来，美国法律社会心理学在陪审团、证人证言、公民对犯罪的态度等方面的研究取得了一些新成果。这些成果对于更好地实现法律实施、保证司法公正发挥了一定的作用。但目前我国对与法律相关的心理学、社会学方面的重要性认识不够，也缺乏一些司法技术。比如，建立在大量心理试验基础上的讯问技术、成熟的心理画像技术，针对群体性事件的应对原理等，都比较缺乏。在本书中，人类形象包括人的心理模式、社会行为模式这两个重要的组成部分。在确立了这样的人类形象之后，就有利于引导法学研究人员深入研究法律心理学和法律社会学，就能够逐步完善司法技术。

2. 更好地解决具体的法律问题，需要从现实的角度来考察人类形象。比如，在对人类生命权的保护中，认定人类胚胎的生命权、对其进行保护，都离不开对人类生命科学的考察。

在规定人类胚胎具有生命权的国家，几乎一致规定不满 14 天的胚胎（无论是体内胚胎还是体外胚胎）不享有生命权，而对 14 天以上的胚胎则明确加以保护。因此，即使在禁止堕胎的国家，在 14 天之前采取堕胎措施也是合法的。[①] 德国最高联邦宪法法院在关于堕胎判决的案例中认为"任何人"是指"每一个生命"而"生命至少在怀孕后的第十四日已经存在"。英国 1990 年制定的人类受孕与胚胎法明文规范胚胎研究，该法允许对 14 天内的受赠胚胎进行研究。[②]

为什么 14 天这么重要呢？以受孕 14 天作为一个胚胎是否享有生命权的条

---

① 高玉玲：《论胚胎的生命权保障》，载《山东科技大学学报》，2006（4）。
② 高玉玲：《论胚胎的生命权保障》，载《山东科技大学学报》，2006（4）。

件，就是建立在对人的生命考察基础之上的。胎儿的发育过程包括三个阶段。①在受精之后的 14 天是一个非常关键的时间点，此前受精卵仅在子宫腔内，形成了桑葚胚；此后受精卵进入子宫并与子宫紧密相连。这个时间点对法律上的规定也产生了重要的影响。

再比如，当我们讨论是否允许堕胎、是否对儿童权益进行保护等问题时，我们需要更加深刻、具体地了解妇女怀孕的情况、儿童成长对今后的影响等。如果立法者没有一个清晰的孕妇全景图、儿童全景图，就很难作出好的立法决策；如果法官没有这样的全景图，就很难作出好的判决。

孕妇有权决定堕胎吗？堕胎应该是母亲的一项权利，胎儿父亲可以参与这项权利，但应该由母亲行使最终的决定权。这也是将社会公共利益与个人意志结合的选择，虽然也导致胚胎的生命消失，但不构成侵权行为。如美国最重要的堕胎判决是 1973 年联邦最高法院作出的罗伊诉韦德案（Roe V. Wade）判决指出，为了保护妇女的隐私权，在胎儿具有存活力之前，妇女可以不问理由为何而决定堕胎。有的学者建议，赋予人胚胎相对的生命权，在他人故意或者重大过失造成胚胎死亡的情况下，属于请求权的竞合现象，即权利人（即孕妇或母亲）自身的权利与胚胎的生命权竞合，由权利人选择适用。②

为何及如何保障孕妇权益？保障孕妇的权益，就是在保障我们自己。有研究显示，孕期躯体暴力可以造成女性更大、更持久的躯体和心理伤害，可以导致早产、低体重儿、流产、死胎等。③创伤后应激障碍（Post - Traumatic Stress Disorder，PTSD）对人的影响可能延续十几年。所以，在对于孕妇的伤害案件

---

① 胎儿发展的阶段如下表所示：

阶段名称	时间段	主要发育特征
胚前期	受精后两周	受精卵到达子宫腔形成了桑葚胚，继续发展为胚泡后进入子宫，完成着床。
胎期	受精后第三周至第八周	胚胎迅速生长，所有主要的器官开始发展，很容易受到环境因素的伤害。在这个阶段的早期，是大脑最迅速发展的阶段。
胎儿期	受精后第三周至出生	胎儿逐渐长大，各器官、系统发育成型，部分器官出现一定的功能活动。第 16 周时，胎儿大约有 10 厘米长，神经细胞数量已与成人相同。这是胎儿走向成熟的重要一步。

② 高玉玲：《论胚胎的生命权保障》，载《山东科技大学学报》，2006（12）。

③ 黄国平：《女性服刑人员中精神创伤与创伤后应激障碍（PTSD）的关系以及 PTSD 的心理学、认知功能、神经生化研究》，博士论文，中南大学湘雅二医院，2006 - 06。

中，应将施害人明知对方为孕妇作为一个加重情节来考虑。

再比如，如何对罪犯子女进行教育和培养，也是一个非常重要的问题。1984年，萨诺夫·梅德尼克（Sarnoff A. Mednich）、小威廉·加布里埃利（William F. Gabrielli, Jr）和巴里·哈钦斯（Barry Hatchings）的研究[①]结果表明，生物遗传和环境都可能对犯罪行为产生实质影响，尤其是那些具有反社会人格特征的人，如果是在不良环境（如父母是犯罪人的家庭）中成长，将更容易出现犯罪行为。研究表明，人格[②]中约40%的变异可归因于遗传因素的作用，约35%的变异可归因于非共享环境经验的作用，约5%的可归因于共享环境经验的作用，其余的20%的则是测验误差的影响。

在我国的青少年犯罪中，第一高危人群就是"服刑人员子女"。《中华人民共和国监狱法》第十九条规定："罪犯不得携带子女在监内服刑。"罪犯的子女基本上由配偶或亲属抚养，但若父母均犯罪或一方犯罪而另一方不能抚养的，子女的教育将成为重要问题。目前，我国法律并没有明确规定谁应该抚养服刑人员的孩子，也没有具体政府部门对此进行监管。根据大连"爱在海边特殊儿童村"创办者潘芏和金宏伟的调查，服刑人员子女的10%左右有代养倾向。

但现在我国并没有法律上的明确规定，也没有要求具体部门来负责此项工作。所以，相关的决策者若了解人类犯罪的遗传问题，将会给予高度的重视，这有利于妥善地解决犯罪问题。

"认识你自己"是古希腊德尔斐神庙中的一句神谕，对于21世纪的人类来讲，仍具有重要的启发意义。认识自己，最深刻的莫过于认识自己所属的人类形象。我们只有不断地尝试，努力认识作为"他者"的人类形象，才能逐

---

① 该研究对1924—1947年丹麦国内所有非家庭收养的14427名养子女（其中男性6700名，女性7727名）的记录进行了调查，发表了《刑事判决中遗传的影响：从养子女同期群中获得的证据》（载《科学》，第224卷，891～894页）。该研究报告的主要结论为：

——在生父母的犯罪与他们被人收养的子女的犯罪之间，存在着一种联系，这种联系在慢性养子女犯罪人（Chronic Adoptee Offender）与犯罪的生父母之间特别明显；

——没有证据表明，生父母的犯罪类型与养子女的犯罪类型之间有联系；

——由犯罪的父母遗传的某些因素，增加了其子女犯罪的可能性，对慢性犯罪人（Chronic Offender）来说，情况尤其如此；

——生物学因素至少是一些犯罪行为的原因；

——生物学因素和它们与社会因素的相互作用，可能有助于我们理解犯罪行为的原因。

② 人格是一个人内在的心理生理系统的动力组织，决定着个人特有的思想和行为，包括动机、习惯性的思维方式和情感体验方式、稳定的信念和价值观等。

渐接近真相，为法学和司法奠定一个前提性的基础。

1.4　马克思"人的本质"思想与人类形象的关系

刘金国教授认为，"应该正确看待马克思主义理论在法学理论建设中的作用。……不能全盘否定马克思主义在法学理论研究中的作用和地位"[①]。马克思曾对"人的本质"问题进行了持续、广泛的研究，马克思"人的本质"思想对法学理论中如何看待人性有着重大的指导作用。本书对人类形象的研究，是在马克思"人的本质"思想基础上进行的，但根据研究目的，进行了相应的调整。

1.4.1　马克思"人的本质"思想

马克思关于"人的本质"思想经历了一个从唯心主义向唯物主义过渡的发展过程。

在早期，马克思是接受黑格尔唯心主义"人的本质"思想的。在博士论文中，马克思把人的本质理解为"自我意识"，他说："对神的存在的证明不外是对人的本质的自我意识存在的证明，对自我意识存在的逻辑说明，例如，本体论的证明。当我们思索'存在'的时候，什么存在是直接的呢？自我意识。"[②] 1842 年，在《莱茵报》时期，马克思开始抛弃黑格尔关于"人的本质是自我意识"的观点，更加突出和强调人的本质是"理性的自由"。[③] 从 1843 年开始，马克思从黑格尔唯心主义人的本质观，转向费尔巴哈唯物主义人的本质观，并最终形成了历史唯物主义的人的本质思想。

在 1843 年后，马克思关于"人的本质"的思想主要体现为四个认识：一是"人是人的最高本质"，二是"劳动或实践是人的本质"，三是"人的本质是一切社会关系的总和"，四是"人的需要即人的本质"。这四个认识是马克思在不同时期提出的，也体现出他关于人的本质的认识是一个逐渐深入和丰富的过程。

---

① 刘金国、刘双舟：《中国法理体系的演进及其启示》，载《政法论坛》（中国政法大学学报），2000（5）。
② 《马克思恩格斯全集》，第 40 卷，185 页，北京，人民出版社，1982。
③ 张友良：《从"史"论动态中探析马克思人的本质观》，载《传承》，2008（6）。

　　第一个认识，是马克思在 1843 年底至 1844 年 1 月写的《黑格尔法哲学批判导言》中提出的。这是马克思第一次用唯物主义思想提出关于"人的本质"的观点。他说道，"批判的武器当然不能代替武器的批判，物质力量只能用物质力量来摧毁；但是理论一经掌握群众，也会变成物质力量……对宗教的批判最后归结为人是人的最高本质这样一个学说……必须推翻那些使人成为受屈辱、被奴役、被遗弃和被蔑视的东西的一切关系"①。当时马克思的思想正处于已经接受了费尔巴哈的唯物主义，但又要有所突破的阶段，被看成是"超出费尔巴哈而进一步发展费尔巴哈"。马克思在此所指的人已不是费尔巴哈生物学意义上的抽象的人了，而是指人民群众、无产阶级。②

　　在《黑格尔法哲学批判导言》中，马克思还提出"现实的人"的概念。他指出："黑格尔却不把社会、团体、家庭等一般的法人理解为现实的经验的人的实现，而是理解为本身只抽象地包含着人格因素的现实的人。""黑格尔想使人的本质作为某种想象中的单一性来单独活动，而不是使人在其现实的人的存在活动。"③

　　第二个认识，是马克思在《1844 年经济学哲学手稿》中提出的。具体而言，是马克思在探讨人的劳动异化理论时得出来的。当时，在费尔巴哈关于人是自然的产物、人的本质可以理解为类的基础上，马克思提出，人可以改造自然，"劳动这种生命活动、这种生产生活本身对人说来，不过是满足他的需要即维持肉体生存需要的手段，生产生活本来就是类生活，这是产生生命的生活。一个种的全部特性、种的类特性就在于生命活动的性质，而人的类特性恰恰就是自由的自觉的活动"。人的类特性即人的本质，自由自觉活动即劳动。这一认识，提出了人的生命活动具有特有的方式，即实践或劳动。马克思指出，劳动是人的最基本的现实的活动，是人区别于动物的根本特征，作为人类的人的存在和本质上是由劳动决定的。马克思明确地把"工业看成人的本质力量的公开的展示"，"工业的历史和工业的已经生成的对象性的存在，是一本打开了的关于人的本质力量的书，是感性地摆在我们面前的人的心理学；对这种心理学人们至今还没有从它同人的本质联系，而总是仅仅从外在的有用性这

　　①　《马克思恩格斯选集》，第 1 卷，9 页，北京，人民出版社，1972。
　　②　王艳萍：《马克思早期关于人的本质的思想及其当代价值》，载《安徽农业大学学报（社会科学版）》，2007（7）。
　　③　《马克思恩格斯全集》，第 2 卷，292 页，北京，人民出版社，1956。

种关系来理解"①。

第三个认识，是马克思在 1844 年《关于费尔巴哈的提纲》中提出的。当时，这篇文章是马克思与费尔巴哈思想分道扬镳的标志。在提纲中，马克思对费尔巴哈的抽象的人、自然的人的观点进行了根本性的批判，提出了"人的本质并不是单个人所固有的抽象物。在其现实性上，它是一切社会关系的总和"②。作为主体的人的本质也必然为社会关系所决定并随社会关系的改变而改变。这是马克思对人的本质的认识的质的飞跃，是他经过长期而艰苦的研究和实践所得出的科学总结。在这个认识中，马克思强调人的本质只能被理解为"类"，理解为一种内在的、无声的、把许多个人自然地联系起来的普遍性。在所有的社会关系中，生产关系是主要的；在生产关系的基础上，人们进一步形成了复杂的社会交往。

第四个认识，是马克思在 1845—1846 年与恩格斯合著的《德意志意识形态》中提出的。马克思、恩格斯指出："在任何情况下，个人总是'从自己出发的'，但由于从他们彼此不需要发生任何联系这个意义上来说他们不是唯一的，由于他们的需要即他们的本性，以及他们求得满足的方式把他们联系起来（两性关系、交换、分工），所以他们必然要发生相互关系。"③ 马克思还强调："作为确定的人，现实的人，你就有规定，就有使命，就有任务，至于你是否意识到这一点，那都是无所谓的。这个任务是由于你的需要及其与现存世界的联系而产生的。"④ 也就是说，人的需要是将人与社会联系起来的纽带。在这里，马克思表达了两个含义：一是把需要看做是人进行物质生产的内在根据，认为需要是人的一种"内在的必然性"；二是把需要称为将个人和社会连接起来的纽带，认为需要是人的一种"天然必然性"。也就是说，人的需要即人的本质（本性）。马克思还认为，人的社会革命实践都是由人的需要决定和驱动的，"每一种革命的结果都是由这些关系决定的，是由需要决定的"⑤。马克思还批评不重视需要的思想，认为"人们已经习惯于以他们的思维而不是以他们的需要来解释他们的行为"⑥。

---

① 谭培文、陈新夏、吕世荣：《马克思主义经典著作选编与导读》，21 页，北京，人民出版社，2005。

② 《马克思恩格斯选集》，第 1 卷，18 页，北京，人民出版社，1972。

③ 《马克思恩格斯全集》，第 3 卷，514 页，北京，人民出版社，1972。

④ 《马克思恩格斯全集》，第 3 卷，329 页，北京，人民出版社，1960。

⑤ 《马克思恩格斯全集》，第 3 卷，436 页，北京，人民出版社，1960。

⑥ 《马克思恩格斯全集》，第 20 卷，510～517 页，北京，人民出版社，1960。

关于"人的需要是人的本质"这一认识，马克思在此前的其他著作中也有所提及。马克思在1844年《詹姆斯〈政治经济学原理〉一书摘要》中说道："我的劳动满足了人类的需要，从而物化了人的本质，又创造了另一个与人的本质的需要相符合的物品。"① 在此，马克思第一次提出了人的本质就是人的需要，而劳动是物化这一本质的手段。这也就反驳了关于人性即人区别于动物的特征在于劳动的观点：劳动是人区别于动物的特征，但它不是人的本性。

从上文可以看到，马克思关于"人的本质"的思想是由多个命题组成的，主要是："劳动或实践是人的本质"，"人的本质是一切社会关系的总和"，"人的需要即人的本质"。马克思关于"人的本质"的思想，也是发展变化的，经历了一个从早期黑格尔唯心主义到费尔巴哈的人本主义，最后到历史唯物主义的漫长历程。这也为后人提出了一个难题：马克思到底是怎么来认识人的本质的。

由于马克思在经典著作中提出了不同的"人的本质"认识，在马克思所认可的"人的本质是什么"这一问题上，后人产生了多种观点。从大类上来看，分为单一本质论和综合本质论两大类。

单一本质论，就是认为马克思曾提出的某一认识就是人的本质。如赵磊认为，"马克思对人性的把握最终归结为实践"②，人的本质就是实践或劳动；叶传星认为，"人的需要就是人的本性"③

综合本质论，就是将马克思所提出的几个认识综合起来，得出关于人的本质的结论。如有的学者认为，可将马克思的三个认识综合起来，认为"人的本质可以界定为：人基于某种需要在一定的社会关系中、在所从事的实践活动过程中不断生成的历史存在物，即为我的、自觉的、社会性的实践活动过程中的生成物"④。也有人认为，人的本质就是实践或劳动，与"人的本质是一切社会关系的总和"基本上是一致的，"人的劳动从来就是一种社会活动，只有在各种社会关系中方能实现。正因为如此，现实人的现实的本质，就表现在或存在于各种社会关系的总和中"⑤。

① 《马克思恩格斯全集》，第2卷，37页，北京，人民出版社，1972。
② 赵磊：《马克思对人性的把握最终归结为实践》，载《光明日报》，2006-06-26。
③ 叶传星：《论法治的人性基础》，载《天津社会科学》，1997（2）。
④ 余永跃、陈曙光：《马克思"人的本质"思想解读》，载《光明日报》，2006-06-26（9）。
⑤ "人的本质是一切社会关系的总和"，中国社会科学院网站，马克思主义研究网，http://myy.cass.cn/file/200512123046.html，2008-09-21。

刘金国教授认为，在法学理论的建设中，"要坚持真正的马克思主义，尤其是要坚持实事求是的思想路线，不能把马克思主义当做教条。马克思主义的普遍原理必须和中国的法制实践相结合，要坚决反对不加分析批判地照搬诸如维辛斯基的所谓的马克思主义"①。所以，我们应该既坚持马克思关于"人的本质"的科学论断，又不能僵化、教条。笔者认为，就马克思的"人的本质"思想而言，一个合理的综合本质论是比较合适的结论。主要的理由在于：首先，马克思关于"人的本质"思想是一个逐渐发展的过程，既有早期的认识，也有其中期的认识；既有吸收费尔巴哈和黑格尔的科学合理学说的部分，也有扬弃他们错误理论的部分。所以，简单地认为马克思某一个具体的认识就代表了他关于"人的本质"的思想，难免有以偏赅全之嫌。其次，虽然马克思在不同阶段提出不同的认识，但这几个认识是存在内部的逻辑关系的，尤其是以马克思的科学理论为基础，是可以找到依据的。比如，人的需要是人劳动和交换的动力，人的劳动又改造了人本身，人的劳动也实现了人与人之间的社会关系。也有的学者认为，"在现实的人身上，实践活动是内容，社会关系是形式，人的需要是动力。只有正确地理解三者之间的内在联系，从三者相统一的基础上进行考察，才能全面把握人的本质"②。

因此，笔者比较倾向于余永跃、陈曙光的观点，"人的本质可以界定为：人基于某种需要在一定的社会关系中、在所从事的实践活动过程中不断生成的历史存在物，即为我的、自觉的、社会性的实践活动过程中的生成物"③。

1.4.2   马克思"人的本质"思想与人类形象的关系

马克思"人的本质"思想与本书阐述的人类形象关系密切，但又有所区别。"人的本质"首先是对人的根本特征的高度抽象，许多关于人的本质的论断甚至只有一句话。人类形象这一词语，是指人的一般性特征，它与人的本质具有较高的重合性；但不同之处在于，人类形象更倾向于描绘人的一般性特征，是对人的一般性特征的综合。也就是说，对人类形象的研究是将人的各种

---

① 刘金国、刘双舟：《中国法理体系的演进及其启示》，载《政法论坛》（中国政法大学学报），2000（5）。

② 余永跃、陈曙光：《马克思"人的本质"思想解读》，载《光明日报》，2006 - 07 - 06。

③ 余永跃、陈曙光：《马克思"人的本质"思想解读》，载《光明日报》，2006 - 07 - 06。

重要特征综合起来、将抽象与具体紧密结合起来的研究过程。

1. 马克思"人的本质"思想和人类形象都是由多部分组成的复合体。马克思关于"人的本质"的思想是由需要、实践或劳动、社会关系等组成的，也是一个多重的组合。在本书中，人的本质也是与人类形象密切相关的，甚至是基本等同的。在本书中，法律面对的人类形象是一个复合体，由人的一般需要、人的心理模式和人的社会行为三个部分组成，每个部分又具有一系列的特征，如人的一般需要由公理层次、定理层次和倾向性层次的需要组成、人具有稳定的心理模式和行为决策模式等。

2. 马克思"人的本质"思想和人类形象组成部分之间存在着较好的吻合性。马克思"人的本质"思想认为，人的本质是由人的需要、人的劳动或实践、人的社会关系等部分组成的，其中的逻辑关系为：人的需要→人的劳动或实践→人的社会关系等。本书中人类形象是由人的一般需要、人的心理模式和人的社会行为三个部分组成的，其中只有一个组成部分是不同的，这三个部分的逻辑关系为：人的一般需要→人的心理模式→人的社会行为。

3. 马克思"人的本质"思想与人类形象的区别在于，在人的本质的组成部分方面，两者包括的内容是不同的：前者包括人的实践，而后者包括人的心理模式。在研究方法方面，马克思"人的本质"思想更多的是从具体到抽象的过程，更多的演绎推理；而本书关于人类形象的研究则是从具体到抽象再到具体的一个过程，更多的是应用综合的研究方法。上述区别的主要原因在于，研究目标是各不相同的，导致了考察人的侧重点有所区别，研究方法也不相同。马克思关于"人的本质"研究，主要是应用在法哲学、政治学方面，应用要求具有高度的抽象性，并不需要对人的心理模式的关注，现实主义、综合的研究方法也就显得不太重要；而本书关于人类形象的研究，主要是应用在法理学、司法实践方面，要求具有较强的现实应用性，需要关注个体人、群体人的心理模式，需要应用现实和综合的研究方法。

综上所述，本书的人类形象研究，是在马克思关于"人的本质"的思想基础上进行的，是与马克思主义科学思想基本一致的，并根据研究目的，进行了相应的调整。

1.5　"经济人"与"法律人"① 的比较分析

"经济人"的理论历史悠久，且得到了广泛的应用。为了避免将"经济人"假设的相关内容、研究方法简单照搬到"法律人"（也就是法律面对的人类形象）研究中来，有必要对"经济人"和"法律人"进行比较分析，两者是有着显著区别的。

1.5.1　"经济人"假设及其发展变化

和其他社会科学一样，关于人的行为的假设是经济学理论建立的前提。"经济人"假设是西方主流经济学理论中一个最基本，也是最重要的假设前提。"经济人"是对现实中人的高度抽象，用一句话来概括，"经济人"就是具有自利动机和追求利益最大化的完全理性人。具体而言，自利是指人的经济行为只受个人利益的驱使，是为了追求个人效用最大化；完全理性是指人在行动时进行成本—收益分析，具有完备的知识和稳定的偏好，同时具有强大的计算能力。

斯密在《国富论》中以"经济人"假设作为其思想的立足点，第一次把个人谋求自身利益的动机和行为系统地、清晰地纳入经济学的分析框架中。边沁的功利主义对"经济人"思想的传播发挥了重要作用。"经济人"假设对经济学的发展产生了巨大的推动作用。其他的学科也受到了"经济人"假设的显著影响，比如管理学应用"经济人"假设，泰罗开创了早期的科学管理思想；社会学中的交换理论有关人性的假设之一也是"经济人"假设。

新古典经济学、新制度经济学、行为经济学等学派对"经济人"假设又有发展和创新。在新古典经济学中，"经济人"已经涵盖了所有的经济行为主体，"经济人"通过边际的方法实现收益的最大化，"经济人"利用成本—收益方法来实现方案的选择。针对"经济人"不能解释现实中人的缺点，新制度经济学家西蒙提出了"有限理性人"的观念，科斯提出了"交易费用不为零"的理念，进一步丰富了"经济人"理论。这就使得"经济人"的抽象更为接近现实生活中的人。20世纪50年代，行为经济学开始兴起。行为经济学以人

---

① 为了更好地与"经济人"这一称谓对比，笔者将法律面对的人类形象表述为"法律人"，在本书中"法律人"均为这一含义。

类行为作为基本研究对象，以现实为基础，把心理分析和经济运行规律相结合，通过观察与试验等方法，对个体和群体的经济行为特征进行研究。① 行为经济学认为，人并不是充分理性的，而是有限理性的；人并不只是追求利益的最大化，人还关注公平、互惠和社会地位等许多其他方面；在考察经济中的人时，除了关注人的利益、理性之外，还应关注人的认知、需要和情绪对经济行为的影响。

可见，"经济人"假设在经济学中的应用，和其他科学的发展一样，呈现出这样的规律：最先得到广泛使用的假设往往是内涵丰富而外延狭小的假设，之后是假设的内涵不断得到精练，外延不断扩大，理论适用范围越来越大，理论的解释力也越来越强。②

1.5.2 "经济人"假设与"法律人"假设的区别

"经济人"假设与"法律人"假设存在着显著的区别，这体现在研究范围、与意识形态的密切性等方面。

首先，经济学与法学在研究范围方面存在着显著区别。经济学是研究人类社会经济关系及其运行、发展规律的科学。经济活动是人们在一定的经济关系的前提下，进行生产、交换、分配、消费以及与之有密切关联的活动，目标乃是获得利益。在经济活动中，最核心的问题是以较少耗费取得较大效益。正如马歇尔所说："经济学之作为一种独立的科学存在的理由，就是因为它主要是研究人类活动中最为可衡量的动机所支配的那一部分；因而这一部分的活动就比其他部分较能接受有系统的推理和分析。"③

法学的研究范围较经济学更加宽泛。查士丁尼在《法学总论》中将法学定义为："法学是关于神和人的事物的知识；是关于正义和非正义的科学。"④同时，还定义"正义是给予每个人他应得的部分的这种坚定而恒久的愿望"⑤。法学包含了以法律为研究对象的所有知识体系。这一广博的知识体系中包括了法的理论知识、法律史知识、法律信息知识、适用法律的知识等。法学不仅是科学的知识体系，而且还是一门技术，技术的主要成分不是真假，也不是善恶，而是实用。对于法学来说，这个实用不是为任一法律主体所用，而是为追

① 刘敬伟、蒲勇健：《行为经济学中的公平互惠》，载《当代财经》，2008（4）。
② 邓春玲：《经济学中的人》，149页，东北财经大学劳动经济学专业博士论文，20005-04。
③ ［英］马歇尔：《经济学原理》，上卷，朱志泰译，58页，北京，商务印书馆，1997。
④ ［罗马］查士丁尼：《法学总论》，张企泰译，5页，北京，商务印书馆，1989。
⑤ ［罗马］查士丁尼：《法学总论》，张企泰译，5页，北京，商务印书馆，1989。

求正义、为实现公平所用。① 关于法学是否是一门像经济学那样的科学，则存在着一些争议。传统意义上科学的基本特征是可诉诸实验、可观察和可验证；卡尔·波普尔则说是可证伪。若按照这一标准，则法学在本体上是科学，但在价值规范等核心问题上不是科学；或者说，法学的本源精神论证不是严格意义上的科学，但是法学的应用性论证是科学。

其次，经济学、法学在与意识形态或价值观的关联程度方面，存在着显著的区别。"经济学家和律师都承认行为模式的存在。经济学家利用行为模式理论来预测人们对于参与某项活动成本和收益的认识所起的反应。同样，律师也认为法律通过规定或者许可某种行为模式来引导人的行为"②，也就是说经济学和法律都是受到意识形态倾向影响的。但实际上，法律的意识形态倾向更加鲜明，要保护什么、认可什么，都是有着明显的倾向并且是有利于统治阶级的。经济学中的价值观和假定则相对简单，程度也不是那么强烈。按照罗宾·保罗·麦乐怡的说法，"特定的意识形态观念倾向将推导出特定的结论，从而对法律具有巨大的暗示作用"③。

从以上论述可以发现，经济学与法学的研究对象有着显著的区别。经济学的研究对象——人类的经济行为，更具有可观察性和可衡量性。马歇尔在谈及把"经济人"作为经济分析的逻辑起点时指出："人们生活中最有系统的部分，通常就是他们谋生的那一部分了。凡从事任何一种职业的一切人的工作，都能被仔细观察，因而对这种工作就能作出一般的说明，并能用与其他的观察的结果作比较，来检验这种说明是否真实可靠。"④ 但法律活动与经济活动有着显著的区别，法律活动的涵盖范围更加广泛，运行的规律更加复杂，正如胡玉鸿教授所说："不同于经济生活、政治生活或宗教生活，法律生活是一个包含范围更广、涉及事项更多的领域。……法律生活是一种综合的生活。"⑤ 法学的研究对象是法律现象，包括法律规范、法的实施以及与其他学科的关系等，研究对象是非常庞杂且跨学科的。比如，造成人们遵守或违反法律的原因往往是复杂的，涉及许多经济、政治、社会、心理、历史和其他原因。在研究方法上，经济学和法学也有着显著的区别，经济学的研究方法包括实证分析和

---

① 周永坤：《法学的学科定位与法学方法》，载《法学论坛》，2003（1）。
② ［美］罗宾·保罗·麦乐怡：《法与经济学》，孙潮译，41～42页，杭州，浙江人民出版社，1999。
③ ［美］罗宾·保罗·麦乐怡：《法与经济学》，孙潮译，45页，杭州，浙江人民出版社，1999。
④ ［英］马歇尔：《经济学原理》，上卷，朱志泰译，42页，北京，商务印书馆，1997。
⑤ 胡玉鸿：《"个人"的法哲学叙述》，46页，济南，山东人民出版社，2008。

规范分析，而法学的研究方法除了实证分析以外，还包括价值评价。

尽管"经济人"假设在经济学及其他学科发展中发挥了重要的作用，但"法律人"假设不能简单照搬"经济人"假设的模式，即用一个简单、高度抽象的概括来描述。"法律人"假设较"经济人"假设更为复杂，这主要是由学科属性所决定的。胡玉鸿认为，"经济人"假设只是对于人在经济场合行为类型的一种抽象、一种概括，它不能适用于人类的其他行为场合。[①] 而"法律人"是不同的，"法律人"假设不但要应用在经济场合，还要应用到法律行为所涉及的任何场合，包括家庭、工作场所、政治领域等。按照拉德布鲁赫的观点，"法律存在于对正反相对的紧张关系的不稳定的、一直受到威胁并又一再重新的平衡状态之中"[②]。应该说，"法律人"就是处在这种多样和复杂的状态之中。处于这样状态下的"法律人"，是较"经济人"更加复合和复杂的。正如爱德华·施普朗格认为的，"法律之人不是一个简单的结构，而是一个复合的形象，一个社会结构与理论结构的混合形式"[③]。

1.6 本书的研究目标、方法及路径

1.6.1 本书的研究目标

本书的研究目标为：通过对人的一般需要、人的心理模式和人的社会行为三条线路的研究，结合一系列法律、心理和社会的经验现象，来构建一个法律面对的人类形象，能够为法学理论研究提供一些前提性的素材或论断。这个法律面对的人类形象由人的一般需要、人的心理模式和人的社会行为三大部分组成。通过对人类形象的描绘，本书希望在基本需要、心理模式、纠纷解决和社会规范等方面抽象出一个涵盖历史、种群的"人"，总结出"人"是如何进行法律行为决策的，是如何认识规则和秩序的，又是如何冲突和合作的。当然，人是一个非常复杂和矛盾的社会生物体，寻找"公约数"的过程是非常艰苦的，研究结论也难以无限制条件地应用，这也是本书的困难之处。

---

① 胡玉鸿：《"个人"的法哲学叙述》，45 页，济南，山东人民出版社，2008。
② ［德］G. 拉德布鲁赫：《法哲学》，王朴译，108 页，北京，法律出版社，2005。
③ ［德］G. 拉德布鲁赫：《法哲学》，王朴译，101 页，北京，法律出版社，2005。

1.6.2 本书的研究方法

本书将借鉴美国新法律现实主义所倡导的社会科学整合的研究方法，充分使用社会学、法社会学、人类学、心理学、制度经济学、行为科学等科学的研究方法和研究成果。对人类形象的研究，是一个跨学科的研究，因此"我们需要一种整体性的方法，以整合那些人类学和许多社会学大量调查的发现和细致的研究成果……这显然需要关注法与社会科学之间的交流互动过程，也需要一种能够整合各种社会科学学科的模式"①。

由于人是生物—心理—社会的综合体，所以，对于人的研究，不能不采用跨学科的综合研究方法。正如朱景文教授所说的，"现在越来越多的社会问题，不是一个学科所能解决的，而需要多学科的配合，需要有跨学科的知识"②。对于法律面对的人类形象的研究，还必须在更为宏大的知识背景下，了解哲学家、人类学家、社会学家、文学家等对人类形象的认识和想象，在此基础上与法律相结合。

本书中的人类形象是一个"事实"的问题，而不是"应当"的问题。所以，笔者对人类形象的构建过程，是一个事实描述的过程，而不应该包括预设的价值判断在内。本书将更多的是"基于观察和实验的社会学和心理学的概括和总结"③。因此，我们需要从现实的角度出发，沿着自下而上的路径去体会、观察、抽象现实生活中的自然人，开展相应的研究。朱景文教授认为，"社会科学的研究方法有许多，但作为科学，它的基本研究方法是实证的方法，所谓实证的方法也就是能够得到证实的方法"④。因此，采取自下而上的现实主义研究路径，得出的结论更能够经得起检验。社会学家莫斯曾指出："人们应该重新回到法律的坚实基础，回到正常的社会生活的原则上来。既不能以为公民太善良、太主观，也不能把他们想得太冷酷、太实际。人们对他们自己、对别人、对社会现实都会有一种敏锐的感觉。他们的行为举止既会考虑到自己，也会考虑到社会及其亚群体。这种道德是永恒不变的；无论是最进化的社会、近期的未来社会，还是我们所能想象的最落后的社会，都概莫能外。这里，我们所讲的甚至已经不再是什么法律，而是人，是人群；因为自古以来

① 范愉：《纠纷解决的理论与实践》，25 页，北京，清华大学出版社，2007。
② 朱景文：《关于法理学向何处去的一点看法》，载《法学》，2000（2）。
③ 谷春德：《西方法律思想史》，255 页，北京，中国人民大学出版社，2004。
④ 朱景文：《关于法理学向何处去的一点看法》，载《法学》，2000（2）。

经纶天下的乃是人和人群，是社会，是深埋在我们的精神、血肉和骨髓中的人的情感。"① 我们就是应该从社会生活的角度来考察人类形象，也就是从现实而不是先验的角度来考察，这样的研究方法不但有利于检验研究过程和结果，还有利于将研究成果应用于现实。

从本章第二节的论述可以看出，法律上对于人类形象的描绘已经比较丰富了，但基本上以抽象、先验的人类形象描绘为主，缺少从现实角度对人类形象的描绘。抽象的人类形象在法学理论方面能够得到较多的应用，但在具体的一些领域难以得到更好的应用。因此，抽象的人类形象描绘需深入发展，从现实角度考察法律面对的人类形象具有重要的作用。具体分析如下：

1. 对法律面对的人类形象的考察，只能从现实、个体的人出发，经过抽象和综合来描绘这一人类形象，而不能从一个先验的或未来的标准出发。根据法律社会学的观念，法律调整的过程实际上就是一个社会博弈的过程。一项法律制定出来后，必然会引起人们的社会博弈，不可能要求人们完全地、毫无反应地依法律而为。每个人对法律都会有所反应，而且反应可能并不相同。法律人类学则认为，每种法律都是具体的、地方性的，没有普适性的法。普通社会成员对于法律的学习与思考并不是通过那些抽象的概念或命令来进行的，而是在日常生活的沟通和操作中进行的。法律必须立足于我们生活的世界才能保证其合法性。比如，在立法之前，我们应该对隐藏于社会成员日常生活中的种种社会习惯进行调查。这些也是我们需要从现实角度研究人类形象的理由。

吕世伦、张学超认为，"法'以人为本'，应是以个体为本"，"最为主要的权利主体应是个体。因为个体总是集体的基础，现实的社会就是由个体和人群按一定方式构成的有机整体。……任何个体都必然追求和实现一定的人格利益才能生存和发展。而法人、社会群体，特别是国家属于抽象的人格，并非真实的人格"。② 这就是说，个体是人格的基础，是法人、国家的法律组织的微观基础。在法律面对的人类形象的研究过程中，现实主义研究方法的重要性，也可以从马克思主义哲学中抽象与具体的关系中得到印证。马克思在《黑格尔法哲学批判》中指出，活动着的家庭和市民社会是国家的前提与原动力，政治国家没有家庭的自然基础和市民社会的人为基础就不可能存在。③ 这表

---

① 荀丽丽：《"礼物"作为"总体性社会事实"——读马塞尔·莫斯的〈礼物〉》，载《社会学研究》，2005（6）。

② 吕世伦、张学超：《"以人为本"与社会主义法治》，见朱景文主编《中国法理学论坛》，41～42页，北京，中国人民大学出版社，2006。

③ 纪中强：《马克思人的本质观与唯物史观》，载《求实》，2008（7）。

明，马克思在研究政治国家、法与市民社会等问题时，也注重对微观组成部分的研究。

朱景文教授认为："按照辩证法从抽象到具体的研究方法，思维的抽象并不是认识的终点，只有达到思维的具体才可能认识真理。而思维的具体是多样性的综合。总之，我们所需要的法理学不是思维的抽象意义上的法理学，而是作为思维的具体的法理学"。① 正是因为我们需要思维的具体的法理学，对于人类形象的考察，必须要统筹好现实与理论、具体与抽象的关系。

2. 通过借鉴宏观经济学与微观经济学的关系，我们发现，离开具体的、现实的人学的研究，宏观理论难以正确地指导实践。微观经济学和宏观经济学的研究对象、研究方法、核心理论等各不相同，但经济学家们普遍认可微观经济学是宏观经济学的基础，以及整个经济状况是单个经济单位行为的总和，所以，分析微观经济单位行为的微观经济学，是分析整体经济的宏观经济学的基础。

类似于微观经济学和宏观经济学，在对人性的研究中，也存在着个体主义方法论和整体主义方法论两种不同的研究方法。个体主义方法论认为个体有目的性乃是一切社会行为充分的起因，整体主义方法论强调应从社会整体上对人性加以解释。实际上，两种方法论并不矛盾，因为人具有个体和社会的双重性，个体和社会不是对立的，而是互动的。②

在个体与国家的关系上，个体权利具有终极价值，任何以国家（政府）名义所显示的社会利益、公共利益等，事实上都必须以具体的个体权利来体现。没有个体权利，个体权利的实现没有合法渠道，就谈不上任何权利。所以，我们必须从个体的角度来进行研究，并抽象出"类人"。从现实的角度来研究法律面对的人类形象，就是把个体人中普遍的东西抽象出来，包括需要、心理和社会的种种特征；是把个体作为一个社会的个体来加以研究，而不是孤立的个体。只有从现实的角度加以研究，才能够更加清晰地看到组成社会的每一个个体所普遍具有的特征，这种特征当然是包括社会属性在内的；只有从现实的角度出发，才能够更好地解决现实问题，比如当我们掌握了人类归因思维特征后，将更加有利于做好司法调节工作。

1.6.3 本书的研究路径

1. 本书的总体研究路径。本书将充分借鉴新法律现实主义的模式，采取

---

① 朱景文：《关于法理学向何处去的一点看法》，载《法学》，2000（2）。
② 陈兴良：《刑法的人性基础》，25 页，北京，中国人民大学出版社，2006。

自下而上的路径，努力发掘法律面对人的人类形象的原貌。新法律现实主义倡导一种自下而上的经验性研究，主张从社会基层和未经法院及法律职业染指的社会生活事实着手，探讨秩序形成、法律与社会的关系，以及各种形式的"活法"或社会规范和社会权力，从而更为客观地评价和发挥法的作用。[①] 马克思一直把人放在现实的、历史的环境中来研究，他提出："我们不是从人们所说的、所想象的、所设想的东西出发，也不是从只存在于口头上所说的、思考出来、想象出来的、设想出来的人出发去理解真正的人，我们的出发点是从事实际活动的人，而且从他们的现实生活过程中还可以描绘出这一生活过程在意识形态上的反射和反响的发展。"[②]

采取这种研究路径的其他原因在于，"所有人类的法律都存在于人类行为之中，要通过对人类的相互关系以及自然力对他们的侵害的准确观察才能显现出来"[③]。也就是说，由于人类行为是法律的重要表现形式，通过对人类行为的研究，能更好地理解法律的作用和效果；而对人类行为，观察、验证等自下而上的研究方法无疑是合适的。正如 G. 拉德布鲁赫所说的，"法律思维要求人们先观察最具体的生活，然后再重新观察它的抽象轮廓……法学人士必须具有从活生生的人那儿只看到法学图景的能力"[④]。所以，本书采用了自下而上的研究路径，在借鉴、援引其他学科的研究成果时，也注意采用那些经验性、现实性的部分。

2. 本书的具体研究路径是根据法律面对的人类形象的三部分组成而进行的。本书的第一条研究路经为人的一般需要（也即人性）的研究。人的一般需要是指从存在论和认识论的角度出发，人类的大部分正常个体所普遍具有的、人作为人"不得不"具备的需要或动机。人的一般需要，既有生理方面的，也有心理和社会方面的，分为公理层次、定理层次和倾向性层次等三个层次。通过对人的一般需要的分析，来确定人类形象的基础。这条研究路径主要体现在本书的第 3 章。

本书的第二条研究路径为人的心理模式的研究。本书将借鉴社会心理学、认知心理学、法律心理学的研究成果，抽象出人的心理模式和行为决策模式，总结出在规范制定和应用过程中，规范是如何通过人的心理发挥作用的，人又

---

① 范愉：《新法律现实主义的勃兴与当代中国法学反思》，载《中国法学》，2006（4）。
② 《马克思恩格斯全集》，第 3 卷，30 页，北京，人民出版社，1960。
③ ［美］霍贝尔：《原始人的法——法律的动态比较研究》，严存生等译，5 页，北京，法律出版社，2006。
④ ［德］G. 拉德布鲁赫：《法哲学》，王朴译，104 页，北京，法律出版社，2005。

是如何应对规范的，勾画出一个人的心理形象。这条研究路径主要体现在本书的第4章、第5章。

本书的第三条研究路径为人的社会行为模式的研究。本书将结合社会学、法社会学、人类学的研究成果，抽象出人的群体性、社会互动等模式，对人是如何行为的、为什么会违法等进行分析，勾画出一个人的社会行为形象。这条研究路径主要体现在本书的第6章、第7章。

在研究的视角方面，笔者力图在树立人类本身的整体观、人类社会的历史观的基础上，将人作为"他者"进行研究，拉开与"自我"和"我们"的距离来观察和描绘人类形象。在认识了作为"他者"的人后，更好地为我们的法律服务。借用人类学的一句话来表达，就是人类学有一个"最令人欣慰的悖论，也是它最激励人的特征，就在于研究他者的同时也是一个自我发现的生命旅程"①。

最后，引用休谟的话作为研究目标、方法及路径的结束，"虽则有关人性的推论貌似抽象且晦涩，但绝不能据此以为它们是虚假的。相反，令无数睿智过人、思想深刻的哲学家迄今仍捉摸不定的东西，似乎不可能是一目了然、极易把握的。这些研究，无论使我们经受多大的磨难，倘若通过研究能够在这些重要性不言而喻的问题上增进认识，我们便认为自己的努力没有白费，且其乐无穷"②。

综合本章所述，法律面对的人类形象的研究，就是指研究法律所要规定的人的一般性特征，也就是法律所要约束、保护、制裁的人一般是什么样的。法律面对的人类形象的研究，对于法律规范的意义在于，尽管法律是对"类人"作出的规定，但法律得到真正的贯彻和遵守，是由单个人来实现的；对于建构法律思想体系的意义在于，只有对隐藏在纷杂法律现象、条文背后的"人性"及"人"的形象有了清晰的把握，才能真正理解什么是好的法律、法律为什么如此等问题。

由于"经济人"的理念已经根深蒂固，为了避免将"经济人"的理念和认识简单照搬到"法律人"，有必要说明一下"经济人"假设的发展变化及"经济人"与"法律人"的区别。

本书的人类形象研究，是在马克思关于"人的本质"的思想基础上进行

---

① 庄孔韶：《人类学概论》，8页，北京，中国人民大学出版社，2006。

② 爱德华·O.威尔逊：《论人性》，方展画、周丹译，目录的前页，杭州，浙江教育出版社，2001。

的，是与马克思主义科学思想基本一致的，并根据研究目的，进行了相应的调整。

在本书中，法律面对的人类形象是由人的一般需要、人的心理模式和人的社会行为模式三个部分组成的。对法律面对的人类形象的研究，应该采用现实主义的研究方法，穿透纷繁规则的表象，解构支撑每一具体规则的人学依据。本书的研究路径也是依据这三个部分展开的。

2

法律面对的人类形象的已有研究

　　舒国滢教授认为，法治在历史上的作用表现在于，它通过法律规定人们的行为模式，树立"理想类型的"人类形象，作为一种"架构"的技术引导人类"先行筹划"自己的生活。[①] 这是法治的结果，同时也是法律科学的研究对象之一。在法学理论、民法、刑法等领域，学者们已经对这种抽象的、作为法律对象的人进行了长期的研究，并形成了法学理论、刑法、民法和行政法面对的"人"的研究成果。

2.1　法学理论关于人类形象的论述

　　任何一个法学理论研究者都无法摆脱关于人性与行为方式的预设，尽管各个预设是不同的。欧洲中世纪的法学家阿奎那认为，在人身上存在着一种为善的自然倾向，但必须通过锻炼才能使这种德行达于完善。文艺复兴时期的法学家马基雅维里则认为，现世的人是不合人情、自私的动物，只注意权利、名誉、功利和安全，用自然规律和神圣法规约束人是枉费心机的。费尔巴哈则认为，在法的领域中，人只能作为自然的存在者加以考察，作为自然的存在者考察时，人都受自然的因果律的支配。费尔巴哈的观点还可以进一步表述为："我们人，必须常常作为自然的存在者来考察，从而必须作为根据原因与结果的不变的自然法则的存在者来考察。"[②]"从那里自由在人之中不能发现。即人所为的一切事情都是根据不变的自然法则预先所规定的。人不过是自然惹起那

---

① 舒国滢、程春明：《西方法制的文化社会学解释框架》，载《政法论坛》，2001（4）。
② 马克昌：《近代西方刑法学说史略》，81 页，北京，中国检察出版社，1990。

个结果的单纯的中间者。"①

关于人性与行为方式预设的重要性，即使是标榜自己的法学属于"纯粹法学"的凯尔森也是认可的，他指出："法律上的人（按定义来说，他是法律义务与法律权利的主体）的概念，符合一种想象，需要有一个权利与义务持有者。法学思想不满足于只看到某种人的行为或不行为组成义务或权利的内容，必须还存在着某个'具有'义务或权利的人物。这些想法体现了人类思想的一般趋向。"② 此外，他也认为，"法是人的行为的一种秩序，一种秩序是由许多规则组成的一个体系，人的行为是法律规则的内容"③。所有的权利、义务、行为、责任，最终都将落实到生活中的每个具体的人身上；法律最终还是要靠这些活生生的人来遵守、执行的。

2.1.1　自然法学派关于人类形象的描述

马基雅维里是近代自然法理论的奠基者之一。他有效地突破了宗教自然法的束缚，从而为近代理性主义自然法理论奠定了基础。他以现实主义的视角分析人类和人性，他这样描绘人类：

> 关于人类，一般地可以这样说：他们是忘恩负义、容易变心的，是伪装者、冒牌货，是逃避危难、追逐利益的。当你对他们有好处的时候，他们是整个儿属于你的。……当需要还很遥远的时候，他们表示愿意为你流血，奉献自己的财产、性命和自己的子女，可是到了这种需要即将来临的时候，他们就背弃你了。④

尽管上述描绘是马基雅维里在《君主论》中以君主的角度来写的，但也突出了他所强调的"人性是恶劣的"等现实主义的主张，成为其政治理论的前提。

以霍布斯、洛克为代表的近代自然法学派强调自然状态以及自然状态下的人，并以此作为整个理论的前提与基础。霍布斯认为："……一门科学的起点，不可能是我们从圆圈中选择的任意点。可以说，在一片怀疑的阴霾中露出的一线理性之光，指引我们走向豁然开朗的境界，那么它就是我们探讨的出发

---

① 马克昌：《近代西方刑法学说史略》，81 页，北京，中国检察出版社，1990。
② 胡玉鸿：《"法律人"建构论纲》，载《中国法学》，2006（5）。
③ 谷春德：《西方法律思想史》，244 页，北京，中国人民大学出版社，2000。
④ 申建林：《自然法理论的演进——西方主流人权观探源》，104 页，北京，社会科学文献出版社，2005。

点，就是我们消除怀疑的过程中寻找的指路明灯。"① 霍布斯以人的"自利"与"恐惧"作为自己理论研究的前提，也就是他所宣称的"两条关于人性的绝对肯定的假设"："一条是人类贪婪的假设，它使人人都极力要把公共财产据为己有。另一条是自然理性的假设，它使人人都把死于暴力作为自然中的至恶而努力避免。"② 霍布斯认为，人的本性是自私自利的，每个人都希望自己的欲望得到满足，在这方面是平等的；而且人都有能力使得欲望得到满足。正因为这种平等，人们希望建立"自我保存"的状态。可以说，霍布斯就是以这两条"公理"为基点，从而演绎出其自然法体系的。在犯罪与刑罚方面，霍布斯认为一切罪行都来源于理解上的某些缺陷、推理上的某些错误，或是某种感情的爆发。

洛克这样描绘自然状态及自然状态下的人："那是一种完备无缺的自由状态，他们在自然法的范围内，按照他们认为的合适的办法，决定他们的行动和处理他们的财产和人身，而无须得到任何人的许可或听命于任何人的意志。"③ 在这种状态下，人是平等的，不存在从属或受制关系，"人既然都是平等和独立的，任何人就不得侵害他人的生命、健康、自由或财产"。④ 人人享有自然权利，即生命、健康、财产、自由。

2.1.2 新分析法学派关于人类形象的描述

新分析法学家哈特认为"自然法确实包含着对于理解法律和道德有重要意义的某些真理"，并提出了"自然法最低限度的内容"理论，即"这些以有关人类、他们的自然环境和目的的基本事实为基础的、普遍认可的行为原则，可以被认为是自然法的最低限度的内容"⑤。自然法"最低限度的内容"包括"人是脆弱的"、"人类大体上的平等"、"有限的利他主义"、"有限的资源"、"有限的理解力和意志力"。"人是脆弱的"要求人类要自我控制而避免彼此伤害，法律规定"不许杀人"；"人类大体上的平等"需要人与人之间互相克制与妥协的制度；"有限的利他主义"假定人既不是天使，也不是恶魔，而是一个中间者；"有限的资源"说明了财产制度的必要性；而"有限的理解力和意志力"则表明确定强制下的自愿结合的制度确有必要。

---

① [英] 霍布斯：《论公民》，应星、冯克利译，4 页，贵阳，贵州人民出版社，2003。
② 胡玉鸿：《"法律人"建构论纲》，载《中国法学》，2006（5）。
③ [英] 洛克：《政府论》下篇，叶启芳、瞿菊农译，5 页，北京，商务印书馆，1995。
④ [英] 洛克：《政府论》下篇，叶启芳、瞿菊农译，5 页，北京，商务印书馆，1995。
⑤ 谷春德：《西方法律思想史》，255 页，北京，中国人民大学出版社，2000。

新分析法学派的另一个代表凯尔森认为，法律上的人就是法律上的实体，是涉及权利和义务人格化的统一体。法律上的人有两种：一种是生理上和生物上的人，另一种是人格意义上的人。他强调，法律上自然人的概念不过是社会法律规范综合的人格化，它不是生理上的人，"自然人并不是自然现实而只是法律思想的构造"；因此，从这个角度来看，自然人与法人并没有实质的区别。①

2.1.3　社会法学派关于人类形象的描述

美国社会法学派创始人庞德主张法律是社会控制的工具，通过法律来实现社会控制。法律与文明是密不可分的，为了实现、维护和促进文明，就必须通过道德、宗教和法律来实现对人类内在本性的控制。为什么需要用法律来对人的本性进行控制呢？庞德认为这是由人的本性决定的。他所说的"人的本性"，是指某些在童年时出现，并在一生中明显表露出来的人类行为的根本趋向。这种趋向有两个方面：一是扩张性的或自我主张的本性，二是社会本性。两者是冲突的。扩张的本性每人皆有，使人只顾自己的欲望或要求，不惜牺牲别人来满足自己，甚至发展到使用暴力的程度；社会本性使一切正常的人热切希望生活在集团社会和相互关系中，通过别人来实现自己。自我扩张的本性是人类行为的根本趋向，十分地顽固，会经常激发出来。这就要求由一种强有力的工具——法律来完成控制任务。庞德在《通向法律的社会控制》中提出了"文明社会"下的五个法律上人类行为的假设：

第一，……人们必须能假定其他人不会故意对他们进行侵犯；第二，……人们必须能假定他们为了享受其利益的各种目的，可以控制他们所发现和占用的东西、他们自己劳动的成果和他们在现行的社会和经济秩序下所获得的东西；第三，……人们必须能假定与他们进行一般社会交往的人将会善意地行为；第四，……人们必须能假定那些采取某些行动的人将在行动中以应有的注意不给其他人造成不合理损害的危险；第五，在文明社会中，人们必须能假定那些持有可能约束不住或可能逸出而造成损害的东西的人，将对它们加以约束或把它们置于适当的范围内。②

这些假设，假定了人的善意、自利、责任、道德等诸多法律素质，因而几

---

① 谷春德：《西方法律思想史》，391页，北京，中国人民大学出版社，2004。
② 胡玉鸿：《"法律人"建构论纲》，载《中国法学》，2006（5）。

乎构成了所有法律的基本出发点。

欧洲社会法学家狄骥是社会连带主义法学派的代表人物，他认为个性和社会性是包含在连带关系之中的人类基本属性。由于个性因素的影响，人类要求分工和公平；由于社会性需要，人类要求合作和交往。在这样的基础上，人类就形成了在分工基础之上的各种社会集团。人类要生存，就必然存在社会连带关系；而社会连带关系的存在，就会有一个人类社会固有的客观法存在，禁止杀人、掠夺、纵火等行为规则在成为实在法之前是作为客观法存在的。①

2.1.4 我国古代法律思想中关于人类形象的论述

我国古代法律思想中关于人类形象的论述主要体现为"人性论"，比如以孟子为代表的"性善论"、以荀子为代表的"性恶论"、以告子为代表的"性无善无恶论"等。由于人类形象就是人的一般性特征的集合，故可将人性论视为人类形象的一个重要组成部分。

孟子认为"人性善"。孟子曰："水信无分于东西，无分于上下乎？人性之善也，犹水之就下也。人无有不善，水无有不下。"② 也就是说，善是人的本性，就如同水向下流一样。孟子认为，"无恻隐之心，非人也；无羞恶之心，非人也；无辞让之心，非人也；无是非之心，非人也"。也就是说，平常人的善性体现为恻隐、羞恶、辞让和是非"四心"，有这"四心"者即所以为人者，这"四心"便是人性。③ 孟子认为："仁、义、礼、智，非由外铄我也，我因有之也，弗思耳矣。"即"人性善"不是后天获得的，而是先天就具有的。既然人生来就有善良的本性，就都能接受道德教化，所以要"重教化，省刑罚"④，要由有"不忍人之心"的"明君圣主"实行"仁政"。

荀子认为"人性恶"。荀子认为，"饥而欲食，寒而欲暖，劳而欲息，好利而恶害。是人之所生而有也，是无待而然者也，是禹桀之所同也"。他还认为："人之性恶，其善者伪也。"也就是说，人的本性是恶的，那些善的表现，是人们后天的作为。⑤ 荀子还认为，人是一种社会动物，社会性是人得以生存和发展的社会基础。荀子指出："为不若牛，走不若马，而牛马为用，何也？

---

① 谷春德：《西方法律思想史》，260 页，北京，中国人民大学出版社，2004。

② 李晓明：《孟子"性善论"及其社会意义》，载《法制与社会》，2008（3）。

③ 王海明：《人性论》，372 页，北京，商务印书馆，2005。

④ 刘新：《中国法律思想史》，北京，中国人民大学出版社，2000。

⑤ 查国防：《奥古斯丁原罪论与荀子性恶论的犯罪之维》，载《河南科技大学学报（社会科学版）》，2006（4）。

曰：人能群，彼不能群也。人能何以能群？曰：分。分何以能行？曰：义。"
由于人人"好利恶害"，故必然产生争夺并导致暴乱："从人之性，顺人之情，
必出于争夺，合于犯分乱理，而归于暴。"另外，人为了战胜自然，必须合
群，组成人类社会；而为了组成社会，必须分工合作，各守本分。以这样的理
论为基础，荀子得出了自己的法治思想，就是必须要有国家、法律和道德规
范，将"君上之势"、"法正之治"、"刑罚之禁"、"礼义之化"结合起来，才
能"化性起伪"，改造人性。

韩非子并不承认有先验的善和恶的人性，他认为人们的一切行为都是为了
追逐利益，人是"好利恶害"的。他认为，"好利恶害，夫人之所有也"①；
"人无愚智，莫不有趋舍"②；"民之政计，皆就安利如辟危穷"③。他说："医
善吮人之伤，含人之血，非骨肉之亲也，利所加也。故舆人成舆，则欲人之富
贵；匠人成棺，则欲人之夭死也。非舆人仁而匠人贼也，人不贵，则舆不售；
人不死，则棺不买。情非憎人也，利在人之死也。"④也就是说，制造车的希
望人富贵，制造棺材的希望有人死，绝不是前者善后者恶，而是由利益决定
的。所以，道德教化是不可能达到统治目的的，而应将君法建立在"利"的
基础上；"法制是刑赏之治"，要以重刑来消灭犯罪。

中国古代关于人性问题的讨论，可以在一定程度上理解为对人类形象的讨
论。综上所述，可以总结为三种基本形态：孟子的"性善论"、荀子的"性恶
论"和法家的"性私论"。⑤这三种基本形态，就可以理解为三种不同的人类
形象。

2.2　刑法理论关于人类形象的论述

人们对犯罪原因和防治的探索，自人类有犯罪以来就从未停止过。以犯
罪、罪犯及犯罪防治为研究对象的犯罪学，经历了一个从古典阶段到实证阶段
再到现代阶段的发展过程。

---

① 韩非子：《韩非子·难二》。
② 韩非子：《韩非子·解老》。
③ 韩非子：《韩非子·五蠹》。
④ 韩非子：《韩非子·备内》。
⑤ 钱逊：《中国古代人性学说的几点启示》，载《哲学研究》，1993（10）。

2.2.1　古典刑法理论中的人类形象

古典刑法理论中所谈论的人，都是能够鉴别善恶、可以弃恶从善、有自由意志和自我规律能力的社会一般人。这是一种由古典刑法理论所假定的，无论是意大利的贝卡利亚、英国的边沁还是德国的费尔巴哈、康德、黑格尔都承认这种假定。他们认为，出现在刑法学视域中的这种"人"，是千人一面的理性人。用一个形象的比喻来说，古典刑法理论将刑法中的人看做是穿上设计师以公共利益为准则、以理性意志为尺度仔细挑选、精心设计的"新衣"的人。"将传统视为虚假外衣剥去之后，人必然是被还原为一种抽象的、原初的'人本身'——人类的原型。于是，人与人之间只剩下了一个共同点：依据自身无限能力而行动、自我塑造和自我完善。"①

古典刑法理论认为犯罪者是具有意志自由的，应该为结果承担道义责任。也就是说，具有意志自由的人，根据自己的自由意志来选择行为及结果，结果应当归因于行为人，行为人要对其行为和结果负责。刑罚应是一般化的，没有必要考虑个别犯罪的特殊情况而给予处罚，"除了未成年人、聋哑人、醉酒者以及精神病人案件外，每个罪犯都是一个抽象的、正常的人"②。

2.2.2　刑事实证学派提出了"经验人"理论

与古典刑法理论学派对立的刑事实证学派则认为，刑法所谈论的人，是"经验人"，他生活在一个社会之中，他的行为受各种社会和自然因素的制约与影响，他是被决定的。

在刑法理论中，对于犯罪人的描绘莫过于刑事人类学派的创始人——龙勃罗梭了。他认为，在现实生活中，一个人根本没有意志自由可言，人的行为是受遗传、种族等先天因素制约的，遗传是犯罪的唯一原因。他将罪犯分为四种：生而有犯罪性的人、疯狂的犯罪人、情欲的犯罪人、偶然的犯罪人等。他在 1893 年出版的《犯罪：原因与救治》一书中认为，在所有罪犯中，天生犯罪人占 33% 。天生犯罪人是什么样的形象呢？下腿不发达、头盖甚小、前额后陷、前骨节过细、头盖过厚、颚骨与颧骨过大、凸颚、斜眶、皮肤过红、大耳、丛发、过于敏捷、不知疲劳、触觉不灵、视觉过敏、伤愈极速、情爱甚

---

① 周光权：《刑法学中"人"的观念的演变》，载《法律科学》（西北政法学院学报），2005（1）。

② 陈兴良：《刑法的人性基础》，111 页，北京，中国人民大学出版社，2006。

弱、淫念过早、两性不大分、怠惰、易受激动、好赌博、饮酒、迷信。天生犯罪人是本性生而恶者，是自然要犯罪的，因此，任何社会预防及心理预防对他们都是不起作用的。龙勃罗梭的天生犯罪人理论遭到了群起反对。例如，美国犯罪学家戈林在其著作《英国罪犯》中认为，不存在天生犯罪类型，犯罪不是由遗传而来的。后来，龙勃罗梭也开始修正天生犯罪人理论，从侧重生理因素发展到兼顾心理以及其他因素；他也开始认识到，即使不能制止犯罪，也应寻找出减少犯罪的方法，即刑罚替代物。

刑罚政策或目的是刑法面对人类形象的必然产物。对于刑罚，龙勃罗梭认为，既然犯罪是必然的，社会根治犯罪也是必要的，而惩治罪犯使其不再对社会作恶，也是必要的，刑罚存在的唯一根据就是防卫社会。

2.2.3 犯罪社会学派认为应在社会生活之中研究犯罪与罪犯

以菲利为代表的犯罪社会学派所提的理论，成为实证阶段继龙勃罗梭的犯罪人类学之后最重要的犯罪学理论。菲利提出"今后凡研究犯罪与刑罚的科学，都必须在人类和社会生活之中去探索社会预防犯罪的科学基本因素"[①]。菲利非常重视对人的研究，高度重视个体的心理学分析和社会环境分析。在对犯罪人类学资料进行分析研究的基础上，他提出可以将全部罪犯分为五类，即精神病犯、天生犯罪人、惯犯、偶犯和情感犯。犯罪人类学的资料只适用于惯犯和天生犯罪人，犯罪人特别是天生犯罪人的心理是"由于那些带有小孩子和野蛮人特征的不平衡冲动的作用，罪犯在抵御犯罪倾向和诱惑方面有缺陷"[②]。菲利认为，犯罪原因与社会环境是密切相关的，包括人类学因素、自然因素、社会性因素等三个方面，其中人类学因素是犯罪的首要因素。人类学因素包括罪犯的生理状况、心理状况、个人状况。菲利认为，一个人是否犯罪并不是因为他是否惧怕刑罚，而是各种因素共同作用的结果。因此，预防犯罪应当着眼于消除促使犯罪产生的各种因素。

对于刑罚，菲利则认为，罪犯的人身危险性是刑罚的重要根据，还应实现刑罚的个别化，也就是刑罚应当以犯罪人的人格特征为依据，对症下药，使刑罚实现实质上的公正。他坚决反对死刑，认为对刑罚效果的错觉有历史和心理

---

① 转引自卜安淳：《从犯罪构成看犯罪防控（下）》，载《福建公安高等专科学校学报——社会公共安全研究》，2000（11）。

② ［意］恩里科·菲利：《犯罪社会学》，郭建安译，52～53页，北京，中国人民公安大学出版社，2004。

学方面的原因。在心理学方面，"诚实而有教养的阶层将他们自己的刑法观念对他们造成的印象与大多数罪犯产生于其中的社会阶层对刑法的观念和印象混为一谈，罪犯自然要根据自己的经验判断刑罚，也就是说根据实际运用的刑罚而不是立法者在一定程度上直言相告的威胁来判断刑罚。只要刑罚是含混和不确定的，他们就不会感到恐惧，而总是屈服于一时的意念，屈服于犯罪的冲动"①。菲利曾在监狱中就"刑法为什么不能阻止犯罪"进行了调查，调查结果是：在一般情况下，该问题都得不到回答，因为罪犯根本没有想过这一点，要不答案就是"如果你担心工作会伤了自己，那就干脆别去工作了"。②

2.3　民法理论关于人类形象的论述

2.3.1　在民法中，"理性人"是民法理论中重要的人的形象

就民法而言，"人"更是具有极其重要的地位，正如日本学者田中耕太郎所所说的，"私法的基本概念是人"③。任何一部民法典如果缺少了人的概念，将不再是一部民法典了，"因为一切权利均因人而设"。"理性人"是民法理论中重要的人的形象。"理性人"并不虚妄，它是善于谋划、精于算计的社会生活的主体，他也是人们日常生活中的标准形态，他更是人们在生活中虽有一定算计闪失、偶有情绪波动的行为定态。④

赫伯特伯爵在《理性的人》一文中写道："英国普通法不厌其烦地虚构出一个神话般的人物——理性的人。他是一种理想，一种标准，是我们要求优秀公民具备的品德的化身。……在构成英国普通法的令人迷惑的博学的审判中旅行或长途跋涉，不与理性的人相遇是不可能的。理性人总是替别人着想，谨慎是他的向导，'安全第一'是他的生活准则。他常常走走看看，在跳跃之前会细心查看一番；他既不会心不在焉，也不会在邻近活动门或码头边还沉在冥想之中；他在支票存根上详细记录每一件事，并且认为是很有必要的；他从不跳

---

① ［意］恩里科·菲利：《犯罪社会学》，郭建安译，52～53页，北京，中国人民公安大学出版社，2004。
② ［意］恩里科·菲利：《犯罪社会学》，郭建安译，52～53页，北京，中国人民公安大学出版社，2004。
③ 星野英一：《私法中的人》，汪闽译，6页，北京，中国法制出版社，2004。
④ 温建辉：《论罪过理论中应有情感的一席之地》，湘潭大学法学院硕士论文，2006－04。

上一辆奔驰的公共汽车，也不会在火车开动时从车里走出来；在施舍乞丐前，总要细心打听每个乞丐的底细；抚弄小狗时，总要提醒自己别忘了小狗的过去和习性；若不弄清事实真相，他绝不轻信闲言碎语，也不传谣；他从不击球，除非他面前的人确实已将他的球穴弄得空无一物；在每年的辞旧迎新之际，他从不对他的妻子、邻居、佣人、牛或驴子提出过分的要求；做生意时，他只求薄利，且要有像他这样的 12 个人都认为是'公平的'，而且他对生意伙伴、他们的代理人及货物所持的怀疑和不信任也是在法律认可的程度之内；他从不骂人、从不赌博或发脾气；他信奉中庸之道，即使在鞭打小孩时他也在默想着中庸之道；他像一座纪念碑矗立于我们的法庭上，徒劳地向他的同胞呼吁，要以他为榜样来安排生活。"①

在这段略带揶揄的文字描述中可以看出，这个"理性人"不过是"一种理想，一种标准"，与其说他是某一种人（谨小慎微的英国绅士）的代表，不如说他是某一种理性的代表，在这种理性后面潜伏的正是某种规则："理性的人的标准是一个客观的标准，这一标准是把被告的预防行为与一个理性的人在相同情况下可能会做到的事加以比较"，民法典是"不知晓农民、手工业者、制造业者、企业家、劳动者等之间的区别的"。②"理性人"作为一种标准，其关注的并不是"人"本身，而是一些人用什么样的标准对另一些人作出判断。正如《牛津法律便览》所说："理性人事实上是法官或陪审团社会判断的拟人化（personification）。……显而易见，普通法中并没有'理性的妇女'这个概念。"③

这样一个生动的理性民法人形象，的确在许多法学工作者的脑海中根深蒂固了。这样生动、具体的描写，正是笔者所希望的一种研究路径。从具体的、生动的考察开始研究，最终得出抽象的结论。

2.3.2　民法传统三个经典文本中的人

民法传统三个经典文本分别是公元 533 年古罗马查士丁尼《法学阶梯》、1804 年《法国民法典》和 1896 年《德国民法典》，其中均对人的规定进行了想象、分类和界定。

---

① 转引自［美］罗伯特·考特、托马斯·尤伦：《法和经济学》，张军等译，455 ~ 456 页，上海，上海三联书店、上海人民出版社，1994。
② 拉德布鲁赫：《法学导论》，米健译，66 页，北京，中国大百科全书出版社，1997。
③ 赵晓力：《民法传统经典文本中"人"的观念》，载《北大法律评论》，1998（5）。

《法学阶梯》中将人划分为自由人和奴隶。"关于人的法律的主要区分如下：一切人不是自由人就是奴隶，有关人的法律的另一类区分是：有些人受到自己权力的支配，另有一些人受他人权力的支配。关于后者，有些处于家长的权力下，有些处于主人的权力下。"① 而自由人的天然特征和权利是自由，"自由是每个人，除了受到物质力量或法律阻碍外，可以任意作为的自然力量"，而奴隶则是"根据万民法的制度，一人违反自然权利沦为他人财产之一部"。② 人法的大部分是在家庭的范围内讨论自由人的一生：出生、婚姻、收养、监护和保佐。古罗马法中强调，男女的结合与繁衍是自然理性的一部分，同时也是这种理性的证明："自然法是自然界教给一切动物的法律。因为这种法律不是人类所特有，而是一切动物都具有的，不论是天空、地上或海里的动物。由自然法产生了男与女的结合，我们把它叫做婚姻；从而有子女的繁殖及其教养。"③

1804 年《法国民法典》具有着特殊的历史背景，是由反抗王权获得胜利的新兴资产阶级编撰的。它因袭了 1789 年法国《人权宣言》的第一条，认为"人们生来并且始终是自由的，在权利上是平等的；社会的差别只可以基于共同的利益"。因此，在民法典编撰者心目中，给民法典的风格以烙印的理想形象，不是小人物、手工业者的形象，更非领薪阶层的理想形象，而是有产者的市民阶级的理想形象，"他们有识别力、明智、敢于负责，同时也精通本行和熟悉法律"。④ 正是立足于这种人的预设，《法国民法典》以人的自由、平等、理性为基础，确定了私有财产神圣不可侵犯、契约自由、无过错不负损害赔偿责任等三大法律原则，这三大法律原则是与市民阶级的经济基础及其人格特征相吻合的。

在立法者的脑海中，人不再是法律的发现者和继受者，人更是法律的设计者与创造者，只要发挥人们的理性能力，就可以打造出一部最新、最美的法典。尤其需要指出的是，立法者在设计民法典时，并不仅仅是充斥着对自己理性能力的自负，它更是以相信普通人的自主、理性为前提的，"在那里，人是一种理性的、可以自己负责的创造物，自出生之日便获得了关于良心、宗教信仰和经济活动的自由的不可割让的权利。人们无须再与旧制度的那个中间身份

---

① 查士丁尼：《法学总论》，张企泰译，12、17 页，北京，商务印书馆，1993。
② 查士丁尼：《法学总论》，张企泰译，12、17 页，北京，商务印书馆，1993。
③ 查士丁尼：《法学总论》，张企泰译，6 页，北京，商务印书馆，1993。
④ K. 茨威格特、H. 克茨：《比较法总论》，潘汉典等译，173 页，贵阳，贵州人民出版社，1992。

集团打交道，而只和国家本身发生联系。这个国家有义务通过它的立法把公民从封建的、教会的、家庭的、行会的以及身份集团的传统权威中解放出来，并赋予全体公民以平等的权利"①。

但是，不能忽略的是"这部法典编纂具有的民族国家的特性"②。民事权利的取得和丧失是与"法国人"的身份紧密相连的；在人的一生中，由国家"身份吏"制度参与从生到死的各个阶段，除了身份证书之外，还有出生证书、婚姻证书、死亡证书等；人的一生将在国家的关注和管控之中度过。出生、婚姻和死亡不再是罗马法上的自然事件，而是必须取得国家认可的事件。代替上帝悲悯的注视的是国家的监视，国家也代替了上帝，是使人之所以为人的源泉。家庭在《法国民法典》中不过是"拿破仑君临之下具有绝对权力的国家中坚固的家庭"③。婚姻和家庭的自然性不再是法律强调的重点，家庭现在已成为替国家培训顺从的纳税人和兵源的公民组织之一。这种国家与公民个人之间的关系特征，正体现了法国民法之主导思想——"法律的个人主义"，更加强调个人的地位与作用，甚至排除了国家与公民个人之间的中间团体而只承认个人。所以，日本学者星野英一认为，近代民法，特别是 19 世纪的法国民法以"法律的个人主义"作为指导思想，排除中间团体而只承认个人，由此以个人作为私法的唯一基础和目的。所以，近代民法所预设的人的模式，是一种不考虑知识、社会及经济方面的力量之差异的抽象性的人，也即"在理性、意思方面强而智的人像"。

《德国民法典》采用的是学说汇纂派理论，"作为《德国民法典》基本概念的人，是通过其权利能力来表述的"④。"作为《德国民法典》基础的人类形象，不再是小手工业者或工厂工人的人类形象，而是富有的企业家、农场主或政府官员的人类形象。换言之，就是这样一种人，即人们能够指望他们具有足够的业务能力和判断能力，在以契约自由、营业自由和竞争自由的基础上成立的市民营利团体中理智地活动并避免损失"。⑤ 关于《德国民法典》中人类形象的描绘，古斯塔夫·博莫夫是这样描述的："乃是根植于启蒙时代、尽可能

---

① 胡玉鸿：《"法律人"建构论纲》，载《中国法学》，2006（5）。
② K. 茨威格特、H. 克茨：《比较法总论》，潘汉典等译，171 页，贵阳，贵州人民出版社，1992。
③ 赵晓力：《民法传统经典文本中"人"的观念》，载《北大法律评论》，1998（5）。
④ ［德］海尔穆特·库勒尔：《〈德国民法典〉的过去与现在》，孙宪忠译，见梁彗星主编《民商法论丛》，第 2 卷，北京，法律出版社，1994。
⑤ K. 茨威格特、H. 克茨：《比较法总论》，潘汉典等译，158 页，贵阳，贵州人民出版社，1992。

地自由且平等、既理性又利己的抽象的个人，是兼容市民及商人的感受力的经济人。"总结起来，也就是一个自由、平等、理性、利己的经济人形象。

在具体的法律内容方面，《德国民法典》是这样规定的：人与人的区分不再是基于他相对于自然或他人任意作为的能力大小，也不是他在国家或家庭中的位置，人与人的区分现在直接建立在他的自我属性上面：他的年龄、他的精神状态，以及他的习性：未满 7 周岁、因精神错乱不能自由决定意志者，因患精神病而受禁治产的宣告者为无民事行为能力人（第 104 条）；已满 7 周岁但不满 21 周岁（后降为 18 周岁）的人、禁治产人属于限制行为能力人（第 106、114 条）。限制行为能力人和无行为能力人只能通过他人的代理进行法律上有意义的活动。所有基于年龄和精神状态的考虑，都出自这样一个理由：行为能力的有无和强弱，乃是基于人表达自己的意思的能力的有无和强弱。"无行为能力人的意思表示无效"，"在无意识或暂时的精神错乱状态时所为的意思表示无效"（第 105 条）。由此我们可以把《德国民法典》中的人进一步理解为一个表达意思的机器。人从此将不能仅凭其肉体的存在宣称他的存在，只有能够表达自己的意思、主张权利的人才是完整意义上的"人"、法律所乐于承认的那种"主体"；同时，由于组织也可能被承认为这种主体，"人"的生物学属性在这里淡化。

2.3.3　从近代到现代民法中"人"的发展路径——从"强而智"的人到"弱而愚"的人

尽管通过近代和现代民法法典的具体条款本身难以发现关于"人"的形象的描绘，但我们从具体条款中可以推断出立法者当时所设想的"人"的形象，经历了从强而智的人到弱而愚的人这样一个转变过程。

近代的法国和德国民法典中"人"的形象可以总结为：由于承认了所有人的人格完全平等，民法典中的"人"是"可由自身意思自由地成为与自己有关的私法关系的立法者"[①]，但没有考虑到在知识、社会及经济方面的力量等方面存在差异的抽象的人；若再推论下去，隐藏在其背后的是"在理性、意思方面强而智的人像"。任何人都平等地享有民法上的权利和义务，是近代民法典中关于人的规定性的最大特征。而 18 世纪前，欧洲社会仍是一个实行身份制的社会，1794 年的《普鲁士一般邦法》规定，贵族、市民、农民均有不同的财产权利和身份权利。

[①] ［日］星野英一：《私法中的人》，王闯译，8 页，北京，中国法制出版社，2004。

　　近代的民法典中,所有人都被作为平等的主体来对待,无论是作为所有者还是契约双方,人是不存在经济实力、社会势力、情报收集能力方面的差异的。因此,近代民法典中的人就是作为被"抽象掉了各种能力和财产等的抽象的个人而存在的"①。

　　拉德布鲁赫是这样描述近代民法典中的"人像"的:他们是被"模仿着始终追求和打算着利润的商人形象创造出来的概念,并非出于义务,而是受利益引导的个人",是"极其利己、狡猾至极的人",是"利己的、理性的、运动着的"、"自由而平等"的人。日本民法学家星野英一这样总结道:近代民法典中"人像"是具有充分理性和意思、自律性地开拓自己命运的"经济人"。

　　在现代法阶段,民法上对于"人"的看法发生了变化:从自由的立法者向法律的保护对象、从人格的平等向不平等的人、从抽象的人格向具体的人转变,在其背后则是"从理性、意思表示强而智的人向弱而愚的人"转变。在现代民法中,经济、社会力量显著的强者是作为抑制的对象来对待的,而那些经济和社会力量弱小、仅依靠个人能力不能与对方对抗的弱者成为了保护对象,也就是说,法律的中心转移到弱者上。此外,现代民法还对那些易受人支配、有轻率形式倾向的意志上弱的人给予了关注,也就是说法律的中心也转向了"愚的人"。例如,日本在其新设的《分期付款贩卖法》第4条第3款中首次规定了契约"冷却期"制度,使撤回已经提出的预订、解除契约成为了可能,就是对契约不能单方面撤销的修正。这正是以消费者是"愚人"这一假设为前提的,与近代民法中充满智慧、力量的强者相比,实在是差距巨大。但这种对弱而愚的人的保护,并不是否定了法律上的平等人格,只不过是对他们不平等地位的承认,并加以保护。

　　民法中的"人"从近代法到现代法的变化,学者们称为"民法中人的再发现或复归"。

2.4　行政法方面对于人类形象的论述

　　在行政法方面,关于人类形象的研究并不多。马克思关于市民社会成员和公民区别的论述,可视为他关于行政法所面对人类形象的基本观点。马克思指出:"作为市民社会成员的人是本来的人,这是和公民(citoyen)不同的人(homme),

---

① ［日］星野英一:《私法中的人》,王闯译,35页,北京,中国法制出版社,2004。

因为他是有感觉的、有个性的、直接存在的人，而政治上的人只是抽象的人，人为的人，寓言的人，法人。不是身为公民（citoyen）的人，而是身为市民社会的一分子（boccrgeois）的人，才是本来的人，真正的人。"① 但实际上，行政法所面对的人类形象，既包括国家成员身份的公民，也包括市民社会成员，应该是一个既抽象又具体的综合体。行政法面对的人类形象，也是不断发展变化的。

2.4.1　君主立宪时期行政法上的人

17 世纪至 19 世纪，各国普遍确立了立宪体制。但是，君权的势力仍然很大，"相对于臣民而言，诸侯的权利是没有法律限制的"②。当时的行政权还没有受到宪法的完全拘束，具有显著的过渡时期特征。行政法上的人的形象仍然是一个归顺的、忍气吞声的臣民的角色，大多数情况下他得服从君主的管理，面对国家的强权，他无法自力救济，而国库又只能进行付款，他只能选择"容忍还是要求赔偿"。

2.4.2　自由法治国时期行政法上的人

19 世纪后，市民阶层纷纷要求将国家行政的活动限制在为保护公共安全和秩序、消除危险所必要的限度之内，并将行政在其他领域里的活动也置于法律的约束之下。③ 德国自 19 世纪中叶起，美国和法国则早在 18 世纪末，就进入了自由法治国时期。不仅行政权受到了限制，而且国家还奉行"管得最少的政府就是最好的政府"的理念。显然，行政法中人的形象已经得到了转变，以前臣服于君主的顺民，改变为"自由和平等的""有产者的市民阶级"。民法领域所确立的私有财产不得侵犯、契约自由和过错责任在行政法领域也大行其道，当时盛行自由主义的社会希望王室成为人民的伙伴，国家成为拥有工业生产力的市民阶层的守护者。人格的技术使生活中千差万别的人在法律上得到高度统一，他们完全是一样的，人存在的仅仅是其血肉之躯与心智，人的其他具体情况如身份、职业、教育程度、婚姻状况等被悬置，或者说，用括号括起来了，在法律上人的差别是毫无意义的。立法者心目中的人是"极其利己的、狡猾之极的人"，是"利己的、理性的、运动着的、自由而平等的人"，④ 他能

---

① 转引自孔祥俊：《民法上的人、自然人、公民》，载《法律科学》，1995（3）。
② 迈耶：《德国行政法》，刘飞译，42 页，北京，商务印书馆，2002。
③ 毛雷尔：《行政法学总论》，高家伟译，16 页，北京，法律出版社，2000。
④ 星野英一：《私法中的人》，王闯译，35～36 页，北京，中国法制出版社，2004。

够主动追求自己的幸福，国家理念已不承认可以借着昔日警察的公权力，作为达到人民福祉的唯一手段。① 人被想象成是精通法律的，因此，在行政法的诸多制度中，对人提出了严苛的前义务要求，复杂的管辖制度、特别权力关系的排除救济、要式文书的制度、对行政主体单方面意思的揣摩等，人在沉浸于"强而智"的形象的同时，却也冒着成为弱者的危险。而弱者，由于自身的错误，无行为能力，必须承受行为无效、无法救济、忍耐现实的痛苦。借用拉德布鲁赫的话，"在一切称之为无经验、穷困、轻率的场合，专门以狡猾、放任且利己的人为对象而制定的法，只能将与之性质不同的人引向毁灭"②。

2.4.3　后自由资本主义时期行政法上的人

随着自由资本主义弊端的出现，自由竞争导致了财富过度集中、社会贫富悬殊，经济上弱小的手工业者、小商人等纷纷失去了赖以维持生计的基础，甚至越来越大的强者在"契约自由"的口号下欺压弱小者。公民转而期望政府万能，加以社会高度工业化、技术化之结果，个人谋生亦趋不易，其依赖国家提供生存给养亦趋迫切。③ 而相对于国家权力中的立法权和司法权，显然行政权对此更有作为。伴随着行政活动的扩张及行政机构的膨胀，以及委任立法和行政裁判的被承认，行政甚至开始代行立法和司法的职能。当然，更主要的是在国民主权思想影响下的新的行政理念：给付行政、服务行政、生存照顾的产生，国家的权力属于国民，行政权也系国民授权给行政机关行使，由此行政机关与国民之间的关系不再是原来的支配与被支配的关系，而转变为服务的给付者与接受者的关系。行政法的任务不再限于消极保障人民不受国家过度侵害的自由，而在于要求国家必须以公平、均富、和谐、克服窘境为新的行政理念，积极提供各阶层人民生活工作上的照顾。国家从此不再是夜警，而是各项给付的主体。从而，行政法上人的形象发生了从自由的"立法者"向法律的保护对象、从人格的平等向人格的不平等、从抽象的人格向具体的人格的转变，在其背后则是从理性的、强而智的人向弱而愚的人的转变。人们不得不给法律上的抽象人，以及为进行论证而架空的人穿上西服和工作服，看清他们所从事的职业究竟是什么。④

---

① 陈新民：《公法学札记》，97 页，北京，中国政法大学出版社，2001。
② 王锴：《行政法上的人》，载《研究生法学杂志》，2005（9）。
③ 王和雄：《论行政不作为之权利保护》，9 页，台北，三民书局，1994。
④ 星野英一：《私法中的人》，王闯译，74 页，北京，中国法制出版社，2004。

2.5   关于人类形象已有研究的不足

2.5.1   得出"法律的人类形象"结论高度抽象

法学理论、刑法、民法和行政法等部门法的理论均对"人"的形象进行了研究和描述，比如我国古代的法学家的"善人"（性善论）、"恶人"（性恶论）、"非善非恶"论断，刑事实证学派提出的"经验人"，民法理论提出的"理性人"，自由资本主义时期行政法理论提出的"自由和平等的""有产者的市民阶级"等。但这些结论是高度抽象的，每个理论都可以用一句话来表述法律面对的人类形象是什么样的，但都没有进一步的层次和分支，没有勾画出一个有层次、有内容的人类形象，没有形成一个既抽象又具体的人类形象。这种结论并不适合像法学这种研究和应用范围非常广泛的学科，正如本书1.4部分所论述的，只适合经济学这类"更具有可衡量性"的学科。

此外，对人类形象的转换缺乏深入的分析。法律面对的人类形象的转换必然会带来法律制度的重大变革。比如，在民法中，从近代到现代，出现了"从理性、意思表示强而智的人向弱而愚的人"转变，但对于这种转变是如何发生的、为什么是"弱而愚"的人，论证得并不充分；除了"弱而愚"，还有其他的特征吗？对于一些终极性的因素也缺乏必要的研究。比如，犯罪社会学派菲利认为，人类学因素是犯罪的首要因素，但人类学因素是否就是终极因素，它的背后还有其他的因素吗？菲利对此并没有给予明确的回答。

最后，由于法律面对的人类形象的已有研究成果比较抽象，和实践的距离过远，对解释和论证一些关键的具体法律现象缺乏支撑能力。比如，如何平衡权利冲突、刑法中人的刑事责任能力是如何认定的、为什么要保护儿童的权利、儿童可否作为证人、如何来看待堕胎、如何保护胎儿权益、堕胎是否合法等，已有的研究很难帮助回答这些具体的问题。

2.5.2   分析的过程证据支持不够充分，研究的方法比较单一

对法律面对的人类形象研究方法还是过于单一，较多地以研究者的主观体验为主要研究方法，没有充分应用更令人信服的科学研究方法，比如法社会学和认知心理学都提倡的观察研究方法在已有的研究中应用较少。

在法学理论关于人类形象的研究中，显然存在着这样的问题。自然法学

派、分析法学派关于人类形象的论述，几乎就没有科学论据作为支撑；社会法学派的论点增加了一些社会学方面的研究成果作为论据，但实际上仍以研究者的主观判断为准，如庞德提出的"文明社会"下的五个法律上人类行为的假设，并没有严谨的论据作为支撑。我国古代法律思想中的人性论，更是具有显著的先验性特征。如韩非子是主张人性"好利恶害"的，他使用了演绎的论证手法来论证人性恶。他说："医善吮人之伤，含人之血，非骨肉之亲也，利所加也。故舆人成舆，则欲人之富贵；匠人成棺，则欲人之夭死也。非舆人仁而匠人贼也，人不贵，则舆不售；人不死，则棺不买。情非憎人也，利在人之死也。"① 但人是如何被利益诱导的，如何才能得到印证呢？我们不得而知。

在其他的部门法关于人类形象的研究中，也存在着这样的问题。在民法方面，"理性人"是民法理论中重要的人的形象，但为什么是理性的，而不是非理性的呢？我们并没有看到翔实的证据来作为支撑。在刑法方面，尽管刑事实证学派进行了细致的实证研究，但仍缺乏法人类学、法社会学、社会生物学、心理学、犯罪学等的研究成果作为证明，常常令人感觉到难以信服。

当然，我们不能因为"后见偏见"的作用，而对以前的法律思想家们提出非分要求。但我们现在的条件已不同于以往，应该更多地借助于现代其他学科的研究成果，进一步做好法律面对的人类形象的研究。比如，我们现在应充分利用法人类学、法社会学、社会生物学、心理学、犯罪学等各种成果，使得出的法律面对的人类形象的结论更具有科学性。

综合本章所述，法学理论、民法、刑法和行政法等领域已经对这种抽象的、作为法律对象的人进行了长期的研究。比如，自然法学派强调自然状态以及自然状态下的人，并以此作为整个理论的前提与基础；我国古代思想家们提出的"性善论"、"性恶论"，也可视为对人类形象的阐释；古典刑法理论中所谈论的人，都是能够鉴别善恶、可以弃恶从善、有自由意志和自我规律能力的社会一般人；"理性人"是民法理论中重要的人的形象。从近代到现代民法，"人"经历了从强而智的人到弱而愚的人的转变。但已有的研究存在着不足：得出"法律面对的人类形象"的结论过于简单、抽象，分析的过程缺乏证据支持，研究的方法过于单一。因此，本书在借鉴已有研究成果的基础上，通过综合的研究方法，从现实的角度来构建法律面对的人类形象。

---

① 《韩非子·备内》。

3

人具有普遍的需要——法律规制的目标和出发点

人类学的研究表明，人类的基本动机或基本需要是相同的，但是用来满足这些动机或需要的方式却是因人而异的。人有着种种相互矛盾的需要或本能，需要会导致动机，动机在一定的环境条件下会演变为行动。在一个个体内，这些需要有时也是相互冲突的；在不同的个体之间，更是存在着相互冲突的情况。这些需要是人更加内在、核心的东西，是我们研究法律面对的人类形象所必须要考察的内容。人的一般需要是法律面对的人类形象的基础。

3.1 人的一般需要

3.1.1 什么是人的一般需要

笔者认为，人的一般需要，或人的普遍需要，是指从存在论的角度出发，人类的大部分正常个体所普遍具有的、人作为人"不得不"具备的需要或动机。关于人的一般需要的考察，是一个事实判断和经验描述的问题，是一个不包括道德和价值判断在内的认识过程。"不得不"是指如果不具备这些最低限度的需要和动机，单个的人就不可能成为人。"需要"这一概念接近于早期经济学所称的"欲望"，它是人的内在原动力，是人之所以积极从事某项活动的精神源泉。对需要的感受越强烈，其产生的行为就越有力。人的一般需要是法律面对的人类形象的一个组成部分，是最抽象、最基础的人类形象。

关于人的普遍需要，乔纳森·特纳从情感理论的角度进行了研究，他认为，人类的普遍需要推动所有的互动，普遍需要的种类包括证明自我的需要、盈利交换的需要、群体卷入的需要、信任的需要、确定性需要等。①

什么是需要呢？"需要是有机体内部的一种不平衡状态，它表现在有机体对内部环境或外部生活条件的一种稳定的要求，并成为有机体活动的源泉。这种不平衡状态包括生理的和心理的不平衡。在需要得到满足后，这种不平衡状态暂时得到消退，当出现新的不平衡时，新的需要又会产生。"② 通俗而言，需要就是人感到缺少点什么，或者想要点什么，这种缺少在人的意识中反映出来，并努力去消除这种匮乏。这种匮乏是相对的，是人相对于他的环境的。所以，需要就是人对外界对象的依赖关系。这种依赖关系是客观的，不是主观产物和想象，是客观环境作用于人而产生的必然性。

那么，需要与心理学的动机存在着什么样的关系呢？从词义上来看，需要实际上与动机是一致的。"动机"一词有着众多的定义，"心理学家一般认为，动机是由目标或对象引导、激发和维持个体活动的一种内在心理过程或内部动力"③，比如"推动人们行为的内在力量"④。张春兴在《现代心理学》中认为，"需要"（Need）一词从生理上的意义来说，是指个体生理上的一种匮乏状态，如缺乏维生素、矿物质、水分以及食物营养等。当此种匮乏状态达到体内均衡作用（Homeostasis）必须调节的程度时，人体本身就会感到需要的存在。"需要"一词现在已扩大到用来表示心理上的匮乏状态，如友爱的需要、隶属感的需要、被人尊重的需要等。这样，"需要"一词事实上已成为动机（Motive）的同义词。

在马斯洛看来，需要和动机也是相同的意思表示。他认为，"动机的研究在某种程度上必须是人类的终极目的、欲望或需要的研究"⑤。

德国古典哲学家费尔巴哈提出了人的"类本质"、"类本能"、"类生活"和"类存在"等概念。他把人的类本质界定为"理性、爱和意志"或"理性、意志和心"。马克思主义承认人的"类本质"的存在，认为在美的规律中，最重要的莫过于"人的类本质"。⑥

① ［美］乔纳森·特纳：《情感社会学》，孙俊才、文军译，135 页，上海，上海人民出版社，2007。

② 彭聃龄主编：《普通心理学》，327 页，北京，北京师范大学出版社，2004。

③ 彭聃龄主编：《普通心理学》，326 页，北京，北京师范大学出版社，2004。

④ ［美］J. P. 霍斯顿：《动机心理学》，孟继群等译，3 页，沈阳，辽宁人民出版社，1990。

⑤ ［美］马斯洛：《动机与人格》，许金声等译，26 页，北京，华夏出版社，1987。

⑥ 吕世伦、张学超：《"以人为本"与社会主义法治》，见《中国法理学论坛》，35～37 页，北京，中国人民大学出版社，2006。

罗素认为，所有人类的活动，都是由欲望和冲动引起的。他还认为，人类的政治活动也是由动机引起的。他说道："如果要使政治学成为一门科学，如果要使逐日发生的事件不致经常令人感到震惊，那就必须使我们的政治思维更加深入人类行为的动机中去。"① 马斯洛也认为，"当我们探索人究竟想从生活中得到什么之时，我们就接触到了人的本质"②。因此，人的一般需要与人性或人的本质关系密切。

3.1.2　人的一般需要具有稳定性和普遍性

在解决了人的一般需要与人性的关系后，还有一个重要的问题必须解决，那就是人的一般需要的稳定性问题和普遍性问题（也就是阶级性问题，即是否有超阶级的人的一般需要问题）。

1. 人的一般需要是具有稳定性的，也就是人的一般需要是否固定不变的问题。这一问题如同什么是人的一般需要一样，存在着众多的争论。现代美国实用主义思想家杜威认为，人的一般需要既是不变的，又是可变的。但他又自相矛盾地说："我们应该首先承认在某种意义上，人的一般需要并不改变。我不相信能证明：人们的固有的需要自有人以来曾经改变过，或在今后人类生存于地球上的时期中将会改变……文明本身便是人的一般需要的改变之结果……依我的看法，（他的）关于人的一般需要的无限制的可塑性的看法是正确的……人的一般需要不变的理论，是一切可能的学说中最令人沮丧的和最悲观的一种学说。"③ 笔者认为，人的一般需要中的"最低限度部分"是固定不变的，最低限度以上部分则是可变的，随着社会历史环境的变化而发生变化。"最低限度部分"的人的一般需要就是本书在后面即将论述的人的一般需要公理部分。人的一般需要的"最低限度部分"是作为人成为人所"不得不"具备的最低标准需要或动机，如果"人"包括了从人类文明史以来所有的正常的个体的人，那么自然就具有稳定性，因为人的一般需要的公理部分是从古至今所有人的需要和动机的最小公约数；但是需要和动机的最低限度以上部分，不同历史时代的"人"相比将有所变化。所以，笔者认为休谟的论述是很有道理的。他说道："在各国各代的人类的行动中都有很大的一律性，而且，人

① 罗素：《伦理学和政治学中的人类社会》，肖巍译，159~160页，北京，中国社会科学出版社，1992。
② ［美］马斯洛：《动机与人格》，许金声等译，67页，北京，华夏出版社，1987。
③ 约翰·杜威：《人的问题》，付统先译，150~156页，北京，人民出版社，1962。

的一般需要的原则和作用乃是没有变化的。同样的动机常产生出同样的行为来；同样的事情常跟同一的原因而来。野心、贪心、自爱、虚荣、友谊、慷慨、为公的精神，这些情感从世界开辟以来，就是，而且，现在仍是，我们所见到的人类一切行为和企图的泉源；这些情感混合的程度虽有不同，却都是遍布于社会中的。你要知道希腊人和罗马人的感情、心向和日常生活是怎样的，你研究法国人和英国人的性情和行为就行了。"① 梅因认为，人类的本性是有稳定性的，"在我们智力的、道德的和体力的组成中，绝大部分是属于稳定部分，它对于变化具有巨大的抵抗力，因此虽然世界上一个部分的人类社会是明显变化多端的，但这些变化并非如此迅速，也不是如此广泛，以致其数量、性质及一般趋向会达到不可能确定的地步"②。

从 20 世纪 50 年代开始，将人类的基本价值系统化命名的理念逐步成为共识。人类价值理论认为，人类的基本价值就是人们渴望的、稳定的目标，这些目标是人类生活中的导向性原则。施瓦茨（Schwartz）提出了人的十大价值观动机，分别是自我导向、激励、快乐、成就、权力、安全、传统、利他、普世观、遵从。研究者为了验证这十大价值观动机是否能够代表全人类，在 18 个国家又进行了研究，增加了他们认为在当地很重要的价值外，并组织评价，结果显示，除了这十大核心价值观动机外，人们并没有普遍认可的新的价值观动机。③ 上述情况表明，人类的基本价值观动机是具有稳定性的，也在一定程度上证明人类的基本需要也是具有稳定性的。

2. 人的一般需要的阶级性问题。关于人的一般需要是否存在超阶级人的一般需要的问题，毛泽东同志也曾经作过如下论述，而他的论述在很长一段时间内成了人性问题的主流看法。他说："有没有人性这种东西？当然有的。但是只有具体的人性，没有抽象的人性。在阶级社会里就是只有带着阶级性的人性，而没有什么超阶级的人性。我们主张无产阶级的人性，人民大众的人性，而地主阶级资产阶级则主张地主阶级资产阶级的人性，不过他们口头上不这样说，却说成为唯一的人性。有些小资产阶级知识分子所鼓吹的人性，也是脱离人民大众或者反对人民大众的，他们的所谓人性实质上不过是资产阶级的个人主义，因此在他们眼中，无产阶级的人性就不合于人性。现在延安有些人所主

① 阎吉达：《休谟思想研究》，410 页，上海，上海远东出版社，1994。

② ［英］梅因：《古代法》，66～67 页，北京，商务印书馆，1959。

③ Shalom H. Schwartz："Basic Human Values：An Overview"，http：//www. fmag. unict. it/Allega-ti/convegno%207 - 8 - 10 - 05/Schwartzpaper. pdf，May 11，2008.

张的作为所谓文艺理论基础的'人性论',就是这样讲,这是完全错误的。"①
毛泽东在讲话中,实际上肯定了人性(人的一般需要)的存在,但是他又强调了人性并不是某种超阶级、超历史永恒的抽象物,而是具体的、现实的人性。在"阶级性"与"普遍人性"的关系上,阶级学说的经典表述是:只有具体的人性,没有抽象的人性。在阶级社会里就是只有带着阶级性的人性,而没有什么超阶级的人性。

　　笔者认为,在阶级社会,不同阶级的社会地位、社会关系不同,因而不同阶级存在着不同的人性成分也是正常的。但是,如果以人性的概念内不包括道德因素,只包括人的需要和动机为前提,并将最低限度的人性定义为一个社会内所有主要的正常成员都共同具有的需要和动机,那么不同阶级也具有很多人性共同点。在理论或抽象中,是可以有共同的人性的。比如,无论资产阶级还是无产阶级,都会有生存的人性、情爱的人性、参与社会的人性。恩格斯做过深刻说明:"一切人,作为人来说,都有某些共同点,在这些共同点所及的范围内,他们是平等的,这样的观念自然是十分古老的。但是现代的平等要求是与此完全不同的:这种平等要求更应当是,从人的这种共同特性中,从人就他们是人而言的这种平等中,引申出这样的要求:一切人,或至少是一个国家的一切公民,或一个社会的一切成员,都应当有平等的政治地位和社会地位。"②
由于人的一般需要是人权之源,所以对于人的一般需要的普遍性,可以借用李步云先生关于人权普遍性的论述,他认为:"人权的普遍性是指基本人权的底线的统一性,它是基于人类共同的人性和社会性、为保障人的生存需要和人格尊严而形成的最起码的要求和最低标准。人权的崇高性不是因为它标准高,而是因为它是'文明的公分母',具有超越任何文化或制度文明分歧的共同性。"③

3.1.3　人的一般需要是人权之源

　　林喆教授认为,"人权是指人按其本性所应当享有的在社会中得以生存和发展的自由度"④。也就是说,对人权的考察,离不开对人本性的考察,因为人权是由人本性派生而来的。正如林喆教授所说的,"人的共同特性就

---

①　毛泽东:《在延安文艺座谈会上的讲话》,1942。
②　《马克思恩格斯选集》,第3卷,142~143页,北京,人民出版社,1960。
③　李步云、龚向和等:《人权法的若干理论问题》,113页,长沙,湖南人民出版社,2007。
④　林喆:《何谓人权》,载《学习时报》,2004-03-01(B5)。

是人性。人权理论的基础是人性论，人性论是人权理论的重要基石之一"①。而人的一般需要则是人本性的重要组成部分，所以应该是人权的来源和基础。

中国的多数学者已经倾向于一种看法，即"人权的本原，应从人的自身即人的本质中去寻找，它不可能是任何外界的恩赐"②。有的学者认为，基于事实和逻辑的纯粹直线形的人权演进发展史，可以在理论抽象中简单地描述为：人（人权事实）→人权意识→人权观念→人权学说→人权理论→人权的实证化规范、制度与组织→人权的现实实现。③这个逻辑线路的源头就是人或人权事实，而人的一般需要是人或人权事实的重要组成部分。有的学者认为，个体人需要满足的几个必要逻辑要素就是：需求、生产行为、生产结果。在此基础上，才会产生权利，因为权利来源于私有制。④

人为什么要有人权？因为人"不得不"有针对人权内容的需要。人权从哪里来，也就是人权的本原问题。人权从人作为人的需要而来。马克思主义认为，"人权是人按其自然属性和社会属性说应当享有的权利，即人权的产生是由人自身的本性或本质所决定"⑤。人权的概念有广义和狭义之分。"广义的人权是自人类社会出现以来就有的，是人的心理与生理的一种要求，是人的自然属性和社会属性所决定、所产生的。""狭义的人权也即是近代意义上的人权。它以自由、平等、人道为其主要原则和基本特征，则是资产阶级革命的产物。"⑥ 所以，无论广义的人权，还是狭义的人权，它们的产生都是由人自身的本性或本质决定的，也就是由人性决定的。

《公民和政治权利公约》和《经济、社会和文化权利国际公约》也明确指出，人的"权利是源于人身的固有尊严"。1993 年，第二次世界人权会议通过的《维也纳宣言》重申："一切人权都源于人与生俱来的尊严和价值。"1988年，《美洲人权公约附加议定书》指出："人的基本权利并非源于某人是某国的国民，而是源于人类本性。"

---

① 林喆：《人性论，人道主义与人权研究》，载《法学家》，2006（6）。
② 李步云主编：《人权法学》，37 页，北京，高等教育出版社，2005。
③ 张文显主编：《马克思主义法理学———理论、方法和前沿》，310 页，北京，高等教育出版社，2003。
④ 莫纪宏：《现代宪法的逻辑基础》，195 页，北京，法律出版社，2001。
⑤ 李步云主编：《宪法比较研究》，433 页，北京，法律出版社，1998。
⑥ 李步云主编：《宪法比较研究》，426 页，北京，法律出版社，1998。

3.2　人的一般需要的分析

3.2.1　从个体的角度进行分析

对人的一般需要，本书是从个体的角度进行考察的。个体是指一个个基本性质相同的抽象的单个人，而不是群体人。这样安排的原因在于：第一，人类的认识活动就是"从个别到一般，再从一般到个别"这样往复的过程。概念的形成是从大量具体的考察对象中，以归纳的方式抽取考察对象的共同特征，再加工整理得出的。对人的一般需要的考察，离不开对一个个人的个体的考察、归纳。第二，由于人的一般需要是法律面对的人类形象的基础部分，最终是要与法律联系起来的，也就是要考虑到在法律科学方面的应用。尽管法律是对"类人"作出的规定，但法律得到真正的贯彻和遵守，是由个体来实现的，所以要考察作为单个人的人的一般需要。第三，从个体的角度进行分析，应用的是方法论个人主义（Methodological Individualism）。这一研究方法认为，"社会理论的研究必须建立在对个人意向和行为研究、考察的基础之上。分析研究对象的基本单元是有理性的个人……"[①] 法律经济学、古典经济学等学科均采用了这样的研究方法。人的一般需要，与法律经济学、古典经济学研究过程中人的偏好等内容具有较强的相似性，所以应采用这样的研究方法。

在这一层次的考察中，笔者将利用已有的人类学、生物学、心理学、社会学方面的研究成果，使对人的一般需要的认识建立在一定实践检验过的资料上，虽然有些一般仅需凭借正常判断就能够得出。使用生物学、生物社会学成果的原因在于，要尽量以理性的视角来考察人的最基本需要。按照爱德华·威尔逊先生的说法，就是尽量以自然科学的研究方法来观察人的一般需要："人类本性的指导者必须受到清晰的烛照以使我们能详尽地检视其作用。它们深藏于人的内部，而且是个善于伪装的东西，哲学家便经常掉进它所设置的陷阱中。唯一可以向前走的路乃是将人的本性当做自然科学的一部分来研究，其所要如此者乃是尝试将自然科学与社会科学及人文科学整合起来。"[②] 在考察过

---

① ［美］波斯纳：《法律的经济分析》（上），蒋兆康译，13 页，北京，中国大百科全书出版社，1997。

② 爱德华·威尔逊：《人类的本性》，7 页，福州，福建人民出版社，1988。

程中笔者将借助生物社会学的一些研究成果，原因正如同冯特所说的，"我们必须对动物心理学的这些事实进行观察，以便对人类的心理现象有所启示。我们注意到，就心理学家一方而言，另一个致命的倾向就是把用于人类的最高标准去测量人类的每种活动。……原始的、自然的冲动在人类社会中所起的作用竟如此经常地被完全忽视，这肯定是错误的。……动物心理学的证据以其一切可能的方面为人类社会生活之开端的自然性作了证明"[①]。

3.2.2 按照公理化的方法进行分析

所谓公理化方法，就是从尽可能少的无定义的原始概念（基本概念）和一组不证自明的命题（基本公理）出发，利用纯逻辑推理法则，把一门学科建立成演绎系统的方法。[②] 公理化方法中所体现的演绎证明为人类提供了严格思维的模式。欧几里得几何是人类科学研究中的第一个公理化体系。希尔伯特（Hilbert）后来进一步提出了形式公理系统，为公理化方法在社会科学中的应用奠定了基础。公理化的思维模式影响所及已远远超出了几何学甚至数学领域，对人类社会的进步和发展有不可估量的作用。在社会科学中，经济学是应用公理化方法开展研究成果最突出的学科之一。英国经济学家罗宾斯指出："经济理论的命题像所有科学学科的命题一样，显然是从一系列公设开始进行演绎的。"[③] 领导法国大革命和美国独立战争的思想家、政治家们都接受了欧几里得数学思维的影响，这种影响在《人权宣言》、《独立宣言》中都是可见的。[④]

根据郑成良教授的观点，法学主要研究三个方面的基本问题，即应然法、实然法、社会事实；对各个问题分别采取不同的研究方法，即价值判断分析方法、逻辑和语义分析方法、社会实证分析方法。因此，针对法学整体来应用公理化的研究方法，尤其是针对应然法的研究，是存在困难的；但笔者认为，针对实然法和社会事实的研究，是可以采用公理化的研究方法的，可分别采用形式公理化和实质公理化的研究方法。

[①] 威廉·冯特：《人类与动物心理学论稿》，李维、沈烈敏译，448～449 页，杭州，浙江教育出版社，1997。

[②] 魏磊：《法理学公理化方法的构建》，载《湖北经济学院学报（人文社会科学版）》，2007－01。

[③] 转引自邓春玲：《经济学中的人》，博士论文，东北财经大学劳动经济学专业，2005－04，1页。

[④] 冯晓华、李文林：《公理化的历史发展》，载《太原理工大学学报（社会科学版）》，2006－06。

虽然公理化的模式并不是万能的,但对于"人的一般需要"这类社会事实意义较多的课题,尝试使用公理化的研究方法,无疑是有益的,正如莫纪宏所说,"科学方法的核心乃是:将可以观察到的现象化简成基本的可验证的原则"。具体的益处为:首先,有利于明确讨论的范围。公理化的研究方法是从若干公理出发的,使得其作为科学理论逻辑起点是简洁、明了的,就可将讨论的范围集中在很明确的公理范围之内,避免漫无边际的"伪辩论"。其次,有利于研究过程的客观化。公理化的研究方法,会展示出从公理推导出定理的演绎过程,将推理的过程展示出来,有利于分析研究过程是否科学合理。最后,有利于研究的精确化。由于逻辑演绎能够有效地保证从真的前提绝不会导致假的结论,因此,只要遵守所有的证明规则,就能充分保证我们从真的公理中得出真的理论命题,从而避免模糊或先验式的研究。

公理化的方法,首先需要若干不证自明的基本公理,这些公理既不能相互矛盾,也不能相互推导得出,也就是具有相容性和不矛盾性。其次,从这些基本公理出发,用纯逻辑的演绎方法,一步一步地推导出所有的定理。查士丁尼在《法学总论》中将法律的基本原则确定为三个:为人诚实、不损害别人、给予每个人他应得的部分。这三个基本命题,可以理解为全书的公理。在法律价值推导方面,也是需要公理理论的。在分析人的一般需要时,本书将人的最基本需要抽象为公理层次的需要,在公理层次需要的基础上,再推导出各种定理层次的需要。

3.2.3 人的一般需要分为公理层次、定理层次和倾向性层次三个层次

莫纪宏认为,个人的需求分为确定性和不确定性两类。[①] 借助公理化的研究方法,笔者认为,人的一般需要包括公理层次、定理层次、倾向性层次三个方面。划分为三个层次主要是应用公理化的方法所致,公理和定理是两个必然的层次,倾向性层次的一般需要,则是对公理层次和定理层次人的一般需要的补充和修正。

公理层次的一般需要,以及由此种需要产生的规律性事物,就如同平面几何中"两点确定一条直线"公理、形式逻辑中的不矛盾律一样,是无须证明的;如果要证明就只能用"如果没有……会如何"的反证法来证明。人的需求是多方面的,但最基本的是与动物一样的求生本能,这种本能来自于自然法

---

① 莫纪宏:《现代宪法的逻辑基础》,196 页,北京,法律出版社,2001。

则。① 公理层次的需要就是"人之所以为人"的最基本的需要。这一层次的需要分别是生命健康需要、性需要、群体性需要、自由自尊的需要和学习及模仿需要。前两个需要是生理意义上的需要，是不言自明的。生命健康需要的满足是任何一个动物得以存活的前提，这包括饮食行为等人类个体生存所必需的行为类型。马斯洛认为，"在一切需要之中，生理需要是最优先的"，性需要"对于个体生存并不是第一性的本能，但对种族延续却是非常必要的。……尽管不同种属的动物其性行为有很大不同；但最基本的生理基础却是相似的"②。群体性需要、自由自尊的需要和学习及模仿需要三个需要，是人作为社会性动物所必需的。群体性需要作为公理层次的需要，可这样证明：人如果没有群体性的生活，而是完全离群索居的，那他就不是真正的人。自由自尊的需要，可这样证明：人如果没有了自由自尊，那就不是正常意义上的人。学习及模仿需要，是社会性动物的一种本能。"模仿学习的适应意义是很容易理解的，通过模仿可以更快地学会，因此可节省时间和能量。有些动物如猕猴，通过模仿同种其他个体行为可以学会吃什么和学会去哪里寻找食物。其他动物通过观察它们同伴的一举一动可以学会如何躲避危险。虽然种群中的每一个个体都有能力学会对其他成员的行为作出适当反应，但模仿常常是更加有效和风险较小的一种学习形式。"③ 所以，从有利于生存的角度来看，学习及模仿需要是应列入公理层次的。

定理层次的一般需要，是从公理层次出发，经过演绎逻辑推理，推导得出的。这一层次的需要共有 12 个，分别是对于物质财富的需要、使生命健康条件不断改善的需要、趋利避害的需要、言论及交流的需要、组成群体组织的需要、感情的需要、自我防卫的需要、自利的需要、有限利他的需要、对相互约束及秩序的需要、控制感的需要、对于公平的需要。这些需要均可由公理层次需要或经公理推导证明的定理层次需要演绎推理得出。

倾向性层次的一般需要，是指不在严格的逻辑推导过程中得出的人的一般需要，但其在现实中却具有倾向性的人的一般需要表现，主要通过经验观察的方法获得（各个层次的内容及关系具体见附件 1）。这一层次的需要包括获得社会不断认可的需要、权力欲望的需要、稳定性需要。这一层次需要的普遍性和稳定性显著低于公理层次和定理层次的需要。

① 何志鹏：《人权的来源与基础探究》，载《法制与社会发展》，2006 (3)。
② 沈政、林庶芝：《生理心理学》，136 页，北京，北京大学出版社，2007。
③ 尚玉昌：《动物的模仿和玩耍学习行为》，载《生物学通报》，2005 (11)。

在对人的需要的论证过程中，对每个层次内需要的种类，笔者较多地依靠了经验、直觉等方法。对于这种研究方法，可以从安东尼·德·雅赛关于"已经如此"、"理应如此"的权利的论述中获得支持：

> 某些权利之所以存在，是人们凭借经验就知道的事实。这些权利存在的证据，可以在契约、习惯、判例和成文法中找到。而另一些权利之存在或是人们声称它们之存在，靠的是道德上的直觉。这些权利之得到承认，并不靠有什么证据，证据是没有的。即使引用了"证据"来支持这些权利，这"证据"也只是涉及人皆有之的对人类天性的根本常理的理解，或是牵涉理性与礼貌使我们不得不遵守的道义命令。①

3.2.4　公理层次的人的一般需要分析

这一层次的人类需要有五类，是人类最低限度的需要，从真正的人类产生以来，就是固定不变的，分别为生命健康需要、性需要、群体性需要、自由自尊的需要、学习及模仿需要。

3.2.4.1　生命健康需要

每一个生物的最高欲求是"生命"与"健康"，人类最根本的欲求也是生命。卢梭说道："人性的首要法则，是维护自身的生存，人性的首要关怀是对于其自身应有的关怀。"② 对于生命健康需要的反证，就是人恐惧死亡。人类对于死亡以及死亡过程的最常见的反应就是恐惧。对死亡的态度随着年龄的变化而变化。

> 纳吉（Nagy）开展的研究表明，3~5岁的孩子不知死为何物；6~9岁的孩子认为死亡是存在的，但与己无关；9岁以上的孩子则认为死亡是不可避免的事件。对于青少年和处于成年早期的人，对死亡的恐惧和焦虑相对较低；中年人对于死亡的恐惧尤为显著；老年人对死亡的忧虑则是相对较低的。③

生命的一个最大特点就是它具有生殖力、扩散性。生命需要还表现为人对于生命延续的需要，尽管分娩是痛苦并有生命危险的，在当代已经实现了科学、安全避孕技术的情况下，妇女们仍然忍受痛苦和危险而繁衍下一代。在生

---

① ［匈］安东尼·德·雅赛：《重申自由主义——选择、契约、协议》，陈矛等译，64页，北京，中国社会科学出版社，1997。

② ［法］卢梭：《社会契约论》，何兆武译，9页，北京，商务印书馆，2003。

③ ［美］乔斯·B. 阿什福德等：《人类行为与社会环境——生物学、心理学与社会学视角》，王宏亮等译，664页，北京，中国人民大学出版社，2005。

命需要中，还包括保护生命、爱惜身体的内容，这个推理也是显而易见的，如果不保护生命，爱惜身体，就不可能满足生命需要。

生命不只具有个体性，而且还具有社会性和开放性，这在动物界也是有证明的：当人屠宰肉牛时，如果被其他牛看到或听到，其他的牛就会流泪、焦躁不安，所以，欧洲的肉牛屠宰厂都是在封闭的环境内屠宰肉牛，而在开放式环境下屠宰的中国肉牛很少符合欧洲的食物进口标准。

即使在极不人道的奴隶社会，奴隶的存在也首先是生命需要被满足的结果。查士丁尼的《法学总论》明确规定："奴隶（servi）一词的由来是：将领们命令把俘虏出卖，于是就把他们保存（servare）起来而不把他们杀掉。"①同时，他还从合理使用财产权的角度出发，要求"现在处于本皇帝统治下的人，都不准在没有法律上承认的原因时，用暴力对待自己的奴隶，或过分地虐待自己的奴隶。……毫无理由地杀害自己奴隶的人，如同杀害他人奴隶一样，应受同样处罚"②。

生命需要最明显的表现在于人对于食物的需要。在新生婴儿的早期反射行为中，存在着觅食反射，如用手指轻轻触碰新生儿脸颊靠近嘴边的地方，他就会转头寻找放在嘴边的东西。③ 对于生命和健康的需要的另一种表现就是对于财富的追求。

人为了维持生命（呼吸、心跳、消化、肌肉活动等）、生长、发育和进行各种活动，必须从食物中不断地获得能量，犹如汽车没有汽油就不能启动和行驶一样。人一天到底需要多少能量？这要取决于年龄、性别、体重、劳动性质、气候、体内新陈代谢个性和劳动熟练程度等。以一位男性、25 岁，体重65 公斤的机关办事员为例，睡眠为 8 小时，能量消耗为 560 千卡；工作 6 小时，能量消耗为 710 千卡；社交活动和家务 2 小时，能量消耗为 420 千卡；运动 20 分钟，能量消耗为 140 千卡；剩余安静活动为 7 小时 40 分钟，能量消耗为 750 千卡，则其全日能量消耗需要 2580 千卡。④

3.2.4.2 性需要

性需要就是对两性结合、性活动及心理的需要。性需要是人的本能需要，

---

① ［罗马］查士丁尼：《法学总论》，张企泰译，12 页，北京，商务印书馆，1989。
② ［罗马］查士丁尼：《法学总论》，张企泰译，12 页，北京，商务印书馆，1989。
③ 方富熹、方格主编：《儿童的心理世界》，57 页，北京，北京大学出版社，1989。
④ 刘继鹏、王喜生：《各种活动能量消耗率的新的表示方法》，载《解放军预防医学杂志》，1992(5)。

也是生命需要的一种表现。其生理基础在于人体激素的分泌，而激素是生物体内产生的一种特殊化学物质，它是人的一般需要产生的物质基础。

在性的基础上，发展了两性的结合，进而会形成人的婚姻。按照弗洛伊德的观点，性的需要贯穿人的一生。① 根据爱德华·威尔逊的观点，与动物比较来看，人的性行为是具有特殊性的：在各类高等哺乳动物中，对于性行为的热衷，只有狮子超过人类；在灵长类中，人类的性活动的强度与变化性是最为独特的；对于人类而言，性行为首先应被视为一种两性结合的方式，其次方为生殖的手段。② 马克思曾说："人和人之间的直接的、自然的、必然的关系是男女之间的关系……从这种关系的性质就可以看出，人在何种程度上成为并把自己理解为类存在物——人；男女之间的关系是任何人之间最自然的关系。因此，这种关系表明人的自然的行为在何种程度上成了人的行为，或人的本质在何种程度上对他来说成了自然。"③

性权利为人权之一，最终在世界性学会议上通过的《性权宣言》中得到了充分的肯定。1999 年 8 月 23 日至 27 日，世界性学会议 14 次会议通过了《性权宣言》。该宣言宣称："性是每个人人格之不可分割的部分，其充分发展依赖于人类的基本需要，诸如接触欲、亲密感、情感表达、欢愉快乐、温柔体贴与情恋意爱之满足。性由个人与社会结构之间的互动而构建，其充分发展为个人、人际和社会健康幸福所必需。性的权利乃普世人权，以全人类固有之自由、尊严与平等为基础。鉴于健康乃基本人权，故性健康亦为基本人权。为确保人与社会得以发展健康的性，所有社会必须尽其所能承认、促进、尊重与维护下列性权利。性健康乃为承认、尊重与实施此类性权之环境所产生。"性权利包括：性自由权、性自治权、性完整权与性身体安全权、性私权、性公平权、性快乐权、性表达权、性自由结合权、自由负责之生育选择权、以科学调查为基础之性咨询权、全面性教育权、性保健权。④

按照弗洛伊德的观点，性的需要贯穿人的一生。婴儿同样有性欲（性要求），他们通过肛门排泄、嘴含母亲的乳头来满足自己的性要求。这一点可以从动物界性未成熟动物的性游戏中得到证实。老人同样有性的要求。尽管性器

---

① 西格蒙德·弗洛伊德：《弗洛伊德后期著作选》，林尘、张唤民译，149 页，上海，上海译文出版社，1986。

② 爱德华·威尔逊：《人类的本性》，甘华鸣译，133~134 页，福州，福建人民出版社，1988。

③ 马克思：《1844 年经济学哲学手稿》，76 页，北京，人民出版社，1985。

④ 赵合俊：《性权与人权——从〈性权宣言〉说起》，载《环球法律评论》，2002。

官的功能衰退了，但老人需要老伴，需要依偎与抚摸，以及心灵上的安慰。这就是说，性器官只是达到性满足的重要途径之一。人在不同的年龄阶段，达到性满足的途径是不一样的。也就是说，性的需要是伴随人的一生而存在的。①

3.2.4.3 群体性需要

群体性需要是指"个人要与他人在一起，或者要加入某个团体的需要"②。群体性需要的具体内容包括以血缘和婚姻为纽带的亲情型群体需要、以长期交流和合作为纽带的同伴型群体需要、以相互交易为纽带的交易型群体需要等，其中最重要的是亲情型群体需要。作为社会动物，人类具有一种强烈的要求归属于或依附于有着亲密关系的他人的意愿。通过友谊或婚姻的方式，对亲密关系的需要得以满足，进而能够享受更好的物质和情感生活。

"人是群居动物，离开群体任何人都难以独立生活。"③ 这是在人类史上已经证明了的。所以，人类是天生的社会动物，同伴是人类的基本需要。通过与他人交流，我们得到情感上的支持和情爱，同时也与他人分享了愉快的经验。达尔文曾经指出："谁都承认人是一个社会性的动物。不说别的，单说他不喜欢过孤独的生活，而喜欢生活在比他自己的家庭更大的群体之中，就使我们看到了这一点。"④ 马克思说："最初人表现为种属群、部落体、群居动物……"⑤ 研究发现，被剥夺社会接触权利的个体会感觉到很大的压力并且在心理上受创。⑥ "人类存在的特点在于这一事实，即人是不能孤立生活、与世隔绝的；人不可能忍受这样的隔绝，他被驱使着去寻求（与他人的）关系和（人类的）一体性。"⑦

人对于群体性的需要在儿童时期就显示出来了，两岁左右的儿童喜欢和别的孩子一起玩。尽管他们游戏时是各玩各的，还是比一个人玩的时候情趣要高。而儿童逐渐长大后，他们在游戏中需要小伙伴的趋向也越来越明显。⑧ 心

---

① 西格蒙德·弗洛伊德：《弗洛伊德后期著作选》，林尘、张唤民译，149页，上海，上海译文出版社，1986。

② 沙莲香主编：《社会心理学》，第2版，北京，中国人民大学出版社，2006。

③ 朱景文：《比较法社会学的框架和方法——法制化、本土化和全球化》，461页，北京，中国人民大学出版社，2001。

④ ［英］达尔文：《人类的由来》，潘光旦、胡寿文译，163页，北京，商务印书馆，1983。

⑤ 《马克思恩格斯全集》，第46卷，上册，497页，北京，人民出版社，1979。

⑥ ［美］Elliot Aronson Timothy D. Wilson Robin M. Akert：《社会心理学》，侯玉波等译，224页，北京，中国轻工业出版社，2005。

⑦ ［美］詹姆斯·O. 卢格：《人生发展心理学》，陈德民、周国强、罗汉译，569页，上海，学林出版社，1997。

⑧ 方富熹、方格主编：《儿童的心理世界》，191页，北京，北京大学出版社，1989。

理实验表明，新生儿对于人的面容具有认知能力，说明从新生儿开始，人就有认同同类的倾向；与单独游戏相比，儿童更喜欢群体的游戏；新生儿非常需要亲近的接触；社会关系的活跃对人的幸福感发挥着重要作用，是它的必要条件。研究实验表明，让一些出生只有几天的婴儿看一张图画，图上有一个人脸、一个公牛的眼睛、新闻报纸和各种颜色的圆圈，婴儿会明显地偏爱人脸，大多数婴儿注视人脸的时间远远超过其他东西，说明婴儿对图画有选择能力。出生后两星期，婴儿能认识那些他看得最多的面容。①

麦奎尔（McGuire）认为，人们存在着亲和的需要，"人们希望与他人建立和发展有益的、满足的人际关系，与他人分享，成为某个群体的一员"②。亚里士多德认为，人是城邦的政治动物，家庭、城邦的形成出自人类自然合群的本性，人类天然有一种过城邦政治生活的愿望。实际上，不用引用名人论述，人的群体需要也是不言自明的：军队或监狱对于违反纪律者，有一个共同的惩罚措施——禁闭，使得违反纪律者失去与他人交流的机会，而被迫面对难挨的孤独、寂寞。达尔文也曾经指出："独自一个人的禁闭是可以施加于一个人的最为严厉的刑罚的一种。"③

联合国《囚犯待遇最低限度标准规则》第 61 条规定，囚犯的待遇不应侧重把他们排斥于社会之外，而应注重他们继续成为组成社会的成员。因此，应该尽可能请求社会机构在恢复囚犯社会生活的工作方面，协助监所工作人员。每一个监所都应联系社会工作人员，由此项人员负责保持并改善囚犯同亲属以及同有用社会机构的一切合宜关系。此外，应该采取步骤，在法律和判决所允许的最大可能范围之内，保障囚犯关于民事利益的权利、社会保障权利和其他社会利益。

3.2.4.4　自由自尊的需要

人具有强烈的自由倾向，反抗奴役是其天然的能力。自由、自尊是人类本性所求，它体现了人对于自身价值、尊严、人格和理想的执著追求。"人的自由与全面发展既是人的本质属性的必然要求，也是人的价值的最高目标。"④有自由的人，我们才承认他有基本的人格，他才能有社会创造力。正如哈耶克

---

① 彼德·罗赛尔英：《大脑的功能和潜力》，付庆功、腾秋立编译，24 页，北京，中国人民大学出版社，1988。

② 沙莲香主编：《社会心理学》，第 2 版，162 页，北京，中国人民大学出版社，2006。

③ ［英］达尔文：《人类的由来》，潘光旦、胡寿文译，163 页，北京，商务印书馆，1983。

④ 朱立言等：《哲学通论》，191 页，北京，中国人民大学出版社，1990。

所指出的，自由赋予了文明一种"创造力"，是它赋予了社会进步的能力。①
自由包括思想自由、言论自由、经济自由、政治自由等不同的内容，其中思想
自由是自由的最低限度，是任何时代都具备的。正如洛克所说的，"人类天生
是自由的"，"是在人所受约束的法律许可范围内，随其所欲地处置或安排他
的人身、行动、财富和他的全部财产的那种自由，在这个范围内他不受另一个
人的自由意志的支配，而是自由地遵循他自己的意志"。②

哈特（Harter）的研究表明，儿童发展出一种全面的自我价值感受。在儿
童四岁的时候，他们就已经发展出一种自我尊重或自我价值的感知，但是在八
岁左右，他们才能用语言表达、描述这种感知。儿童从周围人群中感知到的积
极性、主动性是自我价值的一个重要变量。随着儿童年龄的增长，周围人群中
同龄人的作用逐渐超越了父母。

自由自尊的需要可以通过对奴隶社会的考察得到支持。真实而正式的奴隶
制度大都会以相同的生命周期反复传递下去，从它的开始便逐渐滋长出来的特
殊环境以及人类本性中的顽固性质，终会导致它的毁灭。假若他们（指奴隶）
就像善于分工的红蚁一样把奴隶制度视为自然反应的结果，那么奴隶社会便可
能会变得永恒不灭。但是我们所承认的哺乳类（包括人类）的基本天性推翻
了这种可能性。奴隶们在强大压力下仍会坚持要像个人样，而不会像奴隶性的
蚁类、长臂猿及其他物种那样，他们怠工、反叛、破坏，从而整个社会体系也
就渐渐地衰微了。③

弗洛姆也曾说过，人可以使自己适应奴役，但他是靠降低他的智力素质和
道德素质来适应的；人自身能适应充满不信任的、敌意的文化，但他对这种适
应的反应是变得软弱和缺乏独创性；人自身能适应需要压抑性要求的文化环
境，但在实现这种反应的过程中，正如弗洛伊德所指出的那样，人发生了神
经症。④

现代社会管理科学的发展路径，也可以证明人对于自由的需要。古典管理
理论在提高劳动生产率方面虽然取得了显著的成绩，却激起了工人特别是工会
的反抗，使得欧美等国的统治阶级感到，单纯用科学管理等传统的管理理论和
方法已不能有效地控制工人，不能达到提高生产率和利润的目的，必须有新的

---

① 〔英〕哈耶克：《自由秩序原理》，邓正来译，19 页，北京，三联书店，1997。
② 〔英〕洛克：《政府论》（下篇），叶启芳、瞿菊农译，84 页，北京，商务印书馆，1995。
③ 爱德华·威尔逊：《人类的本性》，76 ~ 77 页，福州，福建人民出版社，1988。
④ 冯川主编：《自为的人》，80 页，北京，改革出版社，1997。

企业管理理论来缓和矛盾，促进生产率的提高。在这种情况下，行为科学理论应运而生。

儿童自尊或自我价值的严重挫伤，会带来严重的后果。很多罪犯都有在儿童期被严重挫伤的情况。

1994年，波顿（Burton）等首先报告了男性青少年犯是经历多重精神创伤和发生 PTSD 的高危人群，其中，24% 的犯人通过自我报告符合 DSM - III - R 中 PTSD 诊断标准。俄罗斯鲁奇金（Ruchkin）等对 370 名 14 ~ 19 岁在押男性青少年犯进行调查，发现其中 96% 至少经历过一件创伤性事件，82% 为多重创伤；最常见的是暴力相关的精神创伤；42% 部分符合 DSM - IV 的 PTSD 诊断，25% 完全符合 PTSD 诊断。[①]

马格利特（A. Margalit）在《正派社会》中提出，自尊构成人平等相待的基础，保障自尊要从"不羞辱"做起。"不羞辱"是一个正派社会的原则，因为羞辱会剥夺人的自尊，不把人当人，"羞辱"是"任何一种行为或条件，它使一个人有恰当的理由觉得自己的自尊心受到了伤害"，"羞辱把一个人从人类共同体中革除，使一个人失去了（对自己生存的）基本把持"。[②]

3.2.4.5 学习及模仿需要

威特罗克认为，学习是描述那种与经验变化过程有关的一种术语。它是在理解、态度、知识、信息、能力以及经验技能方面学到相对恒定变化的一种过程。模仿（imitation）是指动物通过观察其他个体的行为表现而改进自身的技能和学会新技能的能力。这种学习类型在社会性动物中出现的频次要比独居性动物多得多，所以又称社会性学习（social learning）。[③]人是一种学习型动物。人的行为只在有限的范围内是本能的，大量的是学习得到的。

古代希腊哲学家亚里士多德认为求知就是人的本性。他说，求知是人的本性。我们乐于使用我们的感觉就是一个说明；即使并无实用，人们总爱好感觉，在诸多感觉中，尤重视觉。无论我们将有所作为，或竟是无所作为，较之其他感觉，我们都爱视觉。理由是：能使我们认知事物，并明察事物之间的许

① 黄国平：《女性服刑人员中精神创伤与创伤后的应激障碍（PTSD）的关系以及 PTSD 的心理学、认知功能、神经生化研究》，博士论文，3 页，中南大学湘雅二医院，2006 - 06。
② 徐昕：《正派社会和制度公正》，见吴敬琏、江平编《洪范评论》（第 8 辑），252 ~ 253 页，北京，中国法制出版社，2007。
③ 尚玉昌：《动物的模仿和玩耍学习行为》，载《生物学通报》，2005（11）。

多差别，此于五官之中，以得之于视觉者为多。① 英国哲学家伯特兰·罗素认为求知是人类最主要的冲动，获得知识使人感到愉快。这两位哲学家的论述是从理论思维得出的，实际上人的学习和模仿需要是有着生理基础的。

关于出生婴儿的实验，也对人的学习及模仿需要进行了论证，说明出生婴儿有认识环境的欲望和能力。现在已证明，婴儿出生时就有发育得很好的感觉器官，他能清楚地辨认图案。爱丁堡大学的汤姆·鲍尔对婴儿的知觉做了大量研究，他的研究表明婴儿刚一出生就能体会到三维的世界。用偏振双目镜可观察到婴儿的左眼和右眼能见到不同的映像，他建立了在婴儿前面有个固体物体的视错觉。他发现新生儿甚至伸出他的手来摸这一物体，但一旦他的手在空中没摸到固体物体而扑空时，婴儿开始哭了。这点证明婴儿在出生时就期望摸到所看见的物体，也说明视觉和触觉的统一性。

新生儿也能识别人的面容。大多数婴儿注视人脸的时间远远超过注视其他东西的时间，说明婴儿对图画有选择能力。出生后两星期，婴儿能认识那些他看得最多的面容。②

从生物科学来看，人的特殊生育和成长过程——"幼态持续"③，形成了人学习和模仿的客观需要，也为人的学习和模仿提供了良好的条件。古尔德说：人类的婴儿是胚胎。人类的早产，使得人类具有漫长的幼年成长期，而这漫长的成长期，形成了人的一般需要中学习和模仿的需要。④ 按照利基的说法，如果生长中的儿童和成人的身体尺寸有大的差别，则儿童可以更好地向成人学习，可以建立起师生关系。如果幼儿身材是按照与猿相似的生长曲线所能达到的高度，这可能产生对抗而不是师生关系。

人类通过强化的学习变成人。人类不只是学习维持生存的技能，而且还学习传统家族关系和社会规律等，也就是文化。文化可以说是人类的适应，儿童期和成熟期的不寻常形式使这种适应成为可能。

"在漫长的幼年期，婴儿和少年的主要学习方式是什么？是模仿。模仿在

---

① ［古希腊］亚里士多德：《形而上学》，吴寿彭译，980页，北京，商务印书馆，1959。

② 彼德·罗赛尔英：《大脑的功能和潜力》，付庆功、腾秋立编译，23~24页，北京，中国人民大学出版社，1988。

③ 人类进化过程中脑的增大和女性骨盆结构之间存在矛盾：为使胎儿那硕大的头颅能够娩出，就需要女性有更宽的盆骨，但人类盆骨的宽度已经达到极限，有效的两足行走的工程学的需要设定了这个限度，再宽就无法直立行走而只能爬行。结果是在婴儿的脑容量发育到适当的时机就出生，而不是发育到过大时再出生。分娩策略就使得人类婴儿出生后极为软弱无力，极为依赖双亲照料。这种婴儿形态就会导致"幼态持续"（neoteny）现象。

④ 郑也夫：《人的本性：生物学的启示》，载《社会学研究》，1999（5）。

一切文化传递中都扮演着重要的角色，在幼年期学习文化的过程中尤其如此。"①

学习模仿的需要与其他需要的区别在于，在人的未成年期，该需要更多的是由主体以外的人或组织明确地提出，并提供满足需要的相应条件；即使在人的成年阶段，该需要的提出也要有外部刺激才会表现得明确和具体，如人在体会到竞争或生存压力后，学习的需要才很明确。

麦奎尔认为，人们存在着模仿的需要，"人们往往自觉或不自觉地参照他人的行为来行动。人们喜欢那些看起来与自己相似的人，这种现象就是模仿需要的一种表现"② 我们非常容易地发现，当行为者很难决定什么样才是最好的行为的时候，以及在寻找有效行为的成本很高的情况下，往往会去模仿他人。模仿远比创新要简单也更为实用。

3.2.5 定理层次的人的一般需要分析

3.2.5.1 对于物质财富的需要

对于物质财富的需要，是指人必须有一定的物质财富才能生存发展的状态，也是一种为追求物质财富而从事社会活动的倾向。这是由生命健康需要等所有公理层次的需要综合推导得出的。这种需要就是增加物质财富，比如食物、货币等。只有获得了一定的物质财富，人们才能生存并保证健康，它也是婚恋、社会交往和学习的重要物质基础。由于这种需要是直接、明了的，笔者就不再详细论述。

韦斯特（D. J. West）和法林顿（D. P. Farrington）对少年犯罪人的调查表明，最常见的犯罪动机是获利动机，少年犯罪人之所以盗窃，就是为了获得财物。③

3.2.5.2 使生命健康条件不断改善的需要

使生命健康条件不断改善的需要，是指人在关系到生命健康的条件方面，具有"要求更多一些"的倾向。这是从公理一"生命需要"推导出来的。人既然要使其生命延续、生命维持，物质就要持续不断地供应。在人自身的生命延续得以实现后，又希望其后代的生命需要得到满足。在单个人或群体的基本生命存活条件实现后，公理一又会产生新的推动力，推动主体继续满足生命需

---

① 郑也夫：《人的本性：生物学的启示》，载《社会学研究》，1999（5）。
② 沙莲香主编：《社会心理学》，162 页，北京，中国人民大学出版社，2006。
③ 罗大华主编：《犯罪心理学》，333 页，北京，中国政法大学出版社，2007。

要，就使得主体改进生命存活条件。该需要在现实中的表现，就是人们对于金钱的渴望与追求。生命健康条件，不但包括物质条件，也包括地位、荣誉、安全等精神方面的条件。

马斯洛的心理学说认为，人几乎总是希望着什么，这是贯穿他整个一生的特点。需要某种东西本身就意味着已经存在着其他需要的满足。除了以相对的或递进的方式外，人类从不会感到满足。① 麦奎尔认为，人们存在着自我维护的需要，"人们要维护自己的自我价值感，增加自尊和他人对自己的尊重"②。奥地利精神病学家阿德勒认为，"追求优越"是儿童和成人共有的倾向，任何力量也无法消灭。人总是力图从低劣地位上升到优越地位，这是人类普遍的、基本的活动动力，这种动力从早期开始一直持续一生。③ 正是这种希望着什么且"要求更多一些"的倾向，可以理解为人类社会腐败现象的个体根源。正如刘金国教授所说，"导致权力异化并且形成腐败的因素很多，但究其根源，不外乎两个因素：一个是权力本身所具有的被腐败的可能性，另一个是权力主体的私欲"。④

为什么有的人很富裕了还要继续工作，创造财富？心理实验已证实，一个人被剥夺刺激后，会产生不适应、痛苦。在实验环境中，除了进餐和上厕所外，被试者只能躺在舒适的帆布床上，不许做任何事情，而且看不到、听不到、嗅不到、触摸不到任何东西。被试者开始可以安然入睡，但两三天后，他们便无法再忍受这极端单调的环境了。维持大脑的觉醒度（皮层张力），需要有不断传入的外环境和内环境的刺激。缺少外界新异刺激，缺少学习、劳动和社会活动，百无聊赖，可使人感到单调、寂寞和压抑。上述"感觉剥夺"的实验，至少会使主体感到不安、无聊，严重时使思维过程受到扰乱，智力测验成绩下降。

3.2.5.3　趋利避害的需要

趋利避害的需要，是指人追求利益、躲避危害不利的一种倾向。这是由公理一"生命需要"和定理一"使生命存活条件不断改善需要"共同推导得出的。公理一使人珍惜生命、爱惜身体、重视安全。人会逃避危险、远离灾害，也就是使得人产生避害的需要。个体在恐慌时常伴有一种特殊生理状态，即肾

① 马斯洛：《动机与人格》，许金声等译，29 页，北京，华夏出版社，1987。
② 沙莲香主编：《社会心理学》，161 页，北京，中国人民大学出版社，2006。
③ 罗大华主编：《犯罪心理学》，214 页，北京，中国政法大学出版社，2007。
④ 刘金国：《权力腐败的法律制约》，载《中国法学》，2000（1）。

上腺分泌大量的汁液流入血管，使有机体呈激动的状态，并发生逃避的活动，如搔刮、退缩、移动等。而维持生命和不断地改善生存条件的需要，使人会追逐利益、扩大利益，这就是人趋利的需要。趋利避害的需要，也可以理解为对安全的需要。"安全，在客观意义上，表明对所获得价值不存在威胁，在主观意义上，表明不存在这样的价值会受到攻击的恐惧。"①

心理学研究证明，有机体遇到不快的情境即引起逃避的活动，遇到快活的情境即引起追求的活动。爱丁堡大学的汤姆·鲍尔的实验表明，婴儿天生就有识别好闻和不好闻的气味的能力，当他嗅到不好闻的气味时就把头转开。

对于犯罪嫌疑人而言，畏罪是基本的心理状态，是害怕罪行被披露而受到处罚的一种心理状态。1997 年进行的对京津两地看守所在押的 1104 名犯罪嫌疑人的调查结果表明，在各种心理状态中，畏罪心理是最突出的。犯罪嫌疑人最突出的畏罪心理是"害怕蹲监狱"，其次是认为"被抓、被判刑是没有面子的事，同时也害怕家人为此受连累"，"想念家人，害怕判刑以后见不着他们"，以及担心判刑后与以前的生活失去联系。②

由于人要维护生命、保持健康，就必须保护与此相关的利益，也就产生了自利的心理和行为倾向。在性方面，人的自利是无须证明的。自利与损人利己的道德判断是两个不同的概念。自利是一个过程，是为了维护个体的利益而积极追求并保证的过程，不会有为了其他因素而主动谦让的可能。休谟说过，"我们承认人们有某种程度的自私；因为我们知道，自私和人的一般需要是不可分离的，并且是我们的组织和结构中所固有的"③。自利这一需要也是有生物学基础的。首先，生物是有遗传性的，而遗传性是由于生物细胞核中的染色体内 DNA 含量比较稳定，DNA 具有自我复制的功能，通过基因进行遗传。DNA 的基本功能有两个：一是通过自行复制，在生物的上下代之间传递遗传信息；二是在个体发育过程中，使得遗传信息再表达出来。其次，基因在很大程度上决定了它的所有者的行为方式，并且通过遗传影响下一代的特征。如果生物群体中一些个体不带有自私基因，那么就会有较多非自私行为，自然就包括利他行为；而利他行为会使得这些个体牺牲或减少自身生存或繁殖的机会，长时间如此会使其后果无穷放大，到了一定的程度后，在残酷的自然选择压力下，这个生物群体就会越来越难以生存和维系下去，而这是与生命需要公理相

---

①　转引自王逸舟主编：《全球化时代的国际安全》，35 页，上海，上海人民出版社，1999。

②　转引自罗大华主编：《犯罪心理学》，333 页，北京，中国政法大学出版社，2007。

③　［英］休谟：《人性论》，关文运译，郑之骧校，625 页，北京，商务印书馆，1991。

违背的。

3.2.5.4 言论及交流的需要

言论及交流的需要，是指人具有发表言论、进行交流的需要。这是由群体性需要和自由自尊的需要推导而来的。人由于在人类群体之中生活和生产，就需要表达彼此的意思，形成社会联系。"人完全是因为与其伙伴个人联系才在智力上、道德上、文化上和情感上不断成长的。"①

自由自尊的需要也会导致对"言论及交流的需要"。由于人需要体现自尊，就需要表达自己的主张和见解，自然需要言论和交流的自由。"人类的智慧与意志也只有通过表达，才能集思广益，成为社会共同的财富，也才能推进社会的进步。②"

3.2.5.5 组成群体性组织的需要

组成群体性组织的需要，是指人为了生产和生活而组合在一起，形成家庭以外的组织形态的需要。组成群体组织的需要是由"群体性需要"所推导出来的。人的生产和生活是在群体中才能进行的，这就需要有不同的组织体系来维系合作和交流。这种组织形式是多种多样的，如家庭、村落、国家、行会、公司、社团等。"人类为了对抗强大的自然力量，必须过群居生活，天生有结社需要。人类一开始就处于部落社会共同体中，结社权实际上是人类天赋的政治人权。"③

制度经济学方法承认，人们确立双向的关系并需要各种持续的群体结合。④ 这种群体结合能够使人们体验到一种深深的满足，并给人一种认同感和安全感。人们通常从属于相互重叠的不同群体和组织。例如，我们是家庭、单位、俱乐部、宗教团体的成员。

组织是各种资源的结合体，一般是由其领导层以层级制方式来协调的。人类组成组织可以提高合作的效率，增加整体的能力。在组织内，一般会有明确的分工，可以更好地发挥组织成员的专业胜任能力；成员比较认同的信息沟通方式，能够提高交流的效率；最重要的是能够在组织内建立一个信任机制，提高交易效率；组织内一般会有规则作为维系成员行为的纽带，这种规则分为隐

---

① ［德］柯武刚、史漫飞：《制度经济学——社会秩序与公共政策》，韩朝华译，70 页，北京，商务印书馆，2002。

② 李步云主编：《人权法学》，155 页，北京，高等教育出版社，2005。

③ 李步云主编：《人权法学》，161 页，北京，高等教育出版社，2005。

④ ［德］柯武刚、史漫飞：《制度经济学——社会秩序与公共政策》，韩朝华译，71 页，北京，商务印书馆，2002。

形和显形两类，包括既定程序、工作惯例和常规中的诀窍。

3.2.5.6　感情的需要

感情的需要是指人对获得感情体验、表达感情诉求的需要。这是由公理一"生命健康需要"、公理二"性需要"、公理三"群体性需要"推导得出的。既然人要使得生命延续，就会有上下代之间、亲属之间的亲情；人有性的需要，在选择性伙伴过程中就会产生异性相互倾慕的爱情；有群体性的需要，就会在社会交往中产生友情。诺尔曼·丹森认为："人就是他们的情感。要知道人是什么，必须懂得他们的情感。反过来说也一样，要知道什么是情感，就必须理解我们称为人的这个现象。"①

三个月大的孩子就可以分辨出别人的一些情绪，儿童不需要教就会发怒、害怕和高兴，愤怒、恐惧、惊奇、厌恶、高兴和悲伤六种主要情绪能够在新生儿那里分辨出来。大量的研究证据表明，人类具有一系列共同的情绪，而且这些情绪的面部表情也是非常一致的。② 人的面部有高度发展的表情肌，不同的表情肌是与特有的情绪反应有关的，所以情绪的面部表情具有一定的本能性。艾克曼（Ekman）及弗瑞森（Friesen）研究巴布亚新几内亚一个与世隔绝的部落成员，他们能通过照片识别西方人不同情绪的面部表情。研究表明，盲人与视力正常人的面部表情也极相似。③

在公理层次的"自尊的需要"也是一种感情的需要。庄子在《德充符》中说道："人而无情，何以为人。"弗雷德里克·巴特在《斯瓦特巴坦人的政治过程》中描述道："作为冲突的一个根源，对男人的荣誉的威胁和对他的土地所有权具有同等重要的意义。……如果一个巴坦人不想永远失去人们对他的尊敬，他就必须在各种侮辱、任何给他带来'耻辱'的行为或条件下站起来捍卫自己的荣誉。"④

感情的需要在法律上是有着应用和体现的。大多数国家的法律一般都认为，侵害他人生命会给死者近亲属带来极度的精神痛苦，因而死者近亲属依法享有他们自己固有的精神损害赔偿请求权，也就是大陆法上的近亲属非财产损害赔偿责任问题。

---

① ［美］诺尔曼·丹森：《情感论》，魏中军、孙安迹译，4 页，沈阳，辽宁人民出版社，1989。

② ［美］Robert E. Franken：《人类动机》，郭本禹等译，222 页，西安，陕西师范大学出版社，2005。

③ 徐斌主编：《生理心理学》，105～106 页，北京，中国医药科技出版社，2006。

④ ［英］弗雷德里克·巴特：《斯瓦特巴坦人的政治过程——一个社会人类学研究的范例》，黄建生译，118 页，上海，上海人民出版社，2005。

《瑞士债务法》第47条规定，对于致死或伤害，法院得斟酌特殊情事，允许受害人或死者遗族，以相当金额之赔偿。日本民法第711条规定，害他人生命者，对于受害人的父母、配偶及子女，虽未害及其财产权，亦应赔偿损害。

3.2.5.7 自我防卫的需要

自我防卫的需要是指人保护自己利益、避免损害的一种本能或倾向。这是由公理一"生命健康需要"、定理二"趋利避害"推导得出的，人要使生命得以延续，维持健康的状态，就要保护自身和维持生命的物质财富。自我防卫是"人与其他动物共有的侵犯性，这是当他的生存利益受到威胁时，所产生的攻击（或逃走）冲动，这是种族发生史演化出来的冲动。这种良性侵犯，是个体和种族的生存所必需的，它是生存适应性的，而一旦威胁消失，它也跟着消失"①。实际上，良性侵犯还包括了为了争夺地域和统治地位而开展的进攻性活动，统治地位具有求生的价值，可以更好地满足生命需要。"人类有一种强烈的本能，面对外部威胁，他们会因仇恨而做出丧失理智的反应，其敌对情绪会逐渐升级，终于战胜外来威胁，以确保自身安全。"②

将人类的攻击行为视为基因与环境交互作用而产生的有结构、可预测的模式，是符合进化理论的。攻击行为确实是学习而来的，但学习是先天有准备的。有一种很强的先天倾向，使我们在某些可确定的情况中，易于滑入深深的非理性敌意之中。敌意有个很危险的本事，就是不费吹灰之力地自喂自食，而且可以自身发火、加热，使自己轻易地演变成隔阂与暴力。

领域性是攻击行为各种变象中的一种。人类采猎者所保卫的地区，正是最具有经济上可防卫性的地区。③ 亚当·斯密认为："法律的目的在于防止损害。一个人有权利保护他的身体不受伤害，而且在没有正当理由剥夺自由的情况下有权利保护他的自由不受侵犯，这是毫无疑问的。"④

除了物质方面的防卫需要外，人还具有着精神方面的防卫需要。麦奎尔认为，人们存在着自我防御的需要，"每个人都有自己的自我形象，如果人们的认同或自我形象受到威胁，就会产生自我防御的需要，出现防御性行为"⑤。

---

① E. 弗洛姆：《人的破坏性剖析》，孟祥森译，北京，中央民族大学出版社，2000。
② ［美］爱德华·O. 威尔逊：《论人性》，107～108页，杭州，浙江教育出版社，2001。
③ ［美］爱德华·O. 威尔逊：《论人性》，99、101页，杭州，浙江教育出版社，2001。
④ ［英］坎南：《亚当·斯密关于法律、警察、岁入及军备的演讲》，陈福生、陈振骅译，32、35页，北京，商务印书馆，2005。
⑤ 沙莲香主编：《社会心理学》，161页，北京，中国人民大学出版社，2006。

自然法学派代表洛克认为，如果有谁盗窃了私有财产，哪怕被盗的东西微不足道，依据自然法，也有把小偷置于死地的权利，即强调正当防卫是天赋人权之一，对于正当防卫的强度没有任何限制。日本刑法典第 36 条规定："为了防卫自己或他人的权利，对于急迫的不正当侵害不得已所实施的行为，不处罚。"1958 年，德国联邦宪法法院在"吕特判决"中提出了"防御权"的理念。

3.2.5.8   有限利他的需要

有限利他的需要是指人存在着帮助他人获得利益的倾向。这是由公理三"群体性需要"、公理五"学习及模仿需要"、定理三"感情的需要"、定理五"自利的需要"推导得出的。摩莱里生动地写道："人始终不渝地谋求幸福；他的软弱无力不断提醒他：没有任何他人的帮助，无法得到幸福。"①

一般而言，人类的有限利他具有下列特征：第一，一般而言人们愿意帮助别人，即使对陌生人也是如此。人们利他首先是帮助基因亲属以利于基因的延续，其次是遵循互利规范有利于生存。第二，利他倾向并不是稳定的。当移情和同情发挥作用时，人们热心于帮助别人；反之，有时候则很勉强，有时不愿意帮助别人。即使在同样的环境条件下，人们也会根据自己的意愿不断变化。第三，不同的社会环境下，有不同的利他行为。在乡村环境中助人行为更有可能发生，而在城市则会少；当旁观者多时，利他行为出现的可能性会降低。

由于人的活动离不开周围的群体，因此会不断产生互惠的利他行为；人特殊的成长过程，使得接受长期的道德教育成为可能，因此会产生道德约束下的利他行为。根据生物社会学派的观点，"利他之举的形式和强度有一大部分是文化决定的。其中有一个要点，即行为背后的情绪在所有的人类社会中都已强烈地表现出来，只有这一点可以认定为是通过基因进化的"②。感情需要的实现，更离不开相互的交流，就会产生亲缘选择的利他行为；而利他是有限度的，原因就在于人仍然要优先考虑其自身利益。生物社会学派对于这一点也是有着同样的论断，爱德华·威尔逊坦然承认："关于人类的利他性的进化论，由于掺入了利他性当中所具有的自利性质，因而变得相当复杂。我们所确认的各种利他性中，没有一种是彻底的自我灭绝。大多数崇高的英雄主义者们的生

---

① ［法］摩莱里：《自然法典》，黄建华、姜亚洲译，90 页，北京，商务印书馆，1982。
② ［美］爱德华·威尔逊：《人类的本性》，甘华鸣译，146～147 页，福州，福建人民出版社，1988。

命都交付在对于大酬赏的期待中。"①

近年来的基因研究发现，人类存在着利他主义基因。由以色列西伯莱大学心理学家爱伯斯坦领导的研究小组通过长期研究，从遗传学角度，首次发现了促使人类表现出利他主义行为的基因，其基因变异发生在 11 号染色体上。调查发现，大约有 2/3 的人携带有利他主义基因。而且，利他主义基因只是决定人类表现出利他行为的一部分原因，另一部分原因则来自外界环境的影响，如教育等。以牺牲个人利益来成全他人的利他主义，往往会冒着伤害自身利益的风险，难以符合进化论规律，因而成为进化理论研究中的难解之题。研究发现，利他主义基因可能是通过促进受体对神经传递多巴胺的接受，给予大脑一种良好的感觉，促使人们表现出利他主义行为的。②

诺斯在《制度、制度变迁与经济绩效》一书中指出，"人类行为比经济学家模型中的个人效用函数所包含的内容更为复杂。有许多情况不仅是一种财富最大化行为，而是利他的和自我施加的约束，它们会根本改变人们实际作出选择的结果"③

3.2.5.9 对相互约束及秩序的需要

这一需要是由所有公理和定理推导得出的。由于人要实现自己的生命延续、性欲望满足、学习与模仿等需要，又要参加群体组织，不断改善生存条件，还有感情的需要、自利和有限利他的需要，个体之间必定要有一种相互约束的需要，避免一部分人的公理性需要不能实现，丧失了人存在的条件和资格。在很大程度上，相互约束是建立在人不同个体、群体对于利益的理性判断基础上的。

这种相互约束或义务在原始社会就是存在的。英国人类学家马林诺夫斯基在对特罗布里安德岛的田野调查结束后，这样说道："原始社会确实存在着积极的、具有灵活性和有约束力的各种义务，它们相当于更为发达的文化中的民法；这些义务的互惠的影响力、公开的规定和系统的方式，为法律和秩序提供了主要的约束力。"④

迪斯奇（M. Deutsch）是实验室模拟研究方面最有影响的学者。他创造了

---

① [美]爱德华·威尔逊：《人类的本性》，甘华鸣译，147 页，福州，福建人民出版社，1988。

② 陈惠雄：《经济人假说的理论机理与利己一致性行为模式》，载《社会科学战线》，2006（4）。

③ [美]诺斯：《制度、制度变迁与经济绩效》，刘守英译，29 页，上海，上海三联书店，1993。

④ [英]马林诺夫斯基：《原始社会的犯罪与习俗》，原江译，81 页，昆明，云南人民出版社，2002。

一个模拟实验，即货运模拟实验。实验假设两个人设想各自都经营着处于竞争状态的货运公司，两家公司都靠在 A、B 两地之间运输货物而获益，显然 A、B 两地之间的距离越短，公司的获利就越大。模拟实验中 A、B 两地之间有一长一短两条货运路线。较短的一条是单行线，两家公司不能同时使用。如果双方都无法支配对方，理性的方法就是双方达成协议，平均获利。如果双方力量悬殊，强势一方破坏规则，不平等地获取更多的利益，另外一方也会采取各种手段报复这种威胁，双方将会把大量的精力和资源消耗在持续的控制与报复的冲突之中。模拟实验的结果表明，冲突情境下双方获得的利益少于他们地位平等时的利益，而通过协议双方可各自获得利益。

人存在着对秩序的需要，这可以追溯至人的精神之中的两种欲望和冲动：第一，人具有重复在过去被认为是令人满意的经验或安排的先见取向。第二，人们从心底里反感人际关系受瞬时兴致、任性和专横力量的控制，而不是受有关权利义务对等的合理稳定的控制。秩序的存在是人类一切活动的必要前提。希腊早期的智者派中普罗泰哥拉认为，法律是相互作用着的人们，为了不致在相互的冲突中共同毁灭而共同创造出来的。另一位智者派人物吕科弗隆则认为法律是"人们互不侵害对方权利的临时保证"①。

博登海默认为："历史表明，凡是在人类建立政治和社会组织的地方，他们都曾力图防止不可控制的混乱现象，也曾试图确立某种适于生存的社会形式，这种要求确立社会生活有序模式的倾向，绝不是人类所作的一种任意专断或违背自然的努力。"② 甚至，"如果不依靠过去的经验，我们就无法使自己适应这个世界的形势，甚至都有可能无法生存下去。"③ 所以，秩序是人类社会存在的必要条件和标志。秩序同时是社会发展的条件。"社会历史的发展史说明，缺乏一定的社会秩序，社会系统由于失去社会进步所依赖的稳定的社会环境而导致发展的长期停滞。"④

3.2.5.10 控制感的需要

对于控制的需要可能是人类最基本的需要之一，它来自于人类对可预见环境的需要，个体获得并保持控制是其生存所必需的。怀特（R. W. White）认

---

① ［美］乔治·霍桑·萨拜因：《政治学说史（上）》，盛葵阳等译，171 页，北京，商务印书馆，1986。

② ［美］博登海默：《法理学——法哲学及其方法》，207 页，北京，华夏出版社，1987。

③ ［美］博登海默：《法理学——法哲学及其方法》，217 页，北京，华夏出版社，1987。

④ 宫志刚：《社会转型与秩序重建》，57 页，北京，中国人民公安大学出版社，2004。

为对控制的追求有进化上的基础，这一需要可使人们有效地、高效地应对其生活的世界。能够体现控制感的行为特征为：控制别人、指导或领导别人、说服约束别人。

人类的自我控制非常重要。麦奎尔认为，人们存在着自主的需要，"人们希望能够控制和自己有关的事物，这种控制感与人的自我价值感关系密切"①。

首先，人类的自我控制，几乎涉及人的每一次心理和行为活动，以及生活中的多种领域、多个方面。研究文献已经强调了自我控制的 25 个重要领域。班杜拉说："人们总是努力控制影响其生活的事件，通过对可以控制的领域进行操纵，能够更好地实现理想，防止不如意的事件发生。""对生活环境进行控制的努力几乎渗透于人一生中的所有行为之中，因为它提供了无数的个人和社会利益。"② 夏皮罗（Shapiro）认为："人类的最大恐惧之一就是恐惧失去控制，最强的驱动力之一就是在生活中拥有控制感。跨越生活的诸多领域，个体行为和认知可被解释成并且就是他们为获得、保持、和/或再建控制感的需要的一种表达。"

梅奥的管理研究证明，"要使员工摆脱怠工而从事团体努力，关键因素是把控制权放到员工手中，使其个体行为转化为团体行为"③。

其次，当外部的力量威胁到个体的自由，或新的情境给个体带来某种不可控制的不良后果威胁的时候，失控就有可能出现。控制感可以直接地或间接地对个体的身体及心理健康产生作用与影响，可能是有关心理健康和良好状态的最重要的变量之一，缺少或失去控制感已涉及一个广泛的障碍范围。梅洛斯奇认为，低的控制感会破坏积极应对问题的意志和动机。研究表明，个体强的控制感对于维持老年健康与良好状态是非常重要的。④ 研究同时表明，当人们相信自己可以控制的时候，会体验到一种处于良好状态的感觉，而人们只有在拥有乐观心态与希望的时候，才会开始新的行为。为了达到这一点的最低限度，人们至少要相信他们的行为会影响某些直接的结果。

3.2.5.11 对于公平的需要

对于公平的需要，是人希望获得平等和等同对待的强烈心理需求。亚里士多德指出："公平是一切德性的总汇。"马克思认为，"一切人，或至少是一个

① 沙莲香主编：《社会心理学》，161 页，北京，中国人民大学出版社，2006。
② ［美］班杜拉：《自我效能：控制的实施》，缪小春等译，上海，华东师范大学出版社，2003。
③ 李维：《社会心理学新发展》，526 页，上海，上海教育出版社，2006。
④ 高伟鹍：《对控制感的心理学理解》，吉林大学硕士论文，2005－04。

国家的一切公民，或一个社会的一切成员，都应当有平等的政治地位和社会地位"①。人对于公平有着强烈的心理需要，这可以从心理学的角度和实验的角度来加以说明。

1. 从心理学的角度来看公平。

在法律中关于公平的研究，很少有从心理学的角度展开的，更多的是从语义或逻辑等角度展开的。公平原则有两层含义：一是人人享有的基本权利应该完全平等，二是人人享有的非基本权利应该比例平等。按贡献分配权利是实现公平的根本性原则和标准。福尔杰曾提出，公平的重要性在于它反映了我们觉察到的自我表现价值感。侵犯公平被认为是直接攻击我们作为一个人的价值。② 当人们认为自己对资源没有平等的获得机会或是认为自己受到不公平待遇时，常常会反对政府及其法律，并且会诉诸武力。

美国行为科学家亚当斯（J. S. Adams）提出的公平理论（又称社会比较理论）认为，当一个人做出了成绩并取得了报酬以后，他不仅关心自己所得报酬的绝对量，而且关心自己所得报酬的相对量。因此，他要进行种种比较来确定自己所获报酬是否合理，比较的结果将直接影响其今后工作的积极性。这也就是我国俗语中所说的"不患少而患不公"。

追求公平是社会性动物的一种本能。威尔逊的社会生物学认为，在动物中就有嫉妒的行为：为了降低别的个体的适应性，哪怕自己一无所获，甚至不惜降低自己的适应性。从基因水平上看，人类社会的嫉妒与基因有关。人对于公平有着强烈的心理需要，严重的不公平会产生严重的后果。

灵长类动物学家弗朗斯·德·瓦尔曾经做过一个实验：同时对两个僧帽猴做一个游戏，训练它们用鹅卵石和动物学家来交换食物，如黄瓜片。经过训练，僧帽猴很快就学会了用鹅卵石交换黄瓜片。连续 25 次的交换，给两个猴子的都是黄瓜片。在这种情况下，猴子们就一直在交换，并高兴地吃着食物。可是如果给一只猴子黄瓜，给另一只猴子葡萄，由于这样不公平的待遇，情况发生了急剧变化，由于猴子更喜欢葡萄，没有换得葡萄的猴子表现得非常激动不安，还把鹅卵石扔出实验室，有时甚至把黄瓜片都丢出去了。对黄瓜片这种他们平时从来不会拒绝的食物此时却不想要了。有时，那些因为实验安排能够换得葡萄的幸运猴，还会捡它的邻居丢弃的黄瓜片来吃。它的心情很愉快，而

---

① 《马克思恩格斯选集》，第 3 卷，444 页，北京，人民出版社，1995。

② ［美］Robert E. Franken：《人类动机》，郭本禹等译，207 页，西安，陕西师范大学出版社，2005。

那个可怜的实验伙伴在实验后期却坐在角落里生闷气。①

　　人不但看重结果的公平，更看重程序公平。在决定人们是否认为法律公平的因素中，对法律程序公平性的认知是一个重要的因素。但认为自己受到公平对待的人，会比认为自己受到不公平对待的人更有可能守法。很多时候，维持程序公平的感受要比获得有利的结果更为重要。② 所以，法律程序必须公平的深层原因，应该是人心理上的需要。只有当人们真正感受到法律程序的公平性时，人们守法的可能性才会大大提高。

　　假设有一天你由于没有依照标志停车而收到一张罚单，你认为是不公平的，因为停车标志被一棵应由市政部门修剪的大树遮挡了。于是，你决定上法庭申诉。为此，你要做认真的准备工作，包括拍那棵树的照片、画路线图、作好出庭的演讲准备。开庭审判的结果有两个：一个是开罚单的交警无法到庭，于是撤销了罚单；第二个结果是法官认真听取了你的证据和陈述，但在仔细考虑所有的事实后，认为标志尽管被遮挡但还是应该可以看得见的，因此判你败诉。你倾向于哪个结果呢？汤姆·泰勒研究表明，人们一般宁愿选择第二种结果。虽然结果是负面的，当事人却可以在法庭上发表自己的证词，并获得公平、尊重的对待。③

　　2. 从实验的角度看公平。

　　每个人都有自身的一个公平尺度，尽管这个尺度时常是倾向于自我的，但也会体现出有限利他的情况。"最后通牒"博弈④的心理实验可以表现出人的公平观念和相应的行动选择。该实验说明了人们对公平是积极关心的；为了惩罚某些做事不公平的人，人们愿意付出代价。受价者希望惩罚不公平的行为，哪怕是他们自己也要付出一无所获的代价。出价者也知道不公平所带来的严重后果，而情愿作出让步。

---

　　① ［美］弗朗斯·德·瓦尔：《人类的猿性》，胡飞飞等译，139 页，上海，上海科学技术文献出版社，2007。

　　② ［美］Elliot Aronson, Timothy D. Wilson, Robin M. Akert：《社会心理学》，侯玉波等译，444 页，北京，中国轻工业出版社，2005。

　　③ ［美］Elliot Aronson, Timothy D. Wilson, Robin M. Akert：《社会心理学》，侯玉波等译，444 页，北京，中国轻工业出版社，2005。

　　④ "最后通牒"博弈实验具体见附件 2。

根据拉宾的理论①，结合"最后通牒"博弈实验，人们在公平判断和行动中，是下列因素的函数：（1）行为人自己的物质利益；（2）行为人一些熟悉人的物质利益；（3）利益相关人的陌生人的情况；（4）行为人自己的名誉；（5）行为人希望自己成为哪种人。

在不同的氛围中，人们的公平行为具有不同的特征。当人们之间出现一种"恶"的氛围时，交易双方互不信任。当人们认为自己受到了损失或伤害时，他人所失就容易被认为是自己的收益，人们的行动就会在保证公平的指引下向损人的方向发展。这突出地反映在诉讼离婚案件之中。这种"恶"的氛围在法律中比比皆是。在漫长的诉讼中，诉讼当事人很难接受友善和解，坚信自己希望的结果是最公平的。

诉讼离婚中的公平心理：诉讼离婚中的不同意离婚者，很可能像"最后通牒"博弈实验中的受价者，拒绝对自己不公的分配方案，反对配偶，不愿意让对方从中获利太多，如很快地就组成新的家庭、带走小孩等，双方的目标似乎是更多地伤害对方，而不是使自己的需要或者孩子的需要得到满足。由于离婚双方已经互不信任了，因此导致一系列竞争性行动的升级，最后没有人会赢——双方都受到了伤害。② 在律师介入的情况下，这种矛盾和敌对会升级，因为律师的介入增大了夫妻双方的社会距离。如果没有律师的介入，一些离婚本来是可以避免的。③

所以，对于公平或公正的体验，是人类的一个基本心理需要。法律制度的一个基本功能就是满足这种需要；反过来，法律制度本身的合法性也应该是建立在人类心理上的公正感或正义感能够实现的基础之上的。而且，人们对法律制度是否公平或正义的评价，将进一步影响人们对法律制度和程序作出什么样的反应，是服从还是反抗等。

---

① ［美］Elliot Aronson, Timothy D. Wilson, Robin M. Akert：《社会心理学》，侯玉波等译，30 页，北京，中国轻工业出版社，2005。拉宾在公平模型中提出，人们的行为具有下列特征，可以影响到公平行为，具体为：A. 人们愿意牺牲他们自己的物质利益，去帮助那些对他们好的人。B. 人们愿意牺牲他们自己的物质利益，去惩罚那些对他们坏的人。C. 牺牲的物质利益更小时，A、B 这两种动机的效应更加明显。

② ［美］Elliot Aronson, Timothy D. Wilson, Robin M. Akert：《社会心理学》，侯玉波等译，277 页，北京，中国轻工业出版社，2005。

③ ［美］唐·布莱克：《社会学视野中的司法》，郭星华等译，11 页，北京，法律出版社，2002。

3.2.6 倾向性层次的人的一般需要分析

3.2.6.1 获得社会不断认可的需要

人具有群体性、感情的需要和力图使生命存活条件改善的需要，在此基础上，人还具有获得社会不断认可的需要。这种需要与马斯洛的"自我实现"需要有些相似，"它可以归入人对于自我发挥和完成的欲望，也就是一种使他的潜力得以实现的倾向。这种倾向可以说成是一个人越来越成为独特的那个人，成为他所能够成为的一切"。① 但实际上，获得社会不断认可的需要比"自我实现"需要更具有普遍性。

3.2.6.2 权力欲望的需要

权力欲望的需要是指人对权力的需求倾向。权力欲望的需要是控制感的升级种类。人具有一种控制欲望，希望具有对他人或包括时间在内的资源的掌握能力。权力代表着一种对人的控制和组织能力，并最终形成对社会资源的控制和调配。人在掌握了一定的权力后，自由和自尊的需要，会推动人产生尽量少受干涉的需要。正如马克斯·韦伯所说的，权力是"这样一种可能性，即处于某种社会关系内的一员能够不顾抵制而实现其个人意志的可能性，而不管这一可能性所依赖的基础是什么"②。

3.2.6.3 稳定性需要

稳定性需要是指人所具有的对于自身的现状，和未来能作出较准确的判断，而不是处于一种完全动荡的现状和预期之中的需要。稳定性需要也有生理基础，人有自身的生物钟系统，在固定的时间会产生较固定的生理需要，如吃、睡等。对于未来预期的可把握性，从生命需要和人趋利避害的定理性需要得到依据，如果不能有较稳定的需要，就不会有恰当的趋利避害，就不能更好地满足生命的需要。博登海默认为，"凡是在人类建立了政治或社会组织单位的地方，他们都曾力图防止不可控制的混乱现象，也曾试图确立某种适于生存的秩序形式。这种要求确立社会生活有序模式的倾向，绝不是人类所作的一种任意专断或'违背自然'的努力"。他还认为，坚持行为方式的规则化，给予了社会生活很大程度的有序性与稳定性。③

---

① ［美］马斯洛：《动机与人格》，许金声等译，53 页，北京，华夏出版社，1987。
② ［美］博登海默：《法理学——法哲学及其方法》，邓正来、姬敬武译，341 页，北京，华夏出版社，1987。
③ ［美］博登海默：《法理学——法哲学及其方法》，邓正来、姬敬武译，207、217 页，北京，华夏出版社，1987。

为了实现稳定性，人们就需要不断进行归因思维，通过归因思维来努力把握世界的规律。麦奎尔认为，归因是人类的一种认知性需要，"人们需要确定与自己有关的事物之所以发生的原因，从而可以较好地认识、把握甚至控制周围的环境"①。

弗洛伊德说，因循守旧、侧重过去的观念也牢牢地扎根在婴儿的生性资质之中。孩子们总是不厌其烦地让一个成年人重复一个他教他们玩的或他同他们一起玩的游戏，直到他筋疲力尽无法再玩时为止。如果一个小孩听了一个好故事，他就会坚持要大人一遍又一遍地给他讲这个故事，而不要听新故事；并且他会无情地规定，该故事的重复要完全相同，并会纠正讲故事的人可能作出的任何更改。弗洛伊德还指出，人类神经系统在节约能量与减少精神紧张方面的需要，解释了人类对于有序生活方式的先入为主的倾向。② 马斯洛则这样说道："我们社会中的普通儿童以及成年人一般更喜欢一个安全、可以预料、有组织、有秩序、有法律的世界。这个世界是他可以依赖的。"③ 稳定性需要也常常成为司法改革的阻力。

3.3　人的一般需要在法学及司法中的应用

人的一般需要在法律科学中具有广泛的应用价值，不但是法哲学的逻辑起点，还是矛盾决策的最后依据。在设计法律制度的过程中，也要充分把握人的一般需要。在司法实践中，人的一般需要是法律规制的出发点。

3.3.1　人的一般需要是法哲学的逻辑起点

在黑格尔看来，任何一个学科是否成熟的标准，在于能否建立一个严密、规范的逻辑体系。逻辑体系包括逻辑起点、逻辑推理、逻辑结论等，而逻辑起点具有重要的作用。没有一个恰当的逻辑起点，就不可能有一个严密的逻辑体系。逻辑起点还被称为逻辑始项、逻辑开端，有时也被称为逻辑出发点。它是指一门科学或学科结构的起始范畴，是指理论体系的始自对象，是使整个逻辑

---

① 沙莲香主编：《社会心理学》，161 页，北京，中国人民大学出版社，2006。

② ［美］博登海默：《法理学——法哲学及其方法》，邓正来、姬敬武译，215～216、218 页，北京，华夏出版社，1987。

③ ［美］马斯洛：《动机与人格》，许金声等译，47 页，北京，华夏出版社，1987。

体系由以开展和得以丰富完成的一个最初的规定。用黑格尔的话说，就是"科学应当以什么为开端"①。

逻辑起点实际上就是哲学概念上的"元"。"元是从本体论上描述事物或者现象的起点。元既是一个相对概念，又是一个绝对概念。""元作为一个相对的概念是指在事物和现象发展的逻辑链上，从某一点出发，对以此点为基础的各种事物和现象进行考察。"② 没有元或逻辑起点，就不可能有一个完整和逻辑周全的知识体系。

根据逻辑科学原理，逻辑起点或元应该具有一些最基本的规定性；如果不具备这些最基本的规定性，就不能成为合格的逻辑起点。黑格尔在其《逻辑学》中对逻辑起点提出了三条规定性。

第一，逻辑起点应该是一个最简单、最抽象的规定，它"不以任何东西为前提""不以任何东西为中介"③。也就是说，逻辑起点不但是相对独立、客观存在的，而且其本身与对象之间的联系是绝对独立的，在其与逻辑起点之外没有第三者再作为它们的共同前提或共同条件。当然，这是对于相对的元而言的，共同的前提或条件并不包括绝对的元，如世界的本元。

第二，逻辑起点应该揭示对象的最本质规定，以此作为整个体系赖以建立起来的根据、基础，而科学理论体系的"全部发展都包括在这个萌芽中"④。也就是说，逻辑起点应该包含了对象的基本矛盾，"逻辑起点以外的东西"不能找到对象的基本矛盾。对象中所包含的基本概念、基本矛盾的逻辑推演和展开，都是从逻辑起点发展起来的，也就是所谓的"从抽象上升到具体"。在这方面，我们视为典范的是马克思在其巨著《资本论》中将逻辑起点定为商品。马克思在 1857 年写作《政治经济学批判 1857—1858 年草稿》的《货币》章时，"已经认识到商品是资本主义社会最简单的范畴……明确提出了把商品作为第一篇的考察范围，而且要把交换价值、货币、价格等范畴当做商品的各种规定性来考察"⑤。

第三，总的来说，逻辑起点与对象的历史上的最初的东西相符合。"那在

① 列宁：《黑格尔〈逻辑学〉一书摘要》，见《列宁全集》，第 55 卷，85～86 页，北京，人民出版社，1990。

② 莫纪宏：《现代宪法的逻辑基础》，34～35 页，北京，法律出版社，2001。

③ 列宁：《黑格尔〈逻辑学〉一书摘要》，见《列宁全集》，第 55 卷，79 页，北京，人民出版社，1990。

④ 黑格尔：《逻辑学》，上卷，杨一芝译，20 页，北京，商务印书馆。

⑤ 邰丽华：《试论〈资本论〉结构的形成》，载《当代经济研究》，2001（5）。

科学上最初的东西，必定会表明在历史上也是最初的东西。"① 也就是说，逻辑起点在时间逻辑序列上具有初始性，在逻辑起点时间前不可能再找到包含对象基本矛盾的事物。在这方面，我们视为典范的是恩格斯在《家庭、私有制和国家的起源》中分析国家起源的过程。

对于上述三个最基本的规定性，我国法学理论界也是赞同和接受的。② 笔者认为，法律科学的逻辑起点应该是人的一般需要。人文科学的研究是离不开"人"的，或多或少都会涉及"人性"，就法律科学而言，尤其是法学理论的研究，也是如此。把人的行为或权利作为法哲学的逻辑起点，是不合适的，主要是它们仍有可以继续上溯的源头。所以，人的一般需要是法哲学的逻辑起点。具体而言，从逻辑的方向来看，人性分析作为逻辑起点，分为顺向起点和逆向起点两类。

3.3.1.1　人的一般需要作为正向起点

正向起点就是从人性分析得出的人性需要出发，推导出法律是应该保护还是抑制这种需要，再推导出如何保护或抑制。这一方法多在立法的过程中运用。在顺向起点情况下，又分为单项起点和综合起点两类。具体如下：

1. 单项起点：由于诸多需要的存在，在单项分析之前，一个重要的内容就是对各需要进行重要性排序。排序的依据有两个：一是如果这一需要不满足或不加合理地抑制的后果是什么，二是这一后果对人类社会运行目标的影响。比如，生命和健康的需要如果得不到满足，人类社会就不能生存和发展下去，人类社会就不是人类社会了；而自由自尊的需要如果得不到满足，人类社会就会缺乏活力、创造性，所以二者相比，生命和健康的需要就更为重要。这也是生命权是人权中最重要权利的原因，因为它是人最重要的需要。举例如下：

---

① 黑格尔：《逻辑学》，上卷，杨一芝译，20页，北京，商务印书馆。
② 张文显先生在《法哲学范畴研究》中论述到，作为范畴体系逻辑始项的东西，应当具备三个条件：第一，必须是整个研究对象中最简单、最普遍、最常见的东西，是通过对客体具体分析所达到的最简单的规定。第二，在这最常见的东西中，包含对象及其整个发展过程中一切矛盾或矛盾的胚芽，因而从它出发，经过一系列中介，能够逐步从抽象上升到具体。第三，作为逻辑始项，同时应当是对象的历史的起点。参见张文显：《法哲学范畴研究》，326～327页，北京，中国政法大学出版社，2001。

a. 生命和健康的需要

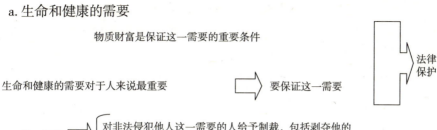

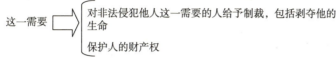

《汉谟拉比法典》规定，两个自由民打架，一个人被打瞎了一只眼睛，对方就要同样被打瞎一只眼睛作为赔偿；被人打断了腿，也要把对方的腿打断；被人打掉牙齿，就要敲掉对方的牙齿。甚至有这样的规定：如果房屋倒塌压死了房主的儿子，那么，建造这所房屋的人得拿自己的儿子抵命。

b. 学习及模仿的需要

2. 综合起点：由于人的各种需要之间有着密切和复杂的联系，在多数情况下，是要将不同的需要结合起来进行分析的。比如在政治民主方面，就应将自由自尊的需要同权力欲望的需要和相互约束的需要结合起来分析，分析它们的矛盾与冲突；在性方面，要将性需要和相互约束的需要结合起来分析。举例如下：

a. 性需要与相互约束的需要

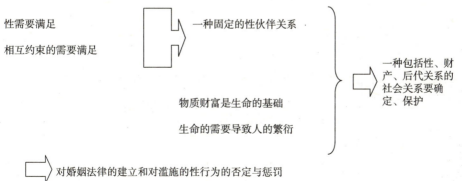

　　自有文字记载的历史以来，任何一个社会都把强奸行为作为重罪列入法典。古巴比伦的《汉谟拉比法典》规定，强奸处女要被判处死刑；在现在一些中东国家，则会被判处宫刑，也即去势。

　　b. 权力欲望的需要与自由自尊的需要、相互约束的需要

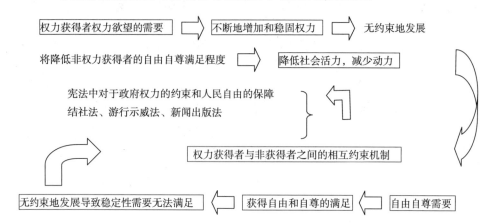

3.3.1.2　人的一般需要作为逆向起点

　　逆向起点就是从现有的法律规定或判例出发，总结出其中所体现的法律关系，从中抽象出要保护或抑制的人性需要，再与人性分析总结出的人性体系对比。这一过程可在法律是否为良法的评价过程中运用。

　　对故意杀人者是剥夺生命还是终身监禁？

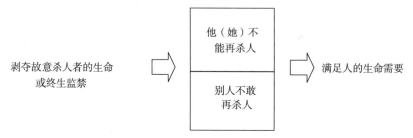

　　无论是剥夺生命还是终生监禁，都能够使杀人者不能再杀人（在其他被监禁者的安全得到保证的条件下）。这就有一个问题：人对于生命的需要和对于自由自尊的需要哪一个更重要，哪一个会令有杀人企图的人更不敢杀人呢？根据笔者的人性分析，显然是剥夺生命更能使得有杀人企图的人不敢杀人。

3.3.2　人的一般需要作为矛盾决策的最后依据

在法律实践工作中，我们常常会面临着情、理、法的冲突，也会面临法律价值冲突的问题。把人的一般需要作为法律决策的最后依据，能够更好地解决相应的问题。

3.3.2.1　如何平衡权利的冲突

刘作翔教授认为，权利冲突指的是合法性、正当性权利之间的冲突，权利冲突的实质包括利益冲突和价值冲突。朱景文教授认为，权利有冲突必然就有选择，有优先性问题，由此推导出是否存在权利位阶问题。[①] 笔者认为，如果仅在权利范围内讨论位阶问题，而不是在权利得以产生的基础的范围内讨论权利的位阶，容易形成价值判断的争论。对于权利冲突，应该从权利得以产生和确认的领域进行分析，这一领域就是人的一般需要。权利冲突的本质是人的需要冲突，权利位阶由其产生的需要的位阶所决定，因此，权利冲突的解决就演变为需要冲突的解决，也就是高位阶需要所产生的权利应大于低位阶需要所产生的权利。结合案例，具体分析如下：

1. 关于捐精者的隐私权和后代的知情权的冲突问题。

2004 年 1 月英国准备立法：捐精后代有知父权。该立法认为，孩子知道父亲的权利大于捐精者的隐私权，这就赋予捐精者后代知父权（可以了解其生父的一切外部情况）。[②] 在隐私权的背后，是捐精者"自由自尊的需要"（公理层次）和"物质财富的需要"（定理层次）；在知父权的背后是捐精者后代"生命健康的需要"（公理层次）和"感情的需要"（定理层次）。也就是说，隐私权和知父权的冲突，实质上为"自由自尊的需要"—"生命健康的需要"和"物质财富的需要"—"感情的需要"这两对需要的冲突。

"自由自尊的需要"、"生命健康的需要"均为公理层次的需要。按照公理化的基本要求，应该是互不矛盾、互不推导的，但实际上，由于"生命健康的需要"、"性需要"属于生理意义上的需要，较作为社会性需要的"自由自尊的需要"还是具有优先级的，因此，"生命健康的需要"位阶是高于"自由自尊的需要"的，也就是捐精者后代的知父权大于捐精者的隐私权。

---

① 刘作翔：《中国法治进程中的权利冲突》，华中大法律网（http：//law. hust. edu. cn/Acade/ShowArticle. asp？ArticleID = 2353），2008 - 04 - 22。

② 刘作翔：《中国法治进程中的权利冲突》，华中大法律网（http：//law. hust. edu. cn/Acade/ShowArticle. asp？ArticleID = 2353），2008 - 04 - 22。

　　"物质财富的需要"、"感情的需要"均为定理层次的需要。这两者之间是难以区分优先级的，所以均应该给予妥善的保护。捐精者后代的知父权使其寻找父亲的"感情的需要"得以满足，但捐精者如果要承担父亲的抚养职责，使其"物质财富的需要"得不到满足，也就不会有人再捐精了。所以，应该豁免捐精者抚养捐精者后代的义务。

　　2. 特殊情况下人类相食的权利冲突。

　　通过不同位阶的需要来解决权利冲突问题，是相对容易的，难题在于如何解决由同等位阶的需要所产生的权利冲突问题。在这种情况下，基本方法是要考虑在这种同等需要的冲突之外人类的其他需要，并将这种需要冲突放置在人类社会长期历史背景中进行分析。

　　在某些特殊情况下，比如在海难中，如果救生艇成员已经多日未吃到食物，可否在大家都同意的情况下，采取抽签决定的方式吃食被抽中的人？可否直接决定吃食最弱或濒死的人？可否吃食刚刚死亡的人？这无疑是一个残忍的话题，是一种人类社会极端的悲剧情形。"生命健康的需要"是人类最基本的需要，在吃食活着的人的情况下，人类相食是食人者与被食人者之间的同等需要的冲突。在正常社会形态下，除了经过合法判决，人的生命是不允许被他人剥夺的，但如果能够保证其他的人活下来，牺牲少数人的生命，肯定是符合功利原则的。如果我们仅仅从功利原则来分析权利冲突，就容易走上"唯利是图"的迷途。在这种需要冲突的条件下，我们还需要考察与此相关的其他需要，主要是"有限利他的需要"。为了群体的利益，人类具有一定的自我牺牲精神，正是这种自我牺牲精神是人类群体得以延续和发展的一个重要因素。救生艇成员通过抽签确定谁被吃食，是特殊条件下"生命健康的需要"和"有限利他需要"的矛盾产物，但也符合人"对于公平的需要"。因此，抽签确定的被吃食者在抽签之前肯定考虑过被抽中的后果，被吃食也是一种利他行为（但的确是一种残忍的行为）。在这样的悲惨案例中，如果食人者幸存下来，他们应该是有罪的，因为他们剥夺了另一个同类的生命，但他们不应该获刑，因为他们剥夺他人的生命，是为了在绝望条件下延续自己的生命，也是人类社会"有限利他"的体现，符合人类社会"对于公平感的需要"。

　　对于不是通过抽签等公平方式来实施的吃食行为，如果食人者幸存下来，应该是有罪的，因为他们剥夺了另一个同类的生命；同时还应该获刑，但可以从轻处罚，因为是在特殊情况下实施的杀人行为。

　　对于吃食遗体的行为，不应该定为犯罪。吃食遗体侵犯的需要是"自由自尊的需要"，而对吃食者而言可满足"生命健康的需要"。在那种特殊的情况下，

"生命健康的需要"的确高于"自由自尊的需要",不应该定为犯罪行为。

3.3.2.2 权利的补偿与交换问题

在法律的运行中,越来越多的非经济因素已经经济化了,比如精神赔偿的范围和金额在日益扩大。法律经济学也逐渐获得了发展,就使得经济学中效率、交易等概念在法律中得到了重视,很多的研究是从权利具有可交易性展开的,但法律中存在着更多的非经济因素,如平等、尊严、生命等,这些是难以交易或用货币来衡量的。如何看待和评价权利的货币衡量和补偿呢?

一种需要的被侵犯或难以实现,若不具有可恢复性,则只能通过其他需要的补偿来弥补。这就是金钱补偿范围越来越大的合理性基础。目前,很多侵权行为是通过金钱来补偿的,这主要是因为金钱作为一般等价物,能够满足人们较多的需要,故成为了越来越普遍的补偿机制。

既然货币能够衡量和补偿人的权利,那么是否意味着权利具有可交换性呢?比如允许将婴儿出售给他人收养、允许纯粹为保护财产利益使用致命的武力、将敲诈合法化、允许已定罪的重罪犯在监禁和参加危险的医学实验之间进行选择,都不是无效率的。[①] 这些设想,如果从效率的角度来讲,的确具有合理性;但并不是所有的权利都具有交换性,比如公理层次的需要所产生的权利,是不具有可交换性的,理由在于,这种需要或权利如果被让渡了,人就不能成为人了。

3.3.2.3 配偶、近亲属之间的证言特免权是否恰当

大陆法系的一些国家,如德国、法国赋予家庭近亲属拒绝作证权。如《德国刑事诉讼法》第52条规定:"以下人员有权拒绝作证:(1)被指控人的订婚人;(2)被指控人的配偶,即使婚姻关系已不再存在;(3)与被指控人现在或者曾经在旁系三亲等内有血缘关系或者在二亲等内有姻亲关系的人员。"我国古代曾经有"亲亲相隐"的规定,但目前并没有这样的规定。《中华人民共和国刑事诉讼法》第四十八条规定:"凡是知道案件情况的人,都有作证的义务。生理上、精神上有缺陷或者年幼,不能辨别是非、不能正确表达的人,不能作证人。"

我们是否应该实行近亲属拒绝作证制度呢?我们来考察一下人的基本需要之一——群体性需要。群体性需要中最重要的就是亲情性群体的需要,人类在长久的历史中,已经形成了按照血亲和姻亲组合家庭的社会传统。家庭作为社会的基本单位,是人类生产和再生产的重要单位。和睦的家庭生活,不但是每个社会成员生活幸福的体现,也是执政者所期待的执政结果,更是人类各个社会长久以来所提倡

① [美]波斯纳:《法律的经济分析》(上),蒋兆康译,32页,北京,中国大百科全书出版社,1997。

的道德规范之一。但"假如（夫妻）互相作证，他们将被迫破坏这种互信，同时也意味着法律许可他们破坏这种互信，而这些是舆论所不能容忍的"①。所以，这种基本的人类需要不应该在国家行使法律的时候遭到破坏。

我们再来考察一下人的基本需要之一——感情的需要。为了保护人类社会中最重要的情感，法律上应该作出相应的安排。《唐律·名例篇》规定："凡同财共居者（不论是否同一户籍，也不论有无服制关系），以及大功以上亲属、外祖父母、外孙、外孙媳、夫之兄弟及兄弟妻，皆可相互容隐其犯罪。"

而为了保护群体性需要、感情需要等这些基本的需要，国家所付出的代价无非是增加对非常少数的当事人进行侦查、调查的成本，但却能保证家庭成员之间的信任、忠贞，保护人类社会最重要的感情，这应该是值得的。拒绝作证权存在的意义在于："社会期望通过保守秘密来促进某种关系。社会极度重视某种关系，宁愿为捍卫保守秘密的性质，甚至不惜失去与案件结局关系重大的情报。"② 通过刑讯逼供迫使犯罪嫌疑人自证其罪或亲人之间的揭发有时确实能发现犯罪，但当人的基本需要受到践踏时，少量的犯罪虽被发现，但大量的犯罪便会重生，因为犯罪的基础便是偏离的需要。一个连父子都没有慈爱之心、夫妻皆失恩爱之义的社会，即使法律体系再健全，也不是一个和谐的社会。在我国"文革"时代，"亲不亲，阶级分"，父子、夫妻、朋友因为所谓的"革命大义"，顷刻之间反目成仇，互相揭发与批斗，实在是可悲可痛。

所以，"对于人类的自由来说，存在着比司法更重要的东西。这其中之一就是特定的人与人之间的关系问题上，人们有不被政府干扰的权利。无论承认这些特权，会给审判带来多大的障碍，这是普通法的选择，显然也是欧洲的选择，并且被整个西方社会普遍接受。为了保护特定的交谈关系——夫妻之间，当事人律师之间，以及忏悔者与神职人员之间——这个代价并不特别大"③。

3.3.3 人的一般需要就是法律规制的出发点

穆雷（Murray）认为，个人需要与压力结合，决定一个人的行为。需要是倾向性因素，压力是促进性因素，需要与压力相互作用，构成了一个动力系

---

① ［美］阿瑟·库恩：《英美法原理》，陈朝璧译注，88 页，北京，法律出版社，2002。
② ［美］乔恩·R. 华尔兹：《刑事证据大全》，何家弘等译，283 页，北京，中国人民公安大学出版社，1993。
③ 毕玉谦、郑旭、刘善春：《中国证据法草案建议稿及论证》，356 页，北京，法律出版社，2003。

统。需要与压力的相互作用可被理解为人与外部条件的相互作用。① 而法律的主要作用就是保护合法行为，谴责、制裁、警戒和预防违法行为，即发挥外部压力的作用。正如张恒山教授所说，"法律的最基本作用就在于约束人类某些自然的癖好，限制和约束人类的本能，强化一种非出自于本能的义务性行为——换句话说，就是保证人类为了共同的目的而建立一个互相让步和相互奉献的合作基础"②。

3.3.3.1　偏离的需要是违法和犯罪的起源性原因

日本刑法学家西原春夫认为，人们要求制定刑法的欲求，是以危害他人利益的不良行为作为前提的，而不良行为的根源，就要涉及人类对不良行为的欲求；也就是说，不良行为的欲求是"刑法的根基"。③ 犯罪人本身也是社会人，他们的犯罪行为同样是出自于特定环境下的需要，只不过这种需要及其满足的手段是违法的。犯罪动机来源于强烈、畸变的需要，它是在外界环境诱因的刺激下和主体内部不能从社会规范中调节超越现实的需要而产生的。

苏联犯罪学家库德亚夫采夫在探讨犯罪原因时写道，违法者认为，现实条件没有充分保证满足他的实际需要或者臆想中的需要。可见，犯罪的产生，主观上是由于犯罪动机的存在，而犯罪动机则是以犯罪人不正当的需要为基础的。布朗纳（Augusta Bronner）认为，违法犯罪行为正是来源于"不能满足的愿望和预求"，这种愿望和预求包括在家庭和社会关系中的安全感、完成自我的满足、占有财产的欲求。④

犯罪人的需要具有如下特征：（1）犯罪人的需要发展水平滞后，常常停留在比较低级的阶段，未社会化的生理需要占优势且需要具有利己性。（2）犯罪人的需要常常过度膨胀，超越了个人拥有的现实条件，而且根本不可能通过采取正当的方法去满足自己的需要。犯罪人为了满足需要，只有通过采取非法手段来实现。⑤ 比如，同样是"使生命健康条件不断改善的需要"，绝大多数社会成员通过勤劳和合法经营、投资来致富，而财物型犯罪人员却通过盗窃、诈骗、抢劫、走私、贪污受贿等非法手段来取得不法收入。当犯罪嫌疑人的需要处于失衡状态和匮乏状态，而希望获得满足、达到平衡状态时，就

① 郭永玉：《人格心理学》，324 页，北京，中国社会科学出版社，2005。
② A. L. 科宾：《法律的分析与术语》，载《耶鲁法学杂志》，转引自霍贝尔：《初民的法律》，周勇译，51 页，北京，中国社会出版社，1993。
③ ［日］西原春夫：《刑法的根基与哲学》，顾肖荣等译，126 页，北京，法律出版社，2004。
④ 罗大华主编：《犯罪心理学》，71 页，北京，中国政法大学出版社，2007。
⑤ 魏月霞：《浅议犯罪意志力》，载《铁道警官高等专科学校学报》，2003（2）。

会产生犯罪的动机，在条件具备的情况下，就会形成犯罪行为。

人的感情需要在受到侵犯的情况下，容易产生攻击行为。某市公安局对审理的婚姻、恋爱杀人案件的调查表明，婚姻、恋爱杀人案占杀人案总数的比重为45.7%。[1]

正是由于需要的多种多样性，人所处的情景、环境的复杂多变性，才导致一个人的需要会与其他人的需要产生冲突。马卡连柯曾有过著名的论断：人类欲望的本身并没有贪欲，贪欲是从一个人的需要和另一个人的需要发生冲突才开始的，由于必须用武力、狡诈、盗窃，从邻人手中把快乐和满足夺过来而产生的。可见，犯罪需要是"一个人的需要和另一个人的需要发生冲突才开始的"，"但如果不对其他多数人的欲求产生影响，或者影响很小，欲求的表现即行为就不会成为犯罪"。[2]犯罪是在剥夺和损害他人的利益时才产生的。罗大华认为，除了畸形的、膨胀的需要之外，犯罪人的需要还有一个特点："个人需要与社会需要处于对立地位。行为人为了满足私欲，不惜采取非法手段损害他人的合法权益，扰乱社会的秩序，破坏国家的利益。"[3]

在这种膨胀且与社会对立的需求的基础上，如果采取了非法的满足手段，就构成了违法行为或犯罪。具体如图3-1所示。

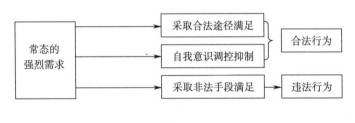

图3-1

3.3.3.2　法律惩罚就是对违法人某些需要的剥夺或限制，是对受害人某些需要的满足

刘作翔认为，法律惩罚是指以国家强制力作后盾的一种强制性的、有形的惩罚，它表现为人身的、生命的、物质的、金钱的等形式，如监禁、罚款、拘役、管制、处死、赔偿、违约金、返还财产、吊销执照、停止生产、停止营业等。事实上，所有的法律制度都是直接或间接地以刑事惩罚作为强制力来保证

---

① 罗大华主编：《犯罪心理学》，173页，北京，中国政法大学出版社，2007。
② ［日］西原春夫：《刑法的根基与哲学》，顾肖荣等译，126页，北京，法律出版社，2004。
③ 罗大华主编：《犯罪心理学》，93页，北京，中国政法大学出版社，2007。

的。所以，本书以刑罚为核心，讨论法律惩罚就是对某些需要的剥夺或拒绝。对社会而言，法律惩罚是一种有用的痛苦。在古代，惩罚的形式包括从群体中驱逐、肉刑、监禁、罚金等。这种痛苦的作用在于通过间接满足受害者的某些需要，来疏导受害人及社会愤怒和仇恨；通过限制或剥夺违法者的某些需要，增加其痛苦的体验，实现对他们的惩罚、剥夺和教育改造，对社会实现威慑、教育鼓励的功能。

对违法者实施监禁，则"自由自尊的需要"被严重限制；同时，在监禁过程中，罪犯同时被剥夺了与异性交往的可能性，就会面临着持久、严重的性剥夺，也会使其"性需要"被拒绝；同时，与其家人、朋友等的交往也被限制，就使得其"群体性需要"受到了抑制；而死刑就是对"生命健康需要"的直接剥夺；罚金就是限制违法者"对于物质财富的需要"。此外，由于罚金具有道德谴责性，对于违法者"自由自尊的需要"也是一种限制。

对于受害者而言，对违法者的处罚，则是需要的满足或补偿。比如，损失赔偿补偿了受害者"对于物质财富的需要"。对于违法者的处罚，代表了一种社会谴责，它使违法者在受害人心目中的道德地位得以降低，这就恢复了受害者的自尊和地位，使其"自由自尊的需要"得到弥补。此外，对于受害者本人或其他社会成员而言，也满足了"对于公平的需要"。

朱苏力教授认为，法律分为压制型法律和赔偿型法律两类。如上所述，刑法是典型的压制型法律。如果一个社会中某种行为与社会的共同良知相背，就会受到社会的严厉惩罚，这种惩罚就是剥夺某些重要的需要。压制型法律是为了不使社会和谐遭到破坏，保护社会稳定，强化社会共识。赔偿型法律是恢复事物的原状，使原来弄乱的社会关系恢复。民法、商法就是典型的赔偿型法律，这种法律通过对需要的补偿或修复来使社会正常运转。

对犯罪人需要的剥夺和限制也是有一个限度的。关键的问题在于，人的一般需要是每个人都存在和拥有的，罪犯也应该拥有合法的需要；即使是剥夺了违法者的某些需要，是否还应该保留某些需要，这个问题也可表述为刑罚的人道问题。比如，对罪犯施行死刑，是否不再保留其对于"自由自尊的需要"，是否应该采取开公判大会、上电视等这些不尊重人的形式。

在美国，罪犯享有如下权利：生命健康和安全受到保护、宗教自由权、言论自由权、获得法律帮助权、医疗权、绝对不受体罚权、平等保护权。这就意味着，即使刑罚是对犯罪人某些需要的剥夺，但也是要有限度的，就如贝卡利亚所说的，"刑罚的本质是痛苦，但绝不能给犯罪人施以过多的痛苦，只要刑罚的恶果大于犯罪所带来的好处，刑罚就可以收到它的效果——除此之外的一切都是多余的，因而也是蛮横的"①。

现在我国的电视节目中法制纪实性的报道较多，比如北京电视台播放的《法治进行时》等。对于犯罪嫌疑人的照片或人像没有经过任何的处理，是否妥当呢？联合国的《囚犯待遇最低限度标准规则》明确规定，无论对于已决犯还是未决犯，在被送入或者移出羁押场所时，"应尽量避免公众耳目，并应采取保安措施，使他们不受任何形式的侮辱、好奇的注视或宣传"（第45条第（1）款）。1979年，西班牙公布的《感化院法》规定了犯人的基本权利，其中包括"不得向第三方暴露其犯人身份权"。

福柯针对监狱制度的弊端，提出了监狱实现良好健全的"教养条件"的七条普遍准则：刑事拘留应该以改造人的行为举止为其基本职能；对犯人的隔离，应该根据其行为所受到的刑罚，但首先应根据年龄、思想态度、将使用的改造技术、改造的阶段；应该根据犯人的特点、进步或退步表现来调节刑罚；劳动应该是改造犯人和使犯人逐渐社会化的基本要素之一；对囚犯的教育，对于当局来说，既是有利于社会的必要措施，又是囚犯的义务；监狱体制应该至少部分地受到一批专业人员的监督和管理；监禁结束后应有监督和帮助措施，直至获释犯人彻底恢复正常生活。②

刑罚除了能够针对犯罪人剥夺或限制其需要，发挥特殊预防的作用以外，还具有一般预防的作用。刑罚能遏制人们对犯罪行为模式的学习和模仿。本书3.2.4.5部分已经指出，学习及模仿需要是人公理层次的需要，每个人都具有这样的需要，这种学习包括对犯罪行为的学习。复杂的犯罪行为模式不是人们一眼就能学会的，它要求人们反复演习、多次练习、仔细揣摩，如盗窃等犯罪行为就是如此。在对复杂犯罪行为模式的学习过程中，刑罚对犯罪行为后果的影响会影响人们学习犯罪行为的动机，从而促使人们放弃对犯罪行为的学习，犯罪行为模式也就无从习得。

3.3.4　设计法律制度应充分把握人的需要

古语道，"道不远人，远人非道"。根据制度经济学的观点，法律是最规范的正式制度。诺斯认为，制度就是"正式的规则（宪法、成文法、普通法、

---

① 转引自李萌：《论刑罚的人道价值》，载《法学研究》，2007-11。

② ［法］米歇尔·福柯：《规训与惩罚》，刘北成、杨远婴译，303~305页，北京，三联书店，2007。

条例等）、非正式制度（行为规范、约定、内心的行为规则）以及每项的实施特征"。阿兰·斯密德认为，"制度是人们确定其权利、对他人所承担的风险、义务和责任的具有约束力的关系束"。① 可以认为，制度就是确认、保护人的基本需求，协调个体内和不同个体之间需求的规则体系。一个人的需求之间存在着复杂的、相互依赖的关系，当众多的人追求各自不同的需要时，就会出现更加复杂的情况。在多数情况下，不同的人在追求需求时会产生冲突。所以，一个社会必须要使其成员的基本需要得到确认和保护，并能够协调成员间基本需要的冲突，这样才能够增加社会有序化的可能性。保护人的基本需求是法的基本任务，刑法也不例外：刑法的内容必须涵盖人的基本需要的各个方面，必须保护人们采取合理的手段满足自身的基本需要；在现有的刑法框架下，当人们采取合理手段无法满足自身的基本需要时，刑法的威慑力就会明显削弱，而如果人的生理需要无法通过正当方式获得满足，刑法的作用就会失效；适用于罪犯的刑罚措施必须保证能使罪犯的基本需要获得合理满足，这是罪犯遵守监规和改造自新的保障。

追求利益是人类一切社会活动的动因。利益是社会发展的基础、前提和动力因素。人的利益首先起源于人的需要，需要是人们对于所需对象的欲求。任何一个社会首先必须满足人的需要，而要满足需要、实现利益，就需要有调控需要的机制和方法。社会组织及其制度都是围绕着特定的需要建立起来的，法律制度和运行机制就成为各种需要的关系调整的前提和条件。随着社会的发展，需要主体多元化的发展使不同需要主体之间的矛盾日益增多，各需要主体之间必然要发生冲突。围绕着需要，社会需要形成一套科学的制度设计，需要建立一个表达机制。制度化的需要表达和需要实现，就是通过稳固的法律制度来调整利益关系。法律对社会的控制是通过对需要的调整来实现的。法律对需要的调整机制具体表现为三种情况：第一，法律确认并表达基本需要。法律以人与人之间的关系为基础，法律制度确认人与人之间的关系，就是对社会中的需要加以确认和选择，对特定的需要予以承认，或者拒绝某些需要受法律的保护。法律表达需要的过程同时也是对需要进行选择的过程，在表达需要时绝不可回避需要冲突。第二，法律平衡需要冲突。人对资源控制的不同导致了需要的差别，需要的差别则构成了利益冲突的基本原因。正因为有社会利益冲突，社会存在和社会变迁才有其可能。法律对各种需要的重要性作出估价或衡量，

---

① ［美］阿兰·斯密德：《制度与行为经济学》，刘璨、吴水荣译，5 页，北京，中国人民大学出版社，2002。

为协调需要冲突提供标准。法律对利益关系的协调、对需要冲突的平衡，一般是通过某些基本原则的规定和制度设计体现的。第三，法律重整需要格局。法律是在需要格局的不断被打破和重整过程中逐步向前发展的。每一个社会的经济关系首先是作为利益关系表现出来的，经济体制的转轨必然要求社会利益的重新整合，也就是对人的需要进行重新的整合。

个人在满足自己的需要时，大多数情况下，是能够同其他人的需要相互促进、共生配合的，但也存在个人的需要同其他人的需要相互冲突和碰撞的情况，进而形成一种紧张和对立的关系。这也是人类发生纠纷、冲突的重要原因。如果这种纠纷和冲突发生在族群之间，就会导致族群冲突，甚至是战争。所以，人的一般需要应由法律规制来调整。

在人们之间的合法需要发生冲突、不能两全的情况下，法律应如何平衡？如果把需要转换为权利，就是面临着这样的问题："无论法院的最终决定如何，它保护一种权利的时候，实际上必然侵犯另一种权利。这就是权利的相互性。"① 在这种情况下，应该保护更为重要的需要。这与科斯的主张是类似的，即在权力冲突时，法律应当按照一种能避免较为严重损害的方式来配置权利。

若不同的人在同一等级的需要上发生冲突，法律应该如何处理或规定呢？答案是应该保护多数人一方的需要；这种多数人的需要，不应该是某一具体时点多数人的需要，而是具有历史跨度的多数人的需要。边沁认为，法律应该与功利原则一致。功利是人的一切期望自然指向的方向。法律越是与功利原则一致，它的功利性就越明显。只要法律能够指向最大多数人的最大幸福，它就能够成功。若简单地以某一时点上多数人的需要为准，酷刑②是难以消失的，因为很多酷刑都被冠以"保护大多数人的利益"这样冠冕堂皇的理由。1948 年发表的《世界人权宣言》第五条规定，任何人不得加以酷刑，或施以残忍的、不人道的或侮辱性的待遇或刑罚。尽管国际公约和国内的法律都禁止酷刑，人人都是反对酷刑的，可实际上酷刑却屡屡发生。我国国内也有关于刑讯逼供的报道，比较典型的是"云南昆明警察杜培武案"、"河北唐山警察李久明案"、

---

① 刘作翔：《中国法治进程中的权利冲突》，见朱景文主编《中国法理学论坛》，287 页，北京，中国人民大学出版社，2006。

② 《布莱克法律辞典》里的"酷刑"定义是："为了施与惩罚、获取口供或信息或为了施虐的快乐，而给人的身体或心理造成剧烈痛苦。在旧的刑法里，在司法准许和监督下，与对人的调查或审查相联系，通过采取拉肢刑架、刑车或其他器械，对个人施加暴力的肉体痛苦，作为逼取供认或迫使其揭发同谋的方法。"参见 Black's Law Dictionary, West Publishing Co., Fifth Edition, 2004, pp. 1335 ~ 1336。

"湖北佘祥林杀妻案"等。这背后就是功利主义在发挥作用。根据功利主义，为了维护多数人的利益，增进公共的福祉，就可以采取任何的行动，哪怕是违反人道的；功利主义是属于结果主义的，而结果主义认为，一种行为，只有其结果较为有利时才能说在道德上是正当的。若想真正根除酷刑，就必须将这种功利主义的影响根除！

1992 年，《美国杂志周刊》刊登了纽约大学哲学教授麦克尔·莱文写的《支持酷刑的情况》一文，其中谈到这样一个两难困境：假如一个恐怖分子在曼哈顿岛上安放了一枚炸弹，在 7 月 4 日中午将发生爆炸……让我们进一步假设，这个恐怖分子在那个惊心动魄的一天的上午 10 点钟被逮到，但他拒绝说出炸弹放在哪里，因为他宁可死也不愿接受失败，如果营救那些无辜生命的唯一的途径是让这个恐怖分子面对极度的可能的痛苦，那么，有什么理由不能这样做呢？[1]

正如一位学者所说的，"死刑旨在剥夺人的生命。唯有新的伦理与制度，方能剥夺死刑的生命"[2]。所以，问题的关键是，我们若以跨越历史的多数人的利益为准，而不是以某一时点上多数人的利益为准，就会发现克服酷刑的理论依据——即便酷刑对社会有利，也是不正当的。这种跨越历史的多数人的利益，就是跨越历史的多数人的一般需要，也就是人权。所以，人权或跨越历史的多数人的一般需要，是对抗酷刑的有效制度。

综合本章所述，人的一般需要是指人类的大部分正常个体所普遍具有的、人作为人"不得不"具备的需要或动机。人的一般需要包括公理层次、定理层次、倾向性层次三个方面。公理层次的需要包括生命健康需要、性需要等五项需要，定理层次的需要包括对于物质财富的需要、改善生命健康条件的需要等十二项需要，倾向性层次的需要包括获得社会不断认可的需要等三项需要。人的一般需要是法律规制的目标和出发点，是法哲学的逻辑起点和法律矛盾裁决的最后依据。偏离的需要是违法和犯罪的起源性原因，法律惩罚就是对违法者某些需要的剥夺或限制，也是对受害人某些需要的满足。设计法律制度时应充分把握人的需要。

---

[1] 夏勇：《酷刑与功利主义——一个伦理学的分析》，见王敏远编《公法》第四卷，北京，法律出版社，2003。

[2] 夏勇：《死刑与最严重的犯罪》，《公法》第 2 卷，北京，法律出版社，2000。

4

人是有限理性和有限意志的，深受感情影响

人们常常设想人是理性的，并高估人具有的理性的程度。人们常常乐观地认为，人会理性地运用逻辑推理和所有相关的可以获得的信息，去实现愿望和价值，决定如何行动，以及接受法律原则。人会理性地考虑支持和反对原则的各种论点，以接受合理的论点，拒绝不合理的论点。但在现实中，这样的理性人是不存在的。"毕竟没有任何现实的人是充分有理性的。我们中的任何一个都有某些非理性的愿望，并且偶尔作出愚蠢之举。"① 马克斯·韦伯认为，社会行为可能取决于以下四种方式之一：第一，它可能是由人们合理地决定之后作出的，并为了某种目的。第二，它是根据某种行为价值的信仰决定的，不抱任何目的，并以道德、美学或宗教为行为标准。第三，它是在感情支配下实施的。第四，它是依据传统行事的。② 按照马克斯·韦伯的观点，人们的理性行为只是四种行为方式中的一种，人的行为不可能全部是理性的。

新分析法学派的哈特认为自然法的最低限度的内容包括：（1）人是脆弱的，因此，法律和道德都要求人类要自我克制；（2）人类之间大体是平等的，法律和道德都要求一种互相克制和妥协的制度；（3）有限的利他主义，人既不是天使，也不是恶魔；（4）人类可以利用的资源是有限的，因此，需要财产流转制度；（5）人的理解力和意志力是有限的，确立强制下的自愿结合的

---

① 贝勒斯：《法律的原则：一个规范的分析》，张文显等译，4、6页，北京，中国大百科全书出版社，1995。
② ［德］马克斯·韦伯：《论经济与社会中的法律》，张乃根译，3页，北京，中国大百科全书出版社，1998。

制度确有必要。①

除了哈特提出了人的理解力和意志力是有限的之外，英国政治学家格雷厄姆·沃拉斯也提出过类似的论断，"任何人要想以重新检查人性的作用当做他的政治思想的根据，必须首先克服他自己夸大人类理智的倾向"。②

人的有限理性和有限意志，可以从心理学、社会学等研究成果中得到证明，而且这也是法律面对的人类形象的心理模式之一。

4.1　人的理性是有限的

有限理性是诺贝尔经济学奖获得者西蒙提出的决策概念，指的是人类认知能力并非无限这个明显的事实。③"有限知识这一问题依然是人类存在的核心苦恼和稀缺的构造性原因。"④他认为，人的理性要受到以下三方面的限制："每一备选方案所导致的后果的不确定性，不完全了解备选方案，以及必要计算无法进行的复杂性。⑤"

在本书中，笔者将有限理性作为人类形象的一个重要特征。"有限理性是指介于完全理性与非完全理性之间的在一定限制下的理性。"⑥ 人的有限理性的根源在于，人的认知能力是有限的。人是在有限理性的条件下决策并追求功利的。

4.1.1　人的认知能力是有限的

法律面对的人类形象，就其认知能力而言，应该是一个在社会中受过平均程度的教育、具有平常人理智的人。如果需要进一步确定"平常人理智"的状况，就需要考察平常人的认知能力。认知能力是指接受、处理和发出概念信息的能力，主要包括推理判断、言语理解、数量关系、空间能力、知觉速度

---

① 谷春德、史彤彪主编：《西方法律思想史》，255～256 页，北京，中国人民大学出版社，2000。
② ［英］格雷厄姆·沃拉斯：《政治中的人性》，朱曾汶译，13 页，北京，商务印书馆，1995。
③ ［美］凯斯·R. 桑斯坦主编：《行为法律经济学》，涂永前、成凡、康娜译，17 页，北京，北京大学出版社，2007。
④ ［德］柯武刚、史漫飞：《制度经济学——社会秩序与公共政策》，韩朝华译，51 页，北京，商务印书馆，2002。
⑤ ［美］赫伯特·西蒙：《管理行为》，杨砾等译，81 页，北京，经济学院出版社，1988。
⑥ 刘希平：《心理学关键词》，21 页，北京，北京师范大学出版社，2007。

等，即人们一般所讲的智力，是人类的行为和社会生活的重要前提。一般说来，认知能力应包括观察力、记忆力、思维力、想象力等基本要素。本书3.2.4.5 部分已经论述了学习及模仿需要是人的公理层次的需要。人的认知能力是人的学习及模仿需要得以实现程度的表现。认知能力是判断一个人意思能力和责任能力的重要依据。人的认知能力包括事实认识能力和价值认识能力。两者必须共同发挥其作用，即事实认识、事实判断和价值认识、价值判断必须内在地结合起来，才能形成真正的认识。

　　人的认知能力或智力在全部人口中是呈现出正态分布的，即智力不足或智力超常的只是极少数。如果应用斯坦福—比奈量表来测量某一地区全部人口的智力，则智商在 100±16 范围内的人应占全部人口的 68.2%，智商在 100±32 以内的人应占全部人口的 95.4%。智商高于 132 或低于 68 的人在全部人口中只有极少数。[①] 根据对同卵双胞胎的研究，鲍查德和莱肯认为智力主要是由遗传因素决定的，智力变化中的 70% 都可以归因于遗传的影响。[②]

　　4.1.1.1　人的认知能力包括事实认知能力和价值认知能力

　　1. 事实认知能力。事实认知能力就是作为主体的人，在认识过程中对外界对象和自身的客观现实状况予以反映的能力，其结果是形成关于外界对象和人自身"是什么"的事实认识和事实判断。人的事实认知能力具有下列特征：

　　第一，儿童的认知能力是随着年龄增长而显著变化的。认知能力的度量一般采用智力测验方法。随着心理学的发展，心理量表[③]被广泛应用。查尔斯·爱德华·斯皮尔曼在《人的能力：它们的性质与度量》中引用了伯特的推理发展研究[④]，结果显示，从 7 岁到 14 岁，每个年龄的平均智商分数呈现如下连续改善：14 岁是一个关键的年龄，此前的平均智商较上一年的增长幅度高，此后的增长幅度则下降，甚至平稳。具体如表 4–1 所示。

---

　　① 彭聃龄主编：《普通心理学》，429 页，北京，北京师范大学出版社，2004。

　　② [美] Roger R. Hock：《改变心理学的 40 项研究》，白学军等译，30 页，北京，中国轻工业出版社，2004。

　　③ 心理量表是测试人们认知能力或智力的工具，包括智力量表和情商量表。

　　④ [英] 查尔斯·爱德华·斯皮尔曼：《人的能力：它们的性质与度量》，袁军译，396~397 页，杭州，浙江教育出版社，1999。

表 4 - 1

年龄	7	8	9	10	11	12	13	14
平均分数	2.0	11.0	17.2	23.2	30.0	34.1	39.1	44.7
较上一年龄的增长率（%）		450.00	56.36	34.88	29.31	13.67	14.66	14.32

书中引用的另一个研究是巴拉德做的[①]，平均分数见表 4 - 2。

表 4 - 2

年龄	11	12	13	14	15	16	17
平均分数	13.1	14.4	15.1	17.4	18.5	18.9	18.9
较上一年龄的增长率（%）		9.92	4.86	15.23	6.32	2.16	0.00

　　按照皮亚杰的儿童认知发展理论，形式运算阶段（12～15 岁）是儿童认知发展的最后一个阶段，在这个阶段，儿童已经完全具备了认知外界事物的能力，包括对社会规则、道德等抽象事物的认知能力，也具有了认知自己行为的社会意义的能力。虽然个体可能存在"滞差"，但是从总体上看，此时的儿童智力已经趋于成熟。

　　刑事责任年龄是一个自然人对自己实施的犯罪承担刑事责任所必须达到的年龄，但年龄实际上只是一个外在的标准，隐藏在年龄背后的行为人认知能力和自我控制能力，才是真正发挥作用的因素。

　　在目前世界立法例中，各国对刑事责任起始年龄的规定各不相同。其中有很多国家将刑事责任的起始年龄规定为 14 岁，甚至还有不少国家规定的刑事责任起始年龄超过了 14 岁，如丹麦、芬兰、冰岛、挪威、瑞典刑法规定为 15 岁，西班牙、葡萄牙刑法规定为 16 岁，比利时、卢森堡刑法规定为 18 岁等。但也有许多国家仍将其刑事责任起始年龄各不相同地规定为 7～13 岁，甚至在一个国家的不同法律管辖区内也是极大的不同。

　　1980 年，美国学者格里索和马努格安关于儿童对美国米兰达规则[②]的理解

---

　　① 巴拉德的测验是这样的：选用"谬言"测验，要求被测试的儿童从类似如下陈述里分辨出荒谬的成分。如：一个人按广告买了一条狗，后来他对卖主抱怨说，那条狗的腿太短。卖主答道："不短，能够着地了，你看不是吗？你还要多长？"巴拉德用这样的陈述测试了将近 2000 名儿童。

　　② 米兰达法则是指美国警察在对拘押嫌疑人讯问前应告之其可享受权利的规定，这些权利为：（1）你有权保持沉默，你对任何一个警察所说的一切都将可能被作为法庭对你不利的证据。（2）你有权利在接受警察讯问之前委托律师，律师可以陪伴你接受讯问的全过程。（3）如果你付不起律师费，只要你同意，在所有讯问之前将免费为你提供一名律师。（4）如果你不愿意回答问题，你在任何时间都可以终止谈话。（5）如果你希望跟你的律师谈话，你可以在任何时候停止回答问题，并且你可以让律师一直伴随你讯问的全过程。

实验表明，13 岁的少年儿童，其智商在 70 以上者，就与 14 岁和 15 岁正常少年儿童一样，能够理解米兰达法规的含义，因而 13 岁少年儿童智力正常者，与成年人一样，具有理解米兰达法规的行为能力，这项法规可以适用于 13 岁智力正常少年儿童。[①] 也就是说，只要儿童智力正常，他/她在 13 岁就已经具有了与成年人一样的理解能力。这样看来，我国刑法将完全不负刑事责任年龄的阶段定为不满 14 周岁、完全负刑事责任年龄的阶段定为 16 周岁，从年龄上看，有一点偏晚。

第二，许多研究已证明，成人的智力发展与年龄增长也有一定的关系，即人的认知能力是随着年龄发展变化的。随着年龄的增加，人的认知能力反而下降（见图 4-1）。

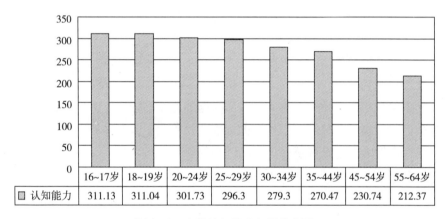

	16~17岁	18~19岁	20~24岁	25~29岁	30~34岁	35~44岁	45~54岁	55~64岁
认知能力	311.13	311.04	301.73	296.3	279.3	270.47	230.74	212.37

图 4-1　人的认知能力年龄分布图

根据西雅图的纵向研究，人的认知能力或智力水平在 60 岁之后会明显下降，80 岁之后则下降得更加显著；但也有相当部分的人智力保持稳定。[②] 这种认知能力的下降有生理原因，如眼睛、耳朵和其他感觉器官的感知能力下降，这种倾向还导致了老年人的行动和反应迟缓；此外，也有其他未知的原因。由于老年人的认知能力和控制自己行为的能力都显著下降，对他们犯罪的惩罚应适用较常人低的标准。

----

① 沈政主编：《法律心理学》，124 页，北京，北京大学出版社，1986。
② 研究者测试了五个主要能力，包括口头表达能力、推理能力、语言流畅性、数字能力以及空间视觉能力。研究者运用七年期的频数分布来判断认知能力下降的程度。到了 67 岁，能力下降幅度不会超过 25%；到了 74 岁，下降 33%；而到了 81 岁，下降幅度则达到 40%。参见［美］乔斯·B. 阿什福德等：《人类行为与社会环境——生物学、心理学与社会学视角》，王宏亮等译，656 页，北京，中国人民大学出版社，2005。

　　70 岁以上的老年人犯罪是否要从宽给予处罚呢？自《唐律》以后，耄耋之人虽有死罪不加刑成为中国古代刑律的定制，一直延续到 1935 年制定的《中华民国刑法典》。我国台湾地区适用的"中华民国刑法典"第 63 条规定，满 80 岁的人犯罪的，不得处死刑或无期徒刑。《美洲人权公约》第 4 条第 5 项规定"对超过 70 岁的人不得处以死刑"。

　　第三，不同性别的人，认知能力也有一定差别；同一年龄组和同等教育程度的情况下，男性的认知能力要略好于女性。① 不同教育程度的人，其认知能力也是有一定差别的；随着教育程度的增加，人的认知能力不断增加。②

　　根据研究，2000 年全国 6 岁及以上人口的文化程度接近初中，而 1990 年仅接近小学。2000 年我国人口文盲率为 6.72%，降到了历史最低点。③

　　第四，不同智力程度的人，其认知能力也是不同的。根据研究，轻度智力落后的学生在认知方面存在缺陷，主要表现为注意力涣散，长时记忆优于短时记忆，思维的速度较慢、维度较少，概念难以形成等。④

　　2. 人的价值认知能力。价值是个体评价事物与抉择的标准，是关于什么是值得、正确的看法。人对于价值的认知能力应该包括对自己、他人和事物三个方面。价值判断就是依据一般的有效规范，对一种事实行为所作的应当是这样或不应当是这样的判断。所以，人的价值认知能力就是对人或事作出评价或判断的能力，而这种评价或判断的核心就是"是否应当如此"。人的价值观念对人的事实认知具有重要的影响作用：当人们所推崇或认可的价值观念发生改变时，人们的很多事实认知都发生改变，包括友谊、亲情、社会、政治以及法律制度的正当性和可接受性等，都会发生显著的变化。

　　法律本身不只是一个规则体系，在规则体系的背后，是一个特殊的价值追求。法律对价值所作的选择、排列和保护，可以在一定程度上减少价值的混乱，使社会成员的价值观尽量统一到社会的主流价值观上来。罗宾·保罗·麦乐怡认为，"任何观察者和提倡者总是带着一种特定的意识形态倾向来观察和勾勒事实的，这并不暗示这种价值倾向的好与恶，而是说，不同的对事物的解

---

① 蒋莉：《中华成人智力量表全国常模的制定及信效度研究》，30 页，中南大学博士论文，2006。
② 蒋莉：《中华成人智力量表全国常模的制定及信效度研究》，30 页，中南大学博士论文，2006。
③ 于亮：《我国人口文化程度的变动趋势　（1990—2000 年）及对策研究》，11～16 页，吉林大学硕士论文，2006。
④ 郭海英、贺敏等：《轻度智力落后学生认知能力的研究》，载《中国特殊教育》，2005（3）。

释方式推进了不同的意识形态"①。这就是说，人们认识事物时都是带着价值倾向的，这种价值倾向就是人的价值认知能力的体现。法律判决一般来说就是要体现出这种价值倾向，"许多司法判决和法律争议往往是建立在具有鲜明意识形态倾向的理论和假设之上的"②。人的价值认知能力具有如下特征：

首先，人类在认识事物时，具有一种将事物分类的倾向：分类及识别更有利于人类的记忆、归纳及判断。这种分类认知倾向，是人的事实认知和价值认知的连接纽带之一。当遇到具有某些相同特点的人的时候，我们过去对具有相同特点的人的知觉，就会帮助我们决定如何对这类人进行反应，但这样的认知过程也容易带来偏见与错误。若法官对某一类人具有错误的分类倾向，则这类人在成为诉讼当事人时，可能会受到不公正的对待。这种认知习惯对法律也具有重要意义。正如霍维茨在总结 19 世纪美国法学时用 "the categorical mind"（分类心智）和 "categorical thinking"（分类思想）所表明的那样，人类总是趋于将自己生活的世界予以命名，以获得社会意义体系。法律行为是人类追求"意义"（meaning）的结果之一，它将人类的行为置于一个高度统合的体系之中，对各种表意行为予以抽象，强化其共同点，排除其不同点，然后赋予这类社会行为一个统一的名称，从而使这些纷繁芜杂的行为得以有机集合，这是对社会意义的一种梳理，也是获得社会意义的一种方法。它最终来自于人类对社会意义和秩序的内在追求。③

其次，人对事物的价值评价，常常是受功利影响的。当人体会到好处、利益甚至是一种愉悦的感觉时，会自然产生正向的价值评价；反之，则产生负向的价值评价。人对事物的评价，也常常受偏见的影响，正如本书 4.1.1.3 部分所述。

近年来对态度和行为的研究出现了一个新名词叫 "NIMBY"，它是词组"与我无关"（Not In My Backyard）的英文缩略语。它反映了这样的现象：一件事、一个方案或者某种环境的改变正在酝酿之初，大家都认可这是为了公众的利益，于是这一改变通常会得到众人的广泛支持，然而，当人们意识到这一改变可能将影响个人利益时，便会断然反对它。④ 这就是在以个人利益作为核心价值时，人的一种行为取向：个人利益不能受到影响或妨碍。由此推理，如

---

① ［美］罗宾·保罗·麦乐怡：《法与经济学》，孙潮译，45 页，杭州，浙江人民出版社，1999。

② ［美］罗宾·保罗·麦乐怡：《法与经济学》，孙潮译，42 页，杭州，浙江人民出版社，1999。

③ 谢鸿飞：《论法律行为概念的缘起与法学方法》，中国社会科学院法学研究所网站（http://www. cass. net. cn/file/2005101947928. html），2005－10－19。

④ ［美］Roger R. Hock：《改变心理学的 40 项研究》，白学军等译，396 页，北京，中国轻工业出版社，2004。

果遵纪守法、法律神圣成为社会公众的核心价值，则构建和谐社会的目标即将实现。

再次，对于自己的价值认知，社会心理学家发现，人类行为最有力的决定因素之一是维护一个稳定、正面的自我形象的需要。大部分人都相信自己是理性的、高尚的人，会作出明智的决定。[①] 这一形象来源于个人的判断、他人的评价等，是在社会交互过程中形成的。人在认知自我的过程中，会受到自我服务偏见的显著影响，比如会低估自己行为危害性的倾向。

在对驾驶员侵犯驾驶行为的调查中发现，当被问及自己是否对其他驾驶员实施了问卷所列举的侵犯驾驶行为时，驾驶员普遍否认自己曾经有过对其他驾驶员实施侵犯的经历，而只有15.9%的驾驶员承认自己有过对同在道路上行驶的驾驶员进行干扰或挑衅的驾驶行为。詹姆斯（James）的调查也得出类似的结果，当驾驶员被问及"大概有百分之多少驾驶员有侵犯驾驶行为"时，回答是"约85%"；而当被问及"您大概有百分之多少的时间有侵犯驾驶行为"时，回答则是"约35%"。对于这个相差近50个百分点的差异，詹姆斯（James）解释说驾驶员往往低估了自己的行为，也就是绝大多数驾驶员对自己的侵犯驾驶行为的程度并不了解或没有意识到。[②]

在司法实践中，"一般被告人所预测的刑期往往较实际刑期量刑为低"[③]。

最后，人对他人进行价值评价的过程具有高度主观性。在认识他人的过程中，效率、期望选择性和第一印象的稳定性等三个因素具有重要作用。人是讲究效率的，对相识的人尽快简单地作出判断，这就常常依赖于"心理捷径"，此时偏见常常会发挥出显著的作用；人们在认知他人的过程中，会希望看到他们的预先判断；个体的第一印象具有较高的稳定性，对于其对他人的认知产生有力的影响。

人在对他人的观察中形成印象与判断，主要观察外表、谈吐、行为、表情、肢体语言等非语言信息和情境。由于人的认知资源有限，人在观察他人的过程中会启动"认知的自动向导"，将信息的加工分为"无心加工"和"有心加工"两个部分，在此基础上判断，可分为快速判断和系统判断，前者是指判断者根据少量的信息和预先的设想而对他人作出判断；后者是指在特定的情

① ［美］Elliot Aronson, Timothy D. Wilson, Robin M. Akert：《社会心理学》，侯玉波等译，146 页，北京，中国轻工业出版社，2005。

② 丁靖艳：《基于社会心理学的侵犯驾驶行为研究》，45 页，浙江大学硕士学位论文，2005-05。

③ 罗大华主编：《犯罪心理学》，363 页，北京，中国政法大学出版社，2007。

境对他人进行观察，并将被观察者与其他人在类似情境中的行为进行比较，从而对被观察者得出判断。

美国《浮华世界》杂志的特邀记者多米尼克·邓恩在其多年从事审判案件的报道中发现：

陪审团一般不喜欢女性公诉人，尤其是当被告是男性、外表帅气、有钱、有名，或者年轻……这种不喜欢与智力和能力无关，这只不过是人类的动物本能。相反，女性被告辩护律师则没有这个问题，即使是她在努力使一个有罪的被告获得无罪释放，她往往被看做是试图保护幼崽的母狮。①

法官对具体问题所进行的价值判断，一般应与基本的法律价值保持一致，因为每一个具体的价值判断，如不与社会基本价值体系保持整合性，会导致社会根本的和重要的价值否定。

价值判断是法官作出裁判的重要坐标。影响法官作出价值判断的因素是多方面的：（1）法官的经验是影响法官价值判断结果的重大因素，为了维持法的安定性，法官往往受其法律经验的束缚；（2）法官的个人喜好也可能影响其价值判断结果。虽然法官应做到不偏不倚，但法官作为生活在现实生活中的人，家庭背景、成长环境、接受的教育等因素不可能不对其有所影响；（3）政治、经济、伦理、社会主流文化模式等因素都会对法官的抉择产生影响。②

4.1.1.2　人的认知能力是有限的

恩格斯曾指出："人的思维是至上的，同样又是不至上的，它的认知能力是无限的，同样又是有限的。按它的本性、使命、可能和历史的终极目的来说，是至上的和无限的，按它的个别实现和每次实现来说，又是不至上的和有限的。"③也就是说，人的认知能力是有限的，这也在一定程度上说明人的理性是有限的。

首先，由于人类自身神经、生理、语言等方面的限制，人的认知能力是有限的。现代认知心理学表明，人类认知过程既包括平行加工过程，又包括序列加工过程。在解决问题时，人要进行大量计算，占用大量资源，然而人的信息

---

①　［美］多米尼克·邓恩：《陪审团睡了》，吴文忠译，150 页，北京，中信出版社，2003。
②　赵文英：《论法官的法律思维》，载《政治与法律》，2005（2）。
③　转引自王以：《民事裁判错误问题研究——以法律救济为视角》，载《陕西职业技术学院学报》，2007（2）。

处理速度比计算机要慢得多。人所具有的有限信息处理能力使人在遇到现实世界的巨大复杂性问题时，不可能像计算机那样通过信息处理设备作出迅速处理，从而发现最优解。国际象棋游戏心理学研究发现，棋手对重要模式知识的直觉和选择性搜索，是他选择象棋步数时的核心；当一个棋手已经发现足够好的选项时，就会结束他的搜索。实际上，在人面临着太多的选择时，只能采取简单的决策来代替预期效用的计算，而不能对每一种可能选择都进行计算。一般来说，人会采取"满意"式策略①、"词典编纂"式策略②、"剔除"式策略③。

　　哈耶克认为，"构造性无知"（constitutional ignorance）是人类存在的一个基本方面。个人在与他人的交往过程中，知识的不足或无知具有多个种类。按照时间序列来区分，有两种知识的不足：第一种是"纵向的知识不足"，即人们不知道未来的情况，但又必须猜测未来以便行动；第二种是"横向的不确定性"，即人们不清楚资源、潜在的交易伙伴以及他们的代理人是否尽职等。按照短缺的特征区分，有两种知识的不足：第一种为人们已经大体上知道了知识的总体特征，但不知道具体的细节性知识；第二种为完全的无知，即人们一点都不了解且一无所知。④ 实际上，若与整个社会作为参照，人们都是生活在"信息孤岛"上的，认知能力都是有限的。我国俗语中常说的"隔行如隔山"、"不养儿不知父母恩"，就是这个道理。

　　西蒙在他的《人类的认知——思维的信息加工理论》中讲到，记忆的组织是一种表列等级结构（类似于计算机的内存有限，从内存到外存的存取需要时间，以及计算机的储存组织形式），这是大脑加工所有任务的基本生理约束，导致如下结果：（1）人脑思维活动的机能是有限的，人无法对事事作出完整、彻底的理性判断。（2）人的知觉范围、注意广度是有限的。在现实生活中，对同样的知觉对象，由于个体的活动任务和知识经验不同，知觉范围也就不一样。（3）人的决策并非是完全理性的，人类之所以能作出日常决策，大多归于人类具有的直觉思维能力，而这种直觉思维能力来自于人类对经验的

①　"满意"式策略即人的行为不再追求利益最大化，而是根据自己的认知能力和客观限制，选择那些使自己感到满意的行动方案。
②　"词典编纂"式策略即人列出那些自己认为重要的行动方案，评定各种方案的产出并从中选择最高者，但人的选择不一定是效用最高的方案。
③　"剔除"式策略即行为人将备选对象列出，从中剔除那些不符合最低要求的选择，然后在剩余的选择中再选取收益最高的行动方案。
④　［英］哈耶克：《致命的自负》，冯克利、胡晋华等译，100页，北京，中国社会科学出版社，2000。

积累与再认。但经验的积累必然是有限的，人们直观决策的失误往往是由于受到了经验积累的限制。（4）注意广度和知识范围的限制又引起价值偏见和目标认同，而价值偏见和目标认同反过来又限制人们的注意广度和知识信息的获得。① 这也就是本书4.1.1.1部分所论述的，人的价值认知能力会对人的事实认知能力产生重要的影响。

多利卡夫（Dolly Chugh）和马克斯·贝瑟曼（Max H. Bazerman）的研究表明，从人们在决策过程中常常忽略那些易得且有用信息的角度来看，人不但是有限理性的，还是有限认知的。他们是这样描述有限认知的：个人在决策的过程中，常常忽略那些容易获得且可知晓的信息，但还要去搜寻那些易获得程度同样的信息；也就是说，决策者忽略了大量容易获得且有用的信息。这种忽略或人的有限认知导致高昂的成本。② 这种有限认知也是人的认知能力有限的一种表现。

其次，人的记忆能力并不是精准且稳定的，这也是人的认知能力有限的重要原因。就一般原理来说，记忆的过程为：输入的信息在经过人的注意过程后，便成为了人的短时记忆，经过复习而没有被遗忘的信息就会成为人的长时记忆，从而在大脑中长时间保留。人记忆过程中的遗忘规律可表现为艾宾浩斯记忆曲线③。

人的记忆并不精准。研究表明，人们的大脑并不能像摄影机那样能记录所有的细节，并能储存很长一段时间，在需要时可以随时精确地回放。人的记忆和人类的记忆一样，也要经历摄入、储存和提取三个阶段，每个阶段都可能会有错误，如遗漏、错知、遗忘、错误表达等，都会影响到记忆的质量。

很多法律事务都是在处理已经发生的事情，所以，记忆对于法律具有重要作用。现存的权利义务关系，一般都是基于一个已经发生了的法律行为。在民事诉讼活动中，其证明对象一般是已经发生的且不可重复、不可再现的具体事件，司法人员只能运用证据，以推论方式去探究案件真相。在刑事诉讼活动

　　① ［美］西蒙：《人类的认知——思维的信息加工理论》，荆其诚、张厚粲译，10~15页，北京，科学出版社，1986。

　　② Dolly Chugh and Max H. Bazerman："Bounded Awareness: What You Fail to See Can Hurt You", HBS Working Paper #05-037, Revised: 8/25/2005.

　　③ 艾宾浩斯（Hermann Ebbinghaus, 1850—1909），德国著名的心理学家，是发现记忆遗忘规律的第一人。艾宾浩斯曲线表示记忆量变化的规律，人们在学习中的遗忘是有规律的，即"先快后慢"，而不是匀速的，获得的知识在一天后，如不抓紧复习，一般就只剩下原来的25%。

中，研究犯罪记忆①问题具有重要作用。记忆中的遗忘也会导致犯罪。比如，遗忘丢失重要文件，就会构成过失泄密罪；因忘记从枪支中卸下子弹，造成过失杀人罪等，都说明遗忘和过失犯罪有密切关系。所以，我们有必要考察人的记忆。

人的记忆并不是一个永远平静运转、精准无误的机器，而是受到个体心理、社会环境的深刻影响，所以目击证人的证词要经过谨慎判断后才能采纳。研究表明，当目击证人被引导时，比如问题的表述方式，或者提问的动词的差别，可能显著地影响目击证人提供的证词。心理实验表明，目击证人的证词会被提问的动词标签所影响，会因动词标签的暗示作用而出现失真现象。② 研究还表明，目击证词还会受到误导性事后信息的影响，误导性事后信息会损害目击证人回忆真实信息的能力，致使他们使用误导性事后信息取代真实信息。研究还表明，如果在遇到具有暗示效应的信息时施以认知检测③，那么暗示效应就会受到遏制。所以，在法庭取证时，法官就应清楚地认识到，必须要谨慎地使用引导性问话，还一定要禁止将误导性信息提供给目击证人。

什么样的人可以充当证人呢？首先，证人必须具有感知、回忆和表达的能力。按照华尔兹教授的解释，一是一个证人在其将要作证的事件发生的关键时刻必须具有感知的能力，无论他运用一个或者多个器官；二是证人的记忆力必须完好无损；三是证人必须有能力并愿意真实、清楚地表达，以便调查人员不会误解。④

人的记忆错误，尤其是目击证人的错误，会导致严重的法律结果。加里·韦尔斯（Gary Wells）和他的同事调查了40个被严重错判的案件，其中有5个是被判处了死刑的。这40个案件的当事人被定罪后，DNA证据表明他们是清白的。其中36个案件中，至少有一个目击证人错误地指认了犯罪嫌疑人。⑤在上述研究中，无罪的人被严重误判，90%是因为出现了错误的证人。实际

①　犯罪记忆是犯罪人、被害人、目击证人、知情人等刑事案件相关人员对与刑事案件相关的信息的记忆。
②　李维：《社会心理学新发展》，716～719页，上海，上海教育出版社，2006。
③　认知检测就是在回忆者回忆之前，先陈述有哪些重要的情况，然后再展示提示性信息，展示的同时也要求回忆者逐个确认哪些是记忆当中的、哪些不是记忆当中的。
④　［美］乔恩·R.华尔兹：《刑事证据大全》（第二版），何家弘译，417～418页，北京，中国人民公安大学出版社，2004。
⑤　［美］Elliot Aronson，Timothy D. Wilson，Robin M. Akert：《社会心理学》，侯玉波等译，472页，北京，中国轻工业出版社，2005。

上，目击证人是经常犯错误的。研究表明，在已经正确审判过的案件中，犯罪嫌疑人已经承认了罪行，且其他证据充分，将目击证人最初对罪犯的描述和罪犯的实际特征进行对比，发现有 48% 的旁观者和 38% 的受害者正确记得嫌疑犯头发的颜色；旁观者和受害者都无法正确地从一群人中指认出真正的罪犯，指认的正确率只有 48%。① 实际上，许多的因素影响着目击证人的准确判断，如当时目击的条件、目击者本人是否为受害人、目击的情况是否熟悉等，目击者所关注的信息也会受到他希望看到的信息的影响。

在让目击证人从一群人中指认犯罪嫌疑人时，如何避免目击证人的错误？心理学家的建议是：应让这一群人都与犯罪嫌疑人相似；告诉目击者犯罪嫌疑人可能在人群中，也可能不在；不要把犯罪嫌疑人安排在第一批人群中；把照片陆续给目击证人看；最好同时提供录音和照片；应询问目击证人对自己的辨认是否有把握，然后再告诉他辨认的结果。

但对人的记忆能力并不精准的论断也有需要修正之处。研究表明，目击者对真实的创伤性事件（如枪杀、刀捅等）表现出较高的记忆准确性，并不随时间的推移而减弱。儿童对经历的创伤体验具有极强的记忆能力。儿童在被伤害数周甚至六个月的时间后，仍能准确回忆受伤害的细节。研究表明，儿童目击证人经过较长时间（两年）间隔后，证词反映事件细节的错误率并不高，只是反映信息的总量有所下降。② 琼斯、斯威夫特和约翰逊（Jones, Swift 和 Johnson）以及奥恩斯坦、戈登和拉若斯（Ornstein, Gordon 和 Larus）发现，经过几周的时间间隔，四岁龄童和六岁龄童没有表现出证词准确性的下降，只有三岁以下的儿童证词准确性有所下降。③

儿童可以作为证人吗？在司法审判中，如何听取儿童作为关系人的陈述呢？从各国的司法实践来看，儿童是可以作证的。在美国，依照法律的规定，年龄不是儿童有无作证资格的决定性因素，并且在司法实践中加州法院也已经允许年龄幼小的儿童作证。儿童的知觉、记忆、再生、表达能力都不如成年证人，故要增强儿童证言的凭信性，就要对儿童证人采取有别于成人的询问方式，如德国

① ［美］Elliot Aronson, Timothy D. Wilson, Robin M. Akert：《社会心理学》，侯玉波等译，473 页，北京，中国轻工业出版社，2005。

② 刘亚菁、耿文秀：《法律心理学研究的新热点——儿童目击证人研究》，载《心理科学》，2006（1），173～174 页。

③ 刘亚菁、耿文秀：《法律心理学研究的新热点——儿童目击证人研究》，载《心理科学》，2006（1），173～174 页。

《刑事诉讼法典》第 241 条 a 规定："对未满 16 岁的证人，由审判长独自询问。"
此外，还可以针对实际情况，对作证的具体方式在法律允许的范围内灵活调整，
如德国《刑事诉讼法典》第 247 条规定："询问未满 16 岁的证人时，如果因为
被告人在场而有不会据实陈述之虞的，或者被告人在场对证人的身心带来严重不
利影响之虞的情况，法院可以命令被告人在询问期间退出审判庭。"

4.1.1.3 人具有偏见倾向：司法公正的天敌

依《中国大百科全书——心理学篇》的定义，偏见是指根据一定表象或
虚假的信息作出判断，从而出现判断失误或判断本身与判断对象的真实情况不
相符合现象。人具有着普遍的偏见倾向，内心公正无私只是人类的超理想形
象。正如布莱克所说的，"法院也可能在某一天平等地对待所有的人。但是在
社会空间法律权力总是到处不平等。这种歧视是法本身所固有的属性"[1]。人
的偏见倾向，是人有限理性的有力证据，更是司法公正的天敌。

1. 种类众多的偏见。

人类并非以不带任何偏见的方式处理信息，而是用一种扭曲的方式来处理
信息。人们会倾向于记住支持其立场或价值观的合理论点，还倾向于记住支持
相反立场或价值观的不合理论点。[2] 社会心理学家这样说道：

偏见涉及人们生活的方方面面，我们都是偏见和歧视的受害者或者潜在受
害者，只因为我们属于一个可区分团体中的一员——无论这个团体的划分是根
据种族、宗教、性别、国籍、性取向、体形还是残障与否。[3]

2002 年诺贝尔经济学奖得主卡尼曼和特维尔斯基认为，人们通常没有能
力对环境作出经济学和概率推断的总体严格分析，人们的判断往往靠的是某种
顿悟或经验，经常会利用"心理捷径"[4]，所以会导致一系列的偏差，形成了

---

[1] 朱景文：《比较法社会学的框架和方法——法制化、本土化和全球化》，400 页，北京，中国人民大学出版社，2001。

[2] 这个观点可以由爱德华·E. 琼斯及赖卡于 20 世纪 50 年代做的实验印证：当时种族隔离的想法很流行，他们让支持种族隔离立场和反对种族隔离立场的两批人共同阅读一系列正反立场兼有的论点，这些论点有的合理，有的则愚蠢。结果发现，被试者只记住那些支持自己立场的合理论点，以及支持对方立场的愚蠢观点。

[3] ［美］Elliot Aronson，Timothy D. Wilson，Robin M. Akert：《社会心理学》，侯玉波等译，149 页，北京，中国轻工业出版社，2005。

[4] "心理捷径"又称为启发式思维，心理研究表明人类大脑经常用粗略的估计方法去解决复杂的问题，即使用某种工具快速得出一个估计值，而不是仔细分析所有信息。这些估计值并不总是正确的，会导致心理过失。这种思维方式是经历千万年演化而来的，已经是人脑硬件的一部分，是无法消除它的影响的。"心理捷径"与西蒙提出的直观决策是相近的。

偏见。

第一类基本偏差是小数法则偏差，又称代表性偏差，是指人们将小样本中某事件的概率分布看成是总体分布。其实这违反了概率理论中的大数定理①。在现实生活中，人们总是倾向于夸大小样本对总体的代表性，低估大样本的代表性，以偏赅全，以小见大。小数法则偏差表现为：首先，人们在根据现有信息对不确定事件进行判断时，似乎不关心样本的大小，也就是与样本无关。其次，主体知道事件发生的（客观）概率，但在主观上对已发生的小样本事件进行错误估计，往往高估未发生的事件出现的概率。例如，虽然人们都知道投掷硬币正反面出现的概率为50%，但如果连续出现多次正面，人们总是认为接下来出现反面的概率很大，这就是所谓的"赌徒的谬论"。最后，导致人们对新信息产生过度反应，在形成关于未来的预期时对新信息的重要性估计过高。

第二类常见的偏差是可利用性偏差，又称突出性偏差，是指人们通过不费力地回想出的例子来进行概率推断，结果导致赋予那些易见的、容易记忆的信息过大的比重，甚至从中得出歪曲的认识。比如，人们总是在获知某人在一座城市中被谋杀时，高估这座城市的犯罪率。认知心理学通常认为，与不熟悉的信息相比，熟悉的信息更容易被忆起，也更让人相信其真实性和相关性。

在著名的冤案湖北佘祥林杀妻案中，当时办案警察的认知线索为：妻子患有精神病——佘因此就会与其关系不佳，从而有了"外遇"——夫妻感情进一步恶化——最终佘产生杀妻的动机并实施。与佘祥林妻子家人一起，办案警察采用了可利用性偏差的思维模式，"因奸杀人"是我们再熟悉不过的一类犯罪形式了。正是在这个偏差的思维引导下，才最终导致了刑讯逼供和冤案的发生。

第三类偏差为框架效应。框架效应指的是不确定条件下，行为人的选择不仅与不同行动方案的预期效用有关，更与这些行动方案对基准点的偏离方向有关。根据基准点，当行动方案代表的是"收益"时，行为人是风险规避者，也就是在具有同样预期效用的确定性收益和风险性收益中选择前者；而当行动方案代表的是"损失"时，行为人则成为风险爱好者，也就是在具有同样预期效用的确定性损失和风险损失中选择后者。② 尽管人们在不同的基准点方向

---

① 大数定理指的是当分析样本接近于总体时，样本中某事件发生的概率将渐近于总体概率。

② 如在实验中，当要求行为人在获得240美元和以25%的概率获得1000美元之间进行选择时，84%的人选择了前者，尽管后者的预期效用（250美元）比前者还多10美元。而当被要求在损失50美元和以75%的概率损失1000美元之间进行选择时，87%的人选择了后者，但二者的预期效用是一样的。

上表现出了不同的风险态度，但实际上都是人们损失避免心理的反映。也就是说，人们的偏好具有损失厌恶的特征。卡尼曼和特维尔斯基认为，框架效应体现出人是有限理性的。信息的不同表达方式会引导我们的心理倾向和行为选择，致使我们在寻找真实和潜在的偏好时犯错误。

第四类偏差为心理账户偏差。心理账户是行为经济学中的一个重要概念。心理账户偏差是指人在进行决策的时候，并不是权衡了全局而进行考虑的，而是在心里无意识地把一项决策分成几个部分来看，也就是说，分成了几个心理账户，对于每个心理账户人们会有不同的决策，但忽略了对划分的决策的几个部分都有影响的共同因素。由于消费者心理账户的存在，个体在作决策时往往会违背一些简单的经济运算法则，从而作出许多非理性的消费行为。

一项实验结果表明，因预缴税款多少的不同，同一纳税决策分别被表述为退税或补缴时，纳税人表现出了不同的遵从水平，面临退税时的税收遵从水平高于面临补缴时的遵从水平。因此，可通过规范预缴制度，达到提高税收遵从水平的目的。[①] 这就是人的心理账户在发挥作用，虽然缴纳的税收总额是一样的，退缴的税收纳入当事人意外收入的账户，补缴的税收纳入当事人损失的账户。

第五类为过度自信偏差。大量证据表明，人们通常对自己的判断过于自信，主要表现在两个方面：一是在估计可能性时不够精确，当人们肯定某件事会发生时，实际上只有80%的发生可能性，而当人们肯定某件事不会发生时，实际上还有20%的发生可能性；二是置信区间过于狭窄，98%的置信区间实际上只有60%的置信度。

卡罗尔（John S. Carroll）的模拟研究表明，在决定犯罪实施过程中，51%的被试对象考虑收益的数量，24%的考虑惩罚的严厉性，18%的考虑收益的必然性，8%考虑被惩罚的必然性。由此可见，收益的数量是犯罪人在犯罪决策中考虑最多的因素，犯罪人很少考虑被惩罚的必然性。[②]

第六类为锚定效应，是指人们在做定量分析时，一开始会先得出一个估计值，然后再一步步地修正，但实证研究表明随后的修正往往是不充分的，人们仍过多地依赖于最初的估计值。

---

① 王韬、许评：《框架效应影响税收遵从的实验研究》，载《税务研究》，2007（12）。
② 罗大华主编：《犯罪心理学》，27页，北京，中国政法大学出版社，2007。

　　检察院的量刑建议是否会影响法院的判决？我国检察机关在司法实践中经常行使量刑建议权，在其建议不被法院接受时常以量刑不当反复提起抗诉。而法国、德国等国家的检察机关并不向法院提出量刑建议。从人的锚定效应来看，检察机关对于某犯罪嫌疑人提出了具体的量刑建议，无疑是对法官的自由心证和自由裁判产生影响，进而影响裁判的公正。

　　第七类为乐观偏见。人存在着乐观偏见，即人认为和别人相比，坏事情发生在自己身上的概率要比别人小得多。就像绝大部分人以为的，自己相比他人，更不可能遭受交通事故或更不可能有心脏病、哮喘等健康风险，这就使得人们在风险判断方面出现整体的自信。

　　过于自信的过失是犯罪过失的一种，是指行为人预见到自己的行为可能发生危害社会的结果，但轻信能够避免，以致发生这种结果的心理态度。乐观偏见应是过于自信的过失的心理基础。

　　第八类为对极端的规避。人们并不喜欢极端的选择，在给定的选择之间，大部分人寻求一个折中的选择，尽管可能是不正确的。① 这种偏见和中庸之道有着一定程度的类似。趋利避害是人定理层次的需要，在本书 2.2.4.3 部分已经论述过了。趋利避害的需要容易引起折中结果的发生。在可供选择的范围内，大多数人会采取中庸之道，而实际上这种选择可能是错误的。

　　法官和陪审团经常会倾向于选择折中的解决办法，而所谓的"判决"也多是众多选择之后较为折中的产物。不仅在司法领域是如此，其实在政治选举、医疗措施和政策制定等领域，折中的做法也是非常普遍的。②

　　第九类为证实偏见。证实偏见是指人们会在获取相应信息的基础上，形成对他人的期望或判断，并以这种期望或判断来预测他人的行为。证实偏见也就是我们通常所说的"先入为主"对认知的影响。证实偏见在需要提出引导性问题的社会领域经常发生，比如在法庭作证中就会发生。在正常情况下，人们并不意识到他们的证实偏见；相反，还以为他们的期望或判断是正确的。只有当被证实的原因与归因者的判断明显冲突时，归因者才会修正已有的判断。避免这种偏见的有效途径是尽量使用诊断性提问。

---

　　① ［美］凯斯·R. 桑斯坦主编：《行为法律经济学》，涂永前、成凡、康娜译，4～5 页，北京，北京大学出版社，2007。
　　② ［美］凯斯·R. 桑斯坦主编：《行为法律经济学》，涂永前、成凡、康娜译，4～5 页，北京，北京大学出版社，2007。

如果法官在审判前就接触与案件有关的信息，那么很容易产生先入为主的印象，就不利于作出公正的裁判。不管法官在审判前以何种方式接触案件的信息，必须要保证这些信息是中性的，而且法官接触这些信息只是程序化的、公开的。

第十类为认知歪曲，即知觉或认识中的错误与归类、归类成见等相关。归类是指人们会根据种族、性别、年龄、贫富、职业等对人进行分类，将与自己相似者视为团体内成员，而不相似的视为团体外的成员。在此基础上，会对团体内外的人形成不同的判断——对团体内外成员的态度并不一致；团体外的成员都是相似的，但将团体内成员的同类行为归因于独特的团体特征。归类成见是一种认识，认为人们由于特定的团体成员身份而拥有某种特征。比如，男性的特征被概括为冒险的、有力的和独立的，女性的特征被概括为敏感的、懦弱的和顺从的，犹太人是精明的等。[①]

20世纪90年代中期，美国的黑人棒球明星辛普森涉嫌谋杀他的前妻及其男朋友。这个案件吸引了众多的美国人的注意。从一开始，美国的黑人和白人就好像是在看两场不同的审判，绝大多数美国白人相信辛普森犯罪了，而绝大多数的美国黑人则认为证据不足。

女权主义者认为，现有法律制度中关于强奸的规定，往往是从男权主义角度来考虑，要求女性提供证据，有自己强烈反抗的证明，这实际上是不利于保护妇女权益的，置妇女于难堪的境地。

第十一类为自我服务偏见。具体见本书5.4.2.2部分。

此外，还有后见偏见和现状偏见等。这些关于人类判断的偏见事实证明，人们的推理以系统化的方式违背了概率基本原则，人们在对不确定事物进行判断时是非理性的。在偏见的影响下，人的认知会出现偏差；这种偏差对简单、日常判断的影响并不大，但在司法活动中则是难以容忍的，这可能导致无辜的人的自由或生命被剥夺，进一步会使人们对法律的公平感、信任感丧失，最终导致法律信仰的沦丧。

2. 后见偏见影响着法律判断的准确和公正。

后见偏见是一种心理现象，即在事件发生后，人们会过高地估计在此事件发生之前相关人员应该有的预见力，也就是民间常说的人们愿意当"事后诸葛亮"。巴鲁克·费施霍夫（Baruch Fischhoff）是这样描绘这种偏见的："从后

---

① 李维：《社会心理学新发展》，163页，上海，上海教育出版社，2006。

见的角度，人们不断夸大先见角度能够预测到的东西。他们不仅倾向于视已经发生的事情为不可避免，而且认为在事情发生之前已经显得'相当不可避免'。人们认为他人对事件本来能做到的预测，比实际上做到的应该更好。"①压倒性的证据表明，后见偏见是一个很有力的现象，不容易消除，甚至不容易被调和。证实偏见和后见偏见都支持这样一个命题：人类认知倾向于保守。这也是人的稳定性需要的一种体现，人会尽量去保护已经形成的认知，去维护先前存在的知识、信念、态度。②

后见偏见的产生是有着深刻的心理基础的。第一，这仍然是因为人具有着归因的思维习惯，即人们有着强烈的动机去分析某一事件结果的原因是什么。当人们知道了一件事情的结果后，会自然而然地把结果与此前的事件整合起来。这也就是巴鲁克·费施霍夫所说的"延缓决定论"。第二，人们普遍认为世界是稳定和可预测的，总是希望世界是更稳定和更可控的。第三，在大部分场合下，人们总是希望自己是一个"智者"，力图避免自己成为一个愚蠢的角色。后两者因素通常被认为是动机因素，但在整个后见偏见中发挥的作用并不大。③

心理学的研究表明，后见偏见是认知过程的结果，只有改变后见判断的认知程序，才可能得到没有后件偏见的判断。尽管心理学家们采取了种种方法避免后见偏见，但并不能使判断完全没有偏见。所以，后见偏见是一个极端顽强的现象。④

而法律裁决和判决，几乎都是对事后情况作出判断，后见偏见也就非常深刻地影响着法律体系内的决策者——法官或陪审团的判断。法官或陪审团在后见的状态下，更容易认为行为人"原本是应该知道的"，而这种判断对于过错和责任的判断有着深刻的影响。我国刑法第十五条规定："应当预见自己的行为可能发生危害社会的结果，因为疏忽大意而没有预见，或者已经预见而轻信能够避免，以致发生这种结果的，是过失犯罪。"如果法官因为后见偏见，认定了一个犯罪嫌疑人对行为的社会危害性是"原本是应该知道的"，则此犯罪

① ［美］凯斯·R. 桑斯坦主编：《行为法律经济学》，涂永前、成凡、康娜译，106 页，北京，北京大学出版社，2007。

② E. 阿伦森：《社会性动物》，邢占军译，113 页，上海，华东师范大学出版社，2007。

③ Gaelle Villejoubert："Could they have known better? Review of the Special Issue of Memory on the Hindsight Bias"，Applied Cognitive Psychology，2005（19）pp. 140－143.

④ ［美］凯斯·R. 桑斯坦主编：《行为法律经济学》，涂永前、成凡、康娜译，110 页，北京，北京大学出版社，2007。

嫌疑人被定罪的可能性就无疑会被增大。一些研究已经表明，后见偏见影响着对过错的判断。一个不采取预防措施的决定，在事故发生之前看起来是理性的，但是在坏结果发生之后，就能被视为过错。例如，卡明和拉克林斯基比较了在先见和后见状态下对预防合理性的判断。实验表明，先见状态下只有24%的参与实验者认为预防是必要的，但在后见状态下75%的参与实验者认为没有采取预防措施是有过错的。[1]

在司法实践中，后见偏见的顽固存在，会导致司法的不公正，在一定程度上加重被告人的责任与所受惩罚。这就要求法官或陪审团忽略他们在事后知道的东西，从民事侵权案件中被告是否尽了合理注意的义务，到刑事案件中被告是否采取了恰当的行动等。

疏忽大意导致的犯罪中，行为人应当预见到自己行为的危害性，如何判断呢？应该根据行为人本身的年龄状况、智力发育、文化知识水平、业务技术水平和工作、生活经验等因素决定其实际认识能力，并根据行为当时的客观环境和条件，来具体分析行为人在当时的具体情况下，对行为发生的这种危害结果能否预见。[2] 此外，还应对行为人当时的心理模式和行为模式进行详尽的分析。

为了降低后见偏见的影响，需要在司法体系内采取一系列的制度安排。比如，向法官和陪审员提供减少后见偏见的指导手册；法院隐瞒某些可能放大后见偏见影响的证据；要求提高控方或律师的说服标准，要求提出"清晰和有说服力的证据"；法院在一定程度上采信事前的规范或惯例，作为责任判定的参考；法院应规定，在事故后被告采取的补救措施不能被用来证明过错；法院应规定，某些情况下的事故是无须负责的。

3. 现状偏见影响着人的认知和价值判断，并深刻影响着法律决策和法律改革。

现状偏见是指这样一种心理倾向，即人们对于任何自己认为属于现状的东西比那些被认为不属于现状的东西有更高评价，属于现状的东西包括决策和判断等。研究表明，如果拥有某项权利或产权，比起不拥有来说，个人经常会作较高的估价。还可以表述成：比起其他状态，个人更倾向于保持事物原有的状

①　[美] 凯斯·R. 桑斯坦主编：《行为法律经济学》，涂永前、成凡、康娜译，111 页，北京，北京大学出版社，2007。

②　高铭暄、马克昌：《刑法学》，119 页，北京，北京大学出版社、高等教育出版社，2000。

态。一些著名的心理实验已经证明了这一问题。① 格式塔心理学派早已证明当人们解决一系列问题时，每遇到一个新的、看起来类似的问题，都倾向于用解决上一个问题时生效的策略来解决它。这是导致现状偏见的心理模式。

人们喜欢维持现状，并且不断修正偏离现状的变化。尤为明显的是，对于所处环境的评价，人们总是用一个相对点作为参考的标准；从这个点出发，考察其得失，这个点就是"现状"。在日常的司法活动中，现状偏见常常是纠错机制的阻力装置。我们可以换位思考一下：被上级法院发回重审的案件，原审法官是如何想的？被检察院退回补充侦查的案件，原办案警官又是如何想的？现状偏见会严重影响他们重新调整思路的进程。现状偏见在司法改革中发挥了重要的作用，常常发挥着阻碍改革的作用，因为现状不但是人们既得利益的现状，也是心理格局的现状。

2001 年，我国最高法院要求全国各级法院的法官换穿新的西式法袍。但调查发现，出于自觉而穿法袍的法官仅占被调查人数的 8%；60% 的被调查者认为，穿法袍并不能使法官的形象更为专业化。不少的法官认为，以前的衣服和帽子，和警察、部队的衣服多像啊，威风、气派；现在的（法袍和法槌）都是西方的东西，不严肃。②

合同条款和合同谈判中也存在着大量的现状偏见。在合同谈判的过程中，如果合同某一方认为某个特殊的合同条款与他们的现状一致，且这个条款并不是影响权利或财产的核心条款，他们也会非常不愿意更改这个条款。正是这样的原因，导致了格式合同的盛行。如果合同双方都认为某些条款会被其他的交易者应用，为了获得"网络收益"③，他们就更加不愿意修改这些条款，即使这些条款修改后会获得更高的价值。

4. 在司法活动中，更加需要克服偏见，克服"心理捷径"等错误的认知模式。

在通常情况下，法官被看做是正义的化身。但也有一些相反的观念，如亚

---

① 丹尼尔·卡尼曼、杰克·L. 尼奇和理查德·H. 塞勒进行了一个咖啡杯和现金交换的实验。参与实验者被随机地分为两组，第一组分别获得了咖啡杯，第二组分别获得了 6 美元现金。第一组出具咖啡杯可以转出的价格，第二组出具可以接受的咖啡杯的价格，并根据两组最接近的价格完成交换。最后的结果是咖啡杯所有者对咖啡杯的估价两倍于现金持有者对咖啡杯的估价。

② 方乐：《法袍、法槌：符号化改革的实际效果》，《法律和社会科学》，78～85 页，北京，法律出版社，2006。

③ 某产品的价值随着使用同样产品的人的增加而增加时，就产生了网络收益，比如电话的使用价值，就会随着其他使用者数量的增加而增加。

伦·德萧维奇（Alan M. Dershowitz）根据其 20 年的执业经验，认为在许多法袍底下，其所看到的是"腐败、无能、充满偏见、怠惰、无聊卑劣的灵魂以及普遍的愚蠢"①。他还认为，大多数的法官对正义并没有什么兴趣，很多法官认为他们自己是执法单位的成员，仿佛是警察和检察官的延伸似的。他们只想确定罪犯被定罪，然后把他们放走，因为谎言、曲解和其他知识上的不诚实是法官的通病。经验表明，作为事实裁判者的法官或者陪审员，几乎不可能站在客观公正的立场上作出裁判，如在美国，黑人陪审员对黑人更宽恕，男陪审员对强奸犯更宽容②；法院对那些伤害白人的黑人往往处以不成比例的罚金，而且所有试图改变这种状况的措施均告失败。霍姆斯也曾经说过："不管你承认与否，甚至法官和他的同僚所共有的偏见对人们决定是否遵守规则所起的作用都远远大于三段论。"③

由于司法活动中，需要进行判断和决定的事项利益重大，常常是关系到当事人的生命、健康及其他利益，这就要求努力克服从业人员的偏见和"心理捷径"，培养较常人更为严谨的思维模式，"司法行动者要超越一般民众的想象力，运用违背普通人直觉的认知规则获得对事实的判断"④。这显然是不容易做到的。

4.1.2 人在有限理性的条件下追求功利

有限理性理论认为个人理性⑤是有限和不完全的，人们没有能力同时考虑所面临的所有选择，无法总是在决策中实现效率最大化。人是在这种条件下追求功利的。

人是追求功利的

人是功利的，追求行动利益的最大化，同时更加厌恶损失。本书 3.2.5.3 部分已经论述了"趋利避害的需要"是人定理层次的需要之一。边沁认为，人类行为中总是存在着这样一种现象：倾向于做那些能给自己带来实惠、好

① ［美］亚伦·德萧维奇：《最好的辩护》，李贞莹、郭静美译，8~9 页，海口，南海出版公司，2002。
② ［美］唐·布莱克：《社会学视野中的司法》，郭星华等译，28 页，北京，法律出版社，2002。
③ ［美］斯蒂文·J. 伯顿：《法律的道路及其影响》，2 页，北京，北京大学出版社，2005。
④ 戴昕：《冤案的认知维度和话语困境》，见苏力主编《法律和社会科学》，121 页，北京，法律出版社，2006。
⑤ 理性是指"哲学中进行逻辑推理的能力和过程"，并且"凭借这种能力，基本的真理被直观地把握。"（《简明不列颠百科全书》，239 页，北京，中国大百科全书出版社，1985）理性"一般指概念、判断、推理等思维形式或思维活动"（《辞海》，2778 页，上海，上海辞书出版社，1979）。

处、快乐、利益或幸福的事情，而不愿意或逃避做那些可能使本身遭受损害、痛苦、祸患或不幸的事情。这就是个人行为或取向上的功利主义或功利原理。为了维护多数人的利益，增进公共的福祉，就可以采取任何的行动，哪怕是违法人道的，也是功利主义的表现。这种群体或组织认可的功利主义，是属于结果主义的；结果主义认为，一种行为，只有其结果较为有利时才能说在道德上是正当的。

人是追求功利的，具备着合理的功利计量和比较能力。柯尔曼①认为，社会互动是一种基本的经济交易，这种交易的过程被行为者鉴于成本和收益的对比而在不同行动结果间作出的理性选择引导：行动者将理性地选择一种预期收益最大化、成本最小化的行动，准确地说，这种行动预期扣除成本后有净收益，更准确地说，这种行动预期行动者净收益的产出最高及其发生的概率最大。总而言之，理性选择行动者趋向于采取最优策略，以最小的代价取得最大的收益。

潜在的犯罪人在进行犯罪决策之前，也会权衡收益和成本。犯罪收益是指犯罪分子从犯罪活动中得到的利益和好处。犯罪成本包括作案工具、作案经费等直接成本，作案时间、作案心理负担等间接成本，还有犯罪机会等犯罪精力成本，以及案件被侦破后付出的服刑成本。但由于存在"心理账户"的认知偏见，即将成本与收益相对隔离来权衡；此外，在计量成本与收益时，还有一个时间价值问题，收益常常是立马可得的，而成本是随着时间展开的，因此可以用一个公式来表示：犯罪成本＝犯罪收益×未来惩罚的贴现系数。潜在的罪犯可能有异常高的贴现系数，就是眼前很小的收益就能够和以后很大的惩罚等同起来。这也就从另一个角度解释了人们在有些情况下的非理性行为。

人具有损失规避的倾向。"他们对损失的不快，比得到同样收益的愉快来得更大——大体来说，损失带来的不快是其两倍。"② 简单地说就是，丢掉 10 元钱所带来的不愉快感受，要比捡到 10 元所带来的愉悦感受强烈得多。正是由于人是如此的不喜欢损失，所以，在民事侵权案件中，经常可以发现被侵权

---

① 柯尔曼是社会学中理性选择理论流派的代表人物，他以理性选择理论为立足点，发展出新的社会行为理论。社会学理性选择理论假定：第一，人以理性行动，是自身利益的追求者；第二，行动者在特定情景中有不同的行为策略可供选择；第三，行动者在理智上相信不同的选择会导致不同的结果；第四，行动者在主观上对不同的选择结果有不同的偏好排序。

② ［美］凯斯·R. 桑斯坦主编：《行为法律经济学》，涂永前、成凡、康娜译，7 页，北京，北京大学出版社，2007。

方要求获得的赔偿显著超出实际损失的情况。

检察官的损失规避。事实上，很多人都知道胜诉对出庭支持公诉的检察官意味着什么，而败诉又意味着什么。如在美国，检察官作为一种政治型检察官，有许多政界要员都是以检察官为跳板而踏入政界的，他们所起诉的案件胜诉率的高低决定着他们的工作业绩，影响着他们在业界的声誉，制约着他们今后的升迁，而"高定罪率，同有影响的私人律师的良好关系，以及较低的审判败诉记录能更直接更有效地促进地区检察官的政治地位"。[①] 在我国，胜诉不仅能为检察官带来良好的社会声誉，提高他在同事们中间的威望，而且还与丰厚的奖金、职位的晋升有着直接的联系。想想看，如果某位检察官先生在其起诉的十起案件中有八起或者说有五起被法院宣告无罪，他有可能被提名为"十大杰出检察官"吗？看来，在直接的利益冲突面前，检察官永远都能保持客观公正的立场是值得怀疑的。

人的行为是考虑成本与收益的活动，是对他所吸收的有限信息的判断，目标是追求利益的最大化。但实际上，正如西蒙所指出的，人们和企业追求的不是既定目标的最佳化，而是"满意"；人们会根据已往的经验调整他们的期望值。

人在计量收益的时候，凡是能给人带来"好处"的一切因素都要计算在内，包括人的行为所追求的一切对象，如财富以及生命健康需要、自由自尊的需要、控制感的需要、群体性的需要、利他需要的满足等，可被分为物质因素与心理因素两大类。物质因素可以带来物质收益，心理因素可以带来心理收益。综上所述，人类行为的收益函数可表示为 $R = f(s, m)$，其中 s 为物质因素，m 为心理因素。

人在计量收益的同时，还会计量行为的成本。凡是给人带来"坏处"的一切因素都计算在内，一切成本都表现为对人的时间（包括闲暇）、脑力和体力的消耗，对实物形态的各种资源的消耗，以及对货币财富的消耗。主要是两类成本，一类为行为成本，主要是行动准备的成本，如搜寻信息等；进行行动的成本，如给付对方对价等；行动后的监督执行和制裁违约行为的成本等。另一类为心理成本，就是完成一项任务或达成一个目标所投入的情感和人格，如可能会受到法律制裁、舆论谴责和面临名誉扫地的风险，以及良心的责备等。心理成本的计量比较困难，但也不是不能计量。综上所述，人类行为的成本函

---

① 江礼华、杨诚卞：《外国刑事诉讼制度探微》，256 页，北京，法律出版社，2000。

数可表示为 $C = C_1 + C_2 = f_1$（r，w，c）$+ f_2$（p，q，d），其中 C_1 为行为成本，它由所消耗的人力（r）、物力（w）和财力（c）所决定；C_2 为心理成本，它由不良行为被查处的概率（p）、发生次数（q）和惩罚程度（d）所决定。[①]

人会对行为的成本—收益进行分析，只有当预期成本≤预期收益（即 C ≤ R）时，人类的行为动机才有可能转化为现实行为；而当人类行为的边际收益等于边际成本（即 MR = MC）时，人类的行为才会终止，因为此时实现了净收益（NR = R – C）的最大化。

洛伊（Lowy）注意到，在加纳法院不仅可能涉及提起诉讼的直接成本，而且可能对法院利用者导致困惑和极大的心理成本。这一成本可能进一步因原告上诉而加重，如果上诉失利则产生更进一步的债务。[②] 刘金国教授认为，应通过成本分析来遏制腐败，因为权力腐败都是需要承担风险和支付成本的，只有国家法治措施达到腐败成本大于腐败收益时，才能有效预防和遏制权力的腐败。[③]

诉讼的高成本、高风险、低收益使其在乡土社会的合法性出现了制度性危机。成本—收益的权衡使得纠纷产生后村民倾向于不以诉讼手段来解决纠纷，因为直接的诉讼费用与"隐性成本"事实上是法院司法运作成本从公共负担向当事人的转移，而这是年纯收入只有千来元的农民所无法承担的。各种纠纷解决方式之间也因此展开竞争，诉讼成本的高昂使乡民规避诉讼，而是找行政机构甚至黑社会势力来解决，因为仅从实现实体利益而言，后者更为有效。[④]

人类社会的酷刑[⑤]制度是在功利主义指引下运行的。酷刑的实质，是通过给别人施加无法忍受的痛苦来达到某种堂而皇之的目的。酷刑的实施者有着这样的理念：酷刑的功能不仅仅是威慑潜在的罪犯，而且是防止罪恶，是拯救众生。尽管酷刑已受到批判或禁止，但酷刑仍然在许多地方至少是以半合法的形式存在着，可谓屡禁不绝。但我们不能把酷刑简单地归咎于执法官员个人的工

---

① 贺卫：《人类行为的成本—收益分析假说》，载《昆明理工大学学报》，1997（10）。

② Laura Nader Harry F. Todd, Jr：《人类学视野中的纠纷解决：材料、方法与理论》，徐昕译，见吴敬琏、江平主编《洪范评论》第 8 辑，北京，中国法制出版社，2007。

③ 刘金国：《再论权力腐败的法律制约》，载《政法论坛》（中国政法大学学报），2001（4）。

④ 陈柏峰：《暴力与屈辱：陈村的纠纷解决》，见苏力主编《法律和社会科学》，225～226 页，北京，法律出版社，2006。

⑤ 《布莱克法律辞典》里的"酷刑"定义："为了施与惩罚、获取口供或信息或为了施虐的快乐，而给人的身体或心理造成剧烈痛苦。在旧的刑法里，在司法准许和监督下，与对人的调查或审查相联系，通过采取拉肢刑架、刑车或其他器械，对个人施加暴力的肉体痛苦，作为逼取供认或迫使其揭发同谋的方法。"

作作风或道德品质；酷刑的背后是一种行为信念，这种信念就是功利主义：为了维护多数人的利益和公共利益，必须要采取酷刑。

综合本节所述，法律所面对的有限理性的人，就是有着社会平均教育程度、正常的认知能力的人，他们不可避免地带有着各种偏见，记忆也并不精准，经常在有限的信息条件下通过"思维捷径"作出决策，决策的目标首先是规避损失，然后是成本—收益衡量后的收益最大化。

4.2　人的意志力是有限的：自我控制有时会失效

4.2.1　人的意志力是有限的

意志是指人类追求某种目的和理想时表现出来的自我克制、毅力、信心和顽强不屈等精神状态。[①] 也有的观点认为，人自觉地确立行动的动机与目的，并据此调节、支配行动，努力克服困难以实现目标的心理过程就是意志。有限意志力是指人们经常做那些他们明知与他们长远利益相冲突的事情。[②] 2005 年诺贝尔经济学奖得主谢林（Thomas Schelling）认为，人们事实上做了许多本来并不愿意做的事情，比如酗酒、吸烟、缺乏锻炼、低储蓄等；人们还喜欢自我欺骗以使自己做应该做的事情，或者避免去做一些不该做的事情。[③] 有限意志力的原因主要为：

1. 习惯、传统、嗜好，这是过去行为对当前行为选择的影响。习惯是重复过去的行为，许多人类行为是由习惯来协调的，常常单纯地因袭习惯模式，模仿他人；而依据传统行事，则更多的是受现状偏见的影响，坚持了与以前一样的选择；嗜好则是为了体验嗜好所带来的快乐而行事，尽管有些嗜好是不良的。

2. 生理欲望，如饥饿、干渴、性欲、睡眠等。这些人的基本需要会使人丧失对行为选择的控制。实验表明，一旦行为人为一种生理欲望所控制时，行

---

① 李秀林、王于、李淮春主编：《辩证唯物主义和历史唯物主义原理》，59 页，北京，中国人民大学出版社，1995。

② ［美］凯斯·R. 桑斯坦主编：《行为法律经济学》，涂永前、成凡、康娜译，17 页，北京，北京大学出版社，2007。

③ 何德旭、王朝阳、应寅锋：《博弈论使他们获得 2005 年诺贝尔经济学奖》，载《南方周末》，2005－10－13。

为的选择常常是为了实现欲望。驾驶长途卡车的司机清楚地知道打瞌睡的危害，但还是经常发生因打瞌睡而导致的交通事故。在酷刑之下，也很少有人能够表现出顽强的意志。

3. 多重自我。根据谢林的观点，多重自我也就是双重人格，他认为人们有时好像不是具有唯一身份、价值观、记忆和感觉的单一个体，而往往存在双重人格。他把自我控制问题引用到双重人格的斗争之中。双重人格对某一特定的事物具有不同的偏好，而无法决定哪一个人格去支配行动以使总体效用最大。

谢林在其论文《自制在个人内心的斗争》(The Intimate Contest for Self Command) 中，是这样描绘一名吸烟者的："他自我厌恶，捏碎香烟丢进污物碾碎器，发誓这一次他绝不再冒患上肺癌、让孩子成为孤儿的危险，但三个小时后，他又来到大街上寻找仍然营业的商店买香烟。"① 对谢林来说，这种上瘾既非完全理性，也非完全丧失理性、不由自主。他在自我斗争时是理性的，他能部署策略帮助自己赢得这场斗争。

4. 情绪的失控。人对情绪常常会失去控制。由于情绪一般是被动接受的而不是主动选择的，所以主动选择一种正情绪一般是不可能的，而在开始时就阻止一种负情绪是可能的。例如，当受到别人侵害时，会产生一种愤怒的情绪，但可以通过想一些其他的事情或者心理的自嘲而把情绪控制在萌芽状态。然而，在有些情况下这也是不可行的，如 Frijda 认为，有些情绪有一个控制的"不回点"，超过这一点，自我控制就失去了效力。这样，失控的情绪就会进一步发展为决策和行为。在应激②状态下，人常常会对情绪失去控制。

除此之外，有限理性以及种种偏见也会影响人的有限意志，比如一个潜在犯罪人在计量犯罪的成本与收益时，会出现计算错误，就容易诱发犯罪。人们日常行为的相当部分并非理性地、合乎逻辑地指向任何可识别目标。

心理学家在对美国谋杀案件的研究过程中发现，没有证据证明死刑可以预防谋杀。③ 也就是说，大部分谋杀罪都是犯罪者在情绪激动时所犯下的，罪犯

---

① 提姆·哈福德（Tim Harford）：《与诺贝尔经济学奖得主共进午餐》，http://www.chinahrd.net/hr_jlr/grzy/gr_jt.asp? id=10864&PageID=38，2008-08-20。作者为英国《金融时报》专栏作家。

② 应激是人的正常生理与情绪反应，是在意外或突如其来的刺激下所产生的一种适应性的反应。例如，当人面临抢劫、事故等危险或突发事件时，人的身心会处于高度紧张状态，并由此引发一系列生理反应，如肌肉紧张、心率加速、腿脚颤抖、瞳目结舌、脸色苍白、血压上升等。

③ ［美］Elliot Aronson, Timothy D. Wilson, Robin M. Akert：《社会心理学》，侯玉波等译，493页，北京，中国轻工业出版社，2005。

事先并没有对事情的后果进行理性的思考，自己的意志难以控制自己的行为。人的有限意志力在法律活动中也有所体现，比如购买保险的合同中，有一个客户可以自由退保的时间、某些买卖僵持的时间等。美国很多州都有允许在 X 天内取消消费品购买合同的法律规定。

盗窃犯罪人抑制犯罪冲动的意志力薄弱。研究表明，在男性盗窃人员人格特征中，最为显著的是低遵从性，其表现形式为男性盗窃人员不愿意克制自己的行为来服从社会规则和社会道德规范。[①]

4.2.2　人又是有着合理的自我控制[②]能力的

前文已经论述了"对相互约束及秩序的需要"是人定理层次的需要之一。在很大程度上，相互约束是建立在不同个体、群体对于利益的理性判断基础上的。这种相互约束就是自我控制能力的表现。自我控制能力一部分来源于内化，一部分来源于外部的压力或理智判断。情绪智力是指能合理地认识自己、他人及社会的情绪信息，并能正确地评价这些情绪信息，还能理性地调控自己的情绪，影响或改变他人及环境的情绪，使自己的身心更健康、生活更幸福、学习和工作更有成效并能最终导向成功的一种能力[③]。心理学家 A·班杜拉认为，人的行为不是简单地受外部奖惩结果的支配，人是具有自我定向能力的，能够通过自己安排结果来对自己的思想、情感或行为施加某些控制。他进一步认为，人的自我调节和自我控制机制包括自我观察、判断过程和自我反应三个过程。自我观察主要指人们如果对自身行为的有关方面不加注意，就不能很好地影响自己的行动。人们会根据自己的价值观和活动功能的重要性，对自身行为的某些方面有选择地予以关注，而忽视那些无关的方面。人是具有自我监控能力的，人通过自我监控，通过已有的自我认识和情绪状态来控制自己的行为。自我判断主要解决行为的评价标准问题，人通常会依赖于内部标准判断自己行为的适当性与合理性，这类标准的形成来源于不同形式的社会影响所传递的信息。评价标准和判断技能的发展，使自我反应的能力确立起来。这种能力的获得，是通过两个途径实现的：一是为自己的行动创设激励性条件；二是基

---

① 李化侠、李小平：《男性盗窃人员人格结构分析》，载《中国健康心理学杂志》，2006（2），169～170 页。

② 我控制是自我的一个重要功能，是自我对个人身心活动的监控和调节能力，它制定或发动特定的行为，以使其符合社会或个人的期待。国外学者认为，自我控制主要包含以下能力：抑制冲动、延迟满足或奖赏、容忍挫折、制订和完成计划、采取与社会情景相适宜的行为方式等。

③ 徐小燕：《大学生情绪智力量表的编制与实测》，西南师范大学硕士学位论文，2000。

于对自己的行为和内部标准的比较，对行为作出评价性反应。因而，人们延续那些产生积极的自我反应的行为过程，限制那些产生自我责备的行为方式。

动物和人类的研究资料都表明，存在着抑制机制使得我们有选择地使用攻击或者将攻击完全压制，当这样做有益处的时候。奥地利的动物行为学家康拉德·劳伦茨研究发现，所有生物都具有反对攻击自己同类的抑制力，而且这种抑制力的强弱同它们杀害或伤害其他种类的能力并不一致，如狮子、老虎具有非常强烈的反对攻击自己同类的抑制力。

对年幼儿童来说，自我控制能力主要表现在对成人要求的顺从，并且作出积极适当的行为。例如，幼儿对父母命令或要求表现出 60%~80% 的顺从行为，并且顺从行为常与安全性依恋和成功地适应家庭压力联系在一起。卡坎斯卡（Kochanska）等的研究认为，母亲态度具有增高或降低儿童自我控制能力的作用。麦考比（Maccoby）也认为，母子间相互的积极情感对儿童以后准备去接受母亲的指令和要求有积极的意义。① 研究表明，儿童自我调控能力的发展与社会环境等因素密切相关：家长是初中文化的儿童的自我调控能力最低，父母文化程度高的儿童的自我调控能力总体上较高；家长为权威型②的，儿童自我调控能力最高；父母若以神经质③为主要个性特征，孩子的自我调控能力较低。④

对处于青春期的人来说，控制能力正在成长，但明显不足。迈克尔戈特·弗雷德森和特拉维斯·赫希认为，低的自我控制能力⑤是青少年越轨或违法的重要原因。自我控制被认为是个人内在的因素，而社会控制很大程度上是个人外部的社会环境因素，而自我控制是在八岁左右被灌输给个人的，并且在以后相对保持不变。同时他们还认为，不适当的儿童培养活动是导致低的自我控制能力的最主要原因。适当的儿童培养活动会使儿童产生高的自我控制能力，只有当儿童的行为得以控制，任何越轨行为都会被立即识别出并得到惩罚时，才是适当的儿童培养。实际上，对儿童行为的外部控制最终通过所谓的"社会

---

① 李冬晖、陈会昌、侯静：《父母控制与儿童顺从行为的研究综述》，载《心理学动态》，2001 (9)，341~346 页。

② 教养方式之一，权威型的家长虽然对孩子进行控制但方式灵活，要求和限制大多合理，孩子能够服从。此外，还有听任型、专断型、冷漠型等。

③ 个性种类之一，特征为易烦恼、紧张、忧郁、脆弱、冲动；此外，还有外向型等。

④ 张劲松：《儿童的自我调控能力》，50~53 页，华东师范大学博士论文，2006-05。

⑤ 自我控制能力是自我的一个重要功能，是自我对自身心理与行为的调节与控制，可以引发和制止特定的行为，以使个体的行为符合个人或社会的期待。也就是主动调节行为、抑制冲动。参见王序荪：《心理的自我控制与培养》，载《心理学探析》，1985 (3)。

化"（socialization）过程被儿童内在化。① 国内的研究也表明，青少年的自我控制能力是与父母的教育方式密切相关的。②

4.2.3 自我控制是人守法或违法的重要内部控制力量

布洛克（Block）等人认为，自我控制由控制（ego – control）和弹性（ego – resilience）两个维度组成。控制指个体认知、情绪冲动、行为和动机表达的阈限。弹性指个体能动的调节控制水平，以适应环境的限制与可能性，或为了取得生存能力并达到长期目标的能力。③ 自我控制对于人们的行为有着重大的影响。班杜拉（Bandula）说："人们总是努力控制影响其生活的事件，通过对可以控制的领域进行操纵，能够更好地实现理想，防止不如意的事件发生。""对生活环境进行控制的努力几乎渗透于人一生中的所有行为之中，因为它提供了无数的个人和社会利益。"④

不同年龄的儿童表现出不同的自我控制水平，即使是成人的行为，也表现出了不同程度的自我控制。随着儿童的成熟，儿童的自我控制经历了一个从外部控制到内部自我控制的转化过程。

美国犯罪学者盖佛森（Gottfredson）与赫青（Travis　Hirschi）提出了自我控制的犯罪理论。该理论的核心观点为：越轨行为和犯罪行为是因为个体缺乏自我控制能力导致的。自我控制是个体的一种特质因素，而不是偶发性的因素。与具有高自我控制能力的个体相比，低自我控制能力个体更倾向于出现犯罪行为、偏差行为和意外行为，他们的犯罪和偏差行为是以获得眼前利益为目的的。青少年阶段是培养自我控制能力极其重要和承上启下的阶段。研究表明，犯罪少年的自我控制能力比较低，主要体现在犯罪少年更冲动、喜欢冒险和情绪化上。盖弗森回归分析显示，利用冲动冒险和自我情绪性能可有效地区分犯罪少年和一般少年。⑤

---

① 乔治·B. 沃尔德、托马斯·J. 伯纳德、杰弗里·B. 斯夸普斯：《理论犯罪学》，方鹏译，40页，北京，中国政法大学出版社，2005。

② 王艳喜：《中学生自我控制能力及其与父母教养方式的关系研究》，江西师范大学教育学院硕士论文，2007 – 05。

③ Kremen A M, Block J："The roots of ego – control in young adulthood：links with parenting in early childhood"，Journal of Personality and Social Psychology, 1998 (4)，pp. 1062 – 1075.

④ ［美］班杜拉：《自我效能：控制的实施》，缪小春等译，19页，上海，华东师范大学出版社，2003。

⑤ 特拉维斯·赫希：《少年犯罪原因探讨》，吴宗宪、程振强、吴艳兰译，北京，中国国际广播出版社，1997。

研究结果表明，普通中学生组在自我控制上的得分明显高于未成年犯组，即普通中学生组比未成年犯组更能控制自己的行为与情绪；反之，未成年犯在遇到激惹的情境时，对自己的控制能力很弱，经常不能控制自己，从而产生偏差行为。大部分普通中学生在遇到相似情境时，则能控制自己的行为，避免过激行为发生。这也解释了为何很多未成年人的犯罪属于情境犯罪，以及很多未成年人在受到诱惑或教唆的时候不能把握自己，从而走上犯罪道路。男性未成年犯中偏差行为越严重的个体，自我控制能力越低。[①]

人的自我控制能力与违法犯罪密切相关，自我控制的失效常常会导致违法犯罪，而良好的自我控制常常是守法的重要力量。自我控制能力是人对自身心理和行为的主动掌握。自我控制能力是个体抑制和调节自身冲动的能力，也是个体抑制一个优势反应而执行一个劣势反应的能力。控制能力是刑事责任能力的核心，也是刑事责任年龄重点关注的对象。一个人即使具有了辨认自己行为的刑法意义的能力，如果他不能控制自己的行为，他也不应对自己的行为承担刑事责任。

综合本节所述，人并非有着钢铁一样的坚强意志，常常会屈从于习惯、生理欲望、情绪和偏见，这也就是越轨和犯罪行为客观存在的理由之一。在一定意义上，可以说每个人都有成为罪犯的可能。同时，人会根据自己的内部标准来判断自己行为的适当性与合理性，因此，人是有着合理意志的。这种合理的意志可以在一定程度上解释人类为什么会遵守法律。越轨和犯罪行为常常是自我控制能力或意志缺乏的结果。

4.3　人是深受感情影响的

胡玉鸿教授认为，人是情感的动物，人也是情感的存在。[②] 这样的论断虽然不如亚里士多德"人是政治动物"那样能够得到普遍认可，但也的确提醒我们在研究法律面对的人类形象时，要关注人的情感因素。正如贝卡里亚认为的："一切违背人的自然感情的法律的命运，就同一座直接横断河流的堤坝一

---

① 翟晟：《男性未成年犯偏差行为、自我控制及其影响因素的研究》，华东师范大学心理学系硕士论文，2006－05。

② 胡玉鸿：《"个人"的法哲学叙述》，401 页，济南，山东人民出版社，2008。

样，或者被立即冲垮和淹没，或者被自己造成的旋涡所侵蚀，并逐渐溃灭。"①
法律面对的人类形象，是有着丰富感情②的，这种感情影响着人类的认知能
力，也会常常影响着人们的决策和行为。

感情渗透在人类的认识和实践活动中。黑格尔说："假如没有热情，世界
上一切伟大的事业都不会成功。"③ 列宁也认为："没有人的'情感'就从来也
不可能有人对真理的追求。"④ 马斯洛指出："理智和冲动是协作的，而且强烈
地倾向于殊途同归，而不是分道扬镳。非理性不一定是反理性的，而常常是亲
理性的。"⑤ 因此，从某种意义上来说，理性行为是建立在天然情感和本能欲
求的基础之上的，没有情绪与情感的作用，即使理性也会黯然失色。利用计算
机模型的研究结果表明，在儿童各种认知活动，如决策、学习和理解过程中，
感情都发挥着重要的基础作用。⑥ 动机分化理论认为情绪是和认知过程密切联
系的，情绪与认知之间存在着相互作用。情绪还具有组织作用。这种组织作用
表现在情绪对认知加工过程和人的行为调节方面，如情绪自身的操作可以影响
信息的选择，促进或阻止工作记忆，干涉决策推理和问题解决。其他的研究表
明，感情能够对人的注意力分配产生重要影响。因此，情绪可以驾驭行为，支
配有机体同环境相协调，使有机体对环境信息作出最佳处理。一些实验表明，
正面情绪的适当唤醒水平（即情绪的生理激活程度）有利于认知活动。

感情也深刻参与到人的行为之中。动机论情绪心理学家汤姆金斯的研究成
果表明，生理需要本身的信号并不能引发行为，只有通过其放大器——感情的
媒介才能引发行为。所以，"第一性的动机体系就是感情体系，生物的内驱力
只有经过感情体系的放大才具有动机作用"。⑦ 尽管情绪一般是有感而发，但
我们也可以通过一些直接或间接的方法获得，诱导一些有利于自己的情绪，回
避一些不利的情绪，对情绪实现抑制和夸张。态度与情感是密切相关的，而态

---

① 贝卡里亚：《论犯罪与刑罚》，黄风译，30 页，北京，中国大百科全书出版社，1993。

② 情绪和情感统称为感情。情绪指感情过程，具有较大的情景性、激动性和暂时性。情感指具有
稳定的、深刻的社会意义的感情。情感具有较大的稳定性、深刻性和持久性。本书统称为感情，并不
作细致的区分。

③ 黑格尔：《历史哲学》，王造时译，82 页，北京，三联书店，1956。

④ 《列宁全集》第 20 卷，228 页，北京，人民出版社，1974。

⑤ 张雄：《市场经济中的非理性世界》，90 页，北京，立信会计出版社，1995。

⑥ Suzanne C. Lewis and Darryl N. Davis："Computational Modelling of Emotion and Reasoning"，NEAT
Group Department of Computer Science University of Hull，Informatica SPECAL EDITION，2003，http：//
www2. dcs. hull. ac. uk/NEAT/dnd/papers/aia02. pdf.

⑦ 孔德：《实证主义概观》，萧赣译，291 页，北京，商务印书馆，1938。

度对行为又有着重要的影响。

4.3.1   法律所面对的每个人都有感情

前文已经论述了感情的需要是人定理层次的需要之一，也就是说法律所面对的每个人都是有感情的，都不是完全受理性支配的人。法律与人的感情关系密切。在近代西方法学家中，卢梭对于感情的强调是最突出的。他"强调了自然法的理性基础，他以善良情感取代利益盘算的普遍理性，用'良知'、'风尚'和'爱国精神'取代'个人权利'、'金钱'和'贸易'"[①]。对人的感情而言，法律也是一种约束和规范，人类社会是"朝着人的情绪愈益得到控制，社会愈益整合的方面前进"[②]。郑成良教授认为："道德信念，传递着一种情感。理性是以情感为基础，由此产生对命题进行理顺的过程。理性的作用，是将情感的药包上糖衣。"[③]

4.3.1.1   人的基本情绪是愤怒、恐惧与快乐

情绪是主观因素、环境因素、神经过程和内分泌过程相互作用的结果，[④]如刺激脑的许多部分都可引起伴有愤怒或恐惧的行为。主观体验、生理唤醒和外部行为作为情绪的三个组成部分，在评定情绪时缺一不可。就体验内容而言，一般是由三种基本的反应成分来控制的，具体为倾向性成分、兴奋性成分和经验性成分[⑤]。美国心理学家萨赫特认为，生理反应或生理唤醒是情绪的起始因素，也就是生理反应先于情绪，但产生何种情绪则是由认知因素决定的。

一般而言，人类具有四种基本的情绪：快乐、愤怒、恐惧和悲伤。[⑥] 在这四种基本情绪之上，可以派生出众多的复杂情绪，如厌恶、羞耻、悔恨、嫉妒、喜欢、同情等。心理学中的行为学派认为，人类有三种基本的情绪：恐

---

① 申建林：《自然法理论的演进——西方主流人权观探源》，160 页，北京，社会科学文献出版社，2005。

② 贝卡里亚：《论犯罪与刑罚》，黄风译，148 页，北京，中国大百科全书出版社，1993。

③ 2002 年 1 月 2 日，郑成良老师在吉林大学讲授《法学方法论》时提出的观点。来自中国民商法律网（http://www.civillaw.com.cn/article/default.asp?id=12385），2003 - 02 - 19。

④ ［美］Robert E. Franken：《人类动机》，郭本禹等译，221 页，西安，陕西师范大学出版社，2005。

⑤ 倾向性成分是将直接（包括本能的和学习的模式）和计划的运动反应整合起来，来引导攻击行为；兴奋性成分是为引导的行为积聚能量，如促肾上腺延髓系统通过释放儿茶酚胺来为冲动提供能量；经验性成分是对行为实施监控，评价它们在实施过程中的适当性和有效性，作出继续或终止的决定。

⑥ ［美］乔纳森·特纳、简·斯戴兹：《情感社会学》，孙俊才、文军译，10 页，上海，上海人民出版社，2007。

惧、愤怒和爱，其他情绪则是学习而来的。但根据对新生儿的研究，最初始的情感应为恐惧、快乐和愤怒。笔者认为，就法律所面对的人类形象而言，基本的情绪应为愤怒、恐惧和快乐。拉扎勒斯认为，情绪可根据其核心关系主题来描述，具体如表4-3所示。

表4-3　　　　　　　　　　　情绪及其核心关系主题

情绪	核心关系主题
愤怒	对"我"和"我的"的行为侵犯，是由于受到干扰而使人不能达到目标时所产生的体验。
恐惧	面对直接、具体和巨大的利益损失，是企图摆脱、逃避某种危险情景时所产生的体验。
快乐	趋向目标实现的合理结果，是一种追求并达到目的时所产生的满足体验。

资料来源：［美］Robert E. Franken：《人类动机》，郭本禹等译，221页，西安，陕西师范大学出版社，2005。

群体人的基本情绪也是恐惧、愤怒和快乐，这种情绪的内涵与个体人是相同的，但存在相互渲染、相互影响的过程，更加具有难以控制等特点。社会心理学将这种情绪定义为集体恐惧、集体敌视和集体欢乐。①

4.3.1.2　情绪影响着人的决策与行为

人天生就具有着某些情绪倾向，主要是愤怒、恐惧和快乐。由于人的情绪强度不同，在情绪体验上有着显著的差异：高情绪强度者往往比他人体验到更强烈、更多变的情绪，而低情绪强度者的情绪体验通常是温和的，且变化是缓慢的。一般而言，女性的情绪强度往往比男性更高。与情绪强度相比，控制情绪的技能对于人而言显得更加重要。这种能力为情绪智力，包括三类能力：对自身情绪的准确评价和表达，对自身和他人情绪的有效调节，利用情绪去形成动机、计划并取得成就。② 情绪智力差的人，常常会鲁莽冲动，行动不是出于正确的判断，而是一时的激情。达马西奥（Damasio）研究认为，即时情绪在决策中发挥着关键作用，作为躯体标志的情绪代表了对某一行为总体结果的编码，并借助于一种可感知的方式影响人们的决策过程。缺少此种躯体标志，前额叶受损的病人就不考虑自己选择的未来结果，从而作出糟糕的决策。③

一项从儿童期到中年期的追踪研究表明，人们的情绪类别有着惊人的连续性，而且他们成年后的生活方式也是他们情绪类别的结果。如坏脾气且敏感的男孩长大后工作的社会地位低下，维系婚姻也有困难。儿童的情绪特质在很大

① 沙莲香主编：《社会心理学》，180~181页，北京，中国人民大学出版社，2006。
② 郭永玉：《人格心理学》，302页，北京，中国社会科学出版社，2005。
③ 庄锦英：《情绪与决策的关系》，载《心理科学进展》，2003（4）。

程度上预示着他们的成人风格。

勒杜（LeDoux）指出："情绪可以淹没意识……因为在我们的进化史上大脑从情绪系统到认知系统的联结强于从认知系统到情绪系统的联结。"[①] 情绪与认知产生分离以及情绪反应处于主导地位的现象，在恐惧和焦虑症患者那里表现得尤为明显，他们"清楚地知道周围环境中很少或根本没有什么可怕的东西，但让自己不害怕是不可能的"[②]。

情绪既可以影响认知评估又可以直接影响决策行为。索萨（D. Sousa）认为，在决策中，情绪的作用是提供推理的不足。在一个变化而且有限的时间内，情绪限制了有机体考虑的信息范围，使他的推断来自本能选择的集合。一些认知心理学家认为，因为完美的理性假设没有惊异，没有误解，没有不可解决的冲突，所以它不能指导有限时间的不确定决策，而情绪能使人们协调他们的行为，对紧急事件、优先目标作出反应。[③] 美国著名决策研究专家海斯蒂（R. Hastie）认为，决策中存在着两种加工过程，一种是直觉的，另一种是分析的。决策中的认知加工是纯直觉和纯理性的混合物。[④] 通常情况下，情绪与认知相互协调，共同指导决策行为，但在某些情况下情绪却与认知相冲突，使决策和行为产生异常。人们对危险情境的情绪反应经常偏离认知评估，且此种情况下情绪反应的作用往往处于主导地位，从而使得行为表现偏离常规。

位于南美洲的雅诺玛摩人是一个好战的族群，被称为"凶猛之人"，1/4的男人战死。但这样的族群也表示："我们厌倦了战争。我们不想再杀别人。但是别人很狡诈，不能相信他们。"[⑤]

索萨（D. Sousa）认为，情绪可在两个方面改善决策：首先，当决策紧急时，情绪可使我们避免延迟，这时情绪能促使我们作出一些决策，但不是最优决策；其次，在有些情况下，情绪能帮助我们作最好的决策。这两种情况都认为，由情绪和推理所指导的决策要优于仅由理性的谨慎所作出的决策。他认为在许多情况下，理性选择理论是模糊的，它不能让我们辨明唯一最优的行动。这种模糊性的根本原因可由温特（Winter）的信息搜集的反论来解释。温特（Winter）认为，一个利润最大化的信息结构的选择本身需要信息，渴望利润

① 庄锦英：《情绪与决策的关系》，载《心理科学进展》，2003（4）。
② 庄锦英：《情绪与决策的关系》，载《心理科学进展》，2003（4）。
③ 黄兴旺、邓明然、程斌武：《情绪与经济理论》，载《武汉汽车工业大学学报》，2000（2）。
④ 转引自马皑：《再论犯罪选择》，载《中国监狱学刊》，2006（3）。
⑤ 爱德华·O. 威尔逊：《论人性》，方展画、周丹译，108页，杭州，浙江教育出版社，2001。

最大化的人如何获得这种信息是不清楚的，或者什么保证了他获得这种信息而不必付出过分的代价是不清楚的。

现实主义法学的代表人物卢埃林（Karl N. Llewellyn）认为，法官实际是在凭感情而不是凭判断、凭"预感"而不是凭推理作出判决。他甚至认为一顿不愉快的早餐也足以对法官作出判决具有决定意义。①

4.3.2 感情与法律关系密切

人类有着来自本能和后天社会学习而形成的感情。愤怒、恐惧与快乐等与法律行为密切相关。"法律作为人类纠纷解决机制、人间社会组织形式和人世生活方式，必须对人世感情的承认和尊重程度来博取社会共同体成员的情感归依。"② 因愤怒而导致仇恨，并进而引发严重攻击性行为，就是人类感情与法律行为关系密切的明证。涂尔干认为，"犯罪是对集体感情所构成的危害"，"在任何一种社会形态里，我们在任何一种健康意识里都可以找到犯罪损害情感的事实"。③ 法国犯罪学家乔治·比卡深刻地指出：长期以来对犯罪行为的道德上的评断使得所有客观性的评价变得毫无意义。犯罪是最容易令人动情而难以保持理智的事情。在对待危害自己的像犯罪这样的消极事物上，人类保护自己的本能促使其可以不必思考更不必深思熟虑就作出明确而坚定的价值选择：铲除！这充分表现出了人类对待假恶丑事物的鲜明态度。但是，这种态度却是不完全理智的、急功近利的。④

有些法律活动本身就具有强烈的感情色彩，比如有关婚姻和家庭的法律行为。"在离婚案中感情冲突最为强烈，特别是非协议离婚的案件，一方要求离婚，另一方不同意，希望开庭审判，以达到羞辱对方的目的。有的学者认为，离婚带来的压力，99%是心理上的，1%是法律上的。"⑤ 情境犯罪和激情犯罪主要是受强烈感情的影响。"在犯罪行为中，情绪所起的作用是：动机（仇恨、害怕、残忍等）；智力和意志过程发生的背景；激情——与对于主体具有

① 朱景文：《比较法社会学的框架和方法——法制化、本土化和全球化》，345 页，北京，中国人民大学出版社，2001。
② 马剑银：《中国语境中道德法律认同》，见许章润主编《清华法学》第十一辑，93 页，北京，清华大学出版社，2007。
③ ［法］涂尔干：《社会分工论》，渠东译，36~40 页，北京，三联书店，2000。
④ ［法］迪尔凯姆：《社会学方法的准则》，狄玉明译，北京，商务印书馆，1995。
⑤ 朱景文：《比较法社会学的框架和方法——法制化、本土化和全球化》，432 页，北京，中国人民大学出版社，2001。

的重要意义的生活情况的变化联系在一起的，能够产生犯罪的强烈的较短时间的情绪状态。"① 实际上，情绪对犯罪人的影响早在 100 多年前就为加罗法洛所发现："我们发现了犯人们（情感犯，引者注）另一个幼稚的特点，即无法抑制某种愿望。理智对于像彼得罗夫这样的人丝毫不起作用，他们只能被愿望所驱使，当他们希望什么东西时，什么事情也无法阻挡他们。"②

研究表明，如果感情很强烈，就会使人的注意力集中于一个非常具体而且可能只是暂时的目标，我们就可能暂时忽略在行动前应该考虑的重要因素。所以，在缩小聚焦范围的过程中，感情的确是与理智对立的。③当个体情绪过分激烈时，情绪对于注意力的分配就会失衡，个体必须调动更多的注意应对当前的环境刺激，个体认识自己行为在法律上的意义和控制是否以行为违反法律的注意也就减少了。因此，个体情绪激烈时，其认识能力朝某一专一方向发展，但这一方向是应对环境刺激的方向，而非认识自己行为的刑法意义并控制自己行为的方向。个体对自己行为的法律意义及控制自己行为的注意减少了，其辨认（认识）能力和控制能力④也就降低了。愤怒可能会使人们停止计算效益和成本，例如，人们采取法律行动反对错误的行为者，即使这样做的成本超过恢复损害的效益。⑤ 辨认能力和控制能力的有无及程度的大小，是判断个体是否承担法律责任的重要条件。在激情状态中，行为人往往不计后果、不择手段，很难准确评价自己的行为责任。由于激情降低了行为人评价自己行为刑法意义的能力和控制自己行为不触犯刑法的能力，所以对情绪犯罪一般要减轻处罚。

《德国刑法典》第 31 条规定："行为人由于惶惑、恐怖、惊愕，致逾正当防卫之限度者，不罚。"《匈牙利刑法典》第 15 条规定："防卫人之行为如系由于恐怖或可谅解的刺激致超过正当防卫之限度者，不罚。"1996 年《俄罗斯刑法典》第 107 条也规定："1. 因遭到受害人的暴力、挖苦或严重侮辱，或因遭到受害人其他违法的或不道德的行为（不作为），以及由于受害人不断的违法行为或不道德行为使其长时间地处于精神受刺激的情势下，从而在突发的强

---

① 俄罗斯联邦总检察院编：《俄罗斯联邦刑法典释义》，黄道秀译，45 页，北京，中国政法大学出版社，2000。

② ［意］加罗法洛：《犯罪学》，耿伟、王新译，88 页，北京，中国大百科全书出版社，1996。

③ ［美］赫伯特 A. 西蒙：《管理行为》，詹正茂译，83 页，北京，机械工业出版社，2004。

④ 在我国，刑事责任能力包括辨认能力（认识能力）和控制能力。辨认能力是指行为人有能力认识自己的行为是否为刑法所禁止、所谴责、所制裁。控制能力则是指行为人具备决定自己是否以行为触犯刑法的能力。

⑤ ［美］阿兰斯密德：《制度与行为经济学》，刘璨、吴水荣译，44 页，北京，中国人民大学出版社，2002。

烈精神激动（激情）状态中实施杀人的，处 3 年以下的限制自由或者 3 年以下
的剥夺自由。2. 在激情状态中杀死 2 人以上的，处 5 年以下的剥夺自由。"这
远轻于对普通杀人的"6 年以上 15 年以下的剥夺自由"。

报应和法律惩罚有着深刻的感情基础。报应不是源自理性的价值或原则，
而是源自非理性的、道德上不怎么体面的情感。在古雅典，为什么惩罚呢？原
因很简单，就是有人对一个枉行表示愤怒，并用一定方式表达这种愤怒。确切
地说，主要是受害者愤怒使得惩罚成为必要。[①] 法律惩罚的功能，不仅仅是对
违法人的权利剥夺、惩罚和教育改造，更是对被害人的安抚，刑罚具有安抚的
功能，"能够抚慰（受害人）为其自身或亲友的生命、健康或财产安全而忧虑
不安的心情……恢复其心理平衡"，"对于伸张正义、培养公民的法律信念和
法律情感，具有重要意义"。[②] 尽管受害人从违法人受到法律惩罚中获得了快
感，但受害人的感情还是受到伤害而难以弥补，比如，对一个失去孩子的母
亲，用多少的金钱能够弥补她因失去孩子而生的愤怒与恐惧呢？多少金钱或对
违法者的惩罚能够等同于她仍有孩子的快乐呢？

4.3.2.1 愤怒与法律

愤怒是指个体对造成某种事件的动因或条件而采取的一种具有攻击倾向的
情绪反应。[③] 从正面价值来看，愤怒作为人类的一种生存机制，在对待逆境时
具有重要的适应价值。所有对个体的身心、职业、地位和健康等构成威胁的东
西，都可能唤起愤怒的情绪。具体如表 4 - 4 所示。

表 4 - 4

身体攻击	经济损失	地位的丧失	心爱之物的威胁	爱好、信仰的威胁	美学道德的威胁	自尊的削弱

注：从左至右依次表示从物质到精神的不同种类的影响因素。

伤害行为或侵犯行为自然会导致受害人的愤怒和仇恨。愤怒是法律惩罚的
心理基础。正如格林斯潘所说："除非我愤怒的对象完全蔑视我……我的愤怒
本身对他就是一种惩罚。"[④]

愤怒是有着心理和生理基础的。愤怒的基本过程是这样的：兴奋—兴奋的
升级—兴奋向愤怒迁移—认知成分的介入—愤怒中的认知缺陷。在兴奋过程，
炔诺酮、肾素、睾丸素会明显上升，血压和心率也会明显上升。

---

① 王立峰：《惩罚的哲理》，142 页，北京，清华大学出版社，2006。
② 高铭暄、马克昌：《刑法学》，230 页，北京，北京大学出版社、高等教育出版社，2000。
③ 李维：《社会心理学新发展》，563 页，上海，上海教育出版社，2006。
④ Greenspsn: Emotions and Reasons, New York; Routledge, 1988, p. 68.

愤怒与攻击之间并没有必然的因果关系，但具有着动态的相互作用关系。首先，愤怒是攻击的重要激发因素，这主要是因为愤怒会导致人生理上的高度唤起，而这种情况下人的信息加工是有偏见的，获得的信息充满着威胁，这将不利于理性思考，从而会激发攻击。研究发现，在冲突的起始阶段，对挑衅作出反应的人尚能从对方的立场考虑问题；随着冲突的发展，这种能力逐渐减弱，同样的挑衅可能被认为是侮辱行为。① 其次，人的愤怒会需要一种宣泄活动，即有一种"宣泄效应"，而攻击是宣泄的一种有效的方式；但攻击形式的宣泄并不会降低人的攻击倾向，仍会继续攻击。在法律领域，被害人愤怒之后就是要求惩罚施害人。正是基于伤害引发的愤怒情感，惩罚才成为必要，正义才成为可能。

愤怒心理对犯罪有重要的影响。我国著名的心理学先驱张耀翔认为，愤怒是一切情绪中最富有冲动性的，盛怒可杀人，并可危害到一切有关的人。愤怒也是一切情绪中最容易走入极端而变态的。他认为狂怒会使行为者产生不可制止的破坏冲动，而导致伤人、杀人、放火、自杀、破坏眼前一切物品等行为。这主要是因为愤怒中的认知缺陷。认知缺陷是指高度兴奋的人无法去构思和执行理性的、有效的行动。愤怒时，个体的注意力集中在威胁的情境之中，认知机制被那些对威胁作出反应的意图控制，人对于行动的含义和事件的发展等考虑会暂时降至次要地位。愤怒中的人处于应激状态，在此情况下的行动通常是非建设性的。

愤怒常常是社会和谐关系被破坏的表现。愤怒既是通向身体和语言攻击的桥梁，又是通向敌意的桥梁。② 愤怒会导致仇恨，仇恨是人非常重要的派生情感，仇恨常常引发复仇行为。贝卡里亚认为："恨是一种比爱更持久的感情，因为，恨从行为的持续中得到了力量，而爱却被行为的持续所削弱。"③

台湾著名法学家、犯罪心理学家蔡墩铭认为，情绪失控者的犯罪就是由于所实施的行为完全受强烈的情绪支配，以至于其平时的自我控制力失去作用。在这种情况下，犯罪人的行为由其情感的变化而决定，有的甚至会不顾原有的犯罪意图，习惯行为失去理智。有犯罪心理学意义的强烈情绪包括恐惧、愤怒、震惊与嫉妒等。在情绪对于犯罪实施的作用方面，他认为犯罪人的行为动

---

① 李维：《社会心理学新发展》，570 页，上海，上海教育出版社，2006。

② ［美］Robert E. Franken：《人类动机》，郭本禹等译，198 页，西安，陕西师范大学出版社，2005。

③ 贝卡里亚：《论犯罪与刑罚》，黄风译，30 页，北京，中国大百科全书出版社，1993。

机大多附带出现恐惧、愤怒或者嫉妒等强烈情绪，因此，犯罪的发生除了行为动机是主要原因外，附随的情绪也起着重要的驱动作用。此外，除了愤怒的情绪，诸如武器等外部条件的暗示作用不仅能使愤怒迅速转向攻击，而且会加剧攻击的严重程度。

愤怒是法律惩罚的心理基础。对违法人和违法行为的惩罚，可以消除受害人和共同体成员的愤怒，能够修复被愤怒破坏的社会关系。因此，在古雅典社会，愤怒不仅是惩罚的根据所在，而且是整个法律制度的根据所在。通过惩罚，共同体成员之间恢复了以往的安宁和友谊关系。愤怒使惩罚成为必要，但惩罚并不是为了满足愤怒，而是为了解决愤怒并恢复安宁。① 民愤是群体性的愤怒，是一种社会情绪，是对犯罪的群体性的否定性反应。在一个小型社会，民愤对遏制与阻却犯罪起到相当大的作用：民众的激动与仇视足以使许多潜在的、可能的犯罪被消灭于萌芽之中。自古以来，民愤在我国都是定罪量刑的重要因素。在一般的刑事诉讼中，它成为加重刑罚的重要因素。"民愤极大"、"不杀不足以平民愤"一直到 20 世纪末仍然是许多刑事判决书的常用词。但在定罪量刑的过程中，需要警惕民愤或其他社会情绪的影响。澳大利亚首席大法官麦高姆就说过："法官向时下的公众意见屈服而严惩那些给他判刑的人，这是很容易做到的事，没有什么会比这样更容易。法官本着他所知和所信是正确的来行事，这才需要勇气。"②

美国为了防止舆论对公正审判的影响，有专门的异地审判的制度，对于在当地影响很大的案子，可以由最高法院指定外地的法院管辖。如美国历史上对言论自由影响深远的"苏利文案"，当时发案地的种族歧视情绪非常高涨，为了防止民众情绪对审判的影响，最高法院指定外地的法院管辖。

4.3.2.2 恐惧与法律

恐惧情绪是指人们对特定情境中可能存在的外显或潜在的危险或威胁的反应。害怕是面临威胁性情境时的情绪反应，当害怕显著超过了应有的程度时称为恐惧；在无现实威胁时，感到的害怕或担心则称为焦虑。恐惧与愤怒存在着正相关的关系。

人在面临恐惧时会发生防卫反应，包括：（1）行为改变，会选择战斗或逃跑；（2）自主神经功能改变，出现心跳加快、血压升高和出汗等；（3）神

---

① 王立峰：《惩罚的哲理》，143 页，北京，清华大学出版社，2006。

② 赵琳琳：《民愤的反思——刑事司法的阿基里斯之踵》，载《山西警官高等专科学校学报》，2007－03。

经内分泌改变，主要是下丘脑—垂体—肾上腺（Hypothalamic - Pituitary - Adrenal，HPA）轴活动增强，血皮质醇水平升高。恐惧条件反射与反应的习得无关，而是将新的刺激与原有的反应联系在一起。恐惧条件反射见于各种生物，脊椎动物的恐惧条件反射机制十分类似。证据表明，杏仁核及其投射可能是介导条件反射性恐惧的表达和获得的中枢控制系统。[①]

恐惧是很多违法犯罪行为实施者的心理动因。大的暴力，如恐怖分子制造的轰炸、国与国之间的战争，其暴力背后的深层动因是恐惧，是缺乏安全感的极度恐惧。毁灭世界是想使自己不受外界力量摧毁的最彻底的企图，是获得最大安全的最大保证。小的暴力，如我们常见的厮杀或斗殴，其暴力的动因仍然是恐惧，是缺乏安全感的恐惧。比如家庭暴力，其暴力者常常就是因为严重缺自信、缺情感归宿的安全感，当然更是暴力者存在人格缺陷、缺乏内心安全感所致。青少年的暴力背后，说明他们欲消除外界的威胁，来显示自己的威信和增强自己的力量，仍然是恐惧在发挥着作用。

恐惧是法律发挥威慑和规制作用的心理基础。美国法学家伯尔曼认为，法律只有具备了精神上的效力才能发挥作用。[②]法律的威慑作用包括立法威慑和司法威慑。立法威慑发挥作用的前提是潜在的犯罪人知道可能的处罚，对这种处罚感觉到恐惧；司法威慑发挥作用的前提是潜在犯罪人知道其他罪犯所遭受到的痛苦，并心生恐惧。威慑效应肯定论者认为，罪犯和正常人一样是根据对不快后果的预见作出反应的，通过确定的刑罚的威胁，使潜在违法人的心中对刑罚的恐惧超过实施违法行为的诱惑，刑罚就能够收到遏制违法的效果。他们通过对警察罢工、大都市夜里断电等情况的后果的考察，认为刑事司法因腐败而瘫痪时，犯罪猖獗是刑事司法制度正常运转时能够威慑或者至少减少犯罪的有力证据。如果潜在的犯罪人体会不到恐惧，法律的威慑作用就难以发挥，刑罚的一般预防目的就难以实现。刑罚是惩罚犯罪人的手段，是社会有意识地、强制地把某种痛苦施加于罪犯；但只有在犯罪人体会到惩罚所带来的这种痛苦，并恐惧这种痛苦时，惩罚功能才发挥作用。只有犯罪人深刻地感受到痛苦和恐惧时，才会考虑今后避免再遭受此类的痛苦；反之，如果犯罪人在受刑法处罚时，在生理、心理上没有体会到痛苦和恐惧，刑罚就不称其为刑罚了。

4.3.2.3　快乐与法律

快乐的形式众多，主要有：感觉的快乐，表现为感觉水平上的快乐情绪感

① 杨权：《恐惧和焦虑的神经生物学研究》，载《中华精神科杂志》，2000（3），191~192页。
② 伯尔曼、刘澎：《法律与信仰：法的背后是什么》，见许章润主编《清华法学》第十一辑，北京，清华大学出版社，2007。

受；驱力快乐，即生理需要得到满足所产生的快感；娱乐中的快乐，即自我在玩笑和娱乐中产生的快感；自我满足的快乐，即在完成任务、达到自己的愿望和理想的时候产生的快感。弗洛伊德认为，整个精神机关的基本促进动力，来自没有得到满足的愿望或者没有得到平息的激动——一个释放由此而产生的未满足感（不快）的愿望，从而消解紧张，得到快乐。在早期，弗洛伊德把它叫做"不快乐原则"，后来重新命名为"快乐原则"。因此，在他看来，人是为了追求快乐而行为的。

快乐也是有着生理基础的。美国心理学家奥尔兹·詹姆斯用自我刺激的方法证明，下丘脑和边缘系统中存在一个"快乐中枢"。20世纪80年代，科学家发现，刺激信号由脑部的腹侧被盖区经伏隔核传至前额叶皮质，使人和动物产生快乐的感觉。其中负责传递信号的是一种叫多巴胺的化学物质，因此，"快乐中枢"又被称为"多巴胺系统"。另外，从脑神经解剖学的观点来看，司职痛苦和快乐两种不同情感体验的神经核，在大脑皮层的边缘系统中靠得很近，因此，痛苦和快乐往往容易交替，并且不同的人对快乐和痛苦的理解不同。

快乐是法律情感中非常重要的因素。边沁认为，自然把人类置于两位主公——快乐和痛苦——主宰之下。① 他还认为："我们的全部观念莫不来源于快乐和痛苦；我们的所有判断，人生的所有决定，莫不与快乐和痛苦有关。功利原则将一切事物都回溯到这两种动机（即快乐和痛苦，引者注）。"② 卡尼曼通过研究快乐心理学，力图复活边沁的快乐理论，主张以快乐来替代经济利益或效用。卡尼曼认为，快乐是人类行为的终极目的和行为动机的真正本质，并运用实验心理学方法进行验证，从而在对经济人行为目标的证明手段上往前推进了一大步。实际上，人类行为的最终目的与欲望的真正本质并非在于物质利益，而在于物质彼岸的精神快乐。快乐对于人类行为而言，具有终极"善"的意义，这就是人类行为的"趋乐避苦"原则。人的违法行为常常是为了追求一种不适当的快乐。

费尔巴哈说："人欲求快乐，所以努力得到一定的快乐。人又想逃避一定的痛苦。为什么？因为不快乐既然与他的本性相矛盾，人一般地就不能不逃避它。因而人在可能获得较大的快乐时，就断绝较小快乐的意念；而可能避免较大的痛苦时，就会忍耐较小的不快乐。基于欲望不满足的不快乐，使他因而避

---

① ［英］边沁：《道德与立法原理导论》，时殷弘译，57页，北京，商务印书馆，2000。
② ［英］边沁：《立法理论》，李贵芳等译，2页，北京，中国人民公安大学出版社，2004。

免这种不快乐，刺激要满足欲望。"① 人之所以犯罪，是因为犯罪能得到一定的快乐。因此要抑制犯罪，必须使犯罪人确信，犯罪最终得到的是不快乐，即"带来较大的恶害"，从而抑制犯罪的意念而不去犯罪，即"刑罚之苦必须大于犯罪之利"。②

弗洛伊德将人格划分为本我、自我和超我，并分别与快乐原则、现实原则和至善原则相对应：本我在获得一定程度的快乐的同时，受到自我和超我的适当调控和限制，不至于产生越轨行为。但是，当本我过强，自我、超我过弱，处在难以控制其欲望的状态时，或者自我、超我过强，本我受到过多压抑、处于预求不满状态时，便会在一定条件下产生越轨行为和违法犯罪行为。在现实中，物欲型、性欲性和情感型犯罪均与追求畸形的快乐密切相关。一项调查表明，在物欲型动机犯罪者中，承认其犯罪是出于享乐动机的占41%。在盗窃犯罪人中，"一旦见到所需之物就十分兴奋，特别是盗窃得手后，就会禁不住流露出喜悦之情"③。

在法律惩罚方面，快乐的感情发挥着作用。惩罚会让受害者出现"快感"："让我们认为不正义的得到惩罚，这总会给我们快感，并与我们的公平感一拍即合。"对于受害者带来快感，是因为惩罚有助于疏导愤怒和仇恨，有利于受害人的心理平衡；对于社会而言，这种快感是由于人们对于公平的需要获得了满足。④ 正是这种快乐激发了法律情感，并形成了法律认同的关键因素。法律情感是"社会共同成员对于法律规则和法律制度的正面符合的心理反应"⑤，没有快乐的体会，难以形成正面的法律情感。在形成法律情感的基础上，就会产生对法律的认同，而且这种认同是"深信不疑"的。所以，如果法律不能保护普通大众的快乐感情，再怎么在形式上体现公正、在口号上追求正义，那也是纸面上的法律。

综合本节所述，法律面对的人类是有着丰富感情的社会动物。法律背后的价值体系，其心理基础是人的情绪，即愤怒、恐惧和快乐，这三类情绪与法律关系密切，所以仅仅将法律视为理性的规则体系是不完整的。在法律调整过程中，我们必须关注人的情绪，以更加科学和理性地使法律得到实施。

---

① 马克昌：《罪刑法定主义比较研究》，载《中外法学》，1997（3）。
② 转引自马克昌主编：《近代西方刑法学说史略》，83 页，北京，中国检察出版社，1990。
③ 罗大华主编：《犯罪心理学》，161 页，北京，中国政法大学出版社，2007。
④ 王立峰：《惩罚的哲理》，171 页，北京，清华大学出版社，2006。
⑤ 马剑银：《中国语境中的法律认同》，见许章润主编《清华法学》第十一辑，93 页，北京，清华大学出版社，2007。

4.4 在法学及司法中的应用

4.4.1 人的认知能力是其意思能力、行为能力和责任能力的前提

认知对于人的行为有着重要作用。现代认知心理学强调，人脑中已有的知识结构对人的行为和当前认知活动起决定作用。[①] 换句话说，人脑中已有的知识和知识结构对人的行动目标和行动方式具有直接的决定作用，它决定着人们是否确定某一目标，或者是否以某种手段作为实现目标的途径。比如，一个缺乏关于买卖黄金管制知识的人，更可能实施贩卖黄金这一非法经营行为；相反，具有相关刑法知识的人则会更多地避免实施相关行为。可见，认知能力是人们行为决策的基础，也就是意思能力、行为能力和责任能力的前提。

1. 认知能力等同于意思能力。意思能力包括合理的认识力及预期力，是指人事实上心理内在的能力，与依法律所赋予的权利能力及行为能力不同。瑞士民法称意思能力为判断能力，我国《民法通则》对意思能力没有明文规定。但《最高人民法院关于贯彻执行〈中华人民共和国民法通则〉若干问题的意见（试行）》第三条规定"十周岁以上的未成年人进行的民事活动是否与其年龄、智力状况相适应，可以从行为与本人生活相关联的程度、本人的智力能否理解其行为，并预见相应的行为后果，以及行为标的数额等方面认定"，可以将其中的"本人智力能否理解其行为，并预见相应的行为结果"视为是对意思能力的规定。认识及预期，是针对行为及其法律上的效果或事实上的结果而言的。意思能力的有无，本应就每一个具体行为加以审查，然后判定其行为的有效或无效，才符合实际。但法律基于成本和效率的考虑，以人的年龄及精神健康状况为标准，而具体规定哪些人有意思能力，从而有行为能力，哪些人无意思能力，从而无行为能力，有不健全的意思能力，从而有限制行为能力。

2. 意思能力是行为能力的前提。行为能力是指依自己的意思活动，承担起法律上效果的能力。我国民法上所谓行为能力，是就法律行为能力而言的，确定的为完全有效的法律行为的资格。因为近代法律以"个人权利的取得，义务的负担，只可基于其个人的意思"为原则，所以意思能力为决定行为有

---

① 叶浩生：《西方心理学理论与流派》，426 页，广州，广东高等教育出版社，2004。

效或无效的标准，行为以意思能力为基础。因此，有意思能力才有行为能力，无意思能力即无行为能力，可见意思能力是行为能力的前提。

人的行为能力，就其表现形式而言，通常可分为三种：（1）有行为能力人；（2）限制行为能力人；（3）无行为能力人。但各国法律关于行为能力的规定不尽一致，有只分为有行为能力人及限制行为能力人者，如法国民法及日本民法；有分为有行为能力人、无行为能力人及限制行为能力人者，如德国民法及瑞士民法。我国《民法通则》将自然人分为完全行为能力人、限制行为能力人及无行为能力人，对行为能力采取三分法。

由于认知能力就是意思能力，而意思能力是行为能力的前提，也就是说认知能力是行为能力的前提。

3. 认知能力也为责任能力的前提。责任能力是指因不法行为，能受法律制裁的能力，包括刑事责任能力和民事责任能力（因本书只讨论自然人，故不涉及行政责任能力）。责任能力的有无，是以行为时有无识别能力来判断的，即须就每一个具体的行为，审查行为人行为时有无识别能力，以决定其责任。自然人的责任能力，是指自然人能辨认和控制自己的行为，并对自己行为的后果承担民事责任的资格。从保护受害人合法权益的角度出发，责任能力中的识别能力应是指对于行为的是非利害或善恶的认识辨别的能力。判断行为人是否有识别能力，不仅应以行为人在行为时的实际知识和能力为依据，而且应从其年龄、生活环境和行为种类等方面进行综合判断。

霍布斯认为，在人的惩罚中，由于缺乏获知法律的方法等原因是可以取消罪行的。①

真正的法律应该是得到社会普遍认可和普遍服从的。要让法律真正地发挥其对行为的规制功能，前提是必须让人们掌握相关法律规范的知识；知识既可以从生活中获得，也可以在受教育或交易过程中获得。只有人们拥有了法律规范的相关知识并予以了内化，法律规范才能发挥实际的效果。设立的法律就应该充分考虑到法律所面对的人的认知能力。我国春秋战国时期的文子就有人指出"高不可及者不以为人量，行不可逮者不以为国俗"。也就是说，立法要以一般人能够达到的水平为标准，不要强众人所难。管子说得更明确："乱主不

---

① 谷春德主编：《西方法律思想史》，171 页，北京，中国人民大学出版社，2004。

量人力，令与人之所不能为，故其令废。"①

如何做好普法工作？关键是要从受众的角度出发，根据受众的文化程度、认知能力、接受意愿来安排普法工作。根据研究，2000 年全国六岁及以上人口的文化程度接近于初中，而 1990 年仅接近于小学。因此，一些普法材料要考虑初中文化的人群能否接受和理解。

4.4.2　以人为本制定刑事政策

刑事政策是指一套如何反犯罪的决策理论体系，"其基本功能或主要价值不在于反犯罪活动的操作层面，而在于在组合型价值观念的指导下对全社会反犯罪活动的基本方向、基本路径、基本形式和主要手段进行规划和指导；在于对反犯罪活动的主要环节的资源配置（组织结构、权限、人、财、物等）进行调节"②。刑事政策对刑事立法和司法过程中的利益平衡具有重要的作用：对刑事立法的宽严程度、目标等具有决定性的作用，对刑事司法有调整、导向作用。在与犯罪学的关系方面，一般认为犯罪学是刑事政策的前置学科，是基础。"它是建立在犯罪学的科学基础之上、更加关心惩罚权配置的科学性的介于政治学和法学之间的一门决策科学。"③

一般来说，在刑事政策之前，需要对于人类社会的犯罪问题有一个整体性或综合性的认识。首先，犯罪是否客观存在，是否是人类社会的一种正常现象。其次，人是否都有犯错误直至违反刑法的可能，也就是说，从某种意义上讲，是否所有的人均是"潜在犯罪人"。回答上述问题，除了可以从初民社会的历史来考察之外，也可以从"人是有限理性和有限意志的，深受感情影响"这一形象来分析。由于人是有限理性的，就会存在认识上的偏差，就会发生错误，直至违反刑法；由于人是有限意志的，就会在一定条件下突破自我控制，而发生错误，直至违反刑法；由于人是深受感情影响的，就更降低了有限理性、有限意志的程度，也就是说会发生错误，直至违反刑法。所以，从人类形象的研究结果，我们可以提出犯罪学的一些基本前提：犯罪是客观存在的，是人类社会所不可避免的现象，每个人都存在犯错误直至违反刑法的可能性。

---

① 转引自朱景文：《比较法社会学的框架和方法——法制化、本土化和全球化》，535 页，北京，中国人民大学出版社，2001。

② 张远煌：《论刑事政策的概念》，见赵秉志主编《刑事政策专题探讨》，30~40 页，北京，中国人民公安大学出版社，2005。

③ 转引自张旭、单勇：《论刑事政策学与犯罪学的学科价值及其连接点》，载《法商研究》，2007(5)。

在党的十六届三中全会上，胡锦涛总书记提出："坚持以人为本，树立全面、协调、可持续的发展观，促进经济社会和人的全面发展。"刑事政策也应以人为本，具体而言，刑事政策也应该充分考虑到人类形象，尤其是与人的犯罪密切相关的人类形象。为了更好地治理犯罪，我们要以人类形象为基础，深入把握犯罪、犯罪人、犯罪产生的各种主要原因，包括生理原因、心理原因与社会原因，并在此基础上考察现行的各种犯罪防控措施，对未来的犯罪防控措施进行理性展望，而这些认识均可归结为人类对自身和社会的认识，均源于人类对自身生存和发展的热切关注，也就是人类形象对于制定刑事政策具有重要的作用。有的学者这样说道："人是有眼泪的，刑法也应该对国民脆弱的人性倾注同情之泪，只要法律规范不是在一种常规的状况中被人敌视、蔑视或者漠视地破坏了，就需要刑法作出仁慈的义举。"①

反犯罪手段是刑事政策中的重要内容。在设计具体的反犯罪手段时，我们也必须要以人类形象为基础。反犯罪手段中最重要的为刑罚政策取向，是严酷刑罚、平衡的刑罚还是宽松的刑罚等，关系着所有人的现实利益和潜在利益。刑罚中最严厉的刑种为死刑。自国家产生以来，死刑始终是国家施于社会的最严厉的控制手段，一直被视为国家抗制严重犯罪的最有效方法。

德国国会在 1848 年、1870 年、1919 年和 1949 年历次讨论是否废除死刑时，都包含着"时势险恶，没有死刑，社会上将激增暴力案件"的辩护理由。1997 年，我国在关于刑法修改草案的说明中指出："鉴于中国目前治安形势恶化，经济犯罪严重，尚不能减少死刑。"②

但实际情况是，在那些已经废除了死刑的国家，尽管这些国家有大小、强弱之分，也有地域和文化之别，都没有因此发生暴力犯罪激增、社会治安难以控制的局面。③ 问题在哪里呢？问题在于对死刑所要面对的人类形象产生了认知偏差。这些论断的前提应该是：人是害怕死刑的，且在行事之前能够充分认识到行为是否会导致死刑。在立法者看来，犯罪与将要遭受的惩罚是如此确定，每一个正常的社会成员都应当以其最基本的预见，面对死刑的威胁，在死罪面前望而却步。④

---

① 王娟、卢山：《浅析犯罪中的情感因素——以刑法学与犯罪学为视角》，载《犯罪研究》，2007(4)。

② 张远煌：《死刑威慑力的犯罪学分析》，载《中国法学》，2008（1）。

③ 张远煌：《死刑威慑力的犯罪学分析》，载《中国法学》，2008（1）。

④ 张远煌：《死刑威慑力的犯罪学分析》，载《中国法学》，2008（1）。

　　但根据本书的研究，人类形象并非如此，人是有限理性和有限意志的，深受感情影响。立法者的前提与真正的人类形象是不符合的。菲利曾说过："任何刑法典，无论是和缓的还是严厉的，都不能改变人的自然的不可征服的倾向性。"① 也就是说，如果制定的刑事政策与人类形象或人的自然倾向性处于对立状态，是难以获得良好运行效果的。尽管"生命健康需要"是人的公理层次需要，但人仍然是有限理性和有限意志的，仍然是在偏见和感情色彩的笼罩下行事的。人们在行事之前可能还没有明确预测到行为是要导致死刑的，侥幸或一时的欲望冲动可能无视死亡的存在，陷入感情谜团之中的人更可能无视死亡的后果。前文论述了人的"过度自信"偏见：人们通常对自己的判断过于自信。卡罗尔（John S. Carroll）的模拟研究表明，在决定犯罪实施过程中，只有8%的人考虑惩罚的必然性。由于在实际发生的犯罪、被揭露的犯罪和应受惩罚的犯罪之间存在着依次锐减的"漏斗效应"，犯死罪后能逃脱惩罚的侥幸心理在社会各阶层中普遍存在，这种侥幸心理就会大大降低死刑的威慑力，所以，死刑政策对潜在犯罪人的威慑作用是值得认真考虑的。这也同时提醒我们反思采取严厉的刑罚政策是否合适，从长期来看是否真正有效。

　　前文论述了法律惩罚就是对违法人某些需要的剥夺，但对于违法人的正当需要也要予以满足，即刑罚是对犯罪人某些需要的剥夺，但也是要有限度的。这也是制定刑事政策所必须要考虑的，要保护违法人或罪犯应该受到保护的需要或权利，这也是以人为本制定刑事政策的体现。

4.4.3　司法容错机制必要性的分析

　　容错是借用的计算机术语，是指计算机系统支持不中断运行，允许从硬件或软件错误恢复的能力。诉讼活动是在人与人之间进行的，其中必然蕴涵着复杂的心理过程，任何一个环节出错都可能导致错误的裁判。正如丹宁勋爵说的，"法官不是完人，他们可能错判，从而造成冤案"。又如勒内弗洛里奥所说的，"公正的审判是不容易的事情。许多外界因素会欺骗那些最认真、最审慎的法官"② 。也就是说，各种各样复杂综合的原因，尤其是人是有限理性的这一原因，使得法官或陪审团的决策错误是无法完全避免的。因此，需要建立一个在司法系统主动预防错误、能够自我纠正和恢复错误的机制，即容错机

---

　　① ［意］恩里科·菲利：《犯罪社会学》，77 页，北京，中国人民公安大学出版社，1990。
　　② 王以：《民事裁判错误问题研究——以法律救济为视角》，载《陕西职业技术学院学报》，2007（6）。

制，来真正保证当事人，也是所有人的合法权益。

我国现行民事诉讼法第 179 条对民事裁判错误进行了规定，1. 有新的证据，足以推翻原判决、裁定的；2. 原判决、裁定认定事实的主要证据不足的；3. 原判决、裁定适用法律确有错误的；4. 人民法院违反法定程序，可能影响案件正确判决、裁定的；5. 审判人员审理该案时有贪污、徇私舞弊、枉法裁决行为的。

刑事错案的影响重大，涉及当事人的生命、自由、财产等重大权利。刑事错案形成原因是多种多样的。从心理学的角度来观察，刑事错案与错误辨认、偏见倾向等密切相关。错误辨认往往与记忆误差有关，人的记忆能力并不是精准且稳定的，证人证言并不能保证是准确的，当事人的供诉也不能保证是准确的。除了记忆导致的证人证言错误外，偏见、利益诱导都会导致证人证言的错误。

人有着众多的偏见倾向，如小数概率偏见等，此外，现状偏见和后见偏见对司法裁判也有重大影响。

人是有限理性、有限意志的并深受感情影响，因此要尽量克服司法过程中的错误，就必须要有一个司法容错机制。具体为：

1. 必须坚持有效的控辩双方辩论制度，并能够真正保证实施。英国心理学家贝斯黑莱姆说道："当一个观点是偏见的时候，它就可以进行辩论。"[①] 真理可以在辩论中显现。在刑事诉讼中，当控诉方对被追诉方怀有偏见时，最有效的方法就是强化辩护权，由辩方提出有力证据，反驳控方观点。控辩双方从不同的角度收集、提供证据，裁判者在此基础上查明案件真相。对于律师或辩护人的权利给予足够的重视和保护，是有效的控辩双方辩护制度的重要条件。只有给了他们足够的权利，他们才能真正地和控方（尤其是国家司法机关作为控方）对抗，为犯罪嫌疑人或被告人的利益进行真正的辩护。

我国刑法针对辩护人、诉讼代理人的罪名包括毁灭证据、伪造证据罪，还包括妨害作证罪，帮助毁灭、伪造证据罪等。这些罪名成为了对律师行使辩护权的限制甚至威胁。在司法实践中，律师常常不愿意为刑事犯罪嫌疑人辩护，律师因为前述罪名而触犯刑法的事情也屡见不鲜。为了真正地建立起有效的控辩双方辩护制度，应在制度建设的过程中，尽量对律师等重要的司法中介力量

[①]　赵琳琳：《刑事错案成因的心理学分析与对策探究》，载《北京人民警察学院学报》，2007（4）。

给予足够的保护。只有他们的权利得到充分保护，广大人民的权利才能得到保护。

2. 必须坚持控方承担举证责任。由于刑事司法裁判过程中，控方作为国家机关，具有显著的优势地位，因此，立法上必须明确由控方承担举证责任。诉讼的起点由被告人无罪开始，证明的天平首先向有利于被告人的一侧倾斜，公诉人的责任是逐一搬出证明被告人有罪的砝码堆放在对被告人不利的一侧，直至天平完全向被告人有罪的一侧倾斜，达到法律要求的定罪标准。

3. 进一步完善司法裁判的具体技术，尽力克服人的有限理性导致的各种错误。

首先，要改进警察或司法人员的讯问技术，建立针对虚假供诉的容错机制。研究表明，大量的错误供诉是由于调查人员的错误讯问技术导致的，如粗暴地打断嫌疑人的陈述、以严厉的方式问话、问话的先后顺序错误、讯问的过程缺乏灵活性和弹性、具有倾向性的措辞等。[①] 警察每天85%以上的工作时间用于讯问和交流，如能够有效提高他们的讯问和沟通技巧，无疑有利于提高审判质量，减少错误的判决。

1962 年，英博和里德出版了一本警察审讯手册，在该手册中介绍了"里德方法"，即一种分为九个步骤的方法，其目的是打破不愿供述的嫌疑人的抵抗，使他们供述。这九个步骤分别是：正面对质、主题发展、对待否认、克服异议、获得和保持嫌疑人的主义、应对嫌疑人的消极情绪、提出一个选择性问题、使嫌疑人口头叙述各种犯罪细节、由口头供述转为书面供述。[②]

此外，还要从法律制度的层面，严格限制讯问犯罪嫌疑人的时间。怀特（White）的研究表明，时间越长的讯问，越容易出现虚假的供诉。在英国，讯问的时间不得超过 36 个小时，经过法庭批准可以达到 96 个小时。[③] 还应该建立讯问的录像或录音制度，不但可以保护犯罪嫌疑人的权利，也有利于保护警察等不被投诉滥用权力。盖勒（Geller）的研究表明，63.1%的被调查警察机构认为，录像并没有降低犯罪嫌疑人交谈的意愿；60%的被调查警察机构则认

---

① Richard P. Conti：“The Psychology of False Confessions”, The Journal of Credibility Assessment and Witness Psychology, 1999, 2（1），pp. 14 – 36.

② ［英］Gisli H. Gudjonsson：《审讯和供述心理学手册》，乐国安、李安等译，乐国安审校，9 ~ 19 页，北京，中国轻工业出版社，2008。

③ ［英］Gisli H. Gudjonsson：《审讯和供述心理学手册》，乐国安、李安等译，乐国安审校，9 ~ 19 页，北京，中国轻工业出版社，2008。

为，在录像的讯问过程中，获得了更多的可指控犯罪嫌疑人有罪的信息。[①]

其次，要完善证人证言的审查制度。为了提高证人证词的可靠性与准确性，必须要对证词进行审查，审查制度的核心理念就是对证人证言保持一个合理的警惕和怀疑，尽可能地检查那些由于记忆错误、认知不足等导致的错误。要对证言是否符合人类的心理规律、是否被人的偏见误导进行审查。审查的方法包括观察法、证言形成心理分析法、关联性分析法、作证动机分析法、对比分析法、逻辑分析法等[②]。

最后，要完善对鉴定结论的审核制度。尽管只重口供的思想已遭到强烈批评，但人们又被另一种过度自信的偏见困扰，那就是对鉴定结论的盲目轻信和遵从。根据"人是在有限理性的条件下追求功利"这一论断，鉴定人也是会出现错误的，这种错误既可能是自身认识的错误，也可能是出于利益动机的人为错误。因此，需要司法裁判机构建立必要的鉴定结论审核制度，以克服人类的弱点，而进一步维持司法公正。

1992 年由美国国家法律杂志和 Lexis 组织的一次民意测验中，30% 以上的民事案件的陪审团成员认为专家证人存在不公正、不中立的现象。澳大利亚法管理委员会（Australian Institute of Judicial Administration，AIJA）曾经做过一个调查，澳大利亚 27% 的法官认为专家证人在作证时经常带有偏向性，67% 的法官认为专家证人在作证时偶尔带有偏向性。[③]

4. 要进一步完善错案追究制度。错案追究制度是近些年来我国各地法院所开展的一项保证审判质量的制度创新。差错案，按照绝大多数地方法院的实践，是指上诉案件被上级法院改判或发回重审的案件。根据人的有限理性的观念，上级法院对上诉案件的改判和发回重审，也并不必然地绝对正确。所以，错案追究制度是值得进一步完善的，尤其是错案的标准问题、错案的认定机构的问题，应有一个妥善的制度安排。

5. 完善异地审判制度。目前，我国对重大案件实行异地审判制度，比如对省部级高官腐败案件实行跨省异地审理，对厅局级干部腐败案件实行省市内

---

① ［英］Gisli H. Gudjonsson：《审讯和供述心理学手册》，乐国安、李安等译，乐国安审校，9～19 页，北京，中国轻工业出版社，2008。

② 孙配贞、刘敦明、于军胜：《关于证人证词可靠性的研究》，载《社会心理科学》，2007（3～4），421 页。

③ 转引自杨帆、李兴虎：《司法鉴定人错误鉴定的民事责任及其豁免》，载《云南大学学报法学版》，2007（9）。

异地审判。可以说，异地审判是一种更高级的审判回避制度。异地审判的直接法律依据是指定管辖，《中华人民共和国刑事诉讼法》第二十六条规定"上级人民法院可以指定下级人民法院审判管辖不明的案件，也可以指定下级人民法院将案件移送其他人民法院审判"；但这一规定过于笼统了，导致目前的异地审判多为针对个案具体协调、单个办理。根据对法律面对的人类形象的研究，应该将异地审判制度明确为：（1）当事人在审判地具有不同于一般人的影响和地位，应该实行异地审判，比如对于在特定地区或特定部门任主要领导职务的官员，为防止人际关系等非法干扰，应实行异地审判。（2）案件或纠纷在当地具有显著影响的，应该实行异地审判，比如涉及人数众多的拆迁纠纷等。

2008 年 1 月，最高人民法院发布了《关于行政案件管辖若干问题的规定》，明确公民、法人或者其他组织以案件重大、复杂为由或者认为有管辖权基层人民法院不宜行使管辖权，可以直接向中级人民法院起诉。对于当事人的起诉，中级人民法院应当结合本地实际情况和案件具体情况确定案件的管辖，对于可能存在影响公正审理事由的，应当指定本辖区其他基层人民法院管辖或者决定自己审理；如果认为被告所在地人民法院能够保证案件审理的公正与效率，也可以书面告知起诉人向有管辖权的基层人民法院起诉。

4.4.4 感情因素在法学中不应缺位

情感是人的基本存在方式。例如荀子认为"生之所以然者谓之性"，"性之好、恶、怒、哀、乐谓之情"。[①]在荀子看来，情感是与生俱来的。培根认为人的理智是有意志和感情灌输在其中的。情感总是以察觉不到的方式来渲染和感染人的理智。[②] 有的学者认为，感情能够在法律中发挥积极的作用，不论是负面的厌恶、羞辱，还是正面的敬畏、尊重等。[③]

马尔萨斯认为："把人类看做是仅仅具有理性的动物，这是错误的——人是一种复合动物，情欲对于人类理智作出的决定将永远是一种干扰力量。"[④]情感神经科学的研究表明，当大脑皮层，特别是前额叶，如果与情感的核心部位——皮层下神经组织之间的连接中断时，个体的任何决策行为都有困难，而

---

① 《荀子·正名》。
② 李荣：《影响刑事判决的法官情感因素及其制约》，载《河北法学》，2008（4）。
③ Peter H. Huang and Christopher J. Anderson："A Psychology of Emotional Legal Decision Making：Revulsion and Saving Face in Legal Theory and Practice"，2004，MINNESOTA LAW REVIEW，pp. 1066 – 1067.
④ ［英］马尔萨斯：《人口原理》，朱泱等译，97 页，北京，商务印书馆，2001。

且几乎总是作出不理性的或者不是最优的决策。也就是说，人类的决策依靠情感。① 所以，我们应该重视感情因素在法学中的地位与作用。

　　法律面对的人类形象是一个感情丰富的形象。人是深受感情影响的，但我们在法学研究和司法实践中，常常忽略人的感情因素。谢海定先生在《法律世界中的人》演讲中提出，在法学的视角下，人的观念得到了进一步的抽象化改造：人的情感性的身体成分尽可能地被剥离掉了，留下的则是被视为人的本质构成成分：理性和意志。理性是指人的判断功能，意志则是指人的决断功能。任何一个正常的人，都具有这两种成分，因此在这一点上人与人之间是平等的。② 这种观念是比较具有代表性的，也是比较普遍存在的。遵循这样的思路，行为—意志—犯罪—刑罚就成了刑法学的基本思路；但实际上，犯罪行为是人这种有感情的动物所为，对犯罪的评价在一定程度上也受人的感情因素的影响，不可能脱离感情来研究犯罪及法学。"通过切断情感并纯化意志而使人符合理性标准"，使得现实中的人抽象成立"经济人"，而非"法律人"。正如台湾学者许玉秀教授认为的，认知靠理性，行动靠情绪，意欲要素就是情绪要素，人不因认知而受责难，因情绪决定而受责难。③

　　毋庸置疑，人的心理模式在刑事法律调整中具有重要的作用。我国刑法第十四条规定："明知自己的行为会发生危害社会的结果，并且希望或者放任这种结果发生，因而构成犯罪的，是故意犯罪。"这其中包括人的认知因素，即明知自己的行为会发生危害社会的结果，也包括意志因素，即希望或放任结果发生。而人的认知过程会出现偏差，在刑法上就形成了所谓的"认识错误"，包括法律认识错误和事实认识错误。但人的判断和决策除了受认知因素和意志因素影响之外，还深受情绪的影响。律师是法律调整中的重要因素，他们也是深受感情影响的。赛利格曼（Seligman）教授的研究认为，律师的不幸福感来自于三个方面：悲观、作出法律决策的高压力工作环境、没有和解余地的对抗式诉讼。他也提出了一些增加律师幸福感的建议：改变律师事务所的文化氛

---

　　① ［美］乔纳森·特纳、简·斯戴兹：《情感社会学》，孙俊才、文军译，18 页，上海，上海人民出版社，2007。

　　② 该演讲是在 2008 年 3 月 24 日中国人民大学法学院进行的，资料来源于中国法理网（http：//www. jus. cn/ShowArticle. asp？ArticleID＝1988），2008－08－10。

　　③ 转引自王娟、卢山：《浅析犯罪中的情感因素——以刑法学与犯罪学为视角》，载《犯罪研究》，2007（4）。

围、参与可和解的诉讼、改革法律教育等。①

沃尔夫冈（M. E. Wolfgan）等人区分了两类基本的杀人行为：有预谋、有计划和有理智的杀人；激情冲动下的杀人或者伤害致死，这是没有预谋的杀人。激情犯罪是指在强烈而短暂的激情推动下实施的暴发性、冲动性犯罪，是一种带有明显情绪、情感色彩的犯罪，在犯罪心理学中属于情绪性动机犯罪，其实质是行为人在消极激情作用下实施的犯罪行为。激情犯罪是行为意向在外界因素刺激下产生的，是人理性行为的例外。激情犯罪在一定条件下是可以从宽处理的。与世界上多数国家刑法都规定了情绪犯罪不同，我国刑法中没有关于情绪犯罪责任的明确规定，这无疑是需要加以完善的。

在刑事司法实践中，感情因素对犯罪嫌疑人的定罪和量刑都有重要影响。感情因素对犯罪人的主观罪过有影响，进而可能影响定罪过程。犯罪嫌疑人的感情因素不仅仅是犯罪的发生原因，更是我们评价犯罪不可缺少的依据之一，犯罪的确定本身就掺杂了人类的感情因素；此外，对犯罪嫌疑人社会危害性与人身危险性的评价也离不开对其感情因素的探讨。意大利刑法最早的理论认为，故意的程度取决于主体的情感态度：犯罪时，主体越冷静，越没有感情，故意的强度就越高。社会公众对犯罪的反应或评价也是一种社会感情，这种感情对于犯罪行为的量刑具有重要影响，"如果脱离社会对犯罪行为的评价与反应，机械地追求罪与刑之间的均衡，那只能是一种法律形式主义"。②

美国《模范刑法典》第210.3条规定，"本应构成谋杀，但行为人具有相当理由或者不得已的事由而在精神或者情绪的极度混乱的影响下实施杀人行为的"，构成非预谋杀人，即在激情状态下或应激状态下的杀人行为构成二级重罪，而非一级重罪。在美国，激情杀人中的激情须具备的条件有：（1）必须存在足量的刺激；（2）行为人必须是事实上受到刺激；（3）在受到刺激和实行致命打击之间没有时间使激情冷却下来；（4）事实上行为人的激情此间隙没有冷却。③我国台湾地区刑法也严格区分"义愤伤害罪"（第279条）与"普通伤害罪"（第277条）。

在民法司法实践中，精神损害赔偿可以说就是感情损害的赔偿。对于精神

---

① 转引自 Peter H. Huang and Christopher J. Anderson: "A Psychology of Emotional Legal Decision Making: Revulsion and Saving Face in Legal Theory and Practice", MINNESOTA LAW REVIEW, 2004, pp. 1068 – 1069.

② 陈兴良：《刑法哲学》，126页，北京，中国政法大学出版社，2004。

③ 储槐植：《美国刑法》，198页，北京，北京大学出版社，1996。

损害，我国比较通行的定义为：精神损害是指受害人因身体或人格受到损害而产生的精神上的痛苦和肉体上的疼痛等，是对受害人正常心理、精神状态的一种损害。

奥地利民法典第1331条规定，由于犯罪、过失或故意行为而引起的财产损害的过错行为人必须对因特别钟爱物受损致受害人感情痛苦进行损害赔偿。①

我国《民法通则》第一百二十条规定，姓名权、肖像权、名誉权、荣誉权受到侵害的，有权要求停止侵害，恢复名誉，消除影响，赔礼道歉，并可以要求赔偿损失。《最高人民法院关于确定民事侵权精神损害赔偿责任若干问题的解释》第一条规定，自然人因生命权、健康权、身体权、姓名权、肖像权、名誉权、荣誉权、人格尊严权、人身自由权遭受非法侵害，向人民法院起诉请求赔偿精神损害的，人民法院应当依法予以受理。

上述规定存在着不足：适用范围过窄，还没有涵盖所有的人格权和身份权，将财产权排除在外，将人格尊严权与其他权利并列等。这些缺陷存在的重要原因是我国法学界和司法领域长期以来忽视"人是感情动物"这一事实。我们只有对法律面对的人类形象进行全面的研究，认可"人是深受感情影响的"，才能为精神损害立法提供强有力的理论基础，保证其科学性和合理性。

有关精神损害赔偿的数额问题，一直是一个难题，因为它就是精神损害赔偿理论和制度的最终落脚点。对精神损害赔偿的具体数额如何掌握，至今尚无一个统一的标准，也没有一个精确的计算公式。赔偿金除了惩戒、预防的功能外，主要的功能就是抚慰受害人，也就是要满足受害人的一些需要。如从法律面对的人类形象的研究来看，人的需要是有层级划分的，这就为抚慰不同需要的赔偿金划分了层级，能够解决等级金额的问题。具体而言，就是弥补三个层次需要的金额是逐级增加的：公理层次的需要 > 定理层次的需要 > 倾向性层次的需要。对于同一层次的需要，则还要分析受害人受损的具体感情种类和程度。比如，是损害的基本感情还是派生感情；在人类的四种基本感情中，快乐、愤怒、恐惧和悲伤哪一种受损，受损程度如何等。除了上述分析的因素，就可通过法律技术手段来解决，比如考虑致害人的状况、受害人的状况、客观情况等。②

---

① 转引自刘洁：《我国精神损害赔偿制度的缺陷及其完善》，载《太原大学学报》，2007（3）。
② 转引自刘洁：《我国精神损害赔偿制度的缺陷及其完善》，载《太原大学学报》，2007（3）。

　　综合本章所述，法律所面对的人类形象是有限理性的，而不是完全理性的；是有限意志的，而不是绝对的自由意志；是深受感情影响的，而不是毫无感情的。有限理性和有限意志，本身就是一个矛盾的表述方式，这也从侧面说明了人类形象的复杂性；而人的感情，是我们在分析法律问题时常常忽略甚至排斥的，但我们只有正视和尊重了人的感情，才能更好地做到理性。

　　根据本章的研究，法律面对的人类形象就是一个在社会中受过普通的教育、具有平常人理智的人。他们的认知能力是其能力的基础，常受偏见的影响。他们并不是虚无缥缈的，仍然是善于分析成本—收益、以趋利避害为基本行动原则的社会生活主体，但并不是所设想的那么精准、严密，常常会有计算的失误，并会伴有情绪的波动，但同时每个人都具有独立人格，对自己的行为和利益具有合理的认知能力，通常按着利益最大化的原则决策和行事，在这个意义上，他们又是理性的。

　　人的认知能力是其所有能力的基础，决定了人的意思能力和行为能力。刑事政策主要是一系列反犯罪的措施，需要建立在对人类形象的深刻理解之上。由于人是有限理性、有限意志的，出现行为差错或错误判断就会是一种常态，在司法领域这种常态会对人的利益造成无法挽回的损失，所以需要建立司法容错机制。由于人是深受感情影响的，在法学研究中就不应回避或遗漏这样一个重要的客观事实。

5

人有着稳定的心理模式：
法律发挥作用的心理基础

孙国华、朱景文教授认为，"法本身的作用（即法的规范作用）是指通过对人们思想的影响，实现对人们行为的评价、指引、预测，实现对合法行为的保护和对非法行为的谴责、制裁、警戒和预防的作用"①。思想是人的一种心理活动。法律真正地发挥作用，必须通过人的心理进而导致行为来实现。罗素认为，"心理学在经验科学的每个部分中都构成一个不可缺少的组成部分"②。美国的法社会学派认为，法官的审判是受他的心理因素影响的。根据认知心理学和行为科学的研究，人是有着共同的心理框架、行为决策模式和归因思维模式的，统称为人的心理模式。心理框架是指人的心理所包括的认知、情绪、意志等组成部分及相互关系。行为决策模式则是指在心理框架模式下，人是如何作出行为决策的过程。归因思维模式就是指人对行为原因进行推测与判断的总体过程和特征。所以，人的心理框架、行为决策模式和归因思维模式是法律发挥作用的心理基础。

5.1 个体人类的基本心理模式：法律行为的心理基础

个体的人有着比较稳定的心理模式，该心理模式是由认知过程、情绪过程和意志过程组成的（见图 5 - 1）。罗素对心理学给予了高度评价，他认为："心理学在各门科学中却最为重要。……我们的知识的全部素材都是由个别人

---

① 孙国华、朱景文主编：《法理学》，54~55 页，北京，中国人民大学出版社，1999。

② ［英］罗素：《人类的知识》，张金言译，62 页，北京，商务印书馆，1983。

生活中的心理事件构成的。"① 法律发挥作用，离不开人的心理作用，也离不开人的心理模式。

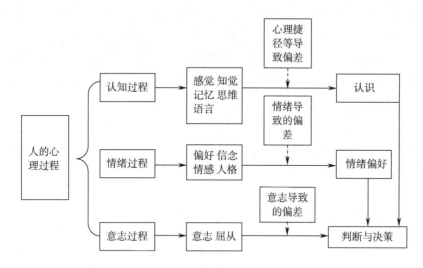

图 5 - 1　人的基本心理模式

人的心理活动，分为认知过程和非认知过程，它们相互作用后形成人的判断与决策。前者涉及感觉、知觉、注意、学习、记忆、思维等，后者涉及情绪过程和意志过程等。人的认知过程深受存在的认知模式的影响。认知模式的重要特点是它具有半自觉性，即在下意识状态下的信息处理过程远比意识状态下的计算更有效率。因此，个人行为很大程度上也是在无意识之中完成的。由于认知模式具有半自觉性，个人所拥有的知识也主要是"默会的"②，重要却又无法言说。③ 也就是说，个人认知所具有的知识多数情况下会以默会知识的形式存在。虽然情绪过程和意志过程是人心理活动中的非认知过程，但对人的认知过程也发挥着重要作用。情绪对于认知的影响，本书4.3.1.2部分已进行了论述，在此不再赘述。"意志是有意识地支配、调节行为，通过克服困难，以实现预定目的的心理过程"，人的意志包括独立性、果断性、坚定性和自制力等因素。④ 如本书4.2.1部分所述，人的意志力也是有限的，会受到习惯、传统、嗜好、生理欲望、多重自我、情绪的失控等因素的影响。由于人的有限理

---

① ［英］罗素：《人类的知识》，张金言译，67 页，北京，商务印书馆，1983。

② 哈耶克强调，这种"默会"知识是人类社会的知识基础，而且知识的内容在很大程度上具有社会性，比如我们所使用的语言、遵循的传统，以及货币的使用等。

③ 曾云敏：《有限理性和制度研究》，华南师范大学硕士论文，2005 - 05。

④ 彭聃龄主编：《普通心理学》，351 ~ 359 页，北京，北京师范大学出版社，2004。

性，认知过程往往会受系统性的认知偏差影响，形成有偏差的认识结果；情绪过程产生情绪偏好，可能会导致系统性的或非系统性的情绪偏差；意志过程则既可能受到认知偏差的影响，又可能受到情绪偏差的影响，会产生屈从或接受暗示的情况，意志过程综合认识结果和情绪偏好，形成人的判断与决策。

人的心理框架模式是人的判断与决策的约束条件，但判断和决策并不是一个完全理性的机械过程，还会受价值判断等的影响（本书4.1.1.1部分已经论述了人的价值认知能力）。在由信念、价值及态度构成的复杂心理结构中，核心价值处于中心地位，而其他价值、态度和信念相互联系，成为这一结构的基本元素。这样，在具体问题上，决定行为的不是态度，而是核心价值。核心价值与本书5.2部分论述的人的行为信念基本上是一致的。

5.2　人有着共同的行为决策模式

法律行为是指能发生法律效力的人们的意志行为。马克思强调了行为在法律上的重要性，他曾指出："我的行为就是我同法律打交道的唯一领域，因为行为就是我为之要求生存权利、要求实现权利的唯一东西，而且因此我才受到现行法的支配。"① 法律进程和社会进程的关系中最为重要的方面在于行为领域，这是无须证明的。在人们法律行为的背后，人的行为决策模式发挥着决定行为决策的重要作用。

人的行为决策过程是一个非常复杂的过程。信息搜寻、理解、接受的过程以及决策面临的时间约束都是人决策形成的重要组成部分。认知心理学家认为决策是一个交互式的过程，受到许多因素的影响，这些因素包括按自身法则发挥作用的感知，感情、态度等内在动因，以前决策及其结果的记忆等。② 从众多单个人的决策特征中，我们可以抽象出一个行为决策模式图。

5.2.1　人的行为决策模式

人的心理模式是人的行为决策模式的基础，这也是本章5.1和5.2部分的

---

① 《马克思恩格斯全集》，第1卷，16~17页，北京，人民出版社，1956。
② 饶育蕾、张轮：《行为金融学》，6页，上海，复旦大学出版社，2005。

逻辑关系所在。人具有一个可以抽象的行为①决策模式，如图5-2所示。

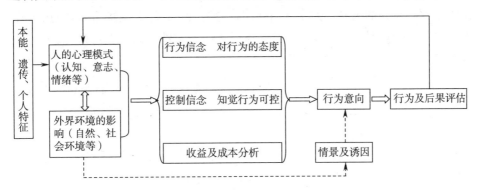

图5-2 人的行为决策模式

若要用函数的形式表达，人的行为函数为：人类行为 = F（生物及个人因素，心理模式，外部环境，行为信念，控制信念，成本—收益分析，情景及诱因、行为意向）。其中，生物及个人因素包括本能、遗传、个人特征等。

人的行为，第一，受人的心理模式和外界环境的共同影响，这两个因素之间也有交互作用。心理模式包括认知、意志和情绪等，外界环境则包括自然条件和社会环境等因素。这是人行为决策的外部条件因素。

第二，受到行为信念、控制信念和成本—收益分析等三因素的共同影响。

行为信念即对行为的态度，是指个人对该行为所保持的正面或负面的感觉，亦即由个人对特定行为的评价经过概念化之后形成的态度。这里所说的态度，可以理解为人心理模式的稳定的输出结果。态度是受到事物和他人影响的。态度与情感又是密切相关的。埃尔斯特认为，情感具有双重作用，它能够取代计算，又能够改变计算中使用的价值。② 也就是说，态度在一定条件下会直接决定人们的行动，或者是间接决定人们的行动，因为态度影响了行为取舍的判断。人对行为的态度可以作为行为的预测值，一般而言，个人对于某项行为的态度愈正向，个人的行为意向愈强。此外，态度的可接近性③高的人，其态度和行为总是高度一致的，而态度的可接近性低的人，其态度和行为的一致

---

① 人的行为可以区分为表现性行为与应对行为。表现性行为是指人由本能等引发的行为，常常是无意识的，如睡觉或者坐时双腿的姿势等。应对行为是指针对外部情况而采取的有意识、有目的的行为。法律面对的人类形象的基本行为模式就是针对应对行为的。

② ［美］阿兰斯密德：《制度与行为经济学》，刘璨、吴水荣译，43页，北京，中国人民大学出版社，2002。

③ 态度的可接近性是指某一事物与人们对该事物的评价之间的联系强度，通常可以通过人们报告对这问题或事物的看法的速度来衡量。

性就相对低了。① 1983 年，社会心理学家佩因罗德在《社会心理学》一书中提出了态度与行为的关系，认为总态度预言总行为，具体态度预言具体行为，态度测量与行为的时间间隔愈短，态度与行为的一致性愈高。大量研究证明，此预测模型具有很大的合理性。②

"研究传统法律文化绝不是恢复传统，而是通过分析，找出传统法律文化中能与现代法制相协调的因素，因为传统法律文化对社会成员的影响是根深蒂固的，如果我们找不到现代法律制度与广大社会成员法观念的契合点，那么法律规范实施的效果就必然会受到影响，正如美国法学家埃尔曼指出的那样：'当法律规定与根深蒂固的态度和信念之间展开鸿沟时，法律就不能改变人们的行为'。"③

控制信念即知觉行为可控的程度，是指反映个人过去的经验和预期的阻碍。当个人认为自己所掌握的资源与机会愈多、所预期的阻碍愈少时，对行为的知觉行为控制就愈强，行为的意向也就愈强。其影响行为的方式有两种，一是对行为意向具有动机上的含义，二是直接预测行为。具体而言，人们的行为意向受到自认为某种行为容易程度的影响，如果人们认为某种行为容易做到，行为意向就可能比较强烈。控制信念是由自我控制发展而来的，人有着合理的自我控制，但自我控制又是有限的。

成本收益分析是指个人对行为的所有成本及所有收益分析对比的过程。一般而言，当收益大于成本时，行为人会采取行动；所有成本相对于所有收益越小，行为人就越倾向于采取行动。成本包括直接支出货币成本、机会成本和时间成本等，收益则包括直接得到货币收益、机会收益等。

法律制裁常常被认为是一种"阻却"违法行为的成本，但这种制裁的效果对不同的违法行为是不同的：对于那些由目的理性驱使的手段行为，是有阻却效果的；但当那些违法行为本身就是其目的时，比如吸毒，法律制裁未必能很有效地阻止行为的发生。所以，我们应该如何对待像吸毒这样的违法行为呢？

第三，在行为之前，还有一个重要因素——行为意向在发挥作用。行为意

<hr>

① ［美］Elliot Aronson, Timothy D. Wilson, Robin M. Akert：《社会心理学》，侯玉波等译，494 页，北京，中国轻工业出版社，2005。

② 金盛华：《社会心理学》，1 页，北京，高等教育出版社，2000。

③ 刘金国、刘双舟：《中国法理体系的演进及其启示》，载《政法论坛》（中国政法大学学报），2000（5）。

向即行为意图，就是个人想要采取某一特定行为的行动倾向，也就是指行为选择的决定过程中，引导产生的是否要采取此行为的某种程度表达，因此行为意图是任何行为表现的必需过程，是行为显现前的决定。对行为意图的测量，可用来预测实际行为的产生；而反过来，通过行为也可以推测行为意图。刑法上的犯罪意图，就是这里所说的行为意向，其实也是通过犯罪人的行为推测出来的。

第四，行为意向还会受到外界因素的影响，人们的行为经常是其态度和其觉察到的情境限定之间互动的产物，如激情犯罪就常常是在特殊的刺激下而产生的。阿杰恩（Ajzen）在1990年提出了计划行为理论（Theory of Planned Behavior, TPB）。他认为行为人不总是通过理性的分析，形成行为意图，才决定用最好的行为；多数时候，人们依靠其自动激活的态度，或信息在头脑中的组织形式，以及外部资源、机遇以及内部的情绪去决定其行为。① 也就是说，在情景及诱因的引导下，人会直接产生行为意向。从这个意义来看，激情犯罪等异常行为也是符合人的行为决策模式的。

第五，人在采取行为后，还会进行后果的评估。行为的后果与人的心理模式共同作用，会继续影响下一阶段的行动。在这个阶段，收益原则、激励原则和强化原则②会发挥出重要的作用。

5.2.2　行为信念对行为决策具有重大影响

行为信念（即态度），如前所述，对于人的行为具有重要的影响和预测作用。功利主义认为，抽象地看，人类的行为可以看做一个统一的整体，所有人类行为的最终目的都是统一而恒定的，这就是快乐原则或者叫"趋乐避苦"原则。这其中的快乐原则或"趋乐避苦"原则就发挥着行为信念的作用。可以说，"趋乐避苦"就是功利主义者的行为信念，这种行为信念对人类社会的影响广泛而深刻。

行为信念之所以存在，是因为世界是复杂的，而人是有限理性的。当个人

---

① 张红涛、王二平：《态度与行为关系研究现状及发展趋势》，载《心理科学进展》，2007（1）。

② Akerlof, George A., "The Market for 'Lemons': Quality Uncertainty and the Market Mechanism." Quarterly Journal of Economics, 1970, 84 (3), pp. 488 – 500. （1）收益原则。那些经常给行为主体带来收益的行为比那些不带来收益的行为更可能被主体重复。（2）激励原则。那些曾诱发了收益行为的外界激励比那些不曾诱发收益行为的外界激励更容易诱发主体的同类行为。（3）强化原则。行为主体在没有获得对其行为的预期收益，甚至为此遭到惩罚的时候，会被激怒，进而强烈要求实施能够补偿损失的行为。相反，如果某类行为给行为主体带来了出乎意料的收益，或没有带来预期的惩罚，行为主体将更主动地实施同类行为。

面对错综复杂的世界而无法迅速、准确和费用很低地作出理性判断，以及现实生活的复杂程度超出理性能力时，他们便会借助于行为观念、伦理规范、风俗习惯等来走"思维捷径"，形成行为信念。行为信念的约束往往对人的行为具有决定性作用，因为行为信念通过改变人们的偏好体系，对成本与收益值具有直接的决定作用。

行为信念的影响程度，一般取决于人们对行为认可的程度，认可的程度越深，对人的行为影响越大。科学家对爱斯基摩人社会的考察发现，由于生存环境的恶劣，社会成员普遍认可这样的公理：生活是艰苦的，安全感的系数很小，因此，非生产性的社会成员无存在的理由。[1] 因此，在爱斯基摩人中，杀婴者、杀伤者、杀老者以及自杀都是由社会批准而实施的。

行为信念对心理成本的高低起了决定作用。一般来说，行为信念越强，心理成本越低；行为信念越弱，心理成本越高。这可由刑事犯罪初犯的犯罪心理来加以说明。初犯由于是第一次违法犯罪，行为信念较累犯要弱，因而导致了心理成本较高。初犯在犯罪前要经过激烈的动机斗争，在犯罪过程中也是恐惧心理占优势，犯罪后会产生惊恐、心虚、悔罪等心理表现。[2]

有些累犯具有较惯犯更为强烈的"犯罪合理化"的观念。这些累犯认为自己再犯罪是对曾受监禁之苦的补偿。有这种观念的累犯，将犯罪视为一种合理化行为，作案时心安理得，很少有明显的动机斗争。[3] 所以，罪犯改造成功与否的标志，在于是否真正改造其行为信念——守法是有益的。

就个体人而言，行为信念和意识形态是两个基本一致的概念。意识形态可以被定义为关于世界的一套信念，通过家庭、学校和社会的直接教化和反复灌输而被人们接受。意识形态对人的行为具有强有力的约束，它通过提供给人们一种世界观而使行为决策更为经济，意识形态直接融入人们行为的成本函数和收益函数之中，影响人们的成本—收益计算，进而影响人们的选择行为。显然，如果每个人都相信私人家庭"神圣不可侵犯"，那么就真的会"夜不闭户"。我们只要掌握了个人行为信念的情况，就能对他某一行为的成本函数和收益函数的函数值进行预期，从而判断他的行为倾向。反过来，我们可以通过对个人行为信念的改变，来改变他的成本函数和收益函数，从而改变他的行为

---

① ［美］霍贝尔：《原始人的法——法律的动态比较研究》，严存生等译，66 页，北京，法律出版社，2006。

② 罗大华主编：《犯罪心理学》，186～189 页，北京，中国政法大学出版社，2007。

③ 罗大华主编：《犯罪心理学》，198 页，北京，中国政法大学出版社，2007。

倾向，达到引导、控制其行为之目的。当然，这是一个长期的过程，因为一个人的行为信念养成非一日之功，对其调整更不是一日之功，正可谓"冰冻三尺非一日之寒"。从这个角度来看，健全法制、加强法治、倡导正义公平的社会意义也在于此。

《中华人民共和国监狱法》第三条规定："监狱对罪犯实行惩罚和改造相结合、教育和劳动结合的原则，将罪犯改造成为守法公民。"这关键是要将罪犯的行为信念改造好，如果罪犯认可了犯罪是不值得的，就能够有效地预防其采取犯罪行为，这也就是毛泽东主席所说的改造人的主观世界。

5.3　人的决策特征：有限理性和经济方式的决策

本书5.1部分对人的心理模式进行了论述，指出人的认知、情绪和意志三个要素决定了人的决策和判断。5.2部分讨论了人共同的行为决策模式。除此之外，人的决策还有什么样的特征，是否如形式逻辑那样精准呢？

人的决策过程是一个非常复杂的过程。信息搜寻、理解、接受的过程以及决策面临的时间约束都是人决策形成过程的重要组成部分。根据道奇（Dodge）的社会信息加工模型，人在决策过程中，一般会采取下列的步骤：搜索—解释—确定反应并实施。第一步搜索，是指人会从自己的记忆、经验和环境中收集与事件有关的信息，已明确所处的条件和他人行为的性质等。第二步解释，是指人对信息进行推论和归因分析，进一步得出自己的判断。第三步确定反应并实施，是指人会思索各种自身可能采取的行动，权衡各种行动的优缺点，并实施他认为最合适的行为。① 实际上，人的决策虽然可分解为上述三个部分，但决策过程同样是有限理性的，并不是一个精确的推理过程，并常常是以经济方式作出的。

5.3.1　人的决策过程常常不是精确的推理过程

心理学家特沃斯基（Tversky）和卡尼曼（Kahneman）研究指出，除非在偶然或极为个别的情形下，人们的实际"决定"很少是通过某种正式而精确的演绎推理方式作出的，更为一般的方式是瞬间的直觉———跳跃性地直接得

---

① 高雯、陈会昌：《攻击行为社会信息加工模型与道德领域理论的整合》，载《心理科学进展》，2008（1）。

出解决问题的结论，或者是一种对于各种可能的决定展开和经过想象的连续心理试验过程，直到发现某个或几个可能的决定具有吸引力为止。[1] 其他的研究也表明，人在不确定条件下的决策一般受三类启发性认知的影响，分别是代表性启发、可获得性启发、锚定性启发。这些启发式思维的确是经济和高效的，但可能会导致严重的错误。[2]

在司法领域，执法者的决策历史并不是一个完全理性、严格遵循逻辑的过程。正如庞德所言："法律的历史表明，人们始终是在严格规则与自由裁量之间来回摆动，在据法司法与不据法司法之间不断循环反复。"[3] 美国现实主义法学家弗兰克认为，法官作出判决的过程与普通人对日常事务的判断并无不同。法官对案件的判断是从自己先入为主形成的模糊结论开始，再寻找可证实结论的前提。现实中的司法判决公式为：R（规则）×SF（Subject Fact，主观事实）=D（判决）。所谓"主观事实"，是指法官、陪审官所发现的事实，并不是在初审以前在特定时间、地点发生的实际的"客观事实"。[4] 人的决策过程不是一个精准的过程，主要体现为如下特征：

1. 人的决策会受语境依赖等情况的影响。现实主义法学家对法律的稳定性和确定性、对司法审判的严谨性进行了颠覆性的怀疑。他们认为，法律职业者，如法官、检察官、律师等，也并不是如稳定的思维机器，他们的决策常常是脆弱的。美国现实主义法学家弗兰克认为："法律规则根本不是法官判决的基础，司法判决是由情绪、直觉的预感、偏见、脾气以及其他非理性的因素决定的。"[5] 法律的决策者们，如法官、陪审团，是否真的如此决策呢？我们可以考察一下法律决策的语境依赖问题。语境依赖就是指决策过程并不是确定和稳定的，而是受当时的语境环境影响，比如增加了可供选择的内容或信息等。与语境依赖对立的词称为语境独立，是指任意两个决策选择之间的相对排序是稳定的，并不随着增加或减少其他选择而发生变化。与语境依赖或语境独立密

---

① 转引自周国梅、荆其诚：《心理学家 Daniel Kahneman 获 2002 年诺贝尔经济学奖》，载《心理科学进展》，2003 - 02。

② Amos Tversky, Daniel Kahneman："Judgment under Uncertainty：Heuristics and Biases"，Science, New Series, 1974, 185（4157），pp. 1124 - 1131.

③ ［美］罗斯科·庞德：《法律史解释》，曹玉堂译，1 页，北京，华夏出版社，1989。

④ 谷春德主编：《西方法律思想史》，493～494 页，北京，中国人民大学出版社，2004。

⑤ ［美］博登海默：《法理学——法哲学及其方法》，150 页，北京，华夏出版社，1987。

切关联的是折中效应①和对比效应②。研究表明，在判决等决策的过程中，那些法律职业者的确存在着语境依赖问题，也就是会受到折中效应和对比效应的影响。具体而言就是法官或陪审团的决策并不是那么确定和稳定的，是受到语境影响的，他们的判决或裁定可能会倾向于妥协和对比效应。③这种情况对于法律的公正和效率都会带来很大影响，当然也会影响到当事人的切身利益。

如何减轻语境依赖并提高法律决策的质量？在立法环节，必须要提高立法技术和质量，应该为每个罪过增加所有的明细罪名，应该细分不同的罪行；立法部门应该定期对司法审判的结果进行跟踪分析，通过语境依赖技术来改善审判质量。在审判环节，必须要定期颁布审判指导手册，对各项罪过的可能裁判给予详细的列示；要给予陪审团必要的指导，让他们明确考虑所有罪过的次级分类，避免遗漏。在增加新的罪名时，例如在原来只有谋杀罪、一般谋杀罪的情况下，增加一个恶性谋杀罪，则不仅是要针对性地解决新问题，还要充分认识到，会对已有的罪名间的关系产生重要影响，如谋杀罪由于对比优势，会比恶性谋杀罪和一般谋杀罪更具有选择优势。

2. 人在决策过程中，会受到许诺心理的影响。许诺是指"一旦某人自己认定了某主意或行动过程，对于那些显示其选择是错误的证据会强烈地抵制"④。这和我国推崇诚信的成语"一言既出，驷马难追"很相似：许诺一经作出，人的态度和信仰将转而保持一致。人一旦决定了行动的步骤，就会显著偏向于支持其选择的信息，而与其决策相矛盾的信息则会被潜意识地拒绝。为什么会这样呢？因为人们在决策后，不愿意认为自己的决策是错误的，为了克服出现决策后失调⑤的不舒服情况，人们都愿意进行心理调整：提高自己选择方案的吸引力，同时降低被拒绝方案的价值。这可以由"赛马决策"实验来证明：心理学家调查那些准备投注和刚投完注的赛马参与者，结果是刚投完注

---

① 折中效应是指同样一个被选对象，当它被认为位于一群被选对象的中间时，要比它被认为位于一群被选对象的两端，能获得更高的评价。

② 对比效应是指同样一个被选对象，当存在一个相近但明显劣于它的选择时，比不存在这样的对比选择能获得更高的评价。

③ ［美］凯斯·R. 桑斯坦主编：《行为法律经济学》，涂永前、成凡、康娜译，85 页，北京，北京大学出版社，2007。

④ ［美］凯斯·R. 桑斯坦主编：《行为法律经济学》，涂永前、成凡、康娜译，172 页，北京，北京大学出版社，2007。

⑤ 决策后失调是指一个人在做了决定之后所产生的失调，而失调给人带来不舒服的感觉。

的人，对他们所投的马赢得胜利的概率较为肯定，而准备投注的人则较不确定。①

3. 习惯与习俗会使人作出非理性的决策。习惯和习俗在人类的社会活动中起着重要作用，是一种最深层次的非理性因素。

"许多人类行为是由习惯来协调的。人们常常单纯地因袭习惯模式，模仿他人"。② 我国学者张雄在《市场经济中的非理性世界》一书中，论述了习惯与习俗的特征：（1）它不具备一种理性的当下选择，而是一种习惯心理在特定环境刺激下所作出的行为复制；（2）它没有缜密的逻辑推理和思考，而仅仅出于一种稳定的心理定式和人类在长期实践活动中形成的习性及趋向来判断主体与对象存在的关系；（3）它不是通过当下合理计算来达到行为最大化原则，而往往不假思索地遵循着某种传统惯例。对习惯、习俗非理性特征的把握有助于我们对问题的分析。③

美国制度经济学家克拉克（John Clark）认为，人类的大部分行为是习惯性的，而不是以行为最大化原则为基础的。他断言，信息和成本的计算是习惯产生的原因。他说："当计算的麻烦似乎有可能大于其价值的时候，正常的享乐主义者照样会停止计算。"个人不可能"理所当然"地知道到底什么时候达到最优点，因为每个人不是（也不可能是）一台计算机；相反，人们养成习惯，而"习惯是自然的机器，它总是把由自觉审慎的较高级器官所承担的工作移交给较低级的大脑和神经中枢去做"。因此，克拉克（Clark）认为，只有通过习惯，"边际效用原则才能在现实生活中近似成立"。④ 哈耶克在《致命的自负》中则明确指出了人类行为受制于习俗，他说："正像本能比习俗和传统更久远一样，习俗和传统也比理性更久远：习俗和传统是处在本能和理性之间……我们的行为虽然受制于我们的所学，但是对于我们所做的事情，我们经常不知道那样做的原因。通过学习得到的道德规则和习俗日益取代了本能。"⑤

经济学界对人类经济活动的研究："牛津研究团体"成员 Hall 和 Hitch C

① Raymond S. Nickerson：Confirmation Bias："A Ubiquitous Phenomenon in Many Guises"，Review of General Psychology，1998，2（2），pp. 175 – 220.

② ［德］柯武刚、史漫飞：《制度经济学——社会秩序与公共政策》，韩朝化译，65 页，北京，商务印书馆，2002。

③ 张雄：《市场经济中的非理性世界》，132 页，上海，立信会计出版社，1995。

④ 韦森：《从个人的习惯到群体的习俗》，新疆哲学社会科学网，http：//www. xjass. com/jj/content/2008 – 07/17/content_ 23100. htm，2008 – 07 – 17。

⑤ 哈耶克：《致命的自负》，冯克利、胡晋华等译，21 页，北京，中国社会科学出版社，2000。

在《牛津经济文汇》上发表的调查结果表明，厂商在制定产品的销售价格时通常是按照惯例的方式。美国经济学家霍塔克（Houthakker）和泰勒（Taylor）所作的著名计量经济学的研究也证明，习惯是人的消费行为的决定因素之一。英国经济学家霍奇逊（Hodgson）在研究中也发现，习惯在企业行为中也占据一个非常重要的地位。卡托纳（G. Katona）在其《心理经济学》中所举的企业的刚性定价（按习惯价格定价）原理，实际上亦说明习惯是企业行为的重要组成部分。①

由于人并不是有着完全的理性，也证明了主张严厉刑罚能够预防犯罪的威慑理论并不是完全正确的。威慑理论认为，法律刑罚只要被认为是严格、确定及迅速的，即可威慑人们避免从事犯罪行为。实际上，严厉的刑罚只有在人们知道刑罚的内容，相信有相当的可能性被逮捕，而且在决定犯罪前已经衡量过后果的条件下才会发挥作用。研究表明，在美国各州，提高酒醉驾车的刑罚程度和较低的酒醉驾车肇事率并不相关，但提高酒醉驾车被抓的确定性，确实和较低的酒醉驾车肇事率相关。由于人们并不是有着十分的理性，只有在知道严厉的处罚和被处罚的确定性后，才会有进一步理性的判断。

4. 人的认知与决策受到情绪的影响。具体见本书 4.3 部分。

5.3.2 人倾向于经济的方式来决策

人是决策型动物，对其拟定的行动过程要从优势与劣势两个方面进行评估。② 无论是理性人还是有限理性人，在进行决策时，都会极力避免犯错误和承担额外的负担，比如受到某类人群的道义谴责等。

个人的认知资源是有限的，因此在一个相对简单的环境中，不假思索地采取行动无疑是节约认知资源的极好方式，而避免耗费认知资源进行分析、判断和决策，因此可以接受的观点是个人行为在很大程度上会表现出规则遵循的特征。③

人倾向于在心智成本最小化的原则下作出决策。季普夫（Zipf）指出，"人类行为中……有一种最小努力的原则在起作用，它体现为用最小的语言努

---

① 韦森：《从个人的习惯到群体的习俗》，新疆哲学社会科学网（http://www.xjass.com/jj/content/2008-07/17/content_23100.htm），2008-07-17。

② ［美］凯斯·R. 桑斯坦主编：《行为法律经济学》，涂永前、成凡、康娜译，215 页，北京，北京大学出版社，2007。

③ 曾云敏：《有限理性和制度研究》，华南师范大学硕士论文，2005-05。

力去获得最大的以言行事结果的原则"①。"季普夫定理"说明了人类思维所遵循的最小化原则。由于"理性计算"和认知活动是一种高成本活动，人们倾向于以最小的心智成本获得最大的思维收益，即在收益与约束既定的情况下，人将追求心智成本最小化，或者在既定心智成本条件下，追求最大化的思维收益。有限理性说明心智是一种稀缺的资源。人存在节约这种稀缺资源的倾向。② 人在决策的过程中，会经常使用心理捷径，这已在本书 4.1.1.3 部分得到论述。

人们常会用一些论断和范式来解释周围的世界③，陪审员也是如此。陪审员构思出一个最能解释所有证据的故事，然后会试着让这个故事适合于他们能提出的各种判决。如果其中的一个判决和他们偏爱的故事十分符合，他们就会投该判决一票。陪审员的这种认识案情的模式，决定了律师按照故事的顺序来呈现证据更能够获得陪审员的认可。④

研究表明，当原告辩护采用故事顺序呈现证据的方式，而被告辩护律师不采用故事顺序，而是采用证人顺序（认为最有影响力的顺序安排证人的方式）时，陪审员较相信原告——有78%的人认为被告有罪；当原告辩护律师采用证人顺序，而被告辩护律师采用故事顺序时，结果发生了逆转——只有31%的人认为被告有罪。⑤

5.3.3　在有限理性的前提下作出理性决策

西蒙认为，人类理性是在心理环境的限度之内起作用的，有关决策的合理性理论必须考虑人的基本生理限制以及由此而引起的认知限制、动机限制及其相互影响。哈耶克通过理性分析限制理性能力，提出"批判式的理性论"。其基本立场可以概括为："我们必须有效地应用我们的理性能力——包括对于理性本身效力的实质了解；在真正理性化的认知过程当中，我们会知道理性本身

---

①　卿志琼、陈国富：《心智成本理论：一个超越新古典经济学的解释框架》，载《当代经济科学》，2003 – 11。

②　李亮：《影响有限理性实现程度的因素分析》，南京理工大学硕士论文，2005 – 06。

③　这种情况在认知心理学中称为图式，就是人们头脑中对世界的编码表征，将存在我们周围和头脑中的大量信息分门别类，帮助我们以相对经济的方式对这些信息进行加工。对于物品、情境和人的信息，人们都会按照一定的组织形成图式。

④　Raymond S. Nickerson："Confirmation Bias：A Ubiquitous Phenomenon in Many Guises"，Review of General Psychology，1998，2（2），pp. 175 – 220。

⑤　［美］Elliot Aronson，Timothy D. Wilson，Robin M. Akert：《社会心理学》，侯玉波等译，488 页，北京，中国轻工业出版社，2005。

的能力是有限的。换句话说，经由我们用理性的考察与分析，会发现理性的能力并不像笛卡儿式建构主义所认为的那样，几乎无所不能。我们必须承认理性是有限的，这才是真正理性主义所应采取的立场。"① 所以，考虑的人类选择机制应当是有限理性的适应机制，而不是完全理性的最优机制。

但乔纳森·科恩（Jonathan Cohen）也指出，人类的非理性也是有限的，因为我们在很多情况下的行为是理性的。② 人们可以通过练习提高决策能力，还可以通过在作决定时恰当地利用概率，在作重大决策时付出更多的时间和努力，避免一些偏见等。③ 研究表明，罪犯犯罪决策的作出受不良心理因素的影响最大，理性决策成分明显高于非理性决策成分；另外，外部控制力也影响犯罪决策的作出。④ 正如本书第 4 章所述，人是有限理性的。但一般的情况是决策人已经认可了自己收集到的信息，也认可自己的决策过程后才作出决策和行为，因此从这个意义来说又是理性的。因此，人的决策过程是一个理性和非理性统一的过程，人的决策是在有限理性前提下作出的理性决策。

法律中有着大量关于"合理"、"适当"、"习惯"等的规定。这些概念是法官在处理疑难案件时面临的核心问题。这些概念所指的人在具体的案件境遇下的行为也是带有一定模糊性的，因此，并没有绝对精确的标准。实践中法官在处理这些案件的时候都是以自己日常"生活世界"中的经验、习惯作为标准来作出判断的，即使法官的判断稍有偏离，但只要这个偏离在合理的（一个普通人能够接受的）范围之内，那么，这样的偏离仍然是有效的。正是由于生活经验如此重要，英美的普通法系要求法官具备必要的生活经验。

交换理论的著名代表人物霍曼斯指出，"无论一个人所拥有的信息、感知和决定是怎样的，尽管他可能并不拥有最佳的，且可能表现出错误和不适当，但他的行为还是理性的"⑤。霍曼斯的理性概念就是指有明确目标的、能够产生利益的、经过计算的有意识或无意识的行为。这一点可以从他对非理性因素的界定中间接地得到说明。他认为，"A. 如果一个局外人认为某项酬赏从长远来看对于某人并没有什么好处，而该人采取了获取报酬的行为，那么，该行为

① 叶传星：《论法治的人性基础》，载《天津社会科学》，1997（2）。

② ［美］Robert J. Sternberg：《认知心理学》，杨炳钧等译，334 页，北京，中国轻工业出版社，2006。

③ ［美］Robert J. Sternberg：《认知心理学》，杨炳钧等译，334 页，北京，中国轻工业出版社，2006。

④ 赵永军：《犯罪决策的心理学研究》，河南大学研究生硕士学位论文，2003 - 05。

⑤ 董建新：《人的经济哲学研究——"经济人"的界说、理论分析与应用》，175 页，广州，广东人民出版社，2001。

被认为是非理性的；如某人喜欢上他不应该喜欢的东西或人，那么他的行为被认为是非理性的。B. 不管一个人的价值观如何，如果他不是经过'算计'去获取一个从长远来看有价值的最大酬赏的话，那么，他的行为被认为是非理性的"。他坚持认为，大多数行为通常被描述为非理性的仅仅是因为观察者没有看到行动者的观点，依据该观点行动是理性的。柯尔曼发现，通过回顾，任何行为都是可以标以理性的。[1]

科尼什和克拉克提出了理性选择理论，认为犯罪是犯罪人经过理智选择之后进行的行为；在犯罪决策过程中，犯罪人主要考虑犯罪的机会、从犯罪中可以获得的奖赏、进行犯罪行为所要付出的代价三种因素。[2]

所以，理性行为是与目标、利益、算计有关的，就当事人而言，只要是经过"算计"，为了最大化的利益而对目标采取行动，就是他的"理性决策和行为"。以寓言故事"掩耳盗铃"为例，盗铃人虽被人们嘲笑，但他当时的决策过程仍是"理性"的，这个理性是他自己认可的，但与实际情况偏差过大，才成为千古笑话。很多青少年犯罪的动机看起来幼稚，比如为了哥们义气。但就当事人当时的情景，他们也是认可自己的判断，并采取行动的。

5.4　人的归因思维模式：在法律裁判的背后

归因就是指个体根据有关信息、线索对行为原因进行推测与判断的过程。[3] 归因思维是人们重要的思维习惯，也是人的一项基本需求。正如本书5.2.1 部分所论述的，人在行为之后会进行后果评估，归因思维就会发挥作用，影响下一个决策和判断。因此，决策—法律行为—归因—再决策形成了一个循环运转的链条；在人的法律行为之前和之后，人行为的决策及归因思维发

---

① 董建新：《人的经济哲学研究——"经济人"的界说、理论分析与应用》，176 页，广州，广东人民出版社，2001。

② 罗大华主编：《犯罪心理学》，26 页，北京，中国政法大学出版社，2007。

③ 归因从总体上可分为两种：一种为自我归因或称做个人归因，即对自身行为结果的原因的知觉；另一种为人际归因或称做他人归因，即对他人行为结果的原因的知觉。与之相对应的由归因所形成的动机分别称为个人动机和社会动机。B. 维纳是归因理论集大成者，他认为能力、努力、任务难度和运气是人们在解释成功或失败时知觉到的四种主要原因，并将这四种主要原因分成控制点、稳定性、可控性三个维度。根据控制点维度，可将原因分成内部原因和外部原因。根据稳定性维度，可将原因分为稳定原因和不稳定原因。

挥着重要作用。

人是有归因思维习惯的，并会形成自己的归因思维模式，归因会对法律行为产生重要的影响。归因思维是一种重要的法律思维。归因思维习惯在法律研究和实务中是非常重要的，人们不但常据归因行事，也常据此评判他人。悲观式的归因风格、归因错误、归因的个体差异，都会在犯罪行为中发挥重要的作用。

5.4.1 归因是责任承担判断的前提

5.4.1.1 归因影响责任推定与谴责

人有归因思维习惯，这一习惯在法律研究和实务中是非常重要的，人们不但常据归因行事，也常据此评判他人。归因是人类的一种普遍需要，每个人都有一套从其本身经验归纳出来的行为原因与其行为之间的联系的看法和观念。前文论述了归因是人们稳定性需要的一种形式。实际上，我们每一个人都是朴素的心理学家，在日常生活中会自觉不自觉地像专家那样按照事物的因果关系，探察产生行为后果的各种原因。此外，人们还有这样的归因思维习惯，愿意通过外部显示出来的客观情况来推断事物的内在特点，即在认识自己和外部环境时，人们往往根据外在的事物，如自己的外显行为、他人的外显行为或各种情境因素来推断内在的特点，如人格、态度、情感等。

研究表明，不同的归因会影响到责任推定。例如，同样是失败的行为，由缺乏努力所造成的失败，行为者对其失败负有责任，而对由于生理疾病所造成的失败则没有责任。[1] 维纳（Weiner）研究发现，行为原因的控制性影响到行为责任的推断，他指出："我认为人们所具有的因果归因推理能力是责任推断的前提，并且如果个人具有责任，那么其行为的起因必须是可以控制的。"[2] 如果行为原因属于个人，且这种原因具有更大的可控制性，一般成为将人看做有责任的前提条件。在法律应用过程中，这种从他人身上寻求原因，对于行为责任的推断，具有举足轻重的作用。具体而言，原因的源头和可控制的程度在责任判断中发挥至关重要的作用。责任推断模式如图 5-3 所示。

在刑法中，人的无意志或无意识的身体动静，如人在睡梦中的举动、人在

---

① 张爱卿、刘华山：《责任归因的结构、情感反应及帮助行为的归因结构模型》，载《心理学报》，2003（4）。

② 张爱卿、刘华山：《责任归因的结构、情感反应及帮助行为的归因结构模型》，载《心理学报》，2003（4）。

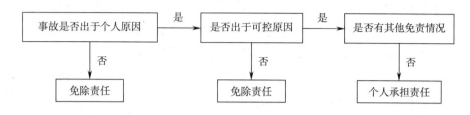

图 5 – 3　责任推断模式

不可抗力下的举动等，即使客观上造成损害，也不是刑法意义上的危害行为，不构成犯罪并追究刑事责任。

责任推断决定着什么样的处罚是公平的。责任推断是处罚决策的前提条件。研究表明，原因的控制性和行为者的努力程度在奖惩决策中发挥着重要作用，由缺乏努力这种可控的原因所引起的失败，行为者负有较多的责任，应受到较严重的惩罚；反之，若行动者的成败是由内部不可控的因素造成的，行动者将受到较少的奖励或处罚。拉姆、凯瑟和尚茨（Lamm、Kayser 和 Schanz）的研究也发现，在奖惩决策中，人们更多地考虑努力因素。[①] 周方莲、张爱卿等人进行的研究中，提供了感染艾滋病的两种不同情景（内部可控与外部不可控）。在艾滋病感染者的感染原因为内部可控性因素时，人们倾向于认为：艾滋病→内部可控归因→较多责任→较高生气类情感反应、较低同情类情感反应→较高惩戒行为。[②] 控制性归因影响到责任判断和情感反应，责任推断除了直接影响到惩戒行为反应外，还间接地以情感反应为中介对惩戒行为发挥作用。

法韦尔（Farwell）和维纳（Weiner）研究发现，以行动者对其消极结果所应承担的责任大小为依据进行处罚是公平的，而以总的处罚严重性程度为依据进行处罚是严格的。[③]

除了责任推断之外，归因思维还决定着人们的谴责。谴责的归因可以被看做是作出推断的一系列步骤。在人们谴责的背后，是有着推理程序的。对于受某个消极事件影响的观察者而言，他对于消极事件的行为者是否进行谴责的过

---

① ［美］B. 维纳：《责任推断：社会行为的理论基础》，张爱卿、郑葳等译，译者导言第 10 页，上海，华东师范大学出版社，2004。

② 周方莲、张爱卿等：《大学生对艾滋病患者的责任归因及惩戒行为反应》，载《心理科学》，2005（5）。

③ 转引自王水珍、张爱卿：《行为责任归因与处罚公平性、严格判断的关系》，载《心理科学》，2005（5）。

程如图 5 - 4 所示。

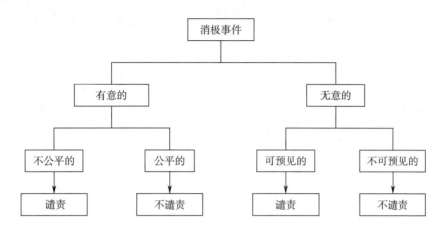

图 5 - 4   决定对于消极事件行为者是否进行谴责的过程

上述推理序列表明，观察者首先会考虑消极行为是有意的还是无意的。如果是有意造成的，观察者会进一步确定行为者的意图是公平的还是不公平的；如果是公平的，观察者就不谴责他，反之则谴责。

舆论为什么会同情王斌余[①]？尽管王斌余杀人是有意的，但因为他是在为了给父亲治病多次讨薪未果，又遭受侮辱的情况下杀人的，具有弱者反抗的意义；在社会舆论关注农民工权益的背景下，在一定意义上他的行动是为了公平。所以，有的网民将王斌余挥刀杀人的犯罪行为"浪漫化和悲壮化"，称其为"英雄"。

研究表明，行为责任归因与处罚的公平性密切相关。问卷调查表明，公平性判断与消极结果相关，对取得同样消极结果的两个行动者采取相同的处罚更为公平。[②]

5.4.1.2   归因与报复关系密切

在归因思维条件下，人的行为简化模式为：结果—归因—后续行为。在这一模式下，归因是一个反馈的过程，作为前一行为的结果和后一行为的启动之间的结合点，是两个行为周期之间的桥梁。报复则是归因后导致的行为之一。

---

① 王斌余，甘肃青年农民工，在宁夏石嘴山打工。2005 年 5 月 11 日，因父亲治病急需用钱，他多次欲讨回包工头赊欠的 5000 多元工钱，结果与领工（不是包工头）、工友及其家属等发生冲突，激愤下连杀四人重伤一人，之后自首，后被判死刑。

② 王水珍、张爱卿：《行为责任归因与处罚公平性、严格判断的关系》，载《心理科学》，2005（5）。

报复是指当事人在其利益受到侵害的时候所发起的反击行为。研究表明，当事人不同的归因是影响报复行为发动与否的关键因素。特别是有意[①]性归因，会影响到当事人所采取的进一步行动。研究还表明，责任推断和情感反应是归因影响报复行为发生的中介认知和情感变量。[②]

根据研究，行为的有意性、责任推断和情感反应关系密切，共同作用，进而引起报复行为。在责任推断的报复归因的过程中，情感与责任的推断是双向的关系，因此，报复的行为模式为：有意性归因→责任推断、生气情感→报复行为。[③]

弗格森（Ferguson）和如勒（Rule）得出了如下的结论：恶意地攻击他人最容易使人生气和采取报复行为。当人们获悉别人是蓄谋已久地故意伤害自己时，与别人不是有意伤害但能事先预见结果的行为相比，人们对前者更容易生气。

所有攻击行为的归因研究结果可以归纳如下：当一个人的生气状态被唤醒时，生气就成为攻击行为的决定因素，采取攻击行为的目的是为了伤害使自己生气的人或物。而且，这些研究表明，生气和攻击行为倾向因人们的归因增强或会降低。

5.4.2　人的归因常常出错，并对人的法律行为有着重大的影响

5.4.2.1　有限理性前提下的归因

人的归因仍是在有限理性的前提下进行的，也就是说人的归因是会有错误的，具体表现为：

首先，归因会受社会视角的影响，行动者与观察者的归因会有差异。由于人们在归因上的社会视角不同，行动者较注意周围的环境，而观察者更注意行动者，就使得观察者倾向于做内部归因，而行动者倾向于做外部归因。这就是所谓的"行为者—观察者效应"[④]。

其次，基本归因错误。基本归因错误是指人们倾向于把他人的行为解释成个体的本人因素的结果，而不是情境因素导致的结果。也就是说，有时为了了解

---

①　有意是指行为人故意产生的行为，无意是指行为人无意产生的行为。

②　转引自张爱卿、周方莲：《责任归因与报复行为的结构方程模型研究》，载《中国临床心理学杂志》，2003（3）。

③　转引自张爱卿、周方莲：《责任归因与报复行为的结构方程模型研究》，载《中国临床心理学杂志》，2003（3）。

④　这一理论是由归因论学者爱德华·琼斯（Edward Jones）提出的。

释他人行为的原因，人们会求助于人格为基础的归因。不同的文化价值观念会促成基本的归因错误，提倡个人主义的西方文化和提倡集体主义的东方文化在归因方面差异显著。莫里斯等人曾经研究过美国的英文报纸和中文报纸对同一件案子的反映，英文报纸更多地从当事人人格角度给予分析，而中文报纸则更多地从情境角度给予分析。①

最后，防御性归因错误。防御性归因是指归因者在对受害者的受害原因进行分析时，为了使自己感觉到不会遭遇同样或相似的方式受害，而对受害者受害的原因作出内部归因。这种归因是由于归因者存在着自我保护的心理，如果受害者是因为外部原因受害或者不幸事件的发生是有概率的，那就意味着发生在受害者身上的不幸事件也可能发生在归因者身上，而这恰恰是归因者所不喜欢的。

此外，情绪会在归因过程中发挥重要的影响作用。当归因者处于积极的情绪状态时，更容易作出积极性的归因判断；反之则相反。

5.4.2.2　自利服务偏见对法律行为影响显著

人在归因过程中会有自我价值保护倾向（也称作自利服务偏见），对有自我卷入的事情的解释，带有明显的自我价值保护倾向；在自己应当承担负面事件责任时，在归因的过程中设法逃避责任。有关研究表明，找出另外一个人或一个更大的实体对某个消极事件的责任，可以使个体免予自我责任的嫌疑。有研究表明，人们更倾向于让他人为自己的问题受到责难，而往往不会接受自己所承担的责任。他人包括父母和更大的组织。例如，一位失业者开枪打死了很多工作于政府福利机构和职业介绍所的职员。这就是失业者将失业的责任推断给了他人，并将由挫折而引起的愤怒指向了政府福利机构，成为其向政府官员施暴的根源。②

自利服务偏见表现为对自我优良评价一般是"高于平均的"。调查发现，有超过50%的人评价自己的诸多方面是优于平均水平的，这些方面包括驾驶技能、职业道德、管理技能、工作效率和健康以及许多其他的合作性机能。③另一个研究表明，人们倾向于得出公正的或者正确的判断，而这些所谓的公平或正确的判断却是偏向于他们自己的利益的。

---

① 李维：《社会心理学新发展》，150 页，上海，上海教育出版社，2006。

② ［美］B. 维纳：《责任推断：社会行为的理论基础》，张爱卿、郑葳等译，译者导言第 9 页，上海，华东师范大学出版社，2004。

③ ［美］凯斯·R. 桑斯坦主编：《行为法律经济学》，涂永前、成凡、康娜译，421 页，北京，北京大学出版社，2007。

在对个人作出贡献的评价方面，也会显示出自利服务偏见。例如，已婚夫妇在估测他们所承担的那部分家务活时，他们的估测结果加起来一般都超过100%。① 自利服务偏见不仅影响了人们对于他们自己的评估，而且还影响了他们对于所隶属的团体的评估。在早期的一个实验中，两个大学的学生观看各自学校足球队比赛的电影，观看后统计对方在比赛中受处罚的次数，结果是差距甚大，好像两个大学的学生在"看不同的比赛"。②

这种自利服务偏见在离婚、子女监护权和商业利益的纠纷中，阻碍了双方通过协商予以解决，推动着双方采取漫长的诉讼方式加以解决。在诉讼的过程中，"恶"的氛围被不断放大，更加导致了和解的可能性变小，主要的原因就是自利服务偏见在起作用。

5.5 人的心理模式在法学和司法中的应用

5.5.1 利用人的心理模式来分析具体法律问题

5.5.1.1 在刑事司法领域的应用

由于人的心理模式指导着人的行为，故可以通过行为的结果来推理人的一些心理特征和形象。在司法领域，司法人员会进行犯罪人特征描述——"是一种对行为模式、趋势和倾向进行的个人传记性简要描述"③，一般在系列犯罪的侦查工作中得到较多的应用。吉思利·古德琼森（Gisli H. Gudjonsson）等人在英国对184起案件的调查发现，只有对5起案件（2.7%）的犯罪人特征描述导致人们识别出犯罪人，但是，警察报告最多的是其他益处——"促进了对案件或者犯罪人的理解（61%），"再次坚定了对自己的结论的信心"（52%），"提供了面谈的结构（5%）"。另外，在32起案件（17%）中，警察认为犯罪人特征描述是没有用的。

此外，可疑死亡案件中，心理学验尸法也会被应用，来确定死亡的原因是自杀还是非自杀。这也是对人的心理模式指导人的行为的应用。

---

① ［美］Robert J. Sternberg：《认知心理学》，杨炳均等译，330页，北京，中国轻工业出版社，2006。

② 李维：《社会心理学新发展》，172页，上海，上海教育出版社，2006。

③ ［美］Lawrence S. Wrightsman：《司法心理学》，吴宗宪、林遐译，78页，北京，中国轻工业出版社，2004。

2007 年 7 月 6 日，内蒙古通辽市批发城个体经商女老板赵某被他人杀害于店内，通辽市科尔沁区公安分局在全力侦破的同时，通过犯罪学心理专家李玫瑾对犯罪嫌疑人进行犯罪心理刻画，成功破获这一起凶杀案。①

利用人的行为决策模式，可以更好地分析犯罪嫌疑人的主观方面。我们要进一步规范和条理化地分析犯罪嫌疑人的主观方面，需要利用人的行为决策模式。我国刑法规定，明知自己的行为会发生危害社会的结果，并且希望或者放任这种结果发生，因而构成犯罪的，是故意犯罪。如何分析什么是故意行为？"明知"可以根据心理模式来判断，但还应该对行为信念、控制信念、成本回报分析和行为意向进行专门的分析，最后汇总来确认。所以，公安和检察部门讯问犯罪嫌疑人的结构应该按照人的行为决策模式来设计。

利用人的行为决策模式，有效地区别直接故意与间接故意。故意犯罪是我国刑法中的主要犯罪类型，由此反映出犯罪故意在罪过中占据着主导地位。我国刑法对犯罪故意分为直接故意与间接故意两类，两类的主观罪过和刑事责任各不相同。根据教科书的解释，犯罪直接故意与犯罪间接故意的区别为：犯罪直接故意中行为人对危害结果的发生持一种希望的心态，而犯罪间接故意中行为人则是持一种放任的心态，也就是说行为人的意志状态是不同的。利用人的行为决策模式，可以有效地区别直接故意和间接故意，具体为：

首先，考察行为人的行为信念、控制信念和成本收益分析情况，来确定是直接故意还是间接故意。这三个要素中，关键是对控制信念的分析。行为信念即对行为的态度。在故意犯罪中，行为人对行为一般是积极的，因而行为信念区别直接故意和间接故意的作用并不显著。控制信念即知觉行为可控的程度。正如本书 5.2.1 部分所述，如果人们认为某个行为容易做到，行为意向就可能比较强烈。因此，经过考察，行为人的控制信念比较强，则应为直接故意；行为人的控制信念比较弱，则应为间接故意。在如何认可行为人控制信念这个问题上，需要将对行为人的心理测试和客观判断有机地结合起来。其中，客观判断主要是根据行为人的认识能力和控制能力，推导在这种认识能力和控制能力下，其他人在相同条件下的控制信念。成本收益分析是指个人对行为的所有成本及所有收益分析对比的过程。一般而言，当行为所获得的收益或满足显著大于成本时，行为人属于直接故意的可能性就大；当行为所获得的收益或满足具有一定的不确定性，且收益或满足不显著大于成本时，行为人属于间接故意的

---

① 蒋云杉：《心理刻画缉凶徒》，载《通辽日报》，2008－08－29（B5）。

可能性就大。

其次，考察行为人的行为意向。行为意向即行为意图，就是行为人想要采取某一特定行为的行动倾向。对这一因素的分析，基本上可采用刑法教科书中的分析方法，即积极追求结果发生的为直接故意；对于结果发生的把握程度不高，但并不排斥发生的为间接故意。

5.5.1.2　在民事司法领域的应用

如何对意思表示进行有效的解释。意思表示是民事行为的构成要件之一，也是一种行为，是"表意人将其期望发生某种法律效果的内心意思以一定方式表现于外部的行为"。民事纠纷常常是由当事人意思表示纠纷引起的，在如何对意思表示进行解释方面，存在着意思主义、表示主义和折中主义之争。其中，意思主义重在解释行为人的内在意思；表示主义重在解释行为人所表示出来的意思；折中主义是指当内在意思与表示意思不一致时，或采意思主义，或采表示主义。无论是哪种主义，如果能够深入分析行为人行为背后的行为信念、控制信念、成本收益分析和行为意向等要素，无疑都是有帮助的。具体而言，人的意思表示行为，必定是由行为信念、控制信念、成本收益分析和行为意向这四个因素构成的，其中控制信念和成本收益分析是比较重要的，但除了被胁迫等情况之外，这四个要素都应该是行为人的自主行为，但交易过程是需要双方或多方的，意思表示出来之后，就应该保持相对的客观和稳定，呈现出与四个因素相对脱离的状态，所以，更应提倡表示主义，但由于人是有限理性的，表达的意思和四个要素还是存在误差的，在比较特殊的情况下，采纳折中主义也是可以接受的。《中华人民共和国合同法》第一百二十五条第一款规定："当事人对合同条款的理解有争议的，应当按照合同所使用的词句、合同的有关条款、合同的目的、交易习惯以及诚实信用原则，确定该条款的真实意思。"这一规定，就是以表示主义为主，辅之以意思主义。在应用意思主义时，应主要考虑行为人的成本收益分析和行为意向这两个因素。如果行为人的成本收益分析不符合正常的交易习惯，比如收益畸高或成本畸低，则表明是不正常的，需要进行修正。行为人的行为意向也就是合同的目的，代表着行为人的行为目标。若行为意向与意思表示一致，则不需调整；但若不一致，则须结合其他因素进行调整。

5.5.1.3　在社会法①领域的应用

在社会转型时期如何减少报复社会行为的发生？社会转型期是一个矛盾集中暴露的时期，贫富差距、文化冲突、就业压力等矛盾都集中爆发，纠纷数量急剧上升，纠纷的起因和内容日益复杂，弱势群体的利益被严重侵害，一些偏激的失意者就会报复社会。根据人的归因思维原理，失意者倾向于将自己的不幸归因于社会或他人，并容易产生报复心理，即失意者会按照下列路径采取行为：有意性归因→责任推断、生气情感→报复行为。那么如何减少这种报复呢？除了加强经济发展、做好最低生活保障等基础性的工作外，妥善地做好归因的疏导工作无疑是一个有效的方法。具体为：

1. 建立社会心理咨询及疏导机制，对于极端问题进行专门的归因疏导。心理疏导是心理咨询或辅导等专门的助人专业的理念与技术。心理疏导是在情绪、认知、行动方面的疏通、导向，疏通情绪，情通理达，即向着积极健康的方向疏通和引导。要建立以专门的心理卫生机构为龙头，由综合性医院、社区医疗机构、学校及其他社会组织开设的心理治疗机构和咨询中心等组成的心理卫生整体网络，增强社会认知，消除社会偏见。在群体事件出现苗头的时期，就要积极引入社会心理疏导机制，但我国目前的社会心理疏导机制还远远没有建立起来。在美国，平均每人一生中至少有一次接受心理咨询的经历。美国每百万人口中有550个心理学家，而我国每百万人口中只有214个心理工作者。②因此，我国应尽快颁布心理卫生法，建立临床心理工作者的执业资格制度，设置医学院校精神医学和临床心理学课程，改革现行临床心理咨询与治疗制度等。

2. 针对具有社会代表性的问题，建立包括新闻舆论在内的多渠道归因疏导。针对具有社会代表性的问题，应尽快建立健全民意监测网络，形成多维度的利益表达机制和不良情绪宣泄的"安全阀机制"。多维度的利益表达机制包括各种社会协商对话制度、信访制度、投诉举报制度、社会舆论监督和民意调查制度。通过多维度的利益表达机制，使公众感到自己的利益或意见得到了应

---

① 对于是否存在社会法这样一个法律部门，不同的学者存在着不同的观念，如林喆教授就认为并不存在社会法这一部门法。本书并不关注是否有社会法，而是为了有效地表达在某些领域的应用，暂采纳社会法这一名词。社会法是国家为解决各种社会问题而制定的具有公法与私法融合特征的第三法域，是以维护社会公共利益，尤其是弱势群体的利益为宗旨的新的法律门类，主要包括劳动法、社会保障法、环境与自然资源法、教育法、公用卫生事业法、慈善与募捐法等具体制度。其目的是保证符合人之尊严的生活、保护家庭、促进社会和谐、保障自由就业并获得最低生活费用、消除或协调生活特殊负担等，为社会和谐发展创造平等的前提条件。

② 转引自张世军：《论社会心理疏导机制的构建》，载《四川行政学院学报》，2007（5）。

有的尊重，因而容易求得心理的安慰和平衡。新闻媒体应当从建设和谐社会的大局出发，承担起化解社会矛盾、协调社会关系、疏导社会情绪、平衡社会心理、维护社会稳定的责任，形成积极向上的舆论氛围，使新闻传播体系成为不同利益集团表达利益要求的窗口。此外，随着互联网的迅速普及，网络中的各种论坛、虚拟社区也日益成为公众之间以及公众与政府之间沟通的重要平台，公众的不良情绪也可以通过这个平台得到释放和排解。

3. 倡导建立科学的归因思维习惯。应充分发挥媒体释疑解惑的作用，营造健康开放的归因氛围。针对社会公众"不理解"和"想不通"的问题，新闻媒体要宣传科学的归因思维，引导公众科学、理性分析重大的现实问题，善于解答群众关心和困惑的热点、难点问题，有效地为群众解答疑惑、理顺情绪，使公众能够逐渐尊重科学归因，从而有效避免归因中的错误。通过建立科学的归因思维习惯，使消极的情绪也可以通过正确的归因疏通得到排解或宣泄，而不是随意乱发泄，甚至是以损伤自己的生命或无辜伤害他人的生命为代价，如类似"马加爵事件"的发生。

5.5.2　对"马加爵案"的分析

2000 年 9 月，马加爵以 697 分（超过重点大学分数线 50 分）的成绩考入云南大学录取分数最高的生命科学学院。2004 年，即将大学毕业的马加爵因为打牌时与同学发生争吵的小事，不采用正常的应对方式，而选择了极端的解决方法，在三天内一连杀了四个同室大学生（其中三个也和马一样为贫困大学生，马还与被害人尸体同住两天），制造了震惊全国的杀人案件，后逃亡被捕，被媒体称为"马加爵案"。很多的报道将马加爵的犯罪动机简单地归因为"贫穷"，并不是科学的。本书将从马加爵的心理模式和行为决策模式的角度进行分析。[①]

5.5.2.1　对马加爵心理模式的分析

马加爵本人的心理模式中存在着严重的偏差，这是导致其犯下残忍罪行的基础性原因。具体分析如下：

马加爵的认知有着严重偏差。马加爵的认知偏差主要体现在他对别人对自己的评价和生命价值两个方面。马加爵的智商是比较高的，喜欢钻研理工科的难题，这说明他对于事物的认知能力是正常的。

---

① 马加爵的相关资料来源于蔡平：《不是因为贫穷》，载《中国青年报》，2004 – 04 – 14。

马加爵对于与他人相处等存在着严重的偏差。马加爵一直认为室友对他不好，甚至还说他的坏话，并造成了他在云南大学的失败。马加爵说，他在学校那么落魄，都是他们（指被害的室友）这样在同学面前说他。他在云大这么失败，都是他们造成的。他们在外面宣传他的生活习惯，那么古怪。他把他们当朋友，他们这么说他，他就恨他们。但在"马加爵案"发生之后，记者曾去找同学求证，在调查中，发现没有人说他有什么怪怪的生活方式，只是说他比较内向，不太和人交往，有时候比较急。后来警察问他为什么这样说，他说可能是因为他比较穷。这就是归因过程中的自我服务偏见在发挥作用。马加爵的特殊成长经历，造成了他以自我为中心的认识习惯，如果和大家交往都不好，是不是应该考虑一下自身的问题？而马加爵从不考虑。在被抓捕后谈到犯罪动机时，他仍在一直强调："我打牌没有作弊，是邵瑞杰在冤枉我！"然而对于同学的责怪，对于与同学的争执，他始终没有一点儿反省与自述。

许多心理上存在严重疾病的人，一个最突出的表现就是谈论任何事情时都以"我"为主题词，"我"的出现频率极高。他们从不会站在别人的角度上换位思考。这种性格缺陷特征是许多犯罪人所共有的心理特征之一。

马加爵对人的生命价值有着严重的认知偏差。马加爵对人的生命会如此冷酷、无动于衷，主要的原因在于他对人生和生命没有正确的认识。马加爵在逃亡期间给姐姐的录音中说道："姐：现在我对你讲一次真心话，我这个人最大的问题就是出在我觉得人生的意义到底是为了什么。100年后，早死迟死都是一样的，在这个问题上我老是钻牛角尖，自己跟自己过不去，想这个问题想不通。王菲有一首歌，歌词是'一百年前你不是你，我不是我，一百年后没有你也没有我'。其实，在这次事情以后，此时此刻我明白了，我错了。其实人生的意义在于人间有真情。真的，我现在有些后悔了。以前是钻牛角尖……"既然100年后早死迟死都一样，早死和晚死是没有区别的，生命是不珍贵的，所以马加爵这种对人生意义的看法，是最终导致他如此冷漠地杀害四条生命的本质原因，这是马加爵犯罪的一个很核心的问题。

马加爵的情绪有着严重偏差。任何人的情绪都会出现偏差，但情感体验越细腻，情绪反应越强烈，情绪产生偏差的可能性就越大，情绪偏差的强度就越显著。马加爵是一个非常情绪化的人。他是一个内心情感体验细腻、情绪反应相当强烈的人，但是在外表上又是一个相当压抑的人，不擅长通过言语表达情感。他总是不愿与人交流，不愿说出自己真实的感受。情感体验细腻，就会因外界事物而产生种种的情绪；情绪反应强烈，就会使情绪反应的强度显著。而马加爵又不善于沟通和交流，这就会使他的情绪偏差难以纠正，且越积越多，强度越发难以控制。实际上，马加爵一直存在着创伤性的不满情绪，对他人不够信任、不够尊重，他的敌意是牢固地存在着的。

如果这些情绪障碍能够在早期得到疏通，那么他的敌意和压抑敌意冲动的矛盾心理就会得到化解。但实际上，他的情绪障碍一直存在。他在中学的日记中记载着一件事，他曾与奶奶在看电视时发生冲突，他在日记中写道："我好痛恨奶奶，恨死了、恨死了！"之后，满页上写着"恨老人"，而且写了两天。在中学，15岁的他还因为父母吵架而写道："……我真是太气愤了，真想一刀杀了他（指马的父亲），他平时都是十分气人的，何况现在呢？我千真万确想一刀了事……"最后他写道："对付恶人要用狠的手段，要彻底地处理掉。"可以看出，马加爵对吵架极为敏感与愤怒，在与同室同学打牌吵架后，很容易引起他的杀人冲动。研究表明，就认知控制、情绪控制和行为控制来看，未成年犯的认知控制水平最高，行为控制水平其次，情绪控制水平最低；而越低的情绪控制水平，越容易导致产生暴力攻击行为。[①] 我们可以发现马加爵存在着严重的愤怒情绪偏差，而愤怒又是容易导致攻击行为和复仇行为的。

认知偏差和情绪偏差会交替发挥作用，形成自我膨胀的恶性循环。马加爵逐渐坚信大家在背后说他的坏话、歧视他，尽管事实并非如此。这会使他的情绪进一步恶化，愤怒和仇恨在积累，他更加认为同学是他的敌人。长达3~4年的认知偏差和情绪偏差，最终形成了马加爵的错误判断：被害人是他的敌人，是伤害他的人。

5.5.2.2　对马加爵行为决策模式的分析

马加爵的行为信念。马加爵的心理模式存在着严重的认知偏差和情绪偏差，使得他产生了攻击和报复的态度。那篇写父母吵架的日记，他用了整整六页纸，他写道，起床之后，本来想和爸爸打招呼，但爸爸没理他，于是他写道："我狠狠地瞪他一眼，但是他没怎么样，我的热血又一次沸腾，都集中到两只手上，力气似乎增强了几十倍，结果我最终没说什么，也不想说什么，只做我的事情，今天的事情真使我难忘，我会报复的。"最后他写道："对付恶人要用狠的手段，要彻底的处理掉。"这是他15岁的日记，他父母吵架的背景，和他打牌时与别人吵架的背景非常相似。

马加爵在成长过程中逐渐形成了以自我为中心的观念。他在家中排行最

---

① 李君春：《暴力攻击型未成年犯自我控制的团体训练研究》，华东师范大学教育科学学院硕士论文，2005。

小，除父母的疼爱外还有两位姐姐的疼爱，加上他学习出色，自小就在家中备受宠爱。他被捕后回答调查问卷，小的时候是否经常被人欺负。另外一个问题是，小的时候是否经常欺负别人。他对第一个问题的回答是"从没有"，对第二个问题的回答则是"每月一两次"。正是这种成长经历，使得他难以走出自我的圈子，难以和同学进行沟通，并进行了错误的归责——同室同学对他的侮辱。

马加爵的心理模式和成长经历，决定了他对于受害人的认知——他们是非常可憎的，也决定了他的行为信念——必须要实施暴力的报复，杀掉他们是必需的。

马加爵的控制信念引导其行为。马加爵既是情绪敏感的，又是内向不擅长交流的，这也在一定程度上反映了他控制信念的复杂性——既是薄弱的，又是坚强的。在错误判断的引领下，攻击和复仇的意念突破了马加爵自我控制的意志力，他决策后要采取行动——杀人。正如弗瑞德（Frijda）所认为的，有些情绪有一个控制的"不回点"，超过这一点，自我控制就失去了效力。

在杀人行动中，马加爵又体现出了良好的智力水平，即对于事物的认知能力；同时也体现出了良好的意志能力，没有恐惧和胆怯。马加爵为了杀人准备了石锤、塑料袋等工具。他连杀三天，第三天还杀了两个人，而且一直睡在那个房间。他杀害的人并不都是和他发生口角的，第一个被杀的唐学李，根本没有去打牌，更谈不上言语不慎，只因为他暂时借住在马加爵宿舍里，妨碍了马加爵的杀人计划，因而被杀。马加爵在用石锤砸唐学李的时候，唐"嘟囔"了一下，都没说出话来，他接着就是第二锤、第三锤地砸下去。最后一名受害人龚博只因为过生日没请马加爵，而别人又用此事教育马加爵"就是因为你人品不好，所以龚博过生日都没叫你"，所以被杀。

马加爵对行动的成本收益分析是错误的。马加爵在 15 岁的日记中，曾提到想杀害父亲，但因担心坐牢、影响前程而作罢，那个时候他就已对杀人进行了成本收益分析。但随着他的成长，他还是不理解生命的真正意义和价值，也就不理解自己和同学生命的意义，不知道生命是最可贵、无价的。因此，他错误地进行成本收益分析：自己的生命并不快乐，充满了孤独，失去并不可惜。正是这样错误的成本收益分析，与行为信念、控制信念共同作用，最终使得他采取了错误的行为意向。

5.5.3 法官的决策与质量控制

法官或陪审团的决策在法的实施中具有重要作用。刘金国教授认为，"法官判案是司法的核心层"①；杰思罗·布朗在《法律与进化》中写道，制定法只是"表面的"法律，而真正的法律，除了在一个法院的判决中，不可能在任何其他地方发现。②

一般认为，法官是公平和正义的执行者，其职业要求其必须是公正无私、不徇私情的；在判决的过程中，法官必须是毫无个体特性（或个体意志性）的，即法官不应具有偏见、喜好等个体情感特性。但每个法官都是活生生的人，都具有人的基本特征，这就意味着意识形态、感情等非理性因素也是法官的本质属性之一。罗宾·保罗·麦乐怡认为，"在特定类型的法官面前，案件的性质、法律争议的形式在很大程度上被法官个人所持的关于促进一个'正义'社会的政治和经济关系的意识形态观念所左右"③。正如美国法律现实主义者所得出的结论：许多法律判决是基于不确定的事实、模糊的法律规则或者不充分的逻辑作出的。④ 法官在决策过程中不可避免地要受到感情因素的影响，法官的归因过程也会出现错误。所以，如何做好法官决策的质量控制，提高决策水平，是一个关系到法律是否得到良好执行、公众权力是否得到妥善保护的重大问题。

法官是如何作出判决决策的？美国法律现实主义学派认为，理解法官发现裁判结论的实际心理运作，不仅有助于法官为案件提供更加高明的裁判结论，还能够使裁判结论的正当化更加明晰。⑤ 有研究认为，法官的裁判思维中包括发现、检测与证成这三个部分。发现过程相当于科学研究的假设，检测则与实验验证相类似，证成则是完成证明过程并对外公布。无论判决是如何作出的，为使其判决能被人接受，法官必须对其法律适用予以充分阐明，由此证明其裁判的正当性。整个法律适用的思维包括问题解决与法律论证（裁判证成）两部分。问题解决包括发现与检测两部分，发现为案件提供可选答案，检测为最佳选择提供基础。可以简述为：发现是为了提供可选答案；检测是为了实现裁判的客观与一致；论证是为了证成裁判结论的正当性，论证不仅借助逻辑手段，也需要实践理性。它们共同完成复杂的裁判任务，构成完整的裁判思维模

---

① 刘金国：《论司法公正——法官的行为哲（科）学》，载《政法论坛》（中国政法大学学报），1999（5）。

② 转引自王以：《民事裁判错误问题研究——以法律救济为视角》，载《陕西职业技术学院学报》，2007（6）。

③ ［美］罗宾·保罗·麦乐怡：《法与经济学》，孙潮译，2页，杭州，浙江人民出版社，1999。

④ 李安：《裁判形成的思维过程》，载《法制与社会发展》，2007（4）。

⑤ 李安：《裁判形成的思维过程》，载《法制与社会发展》，2007（4）。

式。① 法官的裁判过程如图 5 – 5 所示。

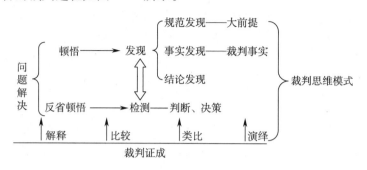

图 5 – 5　法官的裁判过程

在法官的上述决策过程中，发现、检测和证成都离不开法官的个人主观判断，都会受到法官个人因素的影响。法官的偏见、喜好、情感等都会影响法官对案件和法律的认识，这就会导致不同法官对相同的案件作出不同的判决。

根据一项对 136 名法官的问卷调查，136 名法官都认为在刑事审判中除了法律和事实外还有其他因素影响判决，其中既包括法官自身的诸如学历、工作年限、情感等因素，也包括外界因素例如领导和新闻媒体的介入、公众的态度等。他们认为影响判决的情感因素主要有心情、对被告人（被害人）的同情与厌恶、对某类犯罪的厌恶与容忍。其中，12 人认为法官的心情影响判决，占总人数的 9%；31 人认为对被害人的同情会影响判决，占总人数的 23%；有 7人认为对被害人的厌恶影响判决，占总人数的 5%；认为被害人的容貌影响法官判决的共有 24 人，占被调查总人数的 18%；有 10 人认为对被告人的同情会影响判决，占 7%；有 13 人认为对被告人的厌恶会影响判决，占 10%；认为被告人的容貌影响法官判决的有 32 人，占被调查总人数的 24%；认为被告人的恶习影响法官判决的有 69 人，占被调查总人数的 51%。②

这一研究表明，法官在进行裁判时，的确是受到法律和事实以外因素影响的，尤其是会受到法官个人感情的影响。这种感情的影响，容易产生司法不公的结果，需要采取有效的机制来进行控制。具体为：

1. 建立法官心理健康维护机制。法官担负着法律审判的重要职责，他们的心理健康是保证其依法行使职权、公正执法的基础。

一项针对法官的心理健康调查显示，中基层法官的心理健康状况明显不如

① 李安：《裁判形成的思维过程》，载《法制与社会发展》，2007（4）。

② 李荣：《影响刑事判决的法官情感因素及其制约》，载《河北法学》，2008（4）。

普通人群，他们存在着相当程度的心理问题和症状，主要表现在躯体化、强迫症状、忧郁、焦虑、敌对、偏执、精神病性等方面。研究结果提示，法官的身体状况欠佳，有明显的身体不适感，感到苦闷、悲观、失望，生活的兴趣和热情减退，精神高度紧张，甚至坐立不安、神经过敏、敌对性强、好猜疑等。总而言之，多表现为情绪问题以及思维、行为方面的问题。[①]

这也说明，需要建立一套法官心理健康维护机制来保证法官的心理健康。这套机制应包括定期的心理咨询及疏导服务，国家应为法官提供专门的心理辅导和咨询支持，有针对性地加强情绪管理，进行定期的应急反应能力、人际交往能力、放松访谈、思维分析等心理健康训练，以提高法官的心理健康程度。

2. 采取有效的去偏见化机制，将法官或陪审员的偏见控制在可容忍的范围之内。

归因分析是法官或陪审员裁判过程的主要内容，而归因分析也是一个有限理性的过程，仍会受到各种偏见的影响。法官或陪审员在偏见影响下作出的裁判，无疑是违背司法公正要求的。只有建立有效的去偏见化机制，才能保证裁判的公正、公平。去偏见化机制包括两个层次，第一层次为针对每个法官或陪审员都有普遍影响的偏见而采取的应对措施，如后见偏见、现状偏见、自我服务偏见等；第二层次为针对某些法官或陪审人员有影响的偏见而采取的应对措施，如可获得性偏见、认知歪曲等。

第一层次的去偏见化机制，主要是针对全体法官或陪审员的，包括编写去偏见的手册，指导法官或陪审员正确认识并预防可能影响公正裁判的偏见；组织心理认知方面的培训，提高法官或陪审员的心理学技能；对于改判、重审过程中发挥影响作用的自我服务偏见、现状偏见，需建立专门的审判组织和考核制度；针对后见偏见，可参照本书4.1.1.3部分，建立一系列的机制来控制偏见。

第二层次的去偏见化机制，主要是针对个别法官或陪审员的，应采取个别情况甄别、个别处理的去偏见化措施，包括：进一步完善法官回避制度，明确规定在存在认知歪曲的情况下，也需要回避；对陪审员进行偏见考核，排除那些偏见倾向比较强的陪审员。

3. 完善判决说理制度。

判决是法官决策过程的结果，这一结果的书面形式就是判决书。判决书的

---

① 龚小玲、张庆林：《中国基层法官心理健康状况调查结果分析》，载《中国健康心理学杂志》，2008（1）。

内容一般包括判决主文、认定的事实以及判决理由，判决理由包括认定事实的理由和适用法律的理由两个部分。在判决书中比较详细、系统地描述判决理由，就是所谓的判决书说理。判决书说理，实质上就是将法官的决策过程展示出来，就如何认定事实和如何适用法律作一个比较全面的说明，体现的是法官应用法律的正当性及定罪量刑的合理合法性。

完善判决说理制度，具有较多的好处：

首先，通过要求法官充分说明判决的理由，可约束法官的裁判权力，避免任意解释、任意裁判。法官在判决书中说理部分的正确，可以体现法官裁判的正确性、法官解释的正当性，也就有利于对法官判决的监督。可见，通过建立、完善判决说理制度，能够在一定程度上制约法官的情感导致的判决上的任意性。

其次，判决说理制度有利于当事人真正地参与到司法决策过程中。法官进行判决说理，就是对其司法决策的一种说明、论证，体现出了对当事人的尊重，保证了当事人对司法决策过程的知情权。此外，判决说理需要在判决书中对当事人在程序中提出的事实问题和法律意见进行准确回应，法官必须在庭审过程中认真听取当事人双方的意见，这就对当事人的程序参与权具有重要的保障作用。

最后，判决说理有利于法官素质的提高和权利的保护。"在审判活动中坚持说明判决理由的原则，可以锻炼和培养法官逻辑思维和理性分析的能力，从而提高其业务素质，改善其社会形象。"[1] 判决说理还有利于法官权益的自我保护，即通过述明判决理由，向上级法院和广大民众展示自己所作判决的正当性推理，有利于避免自己被不合理地追究。

4. 完善法官的决策考评体系。

法官裁判、归因的过程会出现错误，如本书 5.4.2 部分所论述的，会出现视角归因错误、基本归因错误、防御性归因错误、情绪归因错误等。因此，建立一套良好的法官决策考评体系，如错案追究制度等，有利于法官调整行为信念，提高归因的判断质量；同时，使法官对放纵自己的情感产生一定的心理强制，从而在一定程度上促使法官将自己的情感控制在适度范围内；当法官因感情等非正常因素导致错案产生时，应立即予以相应惩罚，从而约束法官的不良情感。

---

[1]　龙宗智：《刑事庭审制度研究》，424 页，北京，中国政法大学出版社，2001。

《人民法院第二个五年改革纲要（2004—2008）》提出，改革和完善司法审判管理与司法政务管理制度，建立案件审判、审判管理、司法政务管理、司法人事管理之间的协调机制，提高审判工作的质量与效率，建立科学、统一的审判质量和效率评估体系。江苏省法院审判质量效率评估指标体系由基础指标和分析指标两部分组成。基础指标是体现审判质量效率的关键性指标，包括结收案比、案件平均审理天数、法定正常审限内结案率、执行标的额到位率等项；分析指标是分析审判工作运行态势的参考性指标，包括申诉率、当庭结案率、民事行政案件撤诉率、申诉复查案件再复查率等项。①

综合本章所述，个体人是有着比较稳定的心理框架和行为决策模式的，两者有着因果序列上的逻辑关系。人的心理模式包括认知、情绪和意志三个组成部分，每个部分都可能出现偏差。这三个部分共同作用，形成人的决策和判断。人的行为模式中重要的因素是行为信念、控制信念、成本收益分析和行为意向，这四个因素对人的行为产生重要影响。

人的行为决策同样是有限理性的，并不是精确的推理过程，人倾向于在心智成本最小化的原则下作出决策。法律面对的每个人都是朴素的心理学家，都会应用归因的思维方式来寻找因果链条，报复是归因后的行动。归因同样是有限理性的，也会受偏见的影响，会对法律调整产生重大的影响。

心理模式和行为决策模式对刑法和民法等司法实践有着重要的应用。用人的心理模式和行为决策模式来解释"马加爵案"，有利于更好地预防此类案件发生。通过对人的心理模式和行为决策模式的研究，我们发现，法官的思维与决策并不能脱离人的基本模式，需要对法官的决策进行质量控制。

---

① 梁三利：《审判质量评估体系初探》，载《质量体系管理》，2006（9）。

6

群体、互惠与攻击：
法律发挥作用的重要社会条件

人是社会的人，这是毋庸置疑的。在社会中的人具有种种特性：有攻击倾向，有社会性和群体性，生活在不停息的社会交换和各种各样的冲突、纠纷之中。正如康德所说的："人类特性是这样一种特性：他们（作为一个人类整体）被集体地看待，是那些个人相互继承与共存的一个群体，这些个人不能脱离共同的和平共处，但同时却不可避免地处在经常的相互对抗之中。"① 群体性、互惠与攻击倾向，是法律面对的人类形象的社会行为模式，也是法律发挥作用的重要社会条件。

6.1　群体状态下人的特征

本书2.2.3.3部分已经论述了群体性需要是人的公理层次的需要，人是不可能脱离群体而存在的。人生活在社会群体之中。尽管法律是要依靠具体的人来实施的，但法律并不是针对单独的个体，而是针对群体的。"责任、复仇，事实上所有的法律反应都是建立在群体的心理而不是个人心理的基础之上。"② 个体的人与在群体之中的人有着显著的区别，群体之中的人有着显著的从众、服从、促进等心理，还会有"去个性化"的行为。社会学认为，人总是从属于某个群体，其决策或行为也总是带着群体的烙印。

---

① ［德］康德：《实用人类学》，邓晓芒译，274 页，上海，上海世纪出版集团，2005。
② ［英］马林诺夫斯基：《原始社会的犯罪与习俗》，原江译，贺志雄校，36 页，昆明，云南人民出版社，2002。

6.1.1   群体人的决策模式不同于个体人

根据研究，群体人的决策模式如图6-1所示。其中，外部压力是指影响群体人作出决策的外部环境，如时间是否紧迫、是否有潜在强制的胁迫等；先行条件是指在群体作出决定之前已经存在的一种倾向性意见，比如陪审团在作出决策之前就已经受到强烈的暗示，已经产生了比较一致的意见。头领风格是指在某一个群体中领导或者头领的个性特征，是独断专行还是民主温和，是反应激烈还是反应平稳等；外部压力与头领风格的结合是指两种因素相互作用，对信息在群体内部的传递方式产生影响，比如反对意见会有不同的表现，批判性思维也会在外部压力大且头领独断专行的情况下大幅度减少；群体成员的参与意识是指群体成员参与决策的积极性等心理状态，是处于自信积极的状态，还是处于自我压抑状态或保持沉默状态；群体领导的决定是指群体领导的决策过程、决策风格以及决策内容。

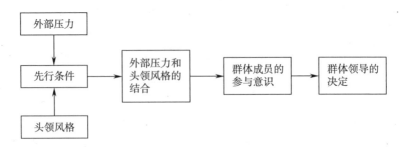

图6-1   群体人的决策模式

当人处于群体状态下时，决策的过程就会与单独状态下有显著的区别：群体中的其他人，尤其是群体的头领，将会对每个人的决策产生重要影响。

"'好的'治安法官是依照一般信念，即在当时流行的宗教或道德价值观念来判案的。……只有当他在判决中成功地形成了'人们认可的感觉'，判决才能得到贯彻，否则，他难以长期维持自己的权威。"[①] 这就是外部压力对于法律裁判的影响。

研究发现，在一定条件下，团体的决策比个人决策更具有风险性。这主要表现在团体决策的方向与个人决策的倾向是一致的，但在一定条件下，会比个

---

①   马克斯·莱茵斯坦：《〈论经济与社会中的法律〉导论》，见马克斯·韦伯著《论经济与社会中的法律》，张乃根译，29页，北京，中国大百科全书出版社，1998。

人决策结果更极端。这就是团体极化现象①，具体表现为：如果人们先前的倾向是冒险的，则团体决策更具风险性；如果人们先前的倾向是保守的，则团体决策更为谨慎。所以，在团体决策的过程中，"有时候两人或者更多的人的决策并不优于单独决策，或者至少不会比两个人各自决策的结果好"②。这主要是因为下列原因：团体交流的过程中出现了过程损失③的情况，如人们并不互相倾听彼此的观点；而在其他的团体中，只有一人主导讨论，其他人只是随声附和；团体倾向于关注那些所有成员了解的信息，而无法讨论那些只有部分成员知道的信息；此外，还会出现众人一心的团体思维，在这种情况下，常常是保持团体的凝聚力和团结，比务实地思考事实更重要，因此会导致有缺陷的决策。④

6.1.2   一定条件下，群体人较单个人缺少理性

尽管群体人是由单个的人所组成的，但在心理特征方面，群体人并不是单个人的简单叠加，而是与单个人所拥有的特点完全不同。群体人最突出的心理学特征是具有一种集体心理，这种心理决定了他们以与单独状态下截然不同的方式去体会、思考和采取行动。群体人在理智上一般不如个体的人，但在情感及与情感激发的行为方面，群体人却有着优于个体或低于个体两种可能。这主要是由于下列原因：

第一，群体的存在，增加了个体人的力量感。由于群体的人数众多，会让每一个成员体会到一种更大的力量，这种力量是在其处于单独状态时所没有的，这将迫使他屈从于本能。当外界的影响作用超过了内在的信仰时，态度便无法决定行动。

第二，群体的存在，使个体发生了"去责任化"的变化，原来的抑制作用被削弱。与单个人相比，群体中的人处于一种相对匿名的状态，这就导致了责任感的降低，使得原来约束个体人的抑制作用相应降低。研究表明，当一个人意识到自己的行为在法治社会中处于约束之外，或者当一个人意识到自己可

---

① 团体极化现象是指团体决策比成员先前个人决策倾向更极端的现象。
② ［美］Elliot Aronson、Timothy D. Wilson、Robin M. Akert：《社会心理学》，侯玉波等译，266 页，北京，中国轻工业出版社，2005。
③ 过程损失是指团体交流过程中，导致无法达成最优解决方案的情况。
④ ［美］Elliot Aronson、Timothy D. Wilson、Robin M. Akert：《社会心理学》，侯玉波等译，266 ~ 269 页，北京，中国轻工业出版社，2005。

以不去承担行为的主要责任时，他或她就有可能失去自控能力。①

马伦（Brian Muleen）曾对美国 1899—1946 年报道的 60 起滥用私刑的事件做过内容分析，发现暴徒的人数越多，他们杀害受害者的方式就越残忍、越邪恶。②

第三，群体的存在，会使个体人受到感染和暗示，并因此产生从众行为。在群体中，每种情绪和行为都具有感染性。这突出表现为群体压力，即个体在面对群体的偏见或激情时，是难以保持独立和理性的，而是盲目地屈从于群体的力量。

一项心理实验要求参加者比较卡片上所画线条的长短，其中一名实验参加者没有被告知实验的真相，结果被其他事先安排好的 7~9 名实验参加者误导，在 217 次的判断中，被多数人误导了 72 次。③

在群体中，个体有意识的人格在消失，而无意识的人格占据主导地位；暗示与感染在发挥作用，使个体人的观念、情感和行动趋向一致。这是人在群体中的特征。因此，陪审团成员能够集体作出其单个成员不会同意的裁决。在英美法系下，优秀的律师总是关注于如何影响陪审团的感觉。一位优秀的英国高等法院律师曾说："我根据自己的经验发现，一两个精力充沛的陪审员足以影响其他陪审员的意见。必须要用巧妙的暗示手段说服这一两个人。最重要的是要取悦他们，只要他们相信了律师的话，就会倾向于接受律师向他提供的一切证据。"④ 这位律师还总结出一套针对陪审团的经验⑤。这种情况似乎是存在的，一项研究发现，当陪审团有少数人持有不同看法时，他们通常能够说服多数人改变他们对于罪行的判决。虽然陪审团中的少数人无法说服多数人将被告从一级谋杀改为无罪，但他们却能够说服多数人改变想法，将一级谋杀改判为

---

① 李维：《社会心理学新发展》，562 页，上海，上海教育出版社，2006。

② ［美］Elliot Aronson、Timothy D. Wilson、Robin M. Akert：《社会心理学》，侯玉波等译，263 页，北京，中国轻工业出版社，2005。

③ E. 阿伦森：《社会性动物》，邢占军译，缪小春审校，209 页，上海，华东师范大学出版社，2007。

④ 李维：《社会心理学新发展》，20 页，上海，上海教育出版社，2006。

⑤ 这位律师的经验是这样的：在辩护时，律师应当仔细地观察陪审团。凭观察力和经验，律师要从陪审团成员的脸上看出每句辩护词所产生的作用与效果，并且最后得出结论。他的第一步是要确信陪审团中哪些成员已经赞同他提出的理由，要很快而确定地赢得他们的附和。做到这一点之后，要转而注意那些似乎不赞同的成员，竭力弄清楚为什么他们对被告充满敌意。这是一个最细致的工作，因为除了正义感，还有许多理由可以给一个人判刑。

二级谋杀。①

在陪审团中存在着社会地位较高的陪审员的情况下，这种情况更容易发生。"社会地位较高的陪审员不仅更具有权威性，而且发表意见较多，他们对陪审团有不成比例的影响。与黑人陪审员相比，白人陪审员容易判定被告有罪，当被告是黑人时更是如此。"②

在群体中，人会产生一种乐观偏见。在本书4.1.1.3部分已经论述了个体人的乐观偏见。群体人的乐观偏见即人们认为和别人相比，坏事情发生在自己身上的概率要比别人小得多。此外，还会很系统地高估他们的能力、贡献及才能，这种偏见会以极端乐观和过于自信的形式表现出来。但在群体人中，乐观偏见证据显示团体会使乐观偏见不断增多，③比如在商业组织内，乐观主义者在招聘过程中得分通常最高，一些公司常常信心十足地进入自己不熟悉的行业。这种乐观偏见会在群体中形成一种"我们行"的气氛，将更加忽略风险，拒绝劝说。这种乐观偏见还会转变为适应性偏见，也就是只有乐观和进取才能适应生存和竞争。

在群体中，人会产生一种团体思维或集体心理。这种思维模式的特点是团体成员会在信息搜索、决策等方面保持高度的一致，一致的程度甚至会使群体成员不愿提出导致群体紧张的建议，还会共同抵制威胁。这种思维或心理模式具有突出的特点：构成这个群体的个人不管是谁，他们的生活方式、职业、性格或智力不管是相同还是不同，他们变成了一个群体这个事实，便使他们获得了一种集体心理，这使他们的感情、思想和行为变得与他们单独一人时的感情、思想和行为颇为不同。④这就如同童话《皇帝的新装》所描绘的那样。在团体思维的影响下，群体的认识会趋于保守，并会低估风险。在群体中，人也会有自利服务信念。

在群体中，人会出现屈从或从众的现象。屈从是一种服从社会压力的顺应形势。屈从本身并没有好坏之分，其价值判断取决于导致个体屈从的内容。⑤美国社会心理学家斯坦利·米尔格兰姆（Stanly Milgram）认为，屈从既是一

① ［美］Elliot Aronson、Timothy D. Wilson、Robin M. Akert：《社会心理学》，侯玉波等译，489页，北京，中国轻工业出版社，2005。

② ［美］唐·布莱克：《社会学视野中的司法》，郭星华等译，13页，北京，法律出版社，2002。

③ ［美］凯斯·R. 桑斯坦：《行为法律经济学》，涂永前、成凡、康娜译，170页，北京，北京大学出版社，2007。

④ ［法］古斯塔夫·勒庞：《乌合之众》，冯克利译，14页，北京，中央编译出版社，2004。

⑤ 李维：《社会心理学新发展》，211页，上海，上海教育出版社，2006。

种社会生活的基本要素，也是一种心理机制，它使个体的行为在违背人格特征的情况下服从于权威系统；在这种心理机制的作用下，普通人会执行有违道德规范的行为。斯坦利·米尔格兰姆还做了一个著名的屈从实验，实验结果表明，40 名被试者中，有 26 名出现了屈从的情况，比例高达 65%；但这 26 名屈从者中大部分出现了出汗、颤抖、口吃、神经质大笑等应激行为。① 这说明，群体中的人的确是具有屈从倾向的，即使屈从的行为是违背自己的价值观的，甚至在良心受到谴责时，也愿意在产生应激行为的同时继续屈从。在现实中，屈从的情况也比比皆是，如 1933—1945 年，数百万无辜的犹太人在许多人屈从的情况下，被纳粹系统地杀害；屈从的情况也体现在 1993 年的美国戴维营事件和 1978 年的"人民圣殿教"事件②中。

在不少场合，屈从或从众心理比法律条文更能影响个体的行动，有时会对法律实施起到负面作用。这就要求我们对那些从众心理发挥作用的群体行动多保持一份警惕：公投、普选、民意调查等是否被操纵，是否压制了个人的自由，是否会导致多数人的暴政。我国的"刘涌案"就是法律屈服于公众舆论的典型案例。在陪审团内，也会出现屈从的情况。陪审团中多数人的看法通常决定一切，能将有异议的陪审员劝服归众。研究者们曾对 200 位以上参与过真实犯罪案件审理的陪审员进行调研，结果发现在 97% 的情况下，陪审团最后的裁决跟多数陪审员开始时的决定是相同的。③ 在立法机关表决法律的场合，包括中国的全国人民代表大会也往往会出现从众现象，如果有权威人士（势力）呼吁通过，那么往往就会有人大代表跟进，尽管这些人大代表对法条的具体含义并不了解。④

美国陪审团的人数传统上为 12 人，但美国最高法院在 1970 年作出了一项判决，允许在某些案件中由少数的陪审团进行审理。陪审团的人数是 6 人还是12 人好呢？研究表明，当团体的数量增加时从众行为也会增加，但是一旦团体人数达到 4 人或 5 人，从众行为并不会增加太多；但若是陪审团人数过少，

① 新华社特稿：《科学家解密人为什么会干坏事》，载《北京青年报》，2007 - 01 - 05。

② 1978 年，一个叫吉姆·琼斯的美国人创立了"人民圣殿教"，并带领追随者在南美洲的圭亚那的旷野建立了大规模的营地。迫于美国工会调查的压力，琼斯劝说所有追随者喝下了含有氰化物的饮料而集体自杀。尽管也有少数教徒拒绝合作，但大部分仍和他一起自杀身亡。最后统计，一共有 913 名美国人死亡，包括 200 多个孩子被其父母毒死。

③ ［美］Elliot Aronson, Timothy D. Wilson, Robin M. Akert：《社会心理学》，侯玉波等译，489 页，北京，中国轻工业出版社，2005。

④ 侯猛：《后普法时代的法律传播和公民守法》，见许章润主编《清华法学》第十一辑，40 页，北京，清华大学出版社，2007。

则少数团体能够出席的可能性就会比较少，即使出现也是人数少。本书的4.1部分已经详细讨论了人的偏见问题。所以，陪审团如果为12人，较6人出现盲目从众的可能性增加不显著，但按照人口概率来代表少数团体的有效性获得提高，所以，12人的陪审团较6人的陪审团更能体现公平。①

综合本节所述，群体人与个体人有着显著的不同：决策的方式更复杂，一定条件下甚至较个体人缺少理性；在情感及情感激发的行为方面，群体人却有着优于或低于个体人两种可能；群体使个体人的观念、情感和行动趋向一致。群体人会有乐观偏见、团体思维和盲从等特征。为了法律的公正，我们需要对从众心理发挥作用的群体行动多保持一份警惕。

6.2　人倾向于基于互惠模式的行为

人生活在社会互动之中。互动是人与人之间通过信息的传播而发生的相互依赖的交往活动和反应过程，包括人的心理交感和行为交往过程。② 具体而言，社会互动是指行动者对其他行动者行为的回应行动。互动是最基本、最普遍的日常生活现象，是我们每个人最直接体验到的社会现实。③ 在某种意义上，社会结构最终就是由个体的行为和互动构成和保持的。社会互动的种类众多，如合作型互动与冲突型互动、强制型互动与顺从型互动等。④

亚当·斯密指出，喜欢交换是人的本质的基本属性，人们在相互交换产品、提供服务时，遵循的是个人利益原则，所以把个人看做是经济人。他甚至认为，在经济交往中，可以抽象掉经济人行为的任何其他动因。⑤ 作为社会人，他们"用来交换的东西除去金钱以外，还有其他商品，包括认可、尊重、

---

① 乐国安、赵德雷：《近20年来美国法律社会心理学研究新进展》，载《心理科学进展》，2003(11)。

② 庞树奇、范明林：《普通社会学理论》，149页，上海，上海大学出版社，2000。

③ 郑杭生：《社会学概论新修》（第三版），124页，北京，中国人民大学出版社，2003。

④ 合作型互动是不同个人或群体为了达到共同的目的而相互配合的互动方式；冲突型互动是人们为了争夺同一个目标而展开的行动及其过程，具体来说，冲突是人与人或群体与群体之间为了各自获得共同珍视的目标而采取的斗争、压制、破坏以至消灭对方的互动方式；强制型互动是一方被迫按照另一方的某些要求行事；顺从型互动是行动者之间发生性质相同或方向一致的行动过程。

⑤ ［英］亚当·斯密：《国民财富的性质和原因的研究》下卷，王亚南等译，25、27页，北京，商务印书馆，1974。

顺从、爱恋、情感以及其他物质性不强的东西"①。美国社会学家彼得·M. 布劳在研究市场中的交换规则时发现,"为继续得到收益而彼此互惠的需要是社会互动的'启动机制'"②。事实上,所有的交换关系,不管其对象是商品还是爱情、友情、尊重、仇恨等,都受到互惠规律的制约,如"要想得到别人的尊重,首先要尊重别人"。和报应正义一样,互惠也是一种正义。从有限利他的需要、对相互约束和秩序的需要、对于公平的需要,是能够推导出人的互惠行为倾向的。

6.2.1　人的互惠模式行动是有着深刻生物基础和历史渊源的

互惠是互动的一种方式。互惠行动体现互惠规范(norm of reciprocity)的特征。互惠规范是指人们应该像对方对待自己那样对待对方,并像对方那样对待其他的人。③"知恩图报"、"好和好是换来的,歹和歹是骗来的"等都是互惠规范的体现。也可以理解为人们用帮助来回报他们得到的帮助,用伤害来回报他们受到的伤害。我们很难理解有人公然地否定平等交换。这种否定会使他成为社会的弃儿:这是一个缺乏最重要道德倾向的人。④

在植物、动物等生物之间也存在着互惠互利关系,比如共生菌与高等植物之间就存在着互惠关系(也称作共生)。一种生活在非洲的蝙蝠,以吸食其他动物的血液为生,如果连续两昼夜吃不到血就会饿死;一只刚刚饱餐一顿的蝙蝠往往会把自己吸食的血液吐出一些来反哺那些濒临死亡的同伴,尽管它们之间没有任何亲属关系。生物学家发现,这种行为遵循着一个严格的游戏规则,即蝙蝠们不会继续向那些知恩不报的个体馈赠血液。灵长类动物之间存在普遍的互惠行为,初民社会成员、现代社会的儿童之间也存在着普遍的互惠行为。正如本书3.4部分所论述的,人具有归因的思维习惯,并且人的归因与报复密切相关,而报复恰恰是互惠模式的重要组成部分,所以,人的互惠行动是在归因思维的引导下进行的。

6.2.1.1　灵长类动物具有互惠行为倾向

除了人以外,黑猩猩恐怕是最富有互惠合作精神的哺乳动物了。它们合作

---

① 乔纳森·特纳:《社会学理论的结构》(上),丘泽奇等译,276 页,北京,华夏出版社,2001。

② 转引自韩春雨:《社会资源流动模型及其解构》,中国社会学学术年会论文,2006。

③ 郭永玉:《人格心理学》,442 页,北京,中国社会科学出版社,2005。

④ 〔美〕弗朗斯·德·瓦尔:《人类的猿性》,胡飞飞等译,129 页,上海,上海科学技术文献出版社,2007。

狩猎，共享食物，照顾受伤的同伴，还收养失去父母的幼崽。在黑猩猩群内，会出现一种高层次的互惠：黑猩猩支持那些曾经支持过它们的黑猩猩。

黑猩猩们合作捕捉到一只猴子后，开始瓜分猎物，把猴子撕成碎片，每人一片。怀孕的雌猩猩会比其他雌猩猩更容易得到食物。捕猎的雄猩猩会照顾和它们一起捕猎的同伴，即使最有权力的雄猩猩，如果没有参与捕猎，也可能是两手空空。这是互惠的证明：对食物的分享就像是对捕猎者的一种激励，激励它们以后再次捕猎。①

报复是互惠的另一面。黑猩猩们也知道报复。当黑猩猩们发生正面冲突时，它们会选择和那些平时攻击自己的黑猩猩作对。②

除了黑猩猩外，其他的灵长类动物也具有互惠的倾向和能力。两个僧帽猴会在被网隔离的情况下，和对方互换各自不同的食物。③ 当雄性狒狒争夺支配地位时，它们有时候彼此求助。以这种方式联合起来的狒狒，在争夺发情的雌狒狒时，能够把各自为战的雄狒狒赶出局去。④

6.2.1.2　初民社会互惠行为是普遍存在的

考古学表明，人类起初是一种身体易受伤害的灵长类动物，适应生存的方式是结合成合作的群体。⑤ 初民社会具有社会结构对称性和行为对称性等特征。在法人类学的理论中，法律不仅仅是成文法。在初民社会也有纠纷及其解决机制，也有实体性的规则乃至宪法性的规则，只是没有成文而已。说他们没有法律，乃是说他们没有成文法，没有西方法的一些特征，没有西方的司法机关等，但这些都不是法律的根本特征。哈特说过，当一个人觉得有义务遵守它的时候，它就是法律。部落法律就是该部落社会习惯的总和，是必须履行的义务。

莫斯认为，古式社会中存在着一种可以称为"夸富宴"（potlatch）的"总体呈献体系"，在这种"总体呈献"的礼物交换体系中，存在着三种义务：给予、接受和回报。也就是送人礼物不仅是义务性的，对方也是有义务接受

① ［美］弗朗斯·德·瓦尔：《人类的猿性》，胡飞飞等译，83～87 页，上海，上海科学技术文献出版社，2007。

② ［美］弗朗斯·德·瓦尔：《人类的猿性》，胡飞飞等译，137 页，上海，上海科学技术文献出版社，2007。

③ ［美］弗朗斯·德·瓦尔：《人类的猿性》，胡飞飞等译，137 页，上海，上海科学技术文献出版社，2007。

④ 爱德华·O.威尔逊：《论人性》，方展画、周丹译，142 页，杭州，浙江教育出版社，2001。

⑤ 郭永玉：《人格心理学》，137 页，北京，中国社会科学出版社，2005。

的，而且接受者更必须在一定时间内回赠相等或更多的礼物作为回报。这三个义务性的要素是礼物交换体系的基础，不但出现在莫斯所研究的各种社会，而且还表现在同一社会的不同社会制度或社会活动中，比如，经济、政治或法律、宗教、道德乃至美学的制度或活动。①

集法学家、人类学家及社会学家于一身的图恩瓦尔德提出了相互性原则是初民社会的法律基础："当人们尝试从人类行为方式及其宗教——巫术的玄思的纠缠之间的规则抽丝剥茧的话，人们便会发现，相互性是法律的天平，诸如报复、血仇或反惩，或如惩罚。另外，单方面的给予被视为'不公平的'：如果有滥用，便是对相互性的损害。""这种给予—回报的相互性原则，是人类公平感的基础，是所有法律的社会心理基础。"② 相互性是初民社会的基本原则，体现在经济、法律、社会、政治等各个方面。初民社会的相互性，使得法律规则并不需要司法官来做最后的执行者，而是通过社会成员自我执行。马林诺斯基指出：于是相互性便成了初民社会的基本原则，具有多方面的性质：经济的、法律的、社会的、政治的等。立基这个原则产生了一个互有往还的服务与义务，藉此团体间或个人间进行取与予的活动。③ 这种相互性是建立在社会成员数量比较少、合作关系密切基础之上的。基于相互性建立普遍而持续地被遵守的、具有法律强制力的惯例和习惯时，习惯法便产生了。

美拉尼西亚人居住于新几内亚东北部、特罗布里安德群岛上，那是一组珊瑚礁。那也是一个在现代社会仍存在的初民社会。马林诺夫斯基对美拉尼西亚人的独木舟进行了描述：每一条独木舟中有一个人是它的合法拥有者，其他人是船员；当全社区出动去捕鱼时，独木舟的拥有者不得拒绝人们使用其船只，他要么亲自出马，要么找人顶替，船员同样对他负有责任。每个人都要坚守岗位，才能在分配渔产品时，获得与其付出的劳动相等价的公平份额。此外，独木舟的主人和船员们都有权将自己的特定权利转让给任何一位亲属和朋友，这样做往往是出于获得一份报酬的考虑。围绕着独木舟，所有的人都有着其自己的地位和责任：独木舟的主人是所有船员的首领和捕鱼巫师，负责筹资建造新船替换破损的旧船，维修船只以保持良好的状态；其他的人分别担任舵手、渔

---

① 荀丽丽：《"礼物"作为"总体性社会事实"——读马塞尔·莫斯的〈礼物〉》，载《社会学研究》，2005（6）。

② ［英］马林诺夫斯基：《原始社会的犯罪与习俗》，原江译，贺志雄校，108 页，昆明，云南人民出版社，2002。转引自高艳东：《现代刑法中报复主义残迹的清算》，载《现代法学》，2006（2）。

③ ［英］马林诺夫斯基：《原始社会的犯罪与习俗》，原江译，贺志雄校，109 页，昆明，云南人民出版社，2002。转引自高艳东：《现代刑法中报复主义残迹的清算》，载《现代法学》，2006（2）。

网管理员、渔群观察员等角色。他们之间形成了一种双向的互惠关系：无论是在造船和用船的过程中，船员都要听从船主的指挥；船主在船只建成的宴会上要付给每一个船员礼仪性的报酬，他不能拒绝任何人要求其在船上的应得位置，还能使每个人合理地分配到所捕获的鱼。①

马林诺夫斯基对特罗布里恩岛上互换习俗的研究也发现，初民并非那么无私，对习俗和规范的遵守，用外在控制力加以约束并非多余。特罗布里恩岛上的村民和渔民之间，形成了一种用自己的蔬菜和鱼与对方交换的习俗，双方在礼尚往来时慷慨大方，从不斤斤计较。这表面上看来的确是一个互帮互助的和谐模式，但其实在交换活动中始终充满着障碍，存在着抱怨和互相责备，极少有人对他的伙伴完全满意。互惠成为一种习俗是双方生存的必须而非自愿，人们很大程度上还是为了将来更大的收益，以及因为炫耀的欲望、显示慷慨大度的抱负、对财富和食物积累的极度尊重等原因进行交换。只要不损害声誉，不损失预期，无论何时，土著居民都设法逃避责任。确切地说，他们的行为同文明社会中商人的行为极为接近，因此约束的强制力并非多余。所以，初民社会并非是不需要法律的"黄金时代"。

安达曼岛人②的习俗之一是人与人之间不断交换礼物。即使是在日常生活中，人们也是不断送礼收礼。同辈之间，送礼者总是期望能得到同等价值的回赠礼物。相邻的地方群体聚会时，互赠礼物尤为重要。拒绝别人的要求向来被认为是不礼貌的行为。因此，要是有人向某人索要他拥有的某样东西，他马上就会给他。如果这两个人是平辈，对方也必须回赠价值相当的礼物。

人类学家尹文斯（Evans Pritchar）称这种社会是"有秩序的无政府状态"。人类学家西德尼·哈特兰（E. Sidney Hartland）也说："原始人远非卢梭想象中的那样，是自由自在而又无拘无束的生灵。相反，他们一切都处于其所在群体的习俗的禁锢之中，这不仅反映在社会关系上，也包括在其宗教、巫术、劳作、工艺行为中，总之，他们生活的方方面面都被束缚在历史悠久的古老传统的锁链上。"③

---

① ［英］马林诺夫斯基：《原始社会的犯罪与习俗》，原江译，贺志雄校，8～11页，昆明，云南人民出版社，2002。

② 安达曼岛人是居住在安达曼群岛的初民群体。安达曼群岛位于孟加拉湾东部，由200多个岛屿组成。拉德克利夫—布郎在该群岛生活了两年，后写了《安达曼岛人》一书。

③ ［英］马林诺夫斯基：《原始社会的犯罪与习俗》，原江译，贺志雄校，5～6页，昆明，云南人民出版社，2002。

6.2.1.3　人类具有互惠行为的倾向

大量的研究表明，即便需要付出很大的代价，而且并不能在当时或未来产生任何收益，或者即便他们面对的是陌生人，仍然有相当一部分人会报答友善的行为，报复敌对的行为。[①] 这些情况在日常生活中也是经常能够发现的：人们愿意牺牲自己的福利来帮助那些对自己好的人，惩罚那些对自己不友好的人；当需要牺牲的福利相对较小的时候，人们更加愿意帮助对自己好的人和惩罚那些对自己不友好的人。

美国桑塔菲学派经济学家鲍尔斯和金迪斯 2004 年 2 月在《理论生态生物学》杂志上发表了《强互惠的演化：异质人群中的合作》。这篇文章事实上是一个计算机仿真报告，仿真的环境是距今 20 万年以前更新世晚期的人类狩猎采集社会，仿真的条件严格按照古人类学已经考证的事实设置。仿真的结果揭示出，早期人类社会只有依靠一种被称为 "Strong Reciprocity" 即 "强互惠" 的行为，才能建立起稳定的合作秩序。所谓 "强互惠"，是指那些不惜花费个人成本去惩罚族群中背叛合作规范的人的行为，哪怕这种背叛不是针对自己。[②]

人类的互惠行为倾向可以从儿童的行为倾向中得到印证。儿童是人类之父，具有互惠行为的倾向。中国有句俗话 "三岁看大，七岁看老"，说的也是这个意思。根据研究，中国和日本的幼儿在 2 岁左右就开始出现交涉和交换行为[③]，尽管在频率上还不占主导。而 3~5 岁的幼儿，完成交换任务的通过率随着年龄增长而提高，由 3 岁组的 43.3%、4 岁组的 51.8% 提高到 5 岁组的 85.3%，其中 5 岁左右幼儿的交换能力有显著的进步。[④]

根据研究，同伴协商行为[⑤]主要发生在游戏中，而且随着幼儿年龄的增长，同伴协商行为呈现出逐渐集中到游戏活动中的趋势；随着年龄的增长，儿童协商行为的主题逐渐以协调意愿[⑥]居多；幼儿在协商中较多的时候是希望通

[①] 董志勇：《行为经济学原理》，77 页，北京，北京大学出版社，2006。

[②] 叶航、汪丁丁、罗卫东：《作为内生偏好的利他行为及其经济学意义》，载《经济研究》，2005 (8)。

[③] 交涉行为是指索求者试图得到所有者的东西时作出示意性语言或动作并观察对方反应的行为，如 "让我玩儿" 等；交换行为是指索求者拿所有者的东西时，把自己的东西作为代替物给对方的行为。

[④] 穆岩、何子静、苏彦捷：《3~5 岁儿童交换行为的研究》，载《心理与行为研究》，2004 (2)。

[⑤] 同伴协商行为是指幼儿与同伴之间彼此交流信息，相互协调需要、观点和行为，试图达成一致意见的行为过程。

[⑥] 协调意愿是指双方在共同的活动中彼此协调各自的愿望和认识，以保证活动顺利进行，如角色游戏中幼儿的相互配合。

过改变他人的想法和意愿而实现协商的目的，随着年龄的增长，融合导向①出现的次数逐渐增加。幼儿经过协商大多能与同伴取得一致意见，在"双赢"②和让步两种结果之中让步式的结果又居多，说明幼儿的协商大多取得了部分共识。随着幼儿年龄的增长，"双赢"结果的协商日益增多。幼儿的协商行为在同性同伴间发生的次数多于在异性同伴中发生的次数，但没有发现存在显著的性别差异。对北京市 5 所不同类型幼儿园 12 个班 435 名幼儿的调查③结果表明，无论是从积极行为和消极行为④总体，还是从各具体的积极和消极行为来看，幼儿在积极行为上的平均得分都要高于消极行为的得分，这表明幼儿的积极行为要稍多于消极行为。

在众多实验数据的基础上，一些学者提出人群之中存在不同行为模式，可以分为自利人群和互惠人群⑤，前者占 20% ~ 30%，后者占了 40% ~ 66%。⑥这就说明，互惠行为模式确实是存在的，而且在多数人的身上都存在。除了"最后通牒"博弈实验之外，还有信任博弈、礼物互换博弈实验可以作为人具有互惠倾向的证据。

在礼物互换博弈实验中，博弈的双方分别是建议者和反应者。首先，实验的设计者向建议者无偿提供数量为 X 的货币。然后，建议者从他所获得的 X 中选择一定数量的收益 Y（0 < Y < X）分给反应者。这时候，实验的设计者将反应者的收益扩大至 3Y，接着让他返还一定数量的收益 Z（0 < Z < 3Y）给建议者。实验结果表明，很多的建议者愿意将一些收益赠送给反应者，而反应者也倾向于回赠。并且，当建议者将更多的货币赠送给反应者时，反应者也愿意返还更多的货币。⑦

6.2.2 信赖机制是互惠行为模式的前提

信赖（任）是人们合作的基础，也是互惠的前提。信赖可以降低社会成本，提高社会效率，是社会赖以运转的重要机制，维系着人与人之间的交易。

---

① 融合导向包括运用新选择和提议分享、交换等使双方意向接近的策略。
② 双赢是指协商双方在无须进行让步的情况下达成了一致意见，实现了各自的目的和意愿。
③ 庞丽娟、陈琴、姜勇、叶子：http://www.cnsece.com，2007 - 01 - 06。
④ 积极行为主要是指对他人或集体有利的、建设性的行为，如帮助、分享、谦让、关心、安慰和合作等；消极行为是指对他人或集体具有侵犯性、破坏性的行为，如推打、抢夺、骂人、招惹、嘲讽、威胁等。
⑤ 自利人群指没有互惠行为且完全是自私的人群，互惠人群指具有互惠行为模式特点的人群。
⑥ 董志勇：《行为经济学原理》，79 页，北京，北京大学出版社，2006。
⑦ 董志勇：《行为经济学原理》，78 页，北京，北京大学出版社，2006。

"信赖首先是一种善良的心理状态，其次是受该善良的心理状态驱使为一定行为或不为一定行为，以致造成损失，包括财产损失和机会损失。"① 所以，信赖是一种心理状态，这种状态对于行为具有重要的意义。在英美法系中，法律上的信赖一般是指"一种可以引起一定行为的信任"。

信赖机制对于人的行为具有重要的意义。正如拉伦茨指出的："只有当必不可少的信赖被保护时，人类才有可能在保障每个人各得其应得者的法律之下和平共处。全面绝对的不信赖，要么就导致全面的隔绝，要么就导致强者支配，简言之，导致与'法状态'相反的情况。因此，促成信赖并保护正当的信赖，即属于法秩序必须满足的最根本要求之一。"② 信赖是一切经济交易和社会合作的基础。即便是在最简单的现货交易中也必然存在一定程度的信赖。对于跨时期交易和复杂的交易来说，则更需建立在坚实的信赖基础之上。只有当人与人之间的信赖至少能够普遍得到维持，信赖能够成为人与人之间关系的基础时，人们才能和平地生活在一个共同体中。在信赖丧失的社会环境中，人们就像处于一种潜在的战争状态，毫无和平与效率可言。

信赖机制的前提是各有所需。信赖是有条件的，其条件除了参与者人格的诚实之外，还要求必须能为对方提供对方所需要的资源。并且，任何交换关系中，信赖都是相互的，只有向对方展现可信赖的行动，对方才可能投入更值得信赖的回报。

信赖的程度取决于合作方之间的信息和地位。信赖来源于了解，就是知道合作方的信息。合作方一旦进行交易，就开始信息的收集。随着交易继续发展，信息逐渐充分。经过多次的博弈，交易当事人的行为会倾向于合作和以诚相待。科尔曼认为，"信任是委托人和受托人在不断重复的理性博弈过程中产生的"③。博弈科学也已证明互惠机制是可行的，且是人们理性的选择。特里弗斯发现，在重复互动的环境中，是能够保持互惠机制的，利他行为可以维持下去。弗里德曼也证明，在一个无限重复的博弈中，是可以建立合作机制的。④

信赖机制的保障是有惩罚的安排。尽管惩罚性措施不一定是有效的，但它是必需的，如果没有它作后盾，真正和有效的信赖是难以建立的。实际上，惩

① 马新彦：《信赖与信赖利益考》，载《法律科学》，2000（3）。
② ［德］卡尔·拉伦茨：《法学方法论》，陈爱娥译，351页，北京，商务印书馆，2003。
③ 田凯：《政府与非营利组织的信任关系研究——一个社会学理性选择理论视角的分析》，载《学术研究》，2005（1）。
④ 叶航、汪丁丁、罗卫东：《作为内生偏好的利他行为及其经济学意义》，载《经济研究》，2005（8）。

罚并不一定是要国家强力参与，社会排斥、减少合作机会、私立报复都属于有效的惩罚手段。在传统社会，人们被社会排斥的代价非常大，所以，道德常常是信赖机制的保障。在现代社会，法律则发挥着主要的惩罚作用。由于法律的正式和外在性，法律制度成为信赖的最主要保障方式。损害信赖所遭遇的最严厉的处罚就是被追究刑事责任。

6.2.3 人的互惠行为模式对于法律制度具有重要意义

人的互惠行为模式是现代文明形成的基础，原因在于，只有当大家相信自己对别人的付出（恩惠）必定会得到回报的时候，交换和分工合作才能形成。人的互惠行为模式对于法律也有着重要的影响，法律也是按照互惠行为模式运行的，在法律领域也存在着诸多的互惠行为现象。

报复是互惠行为模式的一种表现形式

报复是广泛和长期存在的。多次博弈的实验证明，"要确保对方合作、不搞机会主义、不心存逃脱惩罚的幻想，在多次博弈的前提下，博弈者的唯一有效的战术就是针锋相对，对于任何不合作予以坚决的惩罚，但不加大惩罚"[1]，"报复行为是攻击行为的一种，是指当事人在其利益受到侵害的时候，所发起的反击行为"[2]。弗雷德里克·巴特在《斯瓦特巴坦人的政治过程——一个社会人类学研究的范例》中描述道："唯一能够成功地捍卫自己的荣誉的手段就是报复，它的效果等同于或者超过原来的侮辱，其目的是要和自己的对手平起平坐或者超越自己的对手。……为捍卫自己的荣誉而实施的报复有各种形式，主要取决于受侮辱的轻重。"[3] 报复是有着生物遗传因素的。"报复性反应，是生物学上的一种正常现象，是任何生物在自然界竞争中的基本需要和本能。"[4] 波斯纳则认为，"一个生物在其他生物要从它这里夺走对其生存至关紧要的东西时不具有这种道德义愤感，那就不可能生存下来和繁殖起来，因此，世界上

---

① 苏力：《法律与文学》，60页，北京，三联书店，2006。

② 张爱卿、周方莲：《责任归因与报复行为的结构方程模型研究》，载《中国临床心理学杂志》，2003（3）。

③ 弗雷德里克·巴特：《斯瓦特巴坦人的政治过程——一个社会人类学研究的范例》，黄建生译，119页，上海，上海人民出版社，2005。斯瓦特巴坦人是生活在现巴基斯坦国西部地区的斯瓦特谷地的普什图族人，也可称为阿富汗人，人口约40万；在弗雷德里克·巴特进行田野调查时，当地为农耕经济，按照部落和村庄分布，处于完全自治的状态，并没有国家、政府等正式机构的参与。也就是说，并没有任何有组织的机构来实施强制性的惩戒以维护当地的社会秩序。

④ 苏力：《法律与文学》，48页，北京，三联书店，2006。

就会有这样一种生物选择，它偏向那些天生拥有这种感觉的生物"①。这种具有本能根源的报复，会降低人们之间发生频繁冲突的可能。由于担心相互的报复，努力维持一个和平共处的局面往往成为理智的选择。因此，保持和平和维护秩序的根本条件，就是针锋相对。这种外部的相互报复，在一定程度上推动群体内部实行有效的约束，这就在更大的程度上维护了正常的秩序。复仇也是一种报复。复仇也是互惠规范的一个组成部分。因此，苏力教授认为，"在没有统一且强有力的公权力维持社会和平和秩序的历史条件下，复仇实际上变成了这种社会中维系和平的根本制度"②。

中国先秦时复仇之风盛行，出现了诸如伍子胥掘墓鞭尸、勾践卧薪尝胆、荆轲刺秦王、赵氏孤儿等惊心动魄的复仇故事。先秦儒家对复仇基本上持赞同态度。《礼记·曲礼上》载："父之仇，弗于共戴天；兄弟之仇，不反兵；交游之仇，不同国。"《公羊传·定公四年》载："父不受诛，子复仇可也；父受诛，子复仇，推刃之道也。复仇不除害。朋友相卫而不相迿，古之道也。"这些文献在宣扬复仇的同时，也涉及仇之成立、等级，复仇的范围、要求、时间，以及禁止反杀复仇者等若干限制，表明复仇开始走向规则化。这与法律规则实际上是同步发展的，即私人复仇与法律惩罚犯罪并存。

复仇与法律制度密切相关。涂尔干认为，犯罪触犯了人们强烈而又普遍的感情，这必然会引发情感性反抗，这种反抗就是惩罚。惩罚是一种对愤恨的表达，进而加强社会的团结。③ 根据涂尔干的观点，法律惩罚就是一种表达情感的复仇。根据报应主义的观点，刑罚是国家行使的报复行为。报应主义是人类历史上最原始，也最鲜明地表达了刑罚实质的一种刑罚观。格劳秀斯曾经指出，公正是实体法的精髓，而对犯罪的报复是与公正相一致的。对于人类来说，公正是必不可少的。国家对犯罪的惩罚，只有在追求一种合理目的时方能行使。所以，只要能证明有合理目的，即防止将来再次发生类似已经发生了的侵害犯罪，报复是不能不要的。霍姆斯认为，刑法和民法中的侵权都根植于人类的复仇本能。当国家建立起来，并逐渐具备了强大并有效的公权力后，刑罚就是国家公权力执行的报复。因此，国家行使刑罚是否有效，就与没有国家的时代，民间的报复能否遏制侵犯的机制相同。比如，第一部成文法典《汉谟拉比法典》，对伤害他人眼睛、折断他人骨头、击落他人牙齿的自由民，分别

---

① 波斯纳：《法理学问题》，苏力译，414 页，北京，中国政法大学出版社，2002。
② 苏力：《法律与文学》，61 页，北京，三联书店，2006。
③ 王立峰：《惩罚的哲理》，127～133 页，北京，清华大学出版社，2006。

设置了伤害其眼、折断其骨、击落其牙的规定，这部法典就是建立在原始复仇习惯基础上的。国家成立后否定了受害人自我行为的复仇形式，但法律制度中仍体现出国家规定，并由国家来执行的制度化的复仇。

在18世纪末之前的欧洲盛行的酷刑和公开处决，其程度不亚于原始人的等量复仇。在封建社会的中国，法律对因复仇而生的犯罪的惩罚，是有别于一般的同等犯罪的。比如，大清律例规定，子弟在行凶现场当场杀死仇人无罪，以后再杀为擅杀罪，杖六十；如杀人犯已经赦免而潜回本乡被子弟杀死，处流刑；杀人犯逃脱未经审判而被子弟擅自杀死，杖一百。这样的规定，用斯普林克尔的话讲就是"法律在暗中引诱人们报仇"[①]。恩格斯曾说过："我们今日的死刑，只是这种复仇的文明形式。"中国封建社会的复仇主义是有着深刻的社会伦理基础的，"亲亲"、"尊尊"等礼法实际上使复仇成为一种社会性义务。"中国的社会关系是五伦，所以复仇的责任也是以五伦为范围，而朋友亦在其中。"[②] 即使到了近现代，法律中也一直保留着复仇的观念。波斯纳指出："一直到20世纪了，美国法律中还一直保留着复仇、报应正义和校正正义的观念。"[③] 在对于死刑的存废问题上，公众支持死刑的基本理由就是出于"报应"（retribution）。

周路等人对天津市的犯罪分布调查表明，在1996年中以报复为直接和间接目的的犯罪人在杀伤犯罪中的比重之和高达73.2%，在1999年达到80.5%，在2002年达到74.4%。[④]

综合本节所述，整个社会，包括司法领域都是按照互惠行为模式在运转的。互惠是互动的一种方式。互惠行为模式确实是在多数人的身上都存在。信赖机制是人们互惠合作的前提。报复和复仇也是互惠规范的一个组成部分。复仇也与法律制度密切相关。给予—回报的互惠原则为人类公平感的基础，是所有法律的社会心理基础。制度变迁的成功与否，就在于是否增强了互惠机制，提高了信赖水平。法律调整中的互惠关系是普遍存在的。

---

① ［英］S. 斯普林克尔：《清代法制导论——从社会学角度加以分析》，张守东译，94页，北京，中国政法大学出版社，2000。

② 瞿同祖：《瞿同祖法学论著集》，78页，北京，中国政法大学出版社，1998。

③ 波斯纳：《法理学问题》，苏力译，414页，北京，中国政法大学出版社，2002。

④ 徐文成：《青少年违法犯罪自我控制研究》，华东政法大学研究论文，2007-04。

6.3　人具有攻击倾向

攻击行为是人类常见的行为之一，攻击倾向属于人的本能倾向。正如伦纳德·博克威茨所提出的，人类似乎天生具有这样一种倾向：当面对某些挑衅性刺激的时候，我们会对加害者迎头痛击。[①] 战争是人类社会有组织的攻击形式。历史资料表明，战争普遍存在于各种社会形态。"在过去的 300 年里，欧洲的绝大多数国家大约有一半时间耗在战争上面，几乎没有哪个国家持续享有过 100 年的太平时光。"[②] 这也就是说，人类主要是生活在攻击之中的，也就证明了人是具有攻击倾向的。

6.3.1　对人的攻击行为的分析

前文已论述了"自我防卫的需要"是人的定理层次的需要之一。也就是人在受到威胁或不利的影响时，会产生攻击的行为。

6.3.1.1　人的攻击行为与违法犯罪

攻击就是意图使他人利益受到损害，给被攻击者带来不愉快或痛苦的行为。[③] 根据不同的分类标准，从行为方式来看，攻击可以分为直接攻击和间接攻击[④]；从攻击发生的过程来看，可以分为主动性攻击和反应性攻击[⑤]。任何一个社会，从维护社会秩序和保护其社会成员健康的目的出发，都会对其成员

---

① E. 阿伦森：《社会性动物》，邢占军译，缪小春审校，186 页，上海，华东师范大学出版社，2007。

② 爱德华·O. 威尔逊：《论人性》，方展画、周丹译，89 页，杭州，浙江教育出版社，2001。

③ 关于攻击的定义非常繁杂，如多德拉（Dollard）认为"攻击是以给行为所指向的人造成伤害为目标的行为"。巴斯（Buss）认为攻击是伤害他人的任何行为，而不管其目的是什么。齐尔曼（Zillmann）认为攻击是对他人造成身体或生理伤害的企图。艾瑞（Eron）将攻击性行为定义为"一种经常有意地伤害和挑衅他人的行为"。高桦和章志光认为就是"伤害他人的身体行为或语言行为，是有意伤害别人且不为社会规范所许可的行为"。李宏利认为就是一种故意伤害他人并给他人带来身体和心理伤害的行为活动。

④ 直接攻击是一种明显的、直接对准攻击对象的攻击行为，包括打、踢、推、抓、咬等直接的身体攻击及勒索、抢夺物品、破坏物品等行为，还包括直接的言语攻击，如辱骂、起外号、奚落、嘲弄、戏弄、威胁等行为；间接攻击是攻击者借助于第三方或中介手段实施的攻击行为，如背后说人坏话、散布谣言、号召群体排斥孤立他人等。相比而言，间接攻击通常没有很明显的外显行为，加上攻击者通常会隐藏自己的身份，不易引起人们的重视，但事实上，它同样会给对方造成严重的伤害，尤其是持久的心理伤害。

⑤ 主动性攻击是攻击行为的起端和主动发起者产生的攻击，反应性攻击是为了防卫和反击而产生的攻击行为。

之间的攻击性行为采取一定的控制措施。莫耶确定，动物至少有八种不同类型的攻击行为①，这些行为在人类身上也有不同的表现。为了衡量人类的攻击行为，心理学家还制定了敌意量表，如巴斯和佩里制定的量表项目包括身体攻击、语言攻击、愤怒和敌意。人的攻击并不仅仅是那些表现为暴力的直接攻击，还表现为那些包括政治斗争手段在内的间接攻击。

　　现代行为学的创始人、诺贝尔奖获得者、奥地利动物学家康拉德·洛伦兹（Lorenz Konrad）基于对大量动物进行的观察，曾提出攻击性是本能的防御机制的一个主要部分，具有重要的进化意义。② 人类学家舍伍德·沃什伯恩等通过对一大群猴子的研究发现，在动物界，攻击性在进食、繁殖及其确定统治地位方面都起着重要的作用。习性学的研究表明，动物行为具有相当大的固定性——特定的刺激必然引起一系列固定的反应。习性学家将这一研究成果应用于人类，从而提出了本能释放机制、释放装置及行为的遗传模式来解释攻击行为。③ 习性学家认为人类的固定行为模式（如习惯）之所以发生，是因为具有特殊性质的刺激（充当本能释放机制）激活了机体内的释放装置，而导致行为固定模式出现。洛伦兹提出了一种水力学侵犯行为模式，认为侵犯行为是本能力量集结到了一定程度后，刺激体内释放装置而宣泄的结果。由此可以断定，侵犯行为是一种天性而不可避免。但动物学的研究证明，"攻击行为中没有任何一类是以一种普遍本能的形式广泛存在于各个物种之中的"④。"虽然人类具有明显的攻击性倾向，但是我们离最残暴的动物还相距甚远。鬣狗、狮子和叶猴彼此殊死搏斗、残杀幼崽甚至同类相食的比例远远高于人类社会。"⑤ 所以，对于人的攻击性还不能够得出"完全是本能"的结论，但可以断定是人的一种倾向性行为。

　　人的攻击行为是从儿童时代开始的。从攻击性的表现方式看，儿童更多地使用身体上的攻击；随着年龄的增长，儿童使用语言攻击的比例逐渐增大，他们更多地采用语言攻击而非身体攻击。这不仅是因为儿童语言沟通技能的提高，而且也因为成人期望与规则的变化。从攻击的原因来看，3~9岁儿童躯体攻击的理由最多的是挨打而还手，其次是对损坏自己东西的报复，再次是挨

---

　　① 这八种攻击行为分别是猎食性攻击、雄性间攻击、恐惧引起的攻击、领地攻击、母性的攻击、受激惹的攻击、与性有关的攻击、工具性攻击。

　　② 康拉德·洛伦兹：《攻击与人性》，郭本禹等译，北京，作家出版社，1987。

　　③ 威廉·S. 萨哈金：《社会心理学的历史与体系》，周晓虹译，贵阳，贵州人民出版社，1991。

　　④ 爱德华·O. 威尔逊：《论人性》，方展画、周丹译，92页，杭州，浙江教育出版社，2001。

　　⑤ 爱德华·O. 威尔逊：《论人性》，方展画、周丹译，93页，杭州，浙江教育出版社，2001。

骂而还手。① 儿童工具性攻击多是因为自己的东西被损坏和遭受躯体攻击后的报复，无意的工具性攻击（即动作不小心）随年龄的增长而逐渐减少。儿童语言攻击最多是由于挨骂而还口，其次是由于挨打而还口以及自己东西被损坏时的报复，语言攻击还较多地表现为一种模仿行为。②

道奇（Dodge）等人提出了一个儿童攻击发生的社会信息加工模型。该模型认为，儿童从面临某一社会线索，到作出攻击反应的整个信息加工过程包括五个步骤和环节。第一步是对输入信息的译码，第二步是解释过程，第三步是寻找反应的过程，第四步是决定反应的过程，最后儿童进入执行自己选择的反应阶段。如果儿童不能按顺序对输入的信息进行加工，或者在某个加工环节发生偏差，就有可能导致攻击性行为的发生。

儿童时期出现的攻击行为较多的是打人、咬人、骂人、说脏话、叫别人的绰号，以及用表情、手势和其他体态语言引起他人气恼。另外还有一些不明显的攻击行为，例如，在暗中给别人下绊，告诉别人不要和某某人玩等。

任何犯罪行为都可以理解为攻击行为，严重的攻击行为一般都会发展为犯罪行为，而群体间的严重攻击行为甚至可以发展成为战争。在各种攻击行为中，暴力攻击是最明显的一种表现形式，是攻击的最重要手段。两者深层的关系为攻击是暴力行为具有的本质属性，攻击是暴力的目的。法林顿（D. P. Farrington）的研究表明，早年的吵闹行为、不诚实行为、攻击行为或反社会行为是预测犯罪的最有效因素之一。③ 弗洛伊德认为，人天生具有的犯罪倾向表现在两个方面，即攻击与破坏的倾向和强大的性本能作用。以上两种本能相互融合，特别是在"本我"实现"快乐"原则受到挫折时，便会产生挫折—攻击行为。④

6.3.1.2 攻击行为源自于多种原因

1. 人的攻击或侵犯性行为有生理基础，也有种种外部原因。在生理方面，根据对动物的研究，动物在攻击或防御中所运用的特定肌肉运动程序是脑干神经回路所编排的。沙伊克及西格尔（Shaikh 及 Siegel）通过对猫的研究发现，刺激导水管周围灰质（PAG）的不同部位及下丘脑、杏仁核等均可通过对PAG的兴奋及抑制联系而影响这些行为。在 PAG、下丘脑、杏仁核之外，脑

---

①　李俊：《3～9 岁儿童的攻击心理发展与教育》，载《心理发展与教育》，1994（4）。

②　李俊：《3～9 岁儿童的攻击心理发展与教育》，载《心理发展与教育》，1994（4）。

③　罗大华：《犯罪心理学》，27 页，北京，中国政法大学出版社，2007。

④　车文博：《弗洛伊德主义论评》，427～433 页，长春，吉林教育出版社，1992。

内其他区域也有涉及侵犯行为的。增加 5 - HT 突触的活动可抑制侵犯。为此，有些临床医生使用 5 - HT 药物来治疗人类的暴力行为。人体研究发现，海军新兵中，侵犯史与反社会倾向心理测试与脑脊液中 5 - HIAA（5 - HT 的代谢物，可作为 5 - HT 能活动的指标）低水平相关。[①] 尤德尔（Youdall，L）通过运用小脑功能失调的资料预测暴力犯罪的累犯危险性，准确率高达 95%。在脑电图方面，威廉斯（Williams，D）的研究将 335 个暴力型少年犯分为惯犯和初犯两组，65% 的惯犯脑电图异常，初犯组中脑电图异常的仍然占 57%。[②]

有研究表明，20% ~ 25% 的攻击是由内分泌因素引起的。[③] 雄激素（主要是睾酮）是一个显著的生理因素，对雄性间攻击行为具有组织化作用及激活作用[④]，同时对雌性动物攻击也有激活作用。研究表明，性激素对攻击行为的影响往往是通过脑内某些神经递质的作用。达布斯（Dabbs）等做了一系列研究，对男性犯罪的测量发现，睾酮水平与暴力（包括犯罪性质、违反狱规、同伴们对他的倔犟性评分）呈正相关；女性罪犯的暴力也与睾酮水平相关；对 4462 名美国退伍军人的测定发现，高睾酮水平者有较多的反社会活动记录，包括在少年期给父母、师长、同学惹过麻烦，长大后侵犯过其他成年人。[⑤] 除了睾酮外，雄烯二酮也与攻击行为高度相关。人类的研究表明，男性和女性的高雄烯二酮水平与许多问题行为有关，如撒谎、不服从、冲动的倾向、男孩与父母和老师顶嘴、女孩用盛气凌人的态度讲话等。[⑥]

2. 人的攻击性倾向在某种程度上受遗传因素的影响。鲁斯顿（Rushton）等人在 1986 年有一项研究曾对 296 名同卵双生子和 277 名异卵双生子进行了敌意和攻击行为的相关追踪测量，发现同卵双生子攻击行为的相关为（r = 0.40），明显高于异卵双生子（r = 0.04），说明了人的攻击性倾向在某种程度上受遗传因素的影响。也有研究发现，遗传基因也影响着个体的兴奋水平。攻击性幼儿父母中有 73.7% 具有好动性急的特点。另外，有研究揭示，有攻击性儿童的大脑半球均衡性发展和协调功能较正常儿童低，左半球抗干扰

① 徐斌：《生理心理学》，105 ~ 106 页，北京，中国医药科技出版社，2006。

② 罗大华：《犯罪心理学》，67 页，北京，中国政法大学出版社，2007。

③ ［美］Robert E. Franken：《人类动机》，郭本禹等译，198 页，西安，陕西师范大学出版社，2005。

④ 组织化作用是在发育敏感阶段，雄性激素对有利于雄性间攻击行为的脑内神经回路的发育，主要是杏仁核、内侧下丘脑、中脑导水管周围灰质等部位的发育。激活作用指在成年后机体短暂时间内，激发或增进雄性间攻击行为的作用。这两种作用相互关联，呈现出因果关系。

⑤ 徐斌：《生理心理学》，107 ~ 108 页，北京，中国医药科技出版社，2006。

⑥ 徐斌：《生理心理学》，107 ~ 108 页，北京，中国医药科技出版社，2006。

能力较差，右半球的认识能力较弱。①

3. 社会角色及季节也会起到影响作用。青春期男孩的侵犯行为及同性间斗殴增加，并不仅仅是由于睾酮水平的增加，青春期社会状态的改变以及睾酮对肌肉和脑的影响也起作用。萨伯尔斯基认为，睾丸激素并不引起攻击，但对攻击的表现非常重要。②

温斯洛（Winslow）及米切尔（Miczek）的动物实验说明社会角色及生育季节均可起影响作用。他们先是观察饮酒对统治猴及臣服猴在交配季节与非交配季节侵犯行为频率的影响，结果表明社会角色及季节对侵犯行为的影响远大于饮酒。后来用注射睾酮来替代饮酒，结果表明社会角色及季节对侵犯行为的影响远大于睾酮。尽管人类大脑中杏仁核与人类的攻击性行为相关联，该区域受到刺激会使机体变得暴躁，且大量动物研究表明，切除杏仁核会产生镇静作用，但一项动物实验发现，一个雄性猴子的杏仁核区域被激活时，如果它面对的是地位低于自己的猴子，的确会向它发起攻击；但如果面对的是地位高于自己的猴子，它不但不会发起攻击，还会逃跑。③

4. 人的攻击行为，还会受到人格类型（如冲动型人格）、情境（如挫折后攻击）、文化价值（如依赖型文化规范对日本儿童的作用、男女性别的差异等）的影响。在情境方面，挫折被认为会增加攻击的倾向。④ 巴伦得出结论认为，挫折⑤确实可以促进以后的攻击，但仅发生在挫折非常强烈以及不可预测或主观造成时。而是否真正地产生攻击，还受认知过程的影响，如造成挫折的行为者的主观故意性和对过错的赔偿程度等。人们在强烈挫折后的攻击行为，是有着多种可能性的，并不总是针对问题源进行攻击，"人们通常会不加区别地进行攻击"，产生泛化的攻击，即攻击那些与造成挫折的问题源最相似的目标，如一些人在工作中受挫后会把火撒到配偶身上。

在文化价值方面，一项研究表明，男性在言语攻击和敌意上得分略高，在身体攻击上得分高得多，而在愤怒上两者相等。女性比男性更认为攻击行为应受指责。深入研究发现，攻击的性别差异可能不是强弱或多少的问题，而是方

① 张倩：《攻击性行为儿童大脑半球某些认知特点的研究》，载《心理学报》，1999（6）。

② ［美］Robert E. Franken：《人类动机》，郭本禹等译，197 页，西安，陕西师范大学出版社，2005。

③ 李闻戈：《工读学生攻击性行为社会认知特点研究》，6 页，华东师范大学博士学位论文，2004。

④ 挫折的定义可理解为针对目标的特定行为受到阻碍的情况。

⑤ ［美］Robert E. Franken：《人类动机》，郭本禹等译，201 页，西安，陕西师范大学出版社，2005。

式的问题。有研究者指出，女孩的攻击行为并不一定比男孩少，只不过她们采取了不同于男孩的攻击方式——关系攻击①（relational aggression）。而根据社会学习理论，环境通常在攻击行为的获得、表现和保持中起重要作用，如对儿童的虐待通常会使他们长大后具有暴力倾向，可称之为"暴力循环"。这主要是虐待儿童的父母的共情缺乏，对这些儿童社会情绪的发展有长期的消极影响。

当然，对于人类的攻击性是否是本能这一问题至今还没有明确的证据。许多证据大多来自对动物的观察和实验。理查德·罗尔（Richiard Lore）和洛瑞·舒尔茨（Lori Schultz）的研究表明，在脊椎动物中普遍存在的攻击现象，有力地证明了攻击性是进化而来的，而且因为其生存价值一直被保留下来。但研究者强调了这样一个事实：几乎所有的物种似乎也逐步发展了很强的抑制机制，能够使它们为了自己的最大利益而去压抑自身的攻击性。因此，在最有暴力倾向的物种身上，攻击性也是一种选择性方案。是否能表现出来，取决于这个动物先前的社会经验和该动物所处的具体的社会情境。②

但对于我们人类来说，社会环境对我们的影响比动物远远要大得多，这在电击实验中得到了充分的体现。

在美国社会心理学家金巴尔多所做的电击实验中，那些参加实验的女大学生在别人认不出来的情况下，也会做出一些攻击别人的不仁行为来。金巴尔多这样写道："这些可爱的、平时态度和顺的女大学生用电流电击别人，几乎一有机会从不放过，有时电击的时间达到了她们被准许的最大范围。她们根本不管自己的同学也是很好的女孩子，本不应该受这样的罪。"③

经过上述分析，人类攻击行为公式可以表示为：生理基础＋心理模式＋社会环境及文化因素＋个人判断＋控制能力＝攻击行为。

6.3.2 如何有效控制攻击

人类天生的行为模式极具可塑性和灵活性。人类可以改变自身攻击倾向的无限可能性，集中体现在：在特定的文化中，社会条件的改变会导致攻击行为

---

① 关系攻击是指通过操纵和破坏同伴关系来有意伤害他人的行为。比如，通过将某人排除在某个社会关系之外、说别人的坏话、散布不利于他人的谣言等，来攻击受害者。
② E. 阿伦森：《社会性动物》，邢占军译，186 页，上海，华东师范大学出版社，2007。
③ ［美］克特·W. 巴克：《社会心理学》，175 页，天津，南开大学出版社，1984。

的戏剧性变化。① 所以，只要我们采取有效的措施，是能够控制人的攻击行为的。

6.3.2.1　根据攻击性的有关因素来控制攻击是有效的

攻击行为是在多种因素影响下发生的，并且攻击行为一旦获得，就会有多种因素起作用，从而维持、强化或控制攻击行为，所以根据攻击性的有关因素来控制攻击是非常有必要的。

通过增加自我控制来控制攻击。人是有着合理的自我控制能力的。自我控制既能迫使个体去完成某些必要的活动，又能抑制他们某些不必要的活动，所以它在防范个体的攻击行为时有着非常重要的作用，从而也就有可能避免一些个体走上犯罪的道路，如自我控制较好的个体就可以有效地减少攻击性的行为，从而能够避免攻击或激情犯罪。

通过自我奖赏或惩罚来控制攻击。这一点和自我控制的关系更为密切。如果在实施攻击行为后，个体得到好处、认可这种好处并以此为荣，那么对这种攻击模式会起到强化的作用；如果个体因为自己的攻击行为给别人带来了伤害而内疚不安，则对这种攻击模式起到减弱乃至消除的作用。由于这一措施更多地从个体的内部着手，尤其是从加强或减弱个体的自我控制力的角度来控制攻击行为，相比单纯地采用外部措施而言其效果会更加持久，不过其改变过程是缓慢的。

通过协商和沟通来解决冲突和误解，进而可以控制攻击。弗洛伊德认为，冲突是文明不可避免的副产品，因为个人的目标和需要常常会与其他人的目标和需要相抵触。人们有时为了解决争端而进行攻击。战争仍是解决国际争端最为常见的方式。② 威胁不利于解决冲突，也就难以控制攻击。协商、沟通和讨价还价有利于解决冲突，进而有利于控制攻击。

6.3.2.2　从儿童开始控制攻击行为

由于攻击是一个相对稳定的人格特质，我们对于攻击的控制也最好从儿童开始。在控制攻击的策略方面，可以采取不相容反应技术和暂停法、社会技能训练、创造不具攻击性的环境，培养同理心等。③

---

① E. 阿伦森：《社会性动物》，邢占军译，186 页，上海，华东师范大学出版社，2007。

② ［美］Elliot Aronson，Timothy D. Wilson，Robin M. Akert：《社会心理学》，侯玉波等译，279 页，北京，中国轻工业出版社，2005。

③ 郭永玉：《人格心理学》，429～431 页，北京，中国社会科学出版社，2005。其中，不相容反应技术即除了最严重的攻击行为外，对于儿童的其他攻击行为都加以忽略，而去强化与攻击不相容的行动（如分享和合作）；暂停法即成人以干扰或阻止儿童的攻击行为来加以惩罚；社会技能训练是指教导那些有习惯性攻击行为的儿童如何解决冲突；同理心会抑制攻击行为，研究发现，11～12 岁的高攻击性的不良少年接受了了解他人感受的训练后，比那些没有参加训练的少年表现出较少的敌意和攻击性。

有关研究表明，早期的攻击性行为确实对以后的暴力行为有一定的预示作用，许多暴力行为者通常是高攻击性行为者。霍斯曼（Huesmann）对600名被测试者历时22年的追踪研究发现，通过个体8岁时的攻击性行为能够很好地预测他30岁时的攻击性行为（比如犯罪行为、家庭暴力等）。另一项追踪研究也得到了类似的结果，作者用人格量表测量了18~20岁大学生的攻击性行为，并且在他们30岁时进行了重测，在这10~12年里他们的攻击性行为相当稳定。①

父母要注意对儿童的教育，但一定要克制使用体罚和暴力等手段。儿童的攻击性在较大程度上受父母的影响。一项研究中，273名幼儿园的儿童及其母亲作为被观察者，母亲对儿童体罚越严重，儿童的攻击行为就越多。② 遭受到暴力的儿童，在其后来的成长过程中，会有更多的攻击倾向。所以，对儿童合法权益的保护，不仅仅是对儿童本人权益的保护，也是对人类社会权益的保护。

联合国议会联盟与联合国儿童基金会在2004年联合出版的《儿童保护——议员手册》一书明确提出，"在儿童时期被疏忽或暴露于暴力与卷入犯罪之间有着很强的依存关系"。心理学家已经承认在家庭中接触暴力将导致儿童自己养成暴力行为模式。美国的一项研究得出结论：虐待或疏忽的经历将使因为犯罪被逮捕的概率增加53%。英国的一项调查显示，72%的实施了严重犯罪的青少年是虐待的受害者。③

综合本节所述，攻击行为是人类常见的行为之一，攻击倾向属于人的本能倾向。人的攻击包括暴力的直接攻击，也包括政治斗争手段在内的间接攻击。任何犯罪行为都可以理解为攻击行为，严重的攻击行为一般都会发展为犯罪行为。人的攻击行为受生理、社会角色、人格类型、情境、文化价值等多因素的影响。我们需要根据攻击性的有关因素来控制攻击。只有合理的惩罚才能有效控制攻击。

---

① ［美］Elliot Aronson，Timothy D. Wilson，Robin M. Akert：《社会心理学》，侯玉波等译，319~324页，北京，中国轻工业出版社，2005。

② 俞国良、戴斌荣：《基础心理学》，197~198页，武汉，武汉大学出版社，2007。

③ 佟丽华：《青少年遭受犯罪侵害与实施犯罪的关系研究》，载《中国律师与未成年人权益保障》，2004（2）。

6.4　群体、互惠及攻击在法学及司法中的应用

6.4.1　成功的法律制度是以互惠为核心的

制度提供可以信赖的规范基点和价值观，以证明哪些规则合理可行。而法律等正式制度通过事后补偿机制，可以降低经济主体信任遭到破坏时可能出现的利益损失。我国第四次修订的宪法规定，国家为了公共利益的需要，可依法对公民的私有财产实行征收或征用并给予补偿。这就显然体现了公共利益与个人利益之间的某种互惠、公益收用与正当补偿之间的某种平衡了。这有利于增加人们对法律的信任。克劳斯·奥弗（Claus Offe）指出："制度的质量如果比较高，就能够使我们信任那些我们从来没有接触过以及和我们没有相关的共同效忠对象的人。"在制度设计的过程中，应多听取制度设计者的意见，正如有的学者所言，"设计一种法律制度，首先要求我们聆听参与者的需要，其次我们要增加对多样性的宽容"，①只有这样才能够设计出参与者信赖的制度。

法律制度是制度中的正式规范，处于核心地位。实际上，每一项制度都具有可行性的要求，可行性就是要求制度必须是富有效率并能够促进利益协调的。只有具备了互惠机制和信任机制的制度，才具有可行性。德国学者图恩瓦（Thurnwald）认为，给予—回报的互惠原则为人类公平感的基础，是"所有法律的社会心理基础"。②马林诺夫斯基认为，"作为有效的社会强制力的法律要素和法律层面，存在于促使人们履行他们义务的各种复杂的制度中。其中最重要的是把众多的交易用双方相互服务之链连接起来的方式，在每次提供服务后便能很快得到回报。"他还断言，"互惠、制度化的程度、公开性和报复才是奠定原始法律约束机制的主要因素"。③现代刑法就是"罚当其罪"，是"对于不适当的行为应当给予适当的惩罚"，也是互惠的体现。

制度变迁就是以一个新的制度安排来取代原有的制度安排。互惠与制度变迁有着重要的关系，任何制度变迁都是互惠机制的调整。诺斯认为："制度是

① Laura Nader Harry F. Todd, Jr：《人类学视野中的纠纷解决：材料、方法与理论》，徐昕译，见吴敬琏、江平主编《洪范评论》第8辑，168页，北京，中国法制出版社，2007。
② ［英］马林诺夫斯基：《原始社会的犯罪与习俗》，原江译，108页，昆明，云南人民出版社。
③ ［英］马林诺夫斯基：《原始社会的犯罪与习俗》，原江译，38页，昆明，云南人民出版社。

一个社会的游戏规则，更规范地说，它们是决定人们的相互关系的系列约束。""制度提供了人类相互影响的框架，它们建立了构成一个社会，或确切地说一种经济秩序的合作与竞争关系。"① 法律制度主要是通过配置、激励和约束三种基本功能向人们提供这种旨在建立一种秩序的服务。② 而这三种基本功能否发挥作用，更多的是依赖于制度能否为人们提供一种制度保证的稳定预期。

"WTO 是在全球基准上建立的经济贸易领域的一个法律共同体，它是一个独立、自主、自治的法律实体"。③ WTO 是世界贸易领域内实现互惠模式的法律制度，互惠互利是建立 WTO 共同行为规范、准则过程中的基本要求。互惠贸易是 WTO 中多方互惠的核心和主要工具。关贸总协定及 WTO 的历史充分说明，多边贸易自由化给某一成员带来的利益要远大于一个国家自身单方面实行贸易自由化的利益。这主要是得益于 WTO 机制的保障，而不像单边或双边贸易自由化利益那么不确定。

诺斯认为，制度变迁一般要经过五个阶段：一是形成制度变迁的初始行动群体，二是制定有关制度变迁的方案，三是对变迁的方案进行评估和选择，四是形成制度变迁初始行动群体以外的第二团体，五是初始行动群体和第二团体④共同行动去实现制度变迁。可以看出，制度变迁能否实现关键在于第五步，就是至少要有两个独立的行动者共同行动，而让两个独立行动者共同行动的动力就是信赖和互惠，此外别无他选。因此，没有互惠机制的安排，一个有效率的制度变迁是难以真正实现的。

现代的期货交易起源于美国芝加哥商品交易所。当时只有现货交易，82名谷物商人作为制度变迁的初始行动群体，创立了芝加哥商品交易所；但即使在向交易者提供免费午餐的情况下，也没有多少交易者参加交易，即缺乏第二团体。此次，美国政府出面了，出台法令强制要求 5000 蒲式耳以上的交易必须进场交易，才使交易人数大增。美国政府可以理解为第二团体，因为正是政府的强制使得大量的交易者出现。而美国政府出面参与，是因为推动期货交易有利于市场的平稳运行，符合政府的利益。

① 诺斯：《制度、制度变迁与经济绩效》，刘守英译，29 页，上海，上海三联书店，1994。
② 刘世锦：《经济体制效率分析导论——一个理论框架及其对中国国有企业体制改革问题的应用研究》，44 页，上海，上海三联书店，1993。
③ 鲍禄：《加入世贸组织对我国法律的深层影响》，载《国际贸易问题》，2003（12）。
④ 初始行动群体是制度变迁的创新者、策划者和推动者，第二团体则是制度变迁的实施者。

制度变迁的成功与否，就在于是否增强了互惠机制，提高了信赖水平。制度与信任存在着相互促进的关系。制度的扩展导致信任的扩展，而信任的扩展进而又会促进秩序的扩展。柯武刚、史漫飞认为："制度的关键功能是增进秩序：它是一套关于行为和事件的模式，它具有系统性、非随机性……秩序鼓励着信赖和信任，并减少着合作的成本。当秩序占据主导地位时，人们就可以预见未来，从而能更好地与他人合作，也能对自己冒险从事创新性实验感到自信。"①

由于信赖（任）机制是互惠的前提，所以任何制度变迁都是对信赖机制的重大调整。商鞅变法令下达后的第一件事就是以三丈之木置于国都南门，募民有能徙木于北门者赏十金，但无人响应。他又将赏金增至五十金，有一人应募，即获得五十金，以此来取信于民。郑也夫在《信任论》中从宏观层面着重讨论了制度、秩序、信任之间的关系，认为社会秩序有三个来源，即强制、互惠、习俗。他认为社会秩序是"指依赖于社会成员间的普遍存在的信任建立起来的社会秩序"。② 显然，信任是建立社会秩序的主要工具之一，以信任建立起来的社会秩序是一种信任性的社会秩序。

6.4.2 法律调整中的互惠关系普遍存在

整个社会都是按照互惠模式在运转的，司法领域也不例外。为了完成共同的追诉任务，各国刑事诉讼立法要求警察和检察官要协调行动。尽管有的警察的违规行为会给检察官带来麻烦，使其在法庭上丢脸，但为了胜诉，许多检察官会包庇、纵容甚至鼓励警察的某些非法行为。例如，德萧维奇从其多年的法律职业生涯中，总结出美国司法游戏运作的这样一道规则：许多检察官毫不迟疑地鼓励警察当他们被问到是否用违反宪法的手段给有罪的被告定罪一事时说谎。③ 美国学者肯纳斯·梅利利（Kenneth J. Melilli）的研究发现：

一些检察官由于经常与警察打交道，他们视警察而非社会公众为他们的当事人。一些检察官不愿意批评警察的工作，哪怕只是暗示性的。因为这些检察官有理由担心警察因出于抱怨而可能不将案件移交检察官指控，并且担心以后

---

① ［德］柯武刚、史漫飞：《制度经济学——社会秩序与公共政策》，韩朝化译，23 页，北京，商务印书馆，2002。

② 郑也夫：《信任论》，113 页，北京，中国广播电视出版社，2001。

③ ［美］亚伦·德萧维奇：《最好的辩护》，李贞莹、郭静美译，14 页，海口，南海出版公司，2002。

警察不与他们合作，所以尽量避免与警察搞僵关系，有时甚至为博得警察的欢心而指控那些本不应该指控的案件。①

辩诉交易也是互惠原则在法律中的一种应用。当事人主义诉讼的对抗性质使辩诉交易成为一种典型的讨价还价的博弈，其中参与人是检察官和被告人，控辩双方在追诉与反追诉的对抗中，均可以采取一定的攻防进退战略。而在进入审判前，控辩双方可能的战略组合有两个：选择正式审判或者选择辩诉交易。参与人的收益如果量化的话，前者要么是100%，要么为零；后者的收益虽然达不到100%，但它可以避免出现收益为零的风险。在100%与零之间如何选择，对双方来说就是风险博弈。辩诉交易正是理性的诉讼当事人即控辩双方基于较大的诉讼风险以及昂贵的诉讼成本，发现进行交易更符合他们的利益，从而达成一致，选择退出诉讼，打断诉讼进程并获得相应收益的"辩诉和解"。这种结局不是非赢即败，而是一种"双赢"。这也是司法实践中，辩诉交易普遍存在的基本原因。②

6.4.3 军人、警察等社会角色的攻击及原因分析

大多数的社会团体都有许多明确的社会角色，这些角色应该按照团体对其的期望或者其应遵循的规则行事，但在期望和团体的规定之外，社会角色也具有攻击的倾向，这些攻击者是在行使社会角色职责时进行攻击的。比如，办公室性骚扰也是一种社会角色的攻击。斯坦福大学的模拟监狱实验表明，社会角色的攻击是非常普遍的，带来的影响也是巨大的。

1971年，斯坦福大学的社会心理学家菲律普·G. 金巴多及三名助手做了著名的监狱实验。他们在斯坦福大学心理学系的地下室建了一个模拟的监狱，然后招募学生扮演看守或犯人，并支付一定的报酬。这些学生都接受采访和性格测试，经过评定被认为情绪稳定、成熟和守法。学生们扮演的角色是通过抛硬币决定的。计划共进行两周实验。"犯人"们被"逮捕"后，戴上手铐被带入"监狱"，在那里脱衣、搜查、驱除虱子、配上囚衣。"看守"们配上警棍、手铐、警用哨子和囚室钥匙。"看守"们被告知，其工作是要维持监狱的"法律和秩序"，可以自行设计控制"囚犯"的办法。大家很快就进入了角色。

---

① Kenneth J. Melilli: "Prosecutorial Discretion in an Adversary System", Brigham Young University Law Review, 1992, (3), pp. 669 - 704.

② 龙宗智：《正义是有代价的——论我国刑事司法中的辩诉交易兼论一种新的诉讼观》，载《政法论坛》，2002（6）。

"看守"们不断地增加新的管制条例，半夜三更经常唤醒犯人点名，迫使他们进行无聊和无用的劳动，因为"不守规定"而惩罚他们。"看守"思想中很快形成的施虐心理可以从他们中的一个人说的话中看出来。实验开始前，这人说他是位和平主义者，不喜欢进攻别人，他无法想象他竟然会虐待别人。到第五天，他在日记中说："我把这人（一个'囚犯'）挑选出来进行特别处罚，因为他极想受到这样的处罚，也因为我特别不喜欢他……新囚犯不吃这种香肠……我决定强行让他吃，可他还是不吃。我让食物从他脸上流下来。我无法想象是我自己在干这样的事。我为逼迫他吃东西而感到内疚，可是，因为他不吃我感到更火。"

受到羞辱的"犯人"开始对不公的处罚习以为常了，变得被动、无助和沉默寡言。到第五天，因为充当"囚犯"的实验参与者中有四名出现了严重的情绪反应，如哭泣、抑郁、焦虑和狂怒，实验者突然宣布实验结束，以保全所有人。金巴多及其同事没有预料到两个组都会如此迅速地发生转变，后来在报告中写道："这次模拟监狱体验最令人吃惊的结果是，这些极为正常的年轻人身上竟会很轻松地激发起施虐行为，而在这些因为情绪稳定而严格挑选出来的人中间，竟会很快散布一种传染力极强的情绪病状。"[1]

这个实验表明，正常的、健康的、受过教育的年轻人在"监狱环境"的团体压力下如此迅速地发生转变是多么轻易的一件事。

在战争中，军人杀害对方军人是他们的角色职责，但大规模杀害平民则属于角色攻击行为。在司法活动中，警察、检查人员依法代表国家行使暴力是其角色职责，并不是攻击行为。但滥用酷刑、刑讯逼供、警察暴力[2]等就属于司法人员的角色攻击活动。这种攻击行为是人类的灾难，如日本侵略军队的南京大屠杀，美国军队在越南美莱的大屠杀；我国关于司法人员刑讯逼供获刑的报道众多。1992年4月，美国洛杉矶四名美国白人警察暴打一名黑人，但法院宣判他们无罪，这一判决迅速导致了美国最严重的骚乱事件。

在这类攻击行为中，攻击行为的惯性、被害者没有能力报复、为己方报仇、高强度的压力等发挥着重要作用。此外，群体人理性的淡化和一种"憎恨受害者"的心理也在发挥着重要的作用。"军人们很可能会试着贬低这些受害者，称他们为'人渣'……成功地将战争难民禽兽化之后，又会导致暴行

---

① P. Zimbardo etal. , Interpersonal Dynamics in a simulated Prison, International Journal of Chiminology and Penology, No. 1 (1973), pp. 69 - 97.

② 警察暴力是指警察或其他执法人员过多使用体罚的行为。

持续发生，其残酷性甚至升级。伤害次等人种比害同类容易得多。"①

军人或警察的暴力与军人或警察的社会角色有一定的关系。职业是一种被社会赋予特殊权力的角色。人们进入某一职业（即社会角色）后都会经历一个过程：学习掌握这一角色所要求的行为方式，并按其行事；按角色的要求去思考，逐渐将自我与职业角色一致起来。其中，人们往往无意识地形成某些角色的行为和思考习惯。许多军人最初发生的暴力行为可能是为了保卫自己、消灭敌人，而警察最初的暴力行为可能是发生在制止犯罪的活动中，发生在逮捕危险的犯罪分子过程中，或者发生在讯问那些令人厌恶、充满敌意和挑衅的犯罪嫌疑人身上。他们中许多人最初的暴力行为可能富有正义色彩，与某种民意相一致，所以这种行为方式很容易被肯定并保留下来，并在不经意中逐渐成为一种习惯或带有倾向性的行为方式。从军人或警察的工作环境来看，由于他们的正常角色职责之一就是"经常地使用暴力"，在客观上造成了下列后果：降低他们对攻击的有效抑制；导致了对攻击的模仿；攻击常常成为他们的直接反应；频繁的攻击麻痹了他们对于残酷与伤害的恐怖感受，同情心被麻木了。②

而在警察实施的攻击活动中，将自己的形象正义化和行为合法化是非常重要的心理支撑因素。由于警察是代表国家行使警察权的，具有国家赋予的暴力权力，在实施攻击行为时，会有"我在代表国家维持秩序，我是可以这样做的"意识在发挥作用。同时，实施攻击的警察还会对自己行为的合法化有着充分的认可："我只有这么做，才能让嫌疑人交代罪行，这是我的职责。"而这些心理支撑因素是有着深刻的社会背景、文化背景和司法环境背景的。此外，警方之所以刑讯逼供，并不是为了主观认知的目的，而是为了在客观上对外确证自己的主观认知。为了获得检察机关的认同，需要主观认知之外的材料印证他们的判断，这就是证据，而犯罪嫌疑人的口供是最简洁明了的证据。这也是酷刑的支撑理由。

很多角色攻击是集体行为，这主要是因为军队或司法部门是一个高度强调顺应和服从的群体。在集体的攻击过程中，服从权威（否则会遭到同伴或上司的排斥）发挥了重要作用。此外，效仿以前的行动和效仿其他同伴的行为也发挥了重要的作用。心理研究表明，越是在外部压力大或外部条件重要的情

① ［美］Elliot Aronson，Timothy D. Wilson，Robin M. Akert：《社会心理学》，侯玉波等译，165 页，北京，中国轻工业出版社，2005。

② ［美］Elliot Aronson，Timothy D. Wilson，Robin M. Akert：《社会心理学》，侯玉波等译，374 页，北京，中国轻工业出版社，2005。

况下，人们越容易产生从众行为。所以，我国很多的刑讯逼供是发生在破获重大命案之中的，这与"命案必破"的压力不无关系。

人是具有偏见倾向的，这在角色攻击行为中也发挥着重要的作用。由于职业的关系，就像一位刑事法官所说的，"长期目睹社会的最阴暗面与人心的最丑恶面，我们有时也会变得敏感、易怒而又多疑。……如果给我一些心理辅导，那就更好了"①。警察们对犯罪嫌疑人或被侦察的群体已经有了严重的偏见，而他们自己可能并不知晓。警察们认为，犯罪嫌疑人都差不多，他们是低等的人，他们有罪，是必须要接受处罚的人。也就是说，警察们已经形成了"敌方印象"② 和"刻板印象"③。"刻板印象"一旦形成，是难以消除的。而一旦这种偏见形成制度化，就使大多数人潜移默化地接受了某种程度的偏见或歧视，就会导致从众行为。想想美国当年的种族隔离，我们就能够知道这种偏见对于攻击的影响了。

西北政法学院公安学院副教授冯雪对 34 名民警做的一次心理测评显示，90% 的民警抑郁和强迫症状明显，如"感到自己的精力下降"、"感到难以完成任务"、"感到苦闷"等；80% 的民警还有不同程度的敌意和躯体化症状，如"容易烦恼和激动"、"自己不能控制地大发脾气"、"有想打人或伤害他人的冲动"等。④

此外，在多数情况下，警察群体与被侦察对象或被羁押者之间是存在着现实冲突的：前者要完成国家所赋予的职责，查明犯罪事实，后者要保护自己的利益，竭力掩盖其罪行，逃避刑事处罚。这种冲突是直接的和难以协调的。因此，就自然会产生一种对抗情绪和敌意，而敌意是产生攻击行为的明显原因。

从上面的分析可以发现，军人、警察等社会角色的攻击是非常难以控制的。因此，控制刑讯逼供也是一个难题，仅仅依靠军队或警察内部的管理和控制也是不可能的。问题的关键是这类攻击行为背后有着深刻的行为观念——功利主义。

《中华人民共和国刑事诉讼法》第九十六条第一款规定："犯罪嫌疑人在

---

① 萧显：《请不要叫我们"杀手"》，载《南方周末》，2007 - 12 - 20（A5）。

② 敌方印象常用来表示对敌对国家（尤其是敌国政府及其领导人）的一种否定性印象，因为敌人在人们心目中的印象总是心怀不轨、非正义和有邪恶的特质。

③ 刻板印象是偏见态度下的认知成分，是对某个团体的统一概念，将同样的特征赋予该团体的所有成员，无视成员之间的实际差异。比如，国内对于"河南人"的一种看法。

④ 台建林：《职业刺激导致暴力情绪 记者调查警察职业风险》，载《法制日报》，2006 - 11 - 13。

被侦查机关第一次讯问后或者采取强制措施之日起，可以聘请律师为其提供法律咨询、代理申诉、控告。"但并未规定讯问时律师有权在场。由于犯罪嫌疑人与侦查机关相比，在诉讼地位和力量上的差距较大，若让犯罪嫌疑人单独面对侦查机关，就容易受到侦查机关的强制，包括刑讯逼供。而律师熟悉法律，清楚犯罪嫌疑人的权利和义务，可以为犯罪嫌疑人提供法律帮助；同时，律师也了解侦查机关的权力和义务，讯问时有其在场可以对侦查人员的侦查活动进行监督，防止侦查机关刑讯逼供。

6.4.4　合理的惩罚对于控制攻击效果显著

因为惩罚本身就是一种攻击，根据互惠规范，不恰当的惩罚会导致新一轮的报复性攻击。这可以由对孩子经常使用暴力的家庭得到印证，使用严厉惩罚、具有攻击性的父母教育下长大的孩子，也容易具有暴力倾向。[1]

一般来说，加大刑罚力度，就能提高威慑效应。但这种正相关关系并非绝对，而是有其临界点。只有在罪刑相当、刑罚公正适度的前提下，惩罚强度与威慑效应之间的正相关关系才能成立。违背罪刑相当原则的严罚重罚，不仅达不到与刑罚力度成正比的威慑效应，反而会产生效应递减现象和刑罚负效应，甚至引起受刑人的敌对和抵触情绪。

对于刑事犯罪而言，严酷的刑罚也不能降低暴力犯罪率。在对谋杀案可以判处死刑的国家，谋杀案的百分比并不比那些没有判处死刑的国家低。美国那些废除了死刑的州并没有经历一些专家预测的死刑犯罪会增加。而当美国在1976年又恢复了死刑制度后，也没有迹象表明，重新恢复的死刑制度降低了谋杀案的发案率。从1999年到2004年的5年期间，我国法院审结的一审刑事案件数从33.9万余件飙升到68.3万余件，上升率达到了109%，而判处的罪犯总人数5年间更是上升了127%。2005年审结的一审刑事案件数和判处的罪犯总人数较2004年又分别上升了6.17%和10%。

研究严厉惩罚与攻击之间的关系，可以通过对儿童行为的研究获得一些启发。

阿伦森和卡尔史密斯以学龄前儿童为实验对象，进行了禁止他们玩他们最喜欢玩具的实验：对一组儿童要求不能玩，否则给予轻微的处罚；对另一组儿童则以严厉的处罚相威胁。尔后，实验人员离开，让这些儿童有时间和机会玩

① ［美］Elliot Aronson，Timothy D. Wilson，Robin M. Akert：《社会心理学》，侯玉波等译，369页，北京，中国轻工业出版社，2005。

其他玩具或他们最喜欢的那个玩具。两组儿童均没有人玩那个被禁止玩的玩具。在数分钟后，实验人员返回询问。受到严厉处罚威胁的儿童称，那个被禁止玩的玩具仍是他们的最爱，不玩是因为害怕严厉的处罚；受到轻微处罚威胁的儿童，对被禁止玩的玩具的喜爱程度已有所降低，不玩是因为他们成功地使自己相信他们并不怎么喜欢它了。在几周后，那些受到轻微处罚威胁的儿童比那些受到严厉处罚威胁的儿童，更不可能再去玩被禁止玩的玩具。这主要是因为受到轻微处罚威胁的儿童，不是靠处罚这样的外部理由说服自己，而是通过贬低该玩具的吸引力，来合理化自己的行为。

所以，严厉的惩罚能够为行为人的行为提供强有力的外部理由，能够激发顺从行为但阻止了真实态度的改变；但如果惩罚的强度只导致行为的改变而不是那么严厉，却容易导致态度的改变，而且效果会持久。①

严厉的惩罚还会对被惩罚人造成适应效应②。俄罗斯心理学家 A. M. 雅科夫列夫认为："在评价剥夺自由这种惩罚形式的社会效果时，应注意到下列情况：累犯的比重，随着惩罚规格的提高而增加。"③ 这种情况是有较多的心理研究作为证明的。利肯（Lykken）发现，与控制组相比，反社会个体对先前与痛苦电击相联系的条件刺激物的生理反应较弱。④ 黑尔（Hare）发现反社会个体对即将出现的痛苦电击表现出了不太强烈的生理反应。帕特里克（Patrick）的研究表明，与控制组相比，当反社会个体暴露在令人厌恶的条件刺激物面前时表现出了较少的消极情绪的生理症状。⑤ 这说明，随着刑罚的不断升级和适应，被惩罚人的社会心理学的"敏感阈"有所上升。

那么，什么样的惩罚程度可以有效地控制攻击呢？研究表明，中等程度的惩罚可以有效地控制攻击。当人们在体验到中等程度的刺激或威胁时，有可能对攻击反应产生抑制。因为在较低水平的威胁下，由于人们没有感到被威胁，不会产生反应，也就不存在任何产生抑制的东西，攻击行为也不会受到抑制；在高水平的威胁下，认知功能受到高水平威胁的干扰，也不会抑制攻击行为。

---

① ［美］Elliot Aronson，Timothy D. Wilson，Robin M. Akert：《社会心理学》，侯玉波等译，159 ~ 161 页，中国轻工业出版社，2005。

② 适应效应是指刑罚惩罚的力度及其给予犯罪人的痛苦体验，随着服刑者服刑时间的延续和推移而降低。

③ 罗大华：《犯罪心理学》，357 页，北京，中国政法大学出版社，2007。

④ 庄锦英：《情绪与决策的关系》，载《心理科学进展》，2003（4）。

⑤ 庄锦英：《论情绪的生态理性》，载《心理科学进展》，2004（6）。

博克维茨（Berkowitz）等人进行的心理实验①证明了上述结论。

贝卡利亚根据功利主义的计算，对刑罚制作了一个可以测量的刑罚价目表，在每一点上，刑罚威胁的痛苦，仅仅超出实施犯罪行为所预期的快乐。

惩罚还应该及时。刑事古典学派的创始人贝卡利亚在《论犯罪与刑罚》中曾经说过："制止犯罪发生的一个最有效的手段，决不在于刑罚的残酷，而在于刑罚的不可避免性。""犯罪与刑罚之间的时间间隔得越短，在人们心中，犯罪与刑罚这两个概念的联系就越突出、越持续，因而，人们就很自然地把犯罪看做起因，把刑法当做不可缺少的必然结果。"② 美国学者所罗门（R. Solomon）所做的对狗进食进行惩罚的实验也表明，只有及时的惩罚才能有效地阻止需要禁止的行为。

实验者把分别盛有肉和劣质食物的两个盘子放在三组饿狗面前。当狗要吃肉时，实验者对第一组在狗开始接近盛肉的盘子时就给予打击，第二组在吃肉2秒后打击，第三组在吃肉15秒后打击。结果在此后的实验中，第一组狗一旦接近盘子就恐惧；第二组狗对惩罚的记忆就差得多，虽也害怕打击，却不愿意离开肉盘子；第三组狗则不畏惧打击，一面挨打，一面坚持把肉吃完。③

一般来说，法律惩罚的强度与威慑效应正相关，但也是有其临界阈限的。新行为主义者赫尔在说明行为的动力机制时提出过两个概念：一个是反应势能，另一个是反应阈限。反应势能是指个体在一定刺激作用之下可能产生某种反应倾向的能量，其作用在于驱动个体在一定方向上的行动。反应阈限是指恰能引发某种反应的临界状态。当反应势能在反应阈限以上时，反应就会发生。要使刑罚的反应势能达到改变违法者行为的效果，其能量必须在反应阈限之上。

所以，只有改变攻击者的行为信念，让其真正认识到攻击是不应该的，才能够有效地控制攻击行为。严酷的刑罚，并非朱元璋所讲的那么有效，它绝对不是治理社会的一种长期的实效手段；相反，适当的刑罚却能在这个过程中起到一种微妙的作用，从而更有效地预防犯罪。

综合本章所述，群体性、互惠与攻击倾向，是法律发挥作用的重要社会条件。在群体中，存在着一种特殊的决策模式，个体人的观念、情感和行动趋向

① 郭永玉：《人格心理学》，427～428 页，北京，中国社会科学出版社，2005。
② 贝卡利亚：《论犯罪与刑罚》，黄风译，56～57 页，北京，中国大百科全书出版社，1993。
③ 罗大华：《犯罪心理学》，368 页，北京，中国政法大学出版社，2007。

一致。人的互惠模式倾向有着深刻的生物和社会基础，报复是互惠模式的一种表现；法律调整过程中，互惠发挥着重要的作用。人具有攻击倾向，这可以从人的基本需要推理得出，也可以从人的攻击行为得到印证。严重的攻击就是犯罪行为，合理的惩罚更有利于控制攻击。

从制度建设的角度来看，成功的法律制度都是以科学、合理的互惠为核心的，在法律调整中互惠关系也是普遍存在的。军人、警察等社会角色的攻击行为是有着特殊原因的，需要特殊的制度设计才能有效控制。严厉的惩罚并不利于对攻击的控制，只有合理的惩罚才能有效控制攻击。

7

纠纷中的人类形象

纠纷或争端是社会主体之间在出现利益冲突时的对抗状态。① 纠纷是人类社会的一种正常现象，人类社会发展了包括法律在内的各种社会控制形式。"法律本身就是在出现争执时判断谁是谁非的标准，同时又是解决纷争的手段。"② 纠纷来源于利益上的冲突或情感上的对抗。利益即"某种要求或欲望"，是"人们希望得到满足的东西"，冲突即"各派之间直接的和公开的旨在遏制各自对手并实现自己目的的互动"。③ 在当今纠纷解决途径多样化以及司法审判功能被不断"去魅"的背景下，我们更需要考察纠纷中的人类形象。为了考察纠纷中的人类形象，就应该将关注的焦点定位于纠纷解决的过程以及纠纷中个人的行动，而不是表面上的规范适用。

7.1 人并不愿意直接协商解决纠纷

人会经常处于和他人的纠纷之中，但会努力寻求纠纷的解决。人类学家一般将纠纷的过程划分为三个阶段：不满或前冲突阶段、冲突阶段、最后的纠纷阶段。不满或前冲突阶段指一个人或群体感受到不公，并认识到愤恨或抱怨理由的情形或境况。冲突阶段是一方当事人提出挑战，并向冒犯者表达愤怒或情感。最后的纠纷阶段是事件公开化而导致的冲突升级。并不是所有的纠纷都按

---

① 陈柏峰：《暴力与屈辱：陈村的纠纷解决》，见苏力主编《法律和社会科学》，201 页，北京，法律出版社，2006。

② ［日］西原春夫：《刑法的根基与哲学》，顾肖荣等译，133 页，北京，法律出版社，2004。

③ ［美］乔森纳·H. 特纳：《现代西方社会学理论》，范伟达译，244 页，天津，天津人民出版社，1988。

照这三个阶段的顺序进行，也会有不依序发展的。① 从某种意义上，刑事诉讼可理解为政府与当事人之间的一场特殊的"纠纷"，这场纠纷必须要通过正当程序由司法机关独立加以解决。

人解决纠纷或争端的方法是多样化的。朱景文教授认为，根据其是否由正式的社会组织实施可分为非正式的解决争端和正式的解决争端，根据解决争端是否需要第三方干预可分为自己解决和由第三方解决两种方式。选择解决方式时，主要受人们之间的关系性质（复杂关系或简单关系）、社会发展程度、社会文化、利益的计算等因素的影响。②

美国人类学者 R. 施瓦茨和 J. C. 米勒（Miller）的研究表明，人解决纠纷的方式是多样的。他们通过对 51 个部落社会的统计，分析了其处理纠纷的社会组织的发展水平，并把法律组织形式分为三种：法律顾问，通常指在解决纠纷中专门化的非亲属建议人；调解，通常指非亲属的第三方介入纠纷的解决；警察，指被部分地或全部地用来保障规范生产的专门化的武装力量。在 51 个部落社会中，有 7 个部落社会这三种形式都没有，18 个部落社会只存在调解，11 个部落社会只存在调解和警察，7 个部落社会这三种形式都存在。③

7.1.1　纠纷过程伴随着敌意

人在利益冲突过程中一般将对方确立为"敌方印象"。"敌方印象"常用来表示对敌对国家（尤其是敌国政府及其领导人）的一种否定性印象，因为敌人在人们心目中的印象总是心怀不轨、非正义和有邪恶的特质，如在许多美国人的印象中，伊拉克总统萨达姆·侯赛因是一个野心家，他残忍、无情而且狡诈。"敌方印象"不仅在国际冲突中经常得以体现，将这一概念用在刑事诉讼中也能够在一定程度上反映冲突主体对对方的心理态度。在一般情况下，人们总是喜欢对敌人的行为（即使是正义的）作出否定性评价，如若一个黑社会老大扶盲人过马路，人们会认为他是在沽名钓誉。虽然当前我国的警察、检察官不再把犯罪嫌疑人当做"阶级敌人"，尽管他们大多数也以代表公共利益而保持客观的立场自居，但是由于利益的对立，"敌方印象"仍是普遍存在

---

① Laura Nader Harry F. Todd, Jr：《人类学视野中的纠纷解决：材料、方法与理论》，徐昕译，见吴敬琏、江平主编《洪范评论》第 8 辑，145 页，北京，中国法制出版社，2007。

② 朱景文：《解决争端方式的选择——一个比较法社会学的分析》，载《吉林大学社会科学学报》，2003（5）。

③ 转引自吕世伦、叶传星：《现代人类学对法起源的解释》，载《中国法学》，1993（4）。

的：在大量的案卷中和一些公开的媒体报道中，诸如"残忍"、"凶狠"、"狡猾"等用来描述敌人性格特征的词汇被经常性地用在了犯罪嫌疑人、被告人身上；在总结侦查破案过程时，诸如"引蛇出洞"、"关门打狗"也是惯用的成语。

一般来说，利益的冲突会产生敌对的情绪。如前文所述，控辩双方在刑事诉讼中的利益对立和冲突是客观存在的，并具有直接性和难以调和性，这就决定了控辩双方的"敌方印象"存在的必然性，并且即使特定的刑事诉讼的利益冲突终了以后，双方的"敌方印象"也不会马上消失，通常会持续很长一段时间；如果控辩双方的利益冲突是基于对犯罪嫌疑人、被告人的冤枉造成的，就犯罪嫌疑人、被告人这方面来讲，他们对政府的"敌方印象"可能终生都不会消退。尽管"敌方印象"有存在的客观必然性，但它可以通过一定的手段来减缓。一般来说，冲突的烈度与暴力程度越低，冲突带来的敌意就越有可能在其极端化以前释放。如果人们（尤其是警察、检察官）能够对犯罪更加宽容，如果在刑事诉讼诉讼过程中尽量减少或者杜绝粗暴的态度，如果能够体谅犯罪嫌疑人、被告人的处境，并为其提供有益的必要帮助和人文关怀，那么犯罪嫌疑人、被告人对警察、检察官的"敌方印象"也许就不会那么强烈、鲜明。应当说，在缓和控辩双方的"敌方印象"问题上，控方负有更大的责任。

研究表明，在最初的原始社会，当人们发生纠纷时，双方也不会采取直接协商的形式。在一个群体内成员的纠纷，一般是由首领或者公正的第三者来调停的，也有直接诉诸暴力的情况；而两个不同群体的成员间的纠纷则可能导致世仇的武装械斗。安达曼岛人犯有杀人罪后就会逃跑，当可能会导致暴力的结果时，首领就会出面调停；而生活在被吕宋岛的伊富高人①，一般是利用一个公正的第三者来调停本群体内的纠纷。②

正是纠纷过程中的敌意，经常使得纠纷当事人处于难以和解的战争状态。在现代社会，"咱们法庭上见"、"我的律师与你谈"，成为了纠纷当事人之间的敌意达到顶峰的标志。而当他们真正进入诉讼程序后，法庭成了他们激烈对抗的"战场"。在对抗诉讼中，当事人的敌意会加剧，中国有句老话——"一年官司十年仇"。"把官司打到底分出胜负也就使各方当事人在诉讼后保持某

---

① 伊富高人生活在北吕宋岛，人口约有7万人，并没有国家政府机构的统治，他们以亲属关系为基本纽带，以家庭为单位从事农耕，按照多年形成的社会规范生产和生活。

② ［美］霍贝尔：《原始人的法——法律的动态比较研究》，严存生等译，308页，北京，法律出版社，2006。

种关系的可能性减少了。"①

如离婚案件中常有这种情况，夫妻关系长期不睦，彼此都预感到，迟早要诉到法院。特别是有第三者插足的案件，被告人往往有意制造矛盾，使对方在忍无可忍的情况下诉到法院。持有这种心态的当事人，在案件处理中往往反映出两个极端：一是极易处理，被告人喜欢速战速决，不计较得失；二是不易处理，因为被告人有充分的时间和条件为诉讼打埋伏、做手脚、设障碍，在诉讼中能攻善守。②

7.1.2　人在纠纷后具有协商规避的倾向

有的学者认为，在纠纷发生的不同阶段解决纠纷，可将纠纷解决的模式分为单方解决机制、双方解决机制和第三者纠纷解决机制（三方解决机制）。③ 尽管有上述三种方式，但人们常常会选择第三方纠纷解决机制。这是因为在纠纷的过程中，常常会出现协商规避的情况，即当事人并不愿意通过直接的协商解决问题，而是愿意诉诸其他方式解决，如武力、调节、诉讼等。主要的原因为：

第一，由于人在归因的过程中具有着自我服务偏见（自利偏见），常常会对自己的权利或遭受到的损失给予偏高的估值，当事人存在着认识上的较大偏差。研究表明，由于自我服务偏见在对公平的判断和论证过程中发挥作用，自我服务偏见成为导致谈判过程僵局的重要因素。④

第二，人纠纷的标的缺少可替代品，有时纠纷的标的是一种权利（如为了安静享受的权利，而反对施工方的噪音；离婚的一方希望探视判由另一方抚养的孩子），这种权利是缺少替代品的，也就缺少市场价值，是难以定价的。

第三，人纠纷的标的难以交易，或者是难以弥补的。当事人会认为将这种标的拿出来像交易那样被弥补，是对自己的侮辱，这种方式让自己感觉到不舒服。

第四，人的纠纷并不只涉及物质利益，还包括许多情绪和情感的因素。人

---

① ［美］伦斯特洛姆：《美国法律词典》，贺卫方等译，5~28 页，北京，中国政法大学出版社，1998。

② 王丽华：《谈民事案件当事人的诉讼心理》，载《人民司法》，1991（1）。

③ 王亚新教授"纠纷三阶段"理论对这一理论做了非常准确的中文介绍。参见王亚新：《纠纷，秩序，法治——探寻研究纠纷处理与规范形成的理论框架》，见清华法律评论编委会编《清华法律评论》第2辑，北京，清华大学出版社，1999。

④ Linda Babcock and George Loewenstein："Explaining Bargaining Impasse：The Role of Self-Serving Biases"，Journal of Economic Perspectives. 11，1997，pp. 109-126。

在纠纷过程中，交织着彼此之间的怨恨、不融洽的关系，当事人的言行举止常常是尖刻的。"经办了大量侵权纠纷的律师们经常评论说这些案件具有（彼此）充满愤恨特征，并且涉及财产诉讼的邻里之间通常也是经常性的（彼此）充满愤恨属性。"① 带着大量的负面情绪是难以进行正常沟通的，更难以达成共识。

第五，在纠纷的过程中，"冲突中的一些主角变得只关注自己的主张，而不关注自己的利益，这种情况表明了引入第三方作为调解员的必要性"② 。有的时候，纠纷当事人甚至认为自己的主张比利益更重要，自尊的需要超过了物质财富的需要。纠纷当事人之间的不信任，不断削弱着人们自我解决纠纷的能力，以至于在纠纷出现时，人们常常不假思索地将纠纷解决委托给了第三方。

由于上述原因，"当冲突的程度严重时，纠纷当事人会相信，要使纠纷得到彻底解决，就必要让第三方作出决定"③ 。日本法学家棚濑孝雄认为，作为第三方的法官的作用，是抽取对当事人来说可能含糊不清的辩论规范，以打破交涉过程中可能出现的僵局。

人的协商规避倾向在法庭判决之后会延续。一项针对 20 多个疑难缠诉的研究表明，在法庭判决后没有任何一个案例中的当事人进行协商和沟通。参与这些诉讼的律师也认为，在判决之后没有协商或沟通的可能。而这种情况的原因在于，纠纷过程中当事人具有的攻击性、恶毒的言谈举止，使得双方的敌意增强；利益的冲突也使得双方不愿意进行协商。④

7.2　人如何对待纠纷

7.2.1　纠纷当事人是如何对待纠纷的

7.2.1.1　纠纷的双方都希望为自己行为得到合理的辩解和裁判

纠纷的双方都怀着一种强烈的动机：自己是正确的，自己的利益必须要得

---

① ［美］凯斯·R. 桑斯坦主编：《行为法律经济学》，涂永前、成凡、康娜译，366 页，北京，北京大学出版社，2007。

② ［美］Lawrence S. Wrightsman：《司法心理学》，吴宗宪、林遐译，169 页，北京，中国轻工业出版社，2004。

③ ［美］Lawrence S. Wrightsman：《司法心理学》，吴宗宪、林遐译，169 页，北京，中国轻工业出版社，2004。

④ Ward Farnsworth："Do Parties to Nuisance Cases Bargain After Judgment? A Glimpse Inside the Cathedral"，The University of Chicago Law Review，66（XX），1999，p. 41.

到应有的保护。正如约翰·赫伊津哈所说的，"在任何情况下，支配一位法官面前的每一件诉讼案的总会是双方都欲达到自身目的强烈愿望"①。发生纠纷的斯瓦特巴坦人希望"公正的裁决能够强化自己的立场，为自己的行为找到正当的理由，或者迫使他们的对手妥协"②。而发生纠纷的伊富高人则是这样的：原告并不是十分的焦急，因为他并非非杀了被告不可，而被告也不是急于防御被杀掉；双方的家族都急于得到一个能使自己显得体面的完美结局。他们眼前的纠纷已经够多了。邻村的人们也想看看自己的近邻被内部的纠纷拖垮或松散。所有这些因素都有助于诉讼的双方获得一个和平的结局。③

在现代社会实施诉讼的一般情况是：主体利益损失或潜在的利益损失越大，实施相应的诉讼行为的意志就越是坚定；主体通过诉讼所可能获得的利益越重或可能避免的损失越多，实施相应诉讼行为的意志也就越强。相反，利益损失较小，或诉讼中可得利益不重，则往往促使主体放弃诉讼或放弃实施某些诉讼行为。④

7.2.1.2　人常常寻求法律之外的纠纷解决途径

纠纷是因为不公正待遇引起的。人类社会的纠纷一直是客观存在的。在当事人发生纠纷后，是采取法律诉讼还是其他的纠纷解决方式，成本收益分析在其中发挥着重要作用。"与其他纠纷解决方式相比较而言，诉讼永远是一种成本最高的救济方式，而且，更为严重的是，费用高的问题是无法从根本上解决的，它是诉讼制度无法治愈的痼疾"。⑤

尽管在许多国家出现了"诉讼爆炸"的趋势，但仔细分析就会发现，绝大多数案件并不是通过开庭审判，而是通过调解、认罪请求等简易方式得到解决的。美国95%以上的民事合同案件是通过调解得到解决的，90%以上的刑事案件是通过控辩交易得到解决的，进入庭审程序的案件只占很小部分。日本家庭法院处理的案件都必须首先经过调解程序，只有调解不成时，才进入审判

---

① ［荷兰］约翰·赫伊津哈：《游戏的人》，多人译，84页，北京，中国美术学院出版社，1996。
② ［英］弗雷德里克·巴特：《斯瓦特巴坦人的政治过程——一个社会人类学研究的范例》，黄建生译，140页，上海，上海人民出版社，2005。
③ ［美］霍贝尔：《原始人的法——法律的动态比较研究》，严存生等译，109页，北京，法律出版社，2006。
④ 顾培东：《社会冲突与诉讼机制》（修订版），150～151页，北京，法律出版社，2004。
⑤ 范愉：《非诉讼程序（ADR）教程》，26页，北京，中国人民大学出版社，2002。

程序。①

正是由于"裁判是一种很奢侈的纠纷解决方式，故欲让所有的民事纠纷都通过裁判来解决的想法是不现实的。即使无视现实的制约而大肆鼓吹裁判万能论，但大多数的纠纷通过裁判以外方式加以解决的事实依然是不会改变的"②。在现今的法治社会，如美国，大多数的冲突和纠纷也并非是通过法律手段解决的。③ 中国则长期存在着所谓"厌诉文化"，明朝户部教民榜文规定："民间户、婚、田、土、斗殴、相争一切小事，不许轻便告官。"日本法学家棚濑孝雄说过："无论审判能够怎样完美地实现正义，如果付出的代价过于昂贵，则人们往往只能放弃通过审判来实现正义的希望。"④ 研究表明，当发生违约时，商人们不习惯运用合同包含的法律制裁的机制，而是运用非法律的制裁机制。这些机制包括商人之间的允诺在所有情况下都受到尊重、商人之间往往存在长期的业务关系、在商业圈内也存在内部的惩罚机制等。⑤

长期以来，当人们受到不公正待遇而产生纠纷或冲突时，在法律和正规的仲裁之外，常常会选择以下方式解决问题：自我帮助、忍让或回避、协商交涉、第三方处理。⑥

自我帮助也可以称为自力救济，如自决、和解、报复等，主要的特点是：依靠纠纷主体自身力量解决纠纷，无须第三者介入；不受严格的程序规则和实体规则的约束。"自决是指纠纷主体一方凭借自己的力量解决争议，无须第三者参与，也不受任何规范制约。"⑦ 和解就是双方相互妥协，消除了矛盾，达成了一致意见。初民社会以私力救济为常态，人类学对此提供了大量的证据。在古代社会，如巴比伦，公力救济开始产生，但私力救济仍为纠纷解决的主要方式，且公力救济融汇了大量私力救济的因素。"现代社会也广泛存在着自决

---

① 朱景文：《比较法社会学的框架和方法——法制化、本土化和全球化》，271～272 页，北京，中国人民大学出版社，2001。

② ［日］小岛武司：《仲裁——一种私设裁判》，林剑锋译，见陈刚主编《比较民事诉讼法》，83～88 页，西南政法大学，1999。

③ ［美］唐·布莱克：《社会学视野中的司法》，郭星华等译，81 页，北京，法律出版社，2002。

④ ［日］棚濑孝雄：《纠纷的解决和审判制度》，王亚新译，267 页，北京，中国政法大学出版社，1994。

⑤ 朱景文：《比较法社会学的框架和方法——法制化、本土化和全球化》，418～419 页，北京，中国人民大学出版社，2001。

⑥ ［美］唐·布莱克：《社会学视野中的司法》，郭星华等译，82～84 页，北京，法律出版社，2002。

⑦ 陈柏峰：《暴力与屈辱：陈村的纠纷解决》，见苏力主编《法律和社会科学》，203 页，北京，法律出版社，2006。

现象。……现代社会的自决更多地发生在国家生效立法所未能调节或未能深入的社会生活领域之中。"①

《汉谟拉比法典》一是规定自由民特定情形下有权实行私力救济，如法典第21条、第25条、第129条；二是实行以眼还眼、以牙还牙法则，以同态复仇和血亲复仇为主要救济手段，如法典第196条、第197条、第198条、第200条、第205条。

忍让或回避就是采取不再继续冲突下去的行为，就当纠纷没有存在一样。有的学者称为"无救济"方式，即当事人不采取任何积极的救济方式，忽略所争议的问题，而是继续关系。回避包括彼此不再打交道，或减少相互间的交往和联系，采取"惹不起，躲得起"的策略。②"无论法律多么完善，在现实生活中每个人或多或少都会采用忍让的方式来避免麻烦。"③

人们在产生纠纷时，在社会控制性好的社会环境下，更不倾向于寻求法律的支持了。美国法社会学家布莱克认为，在关系比较亲密的群体中，纠纷发生后人们诉诸法律诉讼的情形比较少，往往寻求法律外的途径解决，因而法发挥的作用小；在关系比较疏远的群体中，人们更愿意通过诉讼解决纠纷，因而法发挥的作用大。但是，当人们的关系距离逐步增加到几乎隔绝的状态时，法律又不再发挥作用了。④比如，在中国农村这样的熟人社会中，出现纠纷时，人们并不愿意去法院打官司，而倾向于选择私了和公家调解。此外，利益衡量、成本计算也是影响纠纷当事人选择解决争议途径的考量因素。

一项社会调查显示，对"当别人侵犯你的权利时，你选择什么方式保护自己"这一问题31.6%的人回答起诉，6.3%的人回答报复，34.5%的人回答私下和解，26.3%的人回答公家调解，1.3%的人回答其他。

在对私了的看法方面，农民的正面评价是比较高的。在回答"你对私了有什么看法"这一问题时，11.7%的农民认为合理，约11.2%的人认为不伤和气，约27.5%的人认为难以实现公平，约27.3%的人认为不影响名声。

---

① 陈柏峰：《暴力与屈辱：陈村的纠纷解决》，见苏力主编《法律和社会科学》，204页，北京，法律出版社，2006。

② 陈柏峰：《暴力与屈辱：陈村的纠纷解决》，见苏力主编《法律和社会科学》，202页，北京，法律出版社，2006。

③ 陈柏峰：《暴力与屈辱：陈村的纠纷解决》，见苏力主编《法律和社会科学》，202页，北京，法律出版社，2006。

④ ［美］布莱克：《法律的运作行为》，唐越、苏力译，47~56页，北京，中国政法大学出版社，1994。

对调查问题"你认为被别人告上法庭如何",42.2%的人回答丢人,31.8%的人回答正常,18.6%的人回答无所谓,5.4%的人回答其他。[①]

协商交涉,按照美国学者埃尔曼的观点,就是纠纷主体通过沟通和交流来协商解决争议。当然,所谓双方协商并不排除第三方以调解人的身份出面斡旋,但是纠纷的最终解决,仍然依靠双方主导,进而达成某种合意。[②] 由于前面所论述到的,纠纷的双方并不愿意直接地协商解决问题,所以协商一般是有第三方参与的,协商与非官方的第三方调解的界限并不清晰。

英国人类学家马林诺夫斯基对特罗布里安德岛的田野调查发现,当地人难得一见的争吵一旦发生,就要采用公众规劝的形式,将得到各自朋友、亲戚支持的双方召集碰面,双方相见,各人慷慨陈词,互相指责。这种讼争形式允许人们发泄自己的情感,表明公众意见的倾向,或许有助于解决争端。然而,有时也会增加当事人的负担。在任何案件中第三方都不作裁决宣判,双方立即达成和解的也极为罕见。[③]

第三方处理就是纠纷主体将纠纷交付给第三方裁决,即由一位理想的、不偏不倚的第三人决定纠纷主体谁胜谁负。[④] 调解普遍地存于历史的各个时代,因为它不需要任何的强制,并乐于在一种无政府介入的情境下进行。在调解的过程中,第三方常常作为相持双方僵局的打破者出现。"人们并非把法律视为解决冲突的最好办法,实际上只是因为缺乏其他解决手段才导致了法律的增长"。[⑤] 无论是当事人恳请其协助的调解人,还是某一有权威地位的人任命的调解人,纠纷当事人皆须同意其介入。[⑥] 法社会学家科特威尔对调解的特点作出过这样的描述:其一,在调解中,双方通常选择一个彼此都能接受的第三方;其二,第三方并不试图运用现有的法律规范来解决双方的冲突,而是针对

---

① 段晓梅、王向华、谢玄志:《秦东地区农民法律意识现状的调查分析》,载《唐都学刊》,2005(4)。该项调查在2004年7月进行,对陕西省秦东地区的11个县市150多个村庄的5000多位农民进行了调查,发出问卷5000份,收回有效问卷计4200份。

② [美]埃尔曼:《比较法律文化》,贺卫方、高鸿钧译,155页,北京,三联书店,1990。

③ [英]马林诺夫斯基:《原始社会的犯罪与习俗》,原江译,38页,昆明,云南人民出版社,2002。

④ [英]马林诺夫斯基:《原始社会的犯罪与习俗》,原江译,38页,昆明,云南人民出版社,2002。

⑤ [美]唐·布莱克:《社会学视野中的司法》,郭星华等译,83~85页,北京:法律出版社,2002。

⑥ Laura Nader Harry F. Todd,Jr.:《人类学视野中的纠纷解决:材料、方法与理论》,徐昕译,见吴敬琏、江平主编《洪范评论》第8辑,北京,中国法制出版社,2007。

冲突双方提出的观点和要求策划一种妥协与和解的办法；其三，调解人力求提出明智的、冲突双方都能接受的解决冲突的建议，避免使双方中任何一方认为这一建议是完全错误的，并使双方都对结果感到满意。①

伊富高人纠纷裁判的中间人——"莫克鲁"代表着司法发展过程中发展前的一种形式。在调停他们所属的族群的争吵和纠纷时，他是社会利益的表达者。所谓的自助形式的作用是有限的，因而不可避免地导致使用社会调停者这个正确的解决方法。②

张家湾村解决纠纷的程序是：一般先由当事人自己解决；自己解决不了的，再找村组织解决；村组织解决不了的，再找片区干部解决；片区干部解决不了的，再到镇法律所或派出所解决；镇法律所或派出所解决不了的，当事人就可以起诉到法院。对于大的纠纷，如果事先估计村干部和片区干部都解决不了时，也可以直接到镇法律所或派出所请求解决。村里的纠纷基本是在村组织解决的，或者是在村干部的参与下解决的。③

7.2.2 纠纷的裁判者是如何处理纠纷的

从初民社会的调解者，到当代社会的律师，他们作为纠纷的裁判者具有较特殊的角色和功能。正是这些特殊的角色和功能，在人类社会的发展过程中一直延续下来。

7.2.2.1 中立的立场常常是成为裁判者的必要条件

当协商双方处于激烈的论战当中，并极其关注结果时，他们常常不信任对方。这使得他们更难意识到双方存在共同的利益基础，也就是"公说公有理，婆说婆有理"。这是人们在纠纷中经常采用中立的裁判者的一个原因：裁判者的位置常常使其更容易看到对双方都有利的冲突解决方法。④ 纠纷的裁判者由于具有"中间"的独特地位，在一定程度上是"秩序"的象征，使得其在纠纷的裁判或者调停过程中具有一定的优势：较少地受到当前纠纷利益的影响，

---

① ［英］科特威尔：《法律社会学导论》，潘大松译，239 页，北京，华夏出版社，1989。

② ［美］霍贝尔：《原始人的法——法律的动态比较研究》，严存生等译，125～126 页，北京，法律出版社，2006。

③ 冉井富、王佩芬：《法律规范和社会规范的多元竞争》，见朱景文主编《中国法理学论坛》，393 页，北京，中国人民大学出版社，2006。张家湾村位于山西省吕梁地区兴县高家村镇，该调查是在2004 年左右进行的。

④ ［美］Elliot Aronson，Timothy D. Wilson，Robin M. Akert：《社会心理学》，侯玉波等译，282 页，北京，中国轻工业出版社，2005。

较少地受到敌对情绪的影响，能够较多地获得纠纷者的信息。这就使得裁判者一方面能够分辨与纠纷相关联的事实过程，另一方面也有可能提出纠纷当事人均可以接受的纠纷解决方案。纠纷裁判者之所以存在，"关键在于社会必须对纠纷进行适当的调节，使纠纷不以将会毁掉整个社会的暴力方式进行"①。

伊富高人除了杀人进行血亲复仇外，他们一般的纠纷是要通过一个中间人——"莫克鲁"来解决的。"莫克鲁"是一个权力有限但常常具有强大说服力的调停者，并不宣布判决，也不参与执行；他是由原告选择的，但并不是原告的辩护人，他同样为被告的权利实现而感到高兴。有纠纷的当事人不愿意见面，"莫克鲁"来往于陷入激烈矛盾的当事人之间。他努力促使原告削减最初的要求，也会批驳被告观点的弱点与浅薄。尽管"任何一个重要的请求都会引起两方之间的反目"，但"双方的家族都急于得到一个能使自己显得体面的完美结局"。②

斯瓦特巴坦人在发生纠纷时，一般是寻求首领或圣徒的调停。

圣徒就是具有神职地位的人，他们一般具有较高的地位和威望，是传统上的调停者，大家都愿意请他们调停。他们头戴白头巾，在决斗之中处于神圣不可侵犯的地位，可以在参战双方的营地之间往来，进行调解。在世仇中，如果势力较弱的一方希望讲和，也是寻求圣徒的调停。调停能否成功，取决于他的话能否说服人，是否指出双方和好的充分理由，以及他能否用他的宽宏大量来增加胜利者的名胜和荣誉。③

研究表明，与纠纷当事人相比，当代社会的律师作为调节者，较少地受到各种认知偏见的影响；但也有证据表明律师也会受到自我服务偏见的影响。此外，律师在降低纠纷当事人不切合实际、受自我服务偏见影响的诉求方面，也具有一定的作用。④

7.2.2.2　裁判者一般都有着劝解能力和判断能力

裁判者一般都有着劝解能力和判断能力。裁判者的这种能力是与其特殊的

①　［英］彼得·斯坦、约翰·香德：《西方社会的法律价值》，王献玉译，38 页，北京，中国人民公安大学出版社，1990。

②　［美］霍贝尔：《原始人的法——法律的动态比较研究》，严存生等译，106～109 页，北京，法律出版社，2006。

③　［英］弗雷德里克·巴特：《斯瓦特巴坦人的政治过程——一个社会人类学研究的范例》，黄建生译，84 页，上海，上海人民出版社，2005。

④　Christine Jolls, Cass R. Sunstein, and Richard Thaler："A Behavioral Approach to Law and Economics", Stanford Law Review, May 1998,（50），pp. 1471 - 1504.

社会地位相关的。如初民社会的巫师或首领、神职人员，或在辈分、官职、文化程度等方面有优势的人，他们一般是"当地精英"。研究表明，通过减少谈判参与者（也就是纠纷当事人）的偏见，可以减少谈判的僵局。① 裁判者的劝解和裁判，有利于减少纠纷当事人的自我服务偏见，打破纠纷的僵局，进而有利于解决纠纷。

裁判者的威望或权威对于调解纠纷具有重要作用，有利于推动纠纷当事人接受裁判者所作出的是非评判及解决方案。韦伯认为，权威包括法理型权威、传统型权威和克里斯玛型权威②。如果纠纷当事人之间存在着力量差别，裁判者可能会设法扶助力量弱的一方，以抵消这种差别，这样有利于使双方感到他们在纠纷中是平等的，这将有利于纠纷的解决。

7.2.2.3　裁判者也是利益主体

裁判者也是有着自己利益的，这种利益既包括物质利益，也包括社会地位、影响力等精神利益。因此，裁判者希望自己的裁判活动符合自己的成本—利益原则，包括当前的利益和今后的利益。在这方面，裁判者无疑也要受功利的影响。

每次诉讼的成功解决都给伊富高人的纠纷裁判者——"莫克鲁"带来新的案子，而每个案子又都给他带来数目很大的酬谢，包括野生动物和珍贵的货物。这些酬谢都是从被告增加的费用中来的。③

7.2.2.4　裁判者的裁判过程

裁判者是如何进行裁判的？裁判一般分为三个环节：输入、加工与输出。案件是输入的材料，裁判者的裁判过程是加工，判决则是输出。裁判者一般会按照下列的步骤进行裁判：了解事实，听取纠纷当事人的意愿；根据已有的规则或秩序进行初步的评判；与纠纷当事人进行沟通；借助其他的舆论或力量；纠纷当事人接受裁判或拒绝裁判。在了解事实这个环节，不同的社会环境差距很大。在初民社会和封建社会，裁判者一定会考虑纠纷的社会结构：他们的地位是否平等、关系如何，他们各自的支持者是谁、态度怎样等。如果一个人能

---

① Linda Babcock and George Loewenstein："Explaining Bargaining Impasse: The Role of Self – Serving Biases", Journal of Economic Perspectives, 1997 (11), pp. 109 – 126.

② 法理型权威的合法性来源于合理性取向的各种法规和章程；传统型权威是在长期的社会生活中获得公众承认的权威，其合法性来源于传统的神圣性；克里斯玛型权威来源于权威者的个人魅力和非凡品质。参见马克斯·韦伯：《经济与社会》（上卷），林荣远译，北京，商务印书馆，1997。

③ ［美］霍贝尔：《原始人的法——法律的动态比较研究》，严存生等译，106～109 页，北京，法律出版社，2006。

决定纠纷当事人之间社会关系的性质，他就能预测决策过程中所适用的程序。① "他们的法学观念明显带有社会学的属性"，"所有的文明古国都从社会学角度对成文法进行了限定"。② 现代社会的法庭则较多地忽视了社会特征。

伊富高人纠纷裁判的中间人——"莫克鲁"在损害赔偿案件的裁定中，考虑五个重要的因素：（1）罪行的性质；（2）诉讼当事人双方的地位；（3）卷入这一纠纷的双方当事人亲属的相同利益和态度；（4）双方主要当事人的脾气和名望；（5）双方亲族居住的地理位置。③

纠纷的良好解决应关注四个要点：将人与问题分开、关注利益而不是关注立场、发现双方受益的选择方案、坚持客观标准。④

裁判者同样要为自己的裁判活动寻找理由。裁判者为自己裁判活动寻找理由，既要能够说服纠纷当事人，又要能够说服自己，避免自己出现认知失调⑤。比如，中国旧时宗族调解纠纷的依据主要是传统的惯例、先祖的遗训以及族规民约。有时，裁判者还会强调一下国家的法律是如何规定的，让纠纷当事人对国家法律和诉讼制度产生恐惧或反感，进而使纠纷当事人更容易接受自己的意见和裁决。非正式裁判者不但注意利益的调解，还关注对立或敌对情感的和解。裁判者一般会"帮助纠纷当事人避免立场决定性商谈，而引导谈判朝着达成双方受益的解决方向发展"⑥。在调解纠纷时，裁判者有时会避开纠纷本身，向纠纷当事人强调亲情、友情，强调双方的共同生活和长期利益，强调"人不能不讲良心"等。裁判者在作出违心的裁判时，要同时找出两个理由：一个是为了说服纠纷当事人的，一个是为了给自己的裁判找理由，比如"我是被迫作出这样的裁判"等。

斯瓦特巴坦人中的圣徒，也就是纠纷的调停者，可能是由矛盾的双方邀请

① Laura Nader Harry F. Todd, Jr：《人类学视野中的纠纷解决：材料、方法与理论》，徐昕译，见吴敬琏、江平主编《洪范评论》第8辑，143页，北京，中国法制出版社，2007。

② ［美］唐·布莱克：《社会学视野中的司法》，郭星华等译，112页，北京，法律出版社，2002。

③ ［美］霍贝尔：《原始人的法——法律的动态比较研究》，严存生等译，106~109页，北京，法律出版社，2006。

④ ［美］Lawrence S. Wrightsman：《司法心理学》，吴宗宪、林遐译，171页，北京，中国轻工业出版社，2004。

⑤ 认知失调是一种不舒服的行动或感觉，一般是由于做了一件和自己的习惯且通常是与正面的自我概念不符的行为而产生的。

⑥ ［美］Lawrence S. Wrightsman：《司法心理学》，吴宗宪、林遐译，171页，北京，中国轻工业出版社，2004。

或者觉得冤枉的一方请来的，他们是这样裁判纠纷的："圣徒必须把各种零散的事实综合起来，设想发生冲突时的情景以及参与者的行为。他有相当的自由去作决定。他可以根据以前的经验或比照宗教文本中的情况来解决问题……或者他可以根据巴坦人普遍的公平和合理概念，或按照虚假、简单的公正'逻辑'原则，如平等来判定。他常能够在同样的事实基础上，通过选择不同的方法来解决问题，所得出的结果也大相径庭。"①

裁判者即使在没有强制力作后盾的情况下，也能设法使自己的裁判方案得到执行。一方面，要充分利用自己了解各方信息的优势，努力寻找到一个折中的方案；另一方面，要利用自己的威望，巧妙地向纠纷当事人施加压力，推动他们作出一些让步。用林德布洛姆的解释就是"通过运用被授予的权威，来取得对未被授权的某个领域的控制，权威得到了扩展"②。此外，更为主要的原因来自于纠纷当事人：首先，纠纷得到解决是纠纷当事人的理性目的，纠纷得以妥善解决也符合族群或社会的利益，纠纷的无限制的发展对大家都没有好处——和平和必要的安全是共同利益所在。其次，当事人是自愿的，且在调解的过程中进行了比较充分的意思表达，"不服可以不从"。所以，当裁判者提出一个方案，"当所提出的方案被有争端的当事人所接受时，这个方案就对当事人有了约束力"③。这种约束力在很大程度上来自于裁判者代表着一种社会舆论和力量。

由于"圣徒没有任何合法化的手段来执行他的决定"，因此，"圣徒的尴尬之处在于他所处的地位要求他提出一个能让冲突双方大体上感到满意的解决方案"，他们提出的解决方案必须能够在某些规则或理念中找到相应的依据。与此同时，他们还必须观察当时当地的情况，还要善于找到一些妥协和挽回面子的办法。他要注意一些技巧：比如说，经常在纠纷的双方之间"演双簧"；充分利用纠纷双方都想留下一个好印象给圣徒，以利于下次裁判的心理；有时还要借助首领的影响来实现自己的裁决。

斯瓦特巴坦人的纠纷中，如果败诉的一方势力强大，他们往往不愿意接受

① ［英］弗雷德里克·巴特：《斯瓦特巴坦人的政治过程——一个社会人类学研究的范例》，黄建生译，140～143页，上海，上海人民出版社，2005。
② ［美］查尔斯·林德布洛姆：《政治与市场：世界的政治—经济制度》，王逸舟译，30页，上海，上海三联书店、上海人民出版社，1994。
③ ［美］霍贝尔：《原始人的法——法律的动态比较研究》，严存生等译，126页，北京，法律出版社，2006。

圣徒的裁决。这样的话他们的首领会有一定的风险。他的行为会使他失去一部分人的支持；他的表现证明他不是好人，是一个不可靠的人。[①]

日本法学家棚濑孝雄认为，纠纷当事人不仅仅是证据的提供者，也可以是纠纷解决根据的贡献者。通过纠纷当事人自主交涉、吸收各种社会规范而形成的辩论规范就可以作为法官判决的基础。在现代社会，法官在进行裁判时也要处理多方面的矛盾：他必须在进入角色时丢弃个人的喜好厌恶，又要在复杂的利益冲突的关系网中取得平衡；既要在给予其职位和薪金的法院中保持着独立的判断力，又要努力在案件背后的社会结构中寻找立足点；在忠于法律精神的同时，又要处理好与社会公众期待和风俗的关系。在调解和裁判的过程中，法官也要充分发挥法律专业知识之外的技巧。

杨鹏，我国某市法院的办案能手，后被提升为该市法院副院长。他的调解经验是：真诚是第一位的，说话技巧、出马时机等是其次的；为人谦虚一点，但要讲原则；注意揣摩当事人的心理，对不同的对象说不同的话，他才容易接受；当事人只接触你一次，就感觉和以前对法官的印象不同，很友好，往往就看在法官的面子上，给自己找个台阶下，愿意作点让步。[②]

7.3 人为什么接受裁判

7.3.1 对纠纷裁判结果的期待

纠纷当事人需要的是对纠纷的公正解决。利益冲突和情感伤害是产生纠纷的主要原因。当发生纠纷或冲突时，人的需要是什么呢？朱景文教授认为，"商人们运用法律手段，不仅仅出于金钱上的考虑，当他们受到另一方的欺骗，成为不良信仰的牺牲品时，他们想通过诉讼讨回公道"。[③]

首先是利益的公平分配，这包括物质利益，如财产损失的赔偿、伤害的补

---

① ［英］弗雷德里克·巴特：《斯瓦特巴坦人的政治过程——一个社会人类学研究的范例》，黄建生译，140~143页，上海，上海人民出版社，2005。

② 丁卫：《秦镇人民法庭调查》，见吴敬琏、江平主编《洪范评论》第8辑，北京，中国法制出版社，2007。

③ 朱景文：《比较法社会学的框架和方法——法制化、本土化和全球化》，420页，北京，中国人民大学出版社，2001。

偿等；也包括精神利益，如一种受尊重或平等对待的价值、一种损害感情的补偿等。本书 2.2.4.1 部分已经论述了"对于物质财富的需要"是人的定理层次需要之一，2.2.4.12 部分已经论述了"对于公平的需要"也是人的定理层次需要之一。因此，在纠纷发生时，利益的公平分配就成了人的首选需要。但这种公平分配的需要，又受人的自我服务偏见的影响，对于己方的利益会给予较高的评估，而对损害会造成较低的评估，这就需要第三方来进行调停或裁判。

其次是对自我判断或价值的一种认可。在利益之外，纠纷的双方还常常有一种价值或判断的分歧。很多时候，纠纷的双方会这样陈述："我倒不在乎这点钱，关键是……"实际上体现出要伸张一种价值或主张，比如要求对方及时响应、给予足够的重视等。

在诉讼中，"斗气"心理比较普遍地存在。有些案件的当事人打官司告状，并不完全是为了依法保护自己的合法权益，而主要是治气。诉讼当中常有人说"不蒸馒头争口气"，就突出地反映了这种心理。这种心态多出于赔偿、离婚案件当中，如有的赔偿案件，竟是为几角钱打官司，而诉讼费却要花几十元，若问他图个啥，回答是要争个"高低"。①

所以，多数的纠纷并未呈现在法庭上。一项研究表明，即使在那些索赔款额在 1000 美元以上的案件中，愿意聘请律师的受侵害者也只占总数的 1/10。②即使那些到法庭诉讼的民事纠纷，很多也是可以通过调解结束纠纷的。下面是对 2003 年全国十大杰出法官之一宋鱼水的报道：

调解，宋鱼水的"绝活"。……独立办案 11 年，宋鱼水审案 1200 余件，其中调解结案达 70% 以上，还有一些当事人高兴地撤诉。"宋鱼水把自己的工作与维护社会稳定紧密相连，千方百计做好解开当事人心结的工作，最大限度地化解社会矛盾。在她审理的案件中，70% 是调解结案，充分展现了她调解纠纷的耐心态度和高超能力"。③

7.3.2　纠纷当事人如何对待裁判的结果

7.3.2.1　纠纷当事人接受裁判结果的判断依据
一般而言，纠纷当事人是带着自己的目标参与到纠纷之中的，这个目标一

---

① 王丽华：《谈民事案件当事人的诉讼心理》，载《人民司法》，1991（1）。
② ［美］唐·布莱克：《社会学视野中的司法》，郭星华等译，84 页，北京，法律出版社，2002。
③ 《立足岗位永葆先进——论学习模范法官宋鱼水》，载《人民日报》，2005－01－13（B2）。

开始是一个从自己的角度认可的最大化的利益目标，但会因为时间、成本、调解人的调解、对方的态度等发生变化。纠纷当事人一般会考虑下列因素：作为回报或惩戒的结果内容（非赏即罚的绝对结果）、参与者预期或希望的结果（对比结果）、根据相同案件的判决而预期的结果（同等对待）、参与者依据自己的标准而认为是公正的结果（分配正义）、对主导程序权威人士的评估（合法性）、产生结果的程序的公正性。在决定是否接受纠纷裁判的结果时，纠纷当事人考虑如下内容：

首先考虑的是社会情感能否接受。这与发生纠纷时的需要是不同的，当时第一位的期待是利益的公平分配。这是因为，"每个案件都有其相应的社会特征，而正是这些特征决定了案件的处理"①。在将纠纷送交裁判后，纠纷当事人就已经不再仅仅关注利益的公平分配，更关注的是与利益分配捆绑在一起的感情因素。在纠纷的过程中，由于双方常常处于敌意的状态，也常常是带着情绪对待裁判的结果，所以，在很多民事纠纷中，裁判的结果变成了"情感 + 利益"的混合体。约翰·赫伊津哈说道，"把目光从高度发达文明中的执法状况转移到文化发展较为落后阶段中的同类情况，我们会看到，输赢的观念，也就是纯竞赛的观念开始比正义与不义这对伦理—法律的概念显得重要起来"。②这种说法在现代社会仍然适用，因为法律面对的人类形象实际上是相对稳定的，只不过现代社会的人类形象常常更加隐蔽。

对于命案，"一命还一命"的观念依然根深蒂固。某中级人民法院的法官说，有的被害人家属不但要被告人死，甚至向法院提出不能用注射的方式，他们要到刑场上去，亲眼看被告人被毙掉，方解心头之恨。③

其次是利益的重新分配是否公平。这是纠纷发生时第一位的需要。本书前文已经论述了，人的认识和度量是存在偏见的，在利益分配上常常受到自我服务偏见、框架效应等的影响。所以，当裁判结果与纠纷当事人的预期差距大时，就难以被接受。

最后是裁判的程序是否公平。迪鲍特和沃克尔的研究表明，结果并不是唯一决定人们事后感受的因素，无论获得什么样的结果，一个被认为公平的程序

① ［美］唐·布莱克：《社会学视野中的司法》，郭星华等译，114 页，北京，法律出版社，2002。
② ［荷兰］约翰·赫伊津哈：《游戏的人》，85 页，北京，中国美术学院出版社，1996。
③ 赵蕾：《死刑复核：激荡一年间》，载《南方周末》，2007 - 12 - 20（A4）。

本身都能增加人们对法律制度的满意程度。①

在对程序的公正性关注方面，裁判者是否认真调查、详细查明纠纷事实、态度是否认真等，对纠纷当事人对裁判结果的接受也有着重要的影响。研究表明，"允许当事人对过程有一定控制的程序，会被他们看成是公正的程序，甚至在面对不利决定时也会有这样的感觉"②。迪鲍特和沃克尔的研究表明，对抗制的诉讼结构比纠问制更让人感到公平。泰勒在其《人为什么会遵守法律》中指出，程序的重要意义在于它影响了人们对于权威合法性的态度，而这一态度决定了人们是否主动服从法律。正义感在很大程度上与人的共同身份感有关，程序正义有助于实现人们在社会地位方面的自我认知和满足。③

7.3.2.2　裁判作出后纠纷当事人的决策过程

纠纷的解决在于纠纷当事人是否达成合意。合意是真正解决所有纠纷的基本条件，审判不过是其中的一个环节，虽然是重要的一个环节。只有真正地达成了合意，纠纷才能够得到妥善的解决。在裁判作出之后，纠纷当事人一般如何对待判决结果呢？

首先，纠纷当事人会将结果与自己的心理预期进行比较。当接近到可以接受的程度时，他们基本上会接受；但当出现较大差距时，他们就会运用归因分析，看是什么原因导致这样的结果。他们会认真地分析裁判理由的正当性，也就是某种主张或判决的理由是否充分和正当，是否符合人类思维习惯和价值取向。

在对裁判理由难以推翻的情况下，他们就会思考如果不接受会怎样、接受了又会怎样。在民事判决中，败诉者一般会有报复心理、抗衡心理、消极对抗心理等。

科特威尔认为："不需要个人确信他们得到了公正的对待，而是改变了当事人的期望结构和生存环境，通过这种方式将当事人在程序中整合起来，使得他们在最后除了接受决定以外别无选择（就像我们虽然不喜欢某种天气，还是不得不接受它）。"由于"法院和法官处于通过斡旋人调解、协商开始的解决争讼这个连续过程的最后阶段。在这样的阶段，由第三方（法官）提出一

---

① 转引自戴昕：《心理学对法律研究的介入》，见苏力主编《法律和社会科学》第二卷，18页，北京，法律出版社，2007。

② ［美］Lawrence S. Wrightsman：《司法心理学》，吴宗宪、林遐译，171页，北京，中国轻工业出版社，2004。

③ 转引自戴昕：《心理学对法律研究的介入》，见苏力主编《法律和社会科学》第二卷，19页，北京，法律出版社，2007。

个争讼双方一致赞同的结论几乎是不可能的。因此，法院的诉讼处理不太可能导致纠纷的真正解决，也就是不大可能导致一个诉讼都接受的结果"。①

其次，裁判者的因素也会对纠纷当事人是否接受裁判有较大的影响。裁判者的可信度、专业性、可靠性及其受纠纷当事人喜欢的程度，都会影响到纠纷当事人的认知。那些具有较高可信度、专业性、可靠性及纠纷受当事人喜欢的法官，其判决更容易得到纠纷当事人的认同。纠纷当事人有这样的信念，即当其受到裁判者的尊重和礼貌对待时，其纠纷被看成是值得庄严审理的严肃问题，此时他们会更加认可程序的公正性。

皮罗·克拉马德雷曾提出："人类司法欲完成在社会中定纷止争的使命，就不仅必须是公正的，而且看上去就是公正的；欲使涉诉的人们毫不反抗地服从司法的无限威力，一定要使这些涉诉的人相信法官几乎是圣人，与其他人完全不同，他们被赋予超自然的美德，在法官面前，人类理性必须让步。"②

7.4 纠纷中人类形象在法学和司法中的应用

7.4.1 构建和谐社会，需要更好地研究纠纷背后所隐藏的人类形象

中共十七大报告明确要求，深入贯彻落实科学发展观，积极构建社会主义和谐社会。胡锦涛主席讲话中对和谐社会的界定为："我们所要建设的社会主义和谐社会，应该是民主法治、公平正义、诚信友爱、充满活力、安定有序、人与自然和谐相处的社会。"徐昕教授认为，做好纠纷解决工作，"积极预防、控制和解决纠纷，协调不同群体之间的利益，维护当事人的合法权益，便成为构建和谐社会的日常工作和基础环节"③。范愉教授认为，纠纷是由纠纷主体即纠纷当事人、纠纷形成动机即利害关系的对立（此部分为纠纷的本质）、纠纷行动等三个部分组成的。范愉教授认为，在我国当前纠纷解决的研究中存在着较多的问题与不足，如"一些关于非诉讼纠纷解决途径的研究理论深度不够，以偏概全，甚至舍本逐末"④。如果我们能够更加具体地把握纠纷背后的

① 罗杰·科特威尔:《法律社会学导论》，潘大松等译，241 页，北京，华夏出版社，1989。
② 转引自汪太贤:《从"受体"的立场与视角看"普法"的限度》，载《探索》，2006（1）。
③ 徐昕:《迈向社会和谐的纠纷解决》，12 页，北京，中国检察出版社，2008。
④ 范愉:《纠纷解决的理论与实践》，52 页，北京，清华大学出版社，2007。

人类形象，就更有利于我们提出预防、处理和化解纠纷的对策，也更有利于和谐社会的建设。

纠纷之中的人，除了利益冲突，还有什么样的共同特征呢？这些共同的特征也就是纠纷背后的人类形象。具体描述如下：

1. 人在纠纷的过程中会伴随着敌意，这种敌对情绪与人的有限理性、归因错误综合起来，就使得纠纷中的人更加缺少理性，处于一种更易受情绪和偏见影响的状态，对对方当事人充满了不信任。因此，及时地让纠纷当事人表达意愿，进行有效的沟通，是防止矛盾深化的最优选择。

2. 人在纠纷的过程中会存在协商规避的倾向，也就是难以走到一起协商解决纠纷，无论从现实还是从人的心理的角度来看，由第三方来解决是绝大部分纠纷的必由之路。因此，发展包括法庭判决在内的第三方解决纠纷机制，有利于化解纠纷，实现和谐。

3. 处于纠纷过程的当事人，都认为公正的裁判能够支持自己的主张，因为它们本来就是正当的。心理学的研究成果也表明，一个人在某种可能对自己产生不利决定或后果的活动过程中，如果不能及时了解程序的进程、判决结果的内容及判决的理由，就会产生一种受到不公正对待的感觉，而且从心理上难以对判决的正当性产生信服。这就使得没有说理和沟通的裁判，不但难以得到认可，还可能激化纠纷当事人的情绪。

4. 正是由于上述三个特征，纠纷的裁判者需要具有中立的立场，否则纠纷当事人不会寻求他们的裁判；裁判者需要具有相当程度的劝解能力和判断能力，没有权威的裁判者难以作出纠纷当事人真正接受的裁判。

5. 裁判者也有自己的利益，使得一个自发或人为的利益约束机制成为必要，否则裁判者寻求自身利益最大化的过程，就是一个失去公正、无法化解纠纷的过程。

6. 裁判之后，纠纷当事人最终是否接受裁判，第一要素是社会感情能否被接受，这与纠纷当事人初始追求获得公平分配是不同的（这也再次说明，人是深受感情影响的）；第二要素是利益是否公平分配；第三要素则是裁判过程是否公正（公平是人的基本需要，是一种心理感受）。这也说明，一个生硬的、没有真正交流的裁判过程，不利于纠纷的真正解决。是否受到公正的待遇，是人根深蒂固的心理感受，这在裁判过程中尤为重要。

上述六个方面，综合起来，就构成了纠纷背后所隐藏的人类形象，虽然没有什么深奥的道理，但的确非常重要。这是构建所有纠纷有效解决机制最重要的基础。如果我们忽略这些看似浅显的基本前提，所谈论的纠纷解决机制就如同空中楼阁，甚至是舍本逐末。

7. 4. 2 如何提高司法裁判的可接受性

司法裁判的可接受性是指一个案件的法律判决结果是否会得到纠纷当事人和社会的认可和接受。司法裁判的可接受性与司法裁判正当性的概念是相类似的。正如王亚新教授所认为的，"审判的过程和结果在整体上为当事人及社会上一般人所接受、认同和信任的性质"①。通俗地讲，司法裁判的可接受性或正当性，就是纠纷当事人和社会上一般人的一种心理感受或态度，即是否认可裁判。司法裁判的可接受性或正当性，是司法裁判质量的最终评价标准，应该是我国司法改革尤其是纠纷解决机制建设的核心目标。

客观地讲，法官的裁判是一个主观性占据主导地位的过程。如何让这一主观性很强的裁判得到纠纷当事人的接受呢？

首先，我们还是必须要充分掌握纠纷背后的人类形象，根据对人类形象的把握，有针对性和理论基础地提出解决策略。

由于处于纠纷过程的当事人都认为公正的裁判能够支持自己的主张，所以，我们要能够保证纠纷当事人在裁判过程中有公平的机会和平等的地位来陈述自己的观点和主张。正如日本法学家棚濑孝雄所言："审判的本质要素在于，一方面当事人必须有公平的机会来举出根据和说明为什么自己的主张才是应该得到承认的，另一方面，法官作出的判断必须建立在合理和客观的事实和规范基础上，而这两方面结合在一起，就意味着当事人从事的辩论活动对于法官的判断形成具有决定意义。"② 因此，对于法官而言，在裁判过程中要营造一个场景，使诉讼参加者进行直接、充分、平等的对话。这种纠纷当事人充分表达自己想法的心理感受，会对纠纷当事人能否接受裁判结果产生重要的影响。

其次，必须要严格执行裁判的程序。因为裁判结果对于纠纷当事人一方而言也必然意味着利益的减损。在利益损失面前，纠纷当事人是很难真正接受裁判的。因此，要使司法裁判获得民众的一致认同，也就必须设计出使他们能够达到一致的场景，谷口安平就此论述道："我们的世界已变得越来越错综复杂，价值体系五花八门。常常很难就实体上某一点达成一致。一个问题的正确

---

① 王亚新：《论民事、经济审判方式改革》，载《中国社会科学》，1994（1）。

② ［日］棚濑孝雄：《纠纷的解决和审判制度》，王亚新译，256 页，北京，中国政法大学出版社，1994。

答案因人而异，因组织而异。程序是他们唯一能达成一致的地方，而且他们一旦同意了程序，则无论是何结果，都必须接受所同意的程序带来的结果。正因为如此，程序公正必须被视为独立的价值。"① 为纠纷当事人营造一个正当的、能充分平等地为自己的利益作辩护的裁判场景，在很大程度上也满足了他们要求获得公平对待和尊重其人格尊严的心理需求，从而更容易接受在此场景下作出的裁判。

最后，应该在司法判决的过程中建立一套合理的沟通和对话机制。这种沟通和对话机制，既包括纠纷当事人与法官之间的沟通，也包括法官所主导的纠纷当事人之间的沟通，还包括律师之间的沟通。只有通过沟通，纠纷当事人所希望社会感情被接受的要求才能得以实现。在具体个案的司法裁判过程中，法律是否得到了正确或妥当的适用，需要通过裁判者所作的相关法律解释来证明，而在司法裁判过程中理想的沟通和对话机制的建立，对法律解释结论的选择乃至司法判决的合法性具有重要意义。但现实情况是，相当一部分法官仍把手中的裁判权视为一种行政权力，他们不愿让人说话，有的甚至让人不敢说话；一些法官把审判误解为法官的意志，这种误解主要表现在庭审活动中，如强行调解；法官急于结案或出于个人的目的，向纠纷当事人施加压力，迫使纠纷当事人中的双方或一方接受自己的意见，一旦遭到拒绝，随之而来的往往是"久调不决"，直到法官的意见占上风为止。②

美国新法律现实主义代表人物麦考利教授认为，"律师除了在法庭进行对抗之外，还能发挥更多的作用"③。这也就是说，律师可以通过适当的方式参与到司法对话机制之中。

无论是正确地适用法律还是保障公民诉讼权利和实体权利的实现，司法裁判过程中的合理对话都是必不可少的。所以，我们必须要采取有效的制度安排，使司法裁判过程的合理对话得以实现。

综合本章所述，纠纷中的人类形象具有的特征主要为：纠纷后的当事人更是有限理性的，并伴随着敌意；难以进行直接的协商；都认为公正的裁判能够支持自己的主张。

纠纷中的裁判者常常具有中立、劝解能力等特征，但也有着自己的利益取

---

① 〔日〕谷口安平：《程序公正》，节选自宋冰：《程序、正义与现代化》，374页，北京，中国政法大学出版社，1998。

② 青岛市中级人民法院：《司法理论实务》，90页，北京，法律出版社，2001。

③ 范愉：《新法律现实主义的勃兴与当代中国法学反思》，载《中国法学》，2006（4）。

向。不同的裁判者有着一套近似的裁判过程，裁判者一般能够使自己的裁判得到执行。纠纷当事人是否接受裁判，一般从社会感情、公平分配和裁判过程是否公正等因素考虑。

构建和谐社会，就需要更好地解决纠纷，更好地提高司法裁判的可接受性，因此就需要在法律面对的人类形象的基础上采取相应的措施，具体的措施包括严格执行裁判的程序、在司法判决的过程中建立一套合理的沟通和对话机制等。

结　论

当我们思考社会科学的本源性问题时，都离不开对人的本质或人性的讨论。人性的研究方式是从具体到抽象，如我国古代思想家提出的"人性善"、"人性恶"等论断。人类形象的研究方式是从具体到抽象，再从抽象到具体，这种研究方式不同于传统的人性研究，能够更好地与实践结合。法律面对的人类形象，是指法律所要约束、保护、制裁的人的普遍的代表性特征，或作为法律工作对象的人的普遍的代表性特征。人类形象就是对自然人个体特征的抽象和总结。人类形象对于法律科学具有重要的意义，这一意义体现在法律规范、法律思想建设等方面。本书从现实的角度出发，运用综合的研究方法，从人的基本需要、人的心理模式和人的社会行为模式等三个方向描绘了法律面对的人类形象。本书人类形象的研究，是在马克思"人的本质"思想的基础上进行的。

一、人类形象对于法律科学具有重要意义

法律是人类社会中重要的关系准则，其制定和执行都是围绕人展开的。正如依莱德尔·耶金斯所说："任何法律制度总是有意无意地仰赖一种法学理论，而任何法学理论又总是仰赖关于人的理论。"所以，法律或法学需要以对人的研究作为支撑。从这个意义上说，法律存在的正当性及其终极依据只能是人。法律科学应关注对人的研究。

人类形象对于法律科学的重要意义体现在三个方面：一是对法律思想体系而言，任何一个成熟的法律思想体系，如果不是以"人的模式"作为逻辑起点，整个体系将难以成立；二是对法律规范而言，由于法律规范是以人为核心的，对法律规范开展起点或核心性质的研究，毋庸置疑是离不开对人的高度关注的；三是对法律实施而言，如果对人类形象缺乏足够的重视和科学的理解，难以获得良好的实施效果。

对于人类形象的研究，是一个从单个人抽象到类人的过程。由于法律是对类人作出的规定，但法律得到真正的贯彻和遵守，又是由单个人来实现的，所以我们要从单个人的角度出发，考察法律面对的人类形象。

在法学领域，法学理论、刑法、民法和行政法理论都对人类形象进行了研

究。比如，古典刑法理论提出了"刑法人观念"、民法中提出了"理性人"理论等。这些研究的结果过于抽象，限制了其在现实中的应用性；分析的过程缺乏充分的证据支撑，对心理学、社会学等学科研究成果的利用并不多。本书努力克服已有研究成果的缺陷，构建出一个既抽象又丰富的人类形象。

法学的研究范围较经济学更加宽泛，法学难以像经济学那样进行系统的推理和分析，这也就决定了法律面对的人类形象不能像"经济人"那样高度抽象。

二、人的一般需要是人类形象的基础，是法律规制的目标和出发点

人的一般需要是指人类的大部分正常个体所普遍具有的、人作为人不得不具备的需要或动机。人的一般需要是人类形象的基础。人的一般需要与人性关系密切，是人权之源。人的一般需要包括公理层次、定理层次、倾向性层次三个方面。公理层次的需要包括生命健康需要、性需要、群体性需要、自由自尊的需要、学习及模仿需要等。定理层次的需要包括对于物质财富的需要、使生命健康条件不断改善的需要、趋利避害的需要等十二项。倾向性层次的需要包括获得社会不断认可的需要等三项。

人的一般需要在法律科学中有着重要的作用。人的一般需要是法哲学的逻辑起点，包括顺向起点和逆向起点两个方向。由于人的行为或权利仍有可以上溯的源头，而这一源头就是人的一般需要，所以人的行为或权利不能作为法哲学的逻辑起点。

人的一般需要还是法律矛盾决策的最后依据。在法律实践工作中，我们常常会面临着情、理、法的冲突，也会面临法律价值冲突的问题。把人的一般需要作为法律决策的最后依据，能够更好地解决相应的问题，比如可以解决权利冲突、权利的交换与补偿等问题。

人的一般需要就是法律规制的出发点。个人需要与外部压力的结合，决定一个人的行为；而法律是外部压力的一种重要形式，这种外部压力是针对个人需要的，正如有的学者所说的，不良行为的欲求是"刑法的根基"。偏离的需要是违法和犯罪的起源性原因，法律惩罚就是对违法人某些需要的剥夺或限制，也是对受害人某些需要的满足。在剥夺或限制违法人需要的过程中，必须要满足他们所应该保留的需要。我们应从人的需要出发来设计良好的法律制度。保护人的基本需求是法的基本任务，一个社会必须要使其成员的基本需要得到确认和保护，并能够协调成员间基本需要的冲突，这样才能增加社会有序化的可能性。所以，设计良好的法律制度必须要围绕人的需要这一核心。

三、人是有限理性和有限意志的，并深受感情影响，这是法律面对的人类形象心理方面的重要特征

人的认知能力决定了人的意思能力和责任能力，认知能力随着年龄、教育和社会环境的变化而变化。个人理性是有限和不完全的，原因就在于人的认知能力是有限的：人们没有能力同时考虑所有的选择，无法总在决策中实现效率最大化。但我们仍认为，人在有限理性的前提下，也在追求约束条件下的利益最大化，即人是在有限理性的条件下追求功利的。人常常带有偏见，这在司法领域会导致严重的后果。由于习惯、生理欲望、情绪等因素的影响，人的意志也是有限的，自我控制有时会失效。自我控制是人守法或违法的重要内部控制力量。

法律面对的人类形象，是有着丰富感情的，这种感情影响着人的认知能力，也会常常影响着人的决策和行为。法律作为人类纠纷解决机制、人间社会组织形式和人类生活方式，是不能脱离人的感情因素，既要调节人的感情，也在人的感情中运行。人的基本情绪是愤怒、恐惧与快乐，它们均与法律密切相关。犯罪就是对社会感情的侵犯，而激情犯罪就是在激烈的感情影响下发生的。

具体而言，人的心理模式是法律面对的人类形象的重要组成部分，可以描绘为在社会中受过平均程度的教育、具有平常人理智的人，他们的认知能力是有限的，常受偏见的影响，因此他们是有限理性的，意志力也是有限的。他们并不是虚无缥缈的，仍然是善于分析成本和收益、以趋利避害为基本行动原则的社会生活的主体，但并不是所设想的那么精准、严密，常常会有计算的失误；他们是深受感情影响的，常会伴有情绪的波动，但同时他们也具有独立人格，对自己的行为和利益具有合理的认知能力，通常按利益最大化的原则决策和行事，在这个意义上，他们又是理性的。

四、人有着稳定的心理模式：法律发挥作用的现实基础

法律真正地发挥作用，必须通过人的心理进而导致行为来实现。不通过人的心理和思想活动，法律难以成为人们的行为规范。人的心理模式和行为决策模式，有着因果序列上的逻辑关系。

个体的人有着比较稳定的心理模式，该心理模式是由认知过程、情绪过程和意志过程组成的，每个过程都会出现偏差。这个心理模式就是法律发挥作用的心理基础。由于人的心理模式指导着人的行为，所以司法人员可以通过行为

的结果来推理犯罪人的特征。

法律行为的背后是人的基本行为决策模式。若要用函数的形式表达，人的行为决策过程可以表示为：人类行为＝F（生物及个人因素，心理模式，外部环境，行为信念，控制信念，成本—收益分析，情景及诱因，行为意向）。其中，行为信念、控制信念，成本—收益分析和行为意向是影响人的行为的主要因素，而行为信念对人的行为具有重要的预测作用。罪犯是否改造成功，就在于其对犯罪行为的行为信念是否发生良性的转变。

人的决策仍是有限理性的，是在经济方式下的决策，是在有限理性条件下作出的理性决策。决策的过程常常不是精确的推理过程；人类倾向于以经济的方式来决策，就是在比较小的成本约束下，得出"满意"的决策结论。人的决策模式一般包括下列的步骤：搜索—解释—确定反应并实施，每个环节都可能出现错误。

每个人都是朴素的心理学家。人有归因思维习惯，并会形成自己的归因思维模式。法律裁判就是归因思维的体现。人的归因仍是在有限理性的条件下进行的，仍会受自我服务偏见、后见偏见等影响，所以归因常常会发生错误，并对法律行为产生重要的影响。归因思维习惯在法律研究和实务中非常重要。归因是责任承担判断的前提，不同的归因会影响到责任推定，而责任推断决定着什么样的处罚是公平的；此外，归因还与谴责、报复等关系密切，比如，行为的有意性与责任推断和情感反应关系密切，进而引起报复行为。

人的心理模式和行为决策模式对刑法、民法和社会法等司法实践具有重要的指导作用。利用人的心理模式和行为决策模式来解释"马加爵案"，有助于我们科学分析此类极端案件的心理机理，也有利于更好地预防此类案件发生。理解法官作出裁判结论的实际心理运作，不仅有助于法官为案件提供更加高明的裁判结论，还能够使裁判结论的正当化更加明晰。法官的裁判思维中包括发现、检测与证成这三个部分。法官的思维过程也会受感情因素影响，也可能会出现错误，需要采取有效的措施提高法官决策的质量。

五、群体、互惠与攻击：法律发挥作用的重要社会条件

人是群体性动物。群体人不是个体人的简单相加。愤怒、复仇、赔偿损失等心理反应都是"群体心理"基础上的反应，而不是个人心理基础上的反应。为了建构法律面对的人类形象，除了研究个体人之外，还需研究群体人。群体人的决策模式不同于个体的人，一定条件下群体决策比个人决策更缺少理性。

人类具有互惠行为的倾向，这一点有着深刻的生物基础和历史渊源。早在初民社会，互惠行为就普遍存在，"强互惠"的存在就是互惠普遍性的代表。信赖机制对于人的行为具有重要的意义，是人类互惠行为的前提。人的互惠行为模式对于法律具有重要意义。报复是广泛和长期存在的，而报复就是互惠行为的一种。"给予—回报"的互惠原则是人类公平感的基础，是"所有法律的社会心理基础"。整个社会都是按照互惠的模式在运转的，司法领域也不例外。

人具有攻击倾向。任何犯罪行为都可以理解为攻击行为，严重的攻击行为一般都会发展为犯罪行为。人的攻击行为有生理基础，也受心理因素（如人格特征）、社会因素（如社会角色）等因素影响。有效地解决冲突或纠纷有助于减少攻击，应从儿童时期开始控制攻击行为。

成功的法律制度是以互惠为核心的。在法律调整过程，互惠关系普遍存在，辩诉交易也体现了互惠原则在法律中的应用。一些社会角色，如警察或军人，在其角色职责履行过程中，有着更多不符合规制的攻击行为。这种攻击行为有着深刻的社会原因，需要从社会的高度来采取有效的措施加以控制。及时、适当的处罚要比严厉的处罚更有利于控制攻击行为，因此酷法严刑并不是控制攻击的有效手段。

六、纠纷中的人类形象

人在纠纷过程中更是有限理性的，还常常伴随着敌意，因而会出现"协商规避"的情况，即当事人并不愿意直接协商解决问题，而是愿意诉诸其他方式解决，如武力、调节、诉讼等。

在发生纠纷之后，纠纷双方都希望自己的行为得到合理的辩解和裁判。当人们受到不公正待遇而产生纠纷或冲突时，在法律和正规的仲裁之外，常常会选择以下方式解决问题：自我帮助、协商交涉、第三方处理、忍让或回避、自律。在纠纷解决中，裁判者常常更容易看到对双方都有利的冲突解决方法。裁判者往往具有劝解能力和判断能力，即使在没有强制力作后盾的情况下，他也能设法使自己的裁判方案得到执行。裁判者也有自己的利益，这是影响其裁判过程的重要因素。

纠纷当事人需要的是对纠纷公正的解决。对于纠纷裁判的结果，人们首先考虑的是社会情感能否接受，其次是利益的重新分配是否公平。纠纷当事人首先会将裁判结果与自己的心理预期进行比较，当接近可以接受的程度时，他们基本上会接受；但当出现较大差距时，他们就会运用归因分析。裁判的结果并不是决定人们事后感受的唯一因素，无论获得什么样的结果，一个被认为公平的程序本身都能增加人们对法律制度的满意程度。裁判者的因素也会对纠纷当事人是否接受裁判有较大的影响。

　　构建和谐社会，需要更好地研究纠纷背后所隐藏的人类形象，这一人类形象具有六个主要特征。提高司法裁判的可接受性，在一定意义上就真正实现了司法公正，这需要根据纠纷中人类形象的特征采取措施。具体的措施包括严格执行裁判的程序、在司法判决的过程中建立一套合理的沟通和对话机制等。

附件1

人的一般需要分析表
（公理层次、部分定理层次的一般需要推导关系一览表）

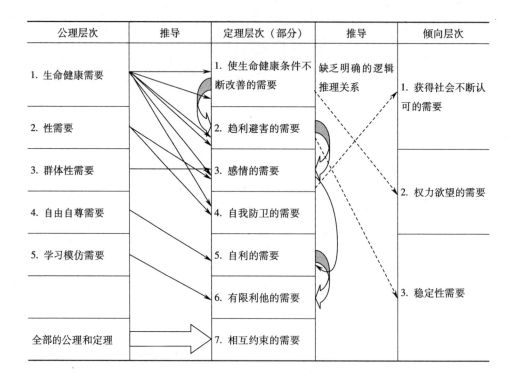

公理层次	推导	定理层次（部分）	推导	倾向层次
1. 生命健康需要		1. 使生命健康条件不断改善的需要	缺乏明确的逻辑推理关系	1. 获得社会不断认可的需要
2. 性需要		2. 趋利避害的需要		
3. 群体性需要		3. 感情的需要		2. 权力欲望的需要
4. 自由自尊需要		4. 自我防卫的需要		
5. 学习模仿需要		5. 自利的需要		
		6. 有限利他的需要		3. 稳定性需要
全部的公理和定理		7. 相互约束的需要		

附件 2

"最后通牒" 博弈实验

"最后通牒"博弈（the ultimatum game）的实验过程是这样的：只有两个人参与，共同分配一笔钱（10 美元，由实验组织者提供）。其中一个是出价者，他被要求提出一个分配方案，来分配这笔钱；另一个是受价者，他可以作出选择，既可以接受出价者提出的分配方案，获得出价者给他的那部分钱，也可以拒绝这个方案，这时两个人什么都得不到。这两个参与者完全不认识，不知道对方的身份是什么，且参与者只玩这一次，不受荣誉感和未来关系的影响。

实验的结果是这样的：受价者一般来说拒绝这笔钱 20% 以下的分配方案，而他们愿意接受的平均最低数量，是这笔钱的 20% ~ 30%。这种反应似乎也被出价者预测到了，他们一般会提议从这笔钱中拿出 40% ~ 50% 进行分配。[1]

对于这个实验，如果分配的金钱数量提高到 100 美元乃至一个星期的收入，或在不同的参与者之间重复进行，结果也是一样的。

当实验参加者自己提供 5 美元时，实验结果发生了变化：受价者能够接受的平均最低数量发生了显著变化，由 1.94 美元上升为至少 3.21 美元；受价者要求获得 4 美元的最低比例达到 47%，要求获得 5 美元的最低比例达到 23%。[2]

---

[1] 转引自［美］凯斯·R. 桑斯坦主编：《行为法律经济学》，涂永前、成凡、康娜译，26 页，北京，北京大学出版社，2007。

[2] 转引自［美］凯斯·R. 桑斯坦主编：《行为法律经济学》，涂永前、成凡、康娜译，28 页，北京，北京大学出版社，2007。

参 考 文 献

一、马克思、恩格斯和列宁的著作

［1］马克思恩格斯：《马克思恩格斯全集》第1卷，第2卷，第3卷，第4卷，北京，人民出版社，1960。

［2］马克思：《1844年经济学哲学手稿》，北京，人民出版社，1985。

［3］列宁：《黑格尔〈逻辑学〉一书摘要》，《列宁全集》第55卷，北京，人民出版社，1990。

［4］列宁：《列宁全集》第20卷，北京，人民出版社，1974。

二、中文参考著作

［1］［美］阿兰斯密德：《制度与行为经济学》，刘璨、吴水荣译，北京，中国人民大学出版社，2002。

［2］［美］阿瑟·库恩：《英美法原理》，陈朝璧译注，北京，法律出版社，2002。

［3］［美］爱德华·O. 威尔逊：《论人性》，方展画、周丹译，杭州，浙江教育出版社，2001。

［4］［美］爱德华·L. 桑代克：《人类的学习》，李月甫译，杭州，浙江教育出版社，1998。

［5］［美］埃尔曼：《比较法律文化》，贺卫方、高鸿钧译，北京，三联书店，1990。

［6］［意］贝卡里亚：《论犯罪与刑罚》，黄风译，北京，中国大百科全书出版社，1993。

［7］［美］B. 维纳：《责任推断：社会行为的理论基础》，张爱卿、郑葳等译，上海，华东师范大学出版社，2004。

［8］毕玉谦、郑旭、刘善春：《中国证据法草案建议稿及论证》，北京，法律出版社，2003。

［9］［英］彼德·罗赛尔英：《大脑的功能和潜力》，付庆功、腾秋立编译，北京，中国人民大学出版社，1988。

［10］［英］彼德·布劳：《社会生活中的交换与权力》，孙非、张黎勤译，北京，华夏出版社，1987。

［11］［美］布莱克：《法律的运作行为》，唐越、苏力译，北京，中国政法大学出版社，1994。

［12］〔英〕边沁：《道德与立法原理导论》，时殷弘译，北京，商务印书馆，2000。

［13］〔英〕边沁：《立法理论》，李贵芳等译，北京，中国人民公安大学出版社，2004。

［14］〔罗马〕查士丁尼：《法学总论·法学阶梯》，张企泰译，北京，商务印书馆，1993。

［15］〔英〕查尔斯·爱德华·斯皮尔曼：《人的能力：它们的性质与度量》，袁军译，杭州，浙江教育出版社，1999。

［16］陈兴良：《刑法的人性基础》，北京，中国人民大学出版社，2006。

［17］〔英〕达尔文：《人类的由来》，北京，商务印书馆，1983。

［18］董志勇：《行为经济学原理》，北京，北京大学出版社，2006。

［19］〔法〕迪尔凯姆：《社会学方法的准则》，中译本，北京，商务印书馆，1995。

［20］〔美〕E. 博登海默：《法理学——法律哲学与法律方法》，邓正来译，北京，中国政法大学出版社，1999。

［21］〔美〕Elliot Aronson、Timothy D. Wilson、Robin、M. Akert：《社会心理学》，侯玉波等译，北京，中国轻工业出版社，2005。

［22］〔意〕恩里科·菲利：《犯罪社会学》，郭建安译，北京，中国人民公安大学出版社，2004。

［23］〔美〕E. 阿伦森：《社会性动物》，邢占军译，上海，华东师范大学出版社，2007。

［24］范愉：《纠纷解决的理论与实践》，北京，清华大学出版社，2007。

［25］范愉：《非诉讼程序（ADR）教程》，北京，中国人民大学出版社，2002。

［26］方富熹、方格：《儿童的心理世界》，北京，北京大学出版社，1989。

［27］〔美〕弗朗斯·德·瓦尔：《人类的猿性》，胡飞飞等译，上海，上海科学技术文献出版社，2007。

［28］〔挪威〕弗雷德里克·巴特：《斯瓦特巴坦人的政治过程——一个社会人类学研究的范例》，黄建生译，上海，上海人民出版社，2005。

［29］谷春德：《西方法律思想史》，北京，中国人民大学出版社，2000。

［30］宫志刚：《社会转型与秩序重建》，北京，中国人民公安大学出版社，2004。

［31］〔德〕G. 拉德布鲁赫：《法哲学》，王朴译，北京，法律出版社，2005。

［32］顾培东：《社会冲突与诉讼机制》（修订版），北京，法律出版社，2004。

［33］〔美〕古斯塔夫·勒庞：《乌合之众》，冯克利译，北京，中央编译出版社，2004。

［34］〔英〕格雷厄姆·沃拉斯：《政治中的人性》，朱曾汶译，北京，商务印书馆，1995。

［35］〔英〕Gisli H. Gudjonsson：《审讯和供述心理学手册》，乐国安、李安等译、乐国安审校，北京，中国轻工业出版社，2008。

［36］郭永玉：《人格心理学》，北京，中国社会科学出版社，2005。

［37］高铭暄、马克昌：《刑法学》，北京，北京大学出版社、高等教育出版社，2000。

［38］［德］海因里希·罗门：《自然法的观念史和哲学》，姚中秋译，上海，上海三联书店，2007。

［39］黑格尔：《历史哲学》，上海，上海三联书店，1958。

［40］［美］霍贝尔：《初民的法律》，周勇译，北京，中国社会出版社，1993。

［41］［英］霍奇逊：《现代制度主义经济学宣言》，北京，北京大学出版社，1993。

［42］胡玉鸿：《法学方法论导论》，济南，山东人民出版社，2002。

［43］胡玉鸿：《“个人”的法哲学叙述》，济南，山东人民出版社，2008。

［44］［英］赫伯特 A. 西蒙：《管理行为》，詹正茂译，北京，机械工业出版社，2004。

［45］［英］哈耶克：《自由秩序原理》（上册），邓正来译，北京，三联书店，1997。

［46］［英］哈耶克：《致命的自负》，北京，中国社会科学出版社，2000。

［47］黄少安：《制度经济学研究》（第十七辑），北京，经济科学出版社，2007。

［48］［意］加罗法洛：《犯罪学》，耿伟、王新译，北京，中国大百科全书出版社，1996。

［49］［德］京特·雅科布斯：《规范·人格体·社会——法哲学前思》，冯军译，北京，法律出版社，2001。

［50］［德］卡尔·拉伦茨：《法学方法论》，陈爱娥译，北京，商务印书馆，2003。

［51］［英］科特威尔：《法律社会学导论》，潘大松译，北京，华夏出版社，1989。

［52］［德］柯武刚、史漫飞：《制度经济学》北京，商务印书馆，2002。

［53］库少雄：《人类行为与社会环境》，武汉，华中科技大学出版社，2005。

［54］［英］坎南：《亚当·斯密关于法律、警察、岁入及军备的演讲》，北京，商务印书馆，2005。

［55］［美］凯斯·R. 桑斯坦：《行为法律经济学》，涂永前、成凡、康娜译，北京，北京大学出版社，2007。

［56］吕世伦、文正邦：《法哲学论》，北京，中国人民大学出版社，1999。

［57］罗大华：《犯罪心理学》，北京，中国政法大学出版社，2007。

［58］［美］Lawrence S. Wrightsman：《司法心理学》，吴宗宪、林遐译，北京，中国轻工业出版社，2004。

［59］李步云：《人权法学》，北京，高等教育出版社，2005。

［60］李步云：《宪法比较研究》，北京，法律出版社，1998。

［61］李步云、龚向和等著：《人权法的若干理论问题》，长沙，湖南人民出版社，2007。

［62］［美］理查德·A. 波斯纳：《超越法律》，苏力译，北京，中国政法大学出版社，2001。

［63］［美］理查德·A. 波斯纳：《性与理性》，苏力译，北京，中国政法大学出版社，2002。

［64］〔美〕理查德·A. 波斯纳：《法理学问题》，苏力译，北京，中国政法大学出版社，2002。

［65］〔美〕理查德·A. 波斯纳：《法律的经济分析》，蒋兆康译，北京，中国大百科全书出版社，1997。

［66］〔英〕罗素：《人类的知识》，北京，商务印书馆，1983。

［67］〔法〕卢梭：《社会契约论》，何兆武译，北京，商务印书馆，2003。

［68］〔英〕洛克：《政府论》下篇，北京，商务印书馆，1995。

［69］〔美〕罗斯科·庞德：《法律史解释》，曹玉堂译，北京，华夏出版社，1989。

［70］〔美〕罗宾·保罗·麦乐怡：《法与经济学》，孙潮译，杭州，浙江人民出版社，1999。

［71］〔美〕罗维：《初民社会》，吕叔湘译，南京，江苏教育出版社，2006。

［72］〔美〕路易斯·亨利·摩尔根：《古代社会》，杨东莼等译，南京，江苏教育出版社，2005。

［73］乐国安：《法律心理学》，上海，华东师范大学出版社，2002。

［74］刘金国、蒋立山：《中国社会转型与法律治理》，北京，中国法制出版社，2007。

［75］刘希平：《心理学关键词》，北京，北京师范大学出版社，2007。

［76］刘世锦：《经济体制效率分析导论——一个理论框架及其对中国国有企业体制改革问题的应用研究》，上海，上海三联书店，1993。

［77］刘云生：《民法与人性》，北京，中国检察出版社，2005。

［78］〔英〕马林诺夫斯基：《原始社会的犯罪与习俗》，原江译，昆明，云南人民出版社，2002。

［79］〔美〕马斯洛：《动机与人格》，许金声等译，北京，华夏出版社，1987。

［80］〔美〕马斯洛等：《人的潜能与价值》，林芳主编，北京，华夏出版社，1987。

［81］〔英〕马歇尔：《经济学原理》，上卷，北京，商务印书馆，1997。

［82］〔德〕马克斯·韦伯：《论经济与社会中的法律》，北京，中国大百科全书出版社，1998。

［83］〔法〕马塞尔·毛斯：《社会学与人类学》，佘碧平译，上海，上海译文出版社，2003。

［84］〔英〕马尔萨斯：《人口原理》，朱泱等译，北京，商务印书馆，2001。

［85］〔美〕麦克尔·赫兹菲尔德：《什么是人类常识》，北京，华夏出版社，2005。

［86］〔美〕麦克尼尔：《新社会契约论》，雷喜宁、潘勤译，北京，中国政法大学出版社，1994。

［87］〔法〕米歇尔·福柯：《规训与惩罚》，刘北成、杨远婴译，北京，三联书店，2007。

［88］〔法〕米歇尔·弗伊：《社会生物学》，殷世才、孙兆通译，北京，商务印书馆，1997。

［89］［德］迈耶：《德国行政法》，刘飞译，北京，商务印书馆，2002。

［90］［英］梅因：《古代法》，沈景一译，北京，商务印书馆，1959。

［91］莫纪宏：《现代宪法的逻辑基础》，北京，法律出版社，2001。

［92］［法］摩莱里：《自然法典》，黄建华、姜亚洲译，北京，商务印书馆，1982。

［93］［美］诺斯：《制度、制度变迁与经济绩效》，上海，上海三联书店，1993。

［94］［法］《拿破仑法典》（法国民法典），李浩培、吴传颐、孙鸣岗译，北京，商务印书馆，1997。

［95］彭聃龄：《普通心理学》，北京，北京师范大学出版社，2008。

［96］庞树奇、范明林：《普通社会学理论》（第三版），上海，上海大学出版社，2000。

［97］［日］棚濑孝雄：《纠纷的解决和审判制度》，王亚新译，北京，中国政法大学出版社，1994。

［98］乔晓春等：《人口学教程》，北京，人民教育出版社，2000。

［99］瞿同祖：《瞿同祖法学论著集》，北京，中国政法大学出版社，1998。

［100］［美］乔森纳·H. 特纳：《现代西方社会学理论》，范伟达译，天津，天津人民出版社，1988。

［101］［美］乔斯·B. 阿什福德等：《人类行为与社会环境——生物学、心理学与社会学视角》，王宏亮等译，北京，中国人民大学出版社，2005。

［102］［美］乔治·B. 沃尔德、托马斯·J. 伯纳德、杰弗里·B. 斯夸普斯：《理论犯罪学》，方鹏译，北京，中国政法大学出版社，2005。

［103］［美］乔恩·R. 华尔兹：《刑事证据大全》（第二版），何家弘译，北京，中国人民公安大学出版社，2004。

［104］［美］Roger R. Hock：《改变心理学的 40 项研究》，白学军等译，北京，中国轻工业出版社，2004。

［105］［美］Robert J. Sternberg：《认知心理学》第三版，杨炳钧、陈燕、邹枝玲译，北京，中国轻工业出版社，2006。

［106］［美］Robert E. Franken：《人类动机》，郭本禹等译，西安，陕西师范大学出版社，2005。

［107］饶育蕾、张轮：《行为金融学》，上海，复旦大学出版社，2005。

［108］沙莲香：《社会心理学》，北京，中国人民大学出版社，2006。

［109］沈政、林庶芝：《生理心理学》，北京，北京大学出版社，2007。

［110］苏力：《法律与文学》，北京，三联书店，2006。

［111］［美］斯蒂文·J. 伯顿：《法律的道路及其影响》，北京，北京大学出版社，2005。

［112］［英］S. 斯普林克尔：《清代法制导论——从社会学角度加以分析》，张守东译，北京，中国政法大学出版社，2000。

［113］申建林：《自然法理论的演进——西方主流人权观探源》，北京，社会科学文献出版社，2005。

［114］宋炳庸：《法律行为基础理论研究》，北京，法律出版社，2008。

［115］［日］田中英夫、竹内昭夫：《私人在法实现中的作用》，李薇译，北京，法律出版社，2006。

［116］［美］唐·布莱克：《社会学视野中的司法》，郭星华等译，北京，法律出版社，2002 。

［117］［法］涂尔干：《社会分工论》，渠东译，北京，三联书店，2000。

［118］［德］威廉·冯特：《人类与动物心理学论稿》，李维、沈烈敏译，杭州，浙江教育出版社，1997。

［119］［日］星野英一：《私法中的人》，北京，中国法制出版社，2004。

［120］［日］西原春夫：　《刑法的根基与哲学》，顾肖荣等译，北京，法律出版社，2005。

［121］徐斌：《生理心理学》，北京，中国医药科技出版社，2006。

［122］［英］休谟：《人性论》，北京，商务印书馆，1991。

［123］王海明：《人性论》，北京，商务印书馆，2005。

［124］王立峰：《惩罚的哲理》，北京，清华大学出版社，2006。

［125］［荷兰］约翰·赫伊津哈：《游戏的人》，北京，中国美术学院出版社，1996。

［126］［古希腊］亚里士多德：《政治学》，北京，商务印书馆，1965。

［127］［美］亚伦·德萧维奇：《最好的辩护》，李贞莹、郭静美译，海口，南海出版公司，2002。

［128］叶浩生：《西方心理学理论与流派》，广州，广东高等教育出版社，2004。

［129］［美］约翰·梅西·赞恩：《法律的故事》，孙运申译，北京，中国盲文出版社，2002。

［130］［德］伊曼努尔·康德：《实用人类学》，邓晓芒译，上海，上海世纪出版集团，2005。

［131］朱景文：《比较法社会学的框架和方法——法制化、本土化和全球化》，北京，中国人民大学出版社，2001。

［132］张恒山：《法理要论》，北京，北京大学出版社，2002。

［133］张文显：《马克思主义法理学——理论、方法和前沿》，北京，高等教育出版社，2003。

［134］张敦福：《现代社会学教程》，北京，高等教育出版社，2001。

［135］朱立言等：《哲学通论》，北京，中国人民大学出版社，1990。

［136］郑杭生：《社会学概论新修》（第三版），北京，中国人民大学出版社，2003。

［137］郑也夫：《信任论》，北京，中国广播电视出版社，2001。

［138］周永坤：《法理学——全球视野》，北京，法律出版社，2000。

［139］庄孔韶：《人类学概论》，北京，中国人民大学出版社，2006。

三、英文著作

［1］Barlow D H. Anxiety and its disorders：The nature and treatment of anxiety and panic. New York，Guilford Press，1988.

［2］Cass R. Sunstein Edited：Behavioral Law and Economics，Cambridge University Press，2000.

［3］Friedman，Maurice S. Dialogue and the human image：beyond humanistic psychology. Newbury Park，Calif. Sage Publications，1992.

［4］Greenspsn：Emotions and Reasons，New York，Routledge，1988.

［5］Hesse，Mary B. Science and the human imagination：aspects of the history and logic of physical science. New York，Philosophical Library，1955.

［6］Jerome L. Singer and Kenneth S. Pope edited：The Power of human imagination：new methods in psychotherapy，New York，Plenum Press，1978.

［7］Mills，C. Wright：Images of Man：The classic tradition in Sociological thinking. George Braziller，1960.

［8］Sousa D，Ronald N：The Rationality of Emotion，MIT Press，1987.

［9］Weiner B：Judgments of Responsibility：A Foundation for a Theory of Social Conduct. New York，The Guilford Press，1995.

四、中文论文

［1］鲍禄：《加入世贸组织对我国法律的深层影响》，载《国际贸易问题》，2003（12）。

［2］鲍禄：《WTO 法律体系是商人法在现代的承续》，载《国际商报》，2003 - 10 - 20。

［3］伯尔曼、刘澎：《法律与信仰：法的背后是什么》，见许章润主编《清华法学》第十一辑，北京，清华大学出版社，2007。

［4］蔡笑岳、向祖强：《人类心理的生物学研究》，载《重庆大学学报》（社会科学版），1999（1）。

［5］曹险峰：《论德国民法中的人、人格与人格权——兼论我国民法典的应然立场》，载《法制与社会发展》，2006（4）。

［6］曾云敏：《有限理性和制度研究》，华南师范大学硕士论文，2005 - 05。

［7］陈惠雄：《经济人假说的理论机理与利己一致性行为模式》，载《社会科学战线》，2006（4）。

［8］陈柏峰：《暴力与屈辱：陈村的纠纷解决》，见苏力主编《法律和社会科学》，北京，法律出版社，2006。

［9］陈娟、邱建明：《政治文明视野中制度设计的人性基础》，载《湖南第一师范大学学报》，2004（4）。

［10］陈林林：《从自然法到自然权利——历史视野中的西方人权》，载《浙江大学学报》（人文社会科学版），2003（2）。

［11］陈林生：《市场与互惠合作——从博弈理论探寻市场经济的道德原则》，苏州大学硕士学位论文，2004 - 04。

［12］陈金木：《判决可接受性的实证研究》，中国政法大学博士学位论文，2006 - 04。

［13］丁靖艳：《基于社会心理学的侵犯驾驶行为研究》，浙江大学硕士学位论文，2005 - 05。

［14］戴昕：《冤案的认知维度和话语困境》，见苏力主编《法律和社会科学》，北京，法律出版社，2006。

［15］戴昕：《心理学对法律研究的介入》，见苏力主编《法律和社会科学》第二卷，北京，法律出版社，2007。

［16］段晓梅、王向华、谢玄志：《秦东地区农民法律意识现状的调查分析》，载《唐都学刊》，2005（4）。

［17］邓春玲：《经济学中的人》，东北财经大学劳动经济学专业博士论文，2005 - 04。

［18］邓丹萍：《解读群体心理关注群体生存》，载《社会心理科学》，2006（1）。

［19］杜建政：《记忆研究的新取向》，载《心理科学进展》，2002（2）。

［20］杜建政：《后见之明研究综述》，载《心理科学进展》，2002（4）。

［21］冯晓华、李文林：《公理化的历史发展》，载《太原理工大学学报（社会科学版）》，2006（2）。

［22］范愉：《新法律现实主义的勃兴与当代中国法学反思》，载《中国法学》，2006（4）。

［23］方乐：《法袍、法槌：符号化改革的实际效果》，见苏力主编《法律和社会科学》，北京，法律出版社，2006。

［24］高伟鹃：《对控制感的心理学理解》，吉林大学硕士论文，2005 - 04。

［25］高玉玲：《论胚胎的生命权保障》，载《山东科技大学学报》，2006（4）。

［26］荀丽丽：《“礼物”作为“总体性社会事实”——读马塞尔·莫斯的〈礼物〉》，载《社会学研究》，2005（6）。

［27］郭海英、贺敏等：《轻度智力落后学生认知能力的研究》，载《中国特殊教育》，2005（3）。

［28］郭景萍：《情感的互动特质：交换、沟通与平等》，载《江汉论坛》，2007（9）。

［29］高艳东：《现代刑法中报复主义残迹的清算》，载《现代法学》，2006（2）。

［30］贺卫：《人类行为的成本—收益分析假说》，载《昆明理工大学学报》，1997（5）。

［31］侯猛：《后普法时代的法律传播和公民守法》，见许章润主编《清华法学》第十

一辑，北京，清华大学出版社，2007。

[32] 侯猛：《最高人民法院年度分析报告（2006）》，载《法律适用》，2007（4）。

[33] 韩春雨：《社会资源流动模型及其解构》，中国社会学学术年会论文，2006。

[34] 韩雷、魏帅：《试析我国民法典对精神损害赔偿的规定》，载《法制与社会》，2007（10）。

[35] ［德］汉斯·哈腾鲍尔：《民法上的人》，孙宪忠译，载《环球法律评论》，2001。

[36] 胡玉鸿：《个人社会性的法理分析》，载《法制与社会发展》（双月刊），2008（1）。

[37] 胡玉鸿：《"法律人"建构论纲》，载《中国法学》，2006（5）。

[38] 胡玉鸿：《法律与自然情感——以家庭关系和隐私权为例》，载《法商研究》，2005（6）。

[39] 胡平仁：《法社会学的思维方式》，载《法制与社会发展》（双月刊），2006（6）。

[40] 洪帆：《利他主义：从社会生物学到社会科学》，载《医学与哲学》，2005（6）。

[41] 黄国平：《女性服刑人员中精神创伤与创伤后应激障碍（PTSD）的关系以及PTSD的心理学、认知功能、神经生化研究》，中南大学湘雅二医院博士论文，2006 - 06。

[42] 何志鹏：《人权的来源与基础探究》，载《法制与社会发展》（双月刊），2006（3）。

[43] 贺卫：《人类行为的成本—收益分析假说》，载《昆明理工大学学报》，1997（5）。

[44] 金锦萍：《论法律行为的动机》，载《华东政法学院学报》，2005（4）。

[45] 蒋莉：《中华成人智力量表全国常模的制定及信效度研究》，中南大学博士学位论文，2006 - 05。

[46] 孔祥俊：《民法上的人、自然人、公民》，载《法律科学》，1995（3）。

[47] 克里斯蒂·朱斯、凯斯·R. 孙斯坦、里查德·H. 西拉：《法和经济学的行为学方法》，王卫东、童颖琼译，载《北大法律评论》，2005（1）。

[48] 龙晟：《论德国法律中的人类形象》，载《德国研究》，2007（1）。

[49] 龙宗智：《正义是有代价的——论我国刑事司法中的辩诉交易兼论一种新的诉讼观》，载《政法论坛》，2002（6）。

[50] 吕世伦、叶传星：《现代人类学对法起源的解释》，载《中国法学》，1993（4）。

[51] 吕世伦、张学超：《"以人为本"与社会主义法治》，载《法制与社会发展》，2005，11（1）。

[52] 吕世伦、蔡宝刚：《"以人为本"的法哲学思考——马克思的理论阐释》，载《法学家》，2004（6）。

[53] 吕汇慧：《试论人类行为的生物学本质》，载《云南大学学报》（自然科学版），2003，25（增刊）。

［54］刘金国：《论司法公正——法官的行为哲（科）学》，载《政法论坛》（中国政法大学学报），1999（5）。

［55］刘金国、刘双舟：《中国法理体系的演进及其启示》，载《政法论坛》（中国政法大学学报），2000（5）。

［56］刘金国：《权力腐败的法律制约》，载《中国法学》，2000（1）。

［57］刘金国：《再论权力腐败的法律制约》，载《政法论坛》（中国政法大学学报），2001（4）。

［58］刘敬伟、蒲勇健：《行为经济学中的公平互惠》，载《当代财经》，2008（4）。

［59］刘作翔：《中国法治进程中的权力冲突》，《中国法理学论坛》，北京，中国人民大学出版社，2006－05。

［60］刘作翔：《法理学前沿思考——兼谈法理学学科性质、特点及功能》，载《中国社会科学院院报》，2008－03－27（008）。

［61］刘亚菁、耿文秀：《法律心理学研究的新热点——儿童目击证人研究》，载《心理科学》，2006（1）。

［62］刘军：《一般化互惠：测量、动力及方法论意涵》，载《社会学研究》，2007（1）。

［63］刘洁：《我国精神损害赔偿制度的缺陷及其完善》，载《太原大学学报》，2007（1）。

［64］刘杰：《日常生活的社会互动与制度变迁——兼析公共制度变迁的一种模式》，载《辽宁师范大学学报》（社会科学版），2007（5）。

［65］李安：《从心理学法学到法律现实主义》，载《杭州师范大学学报》（社会科学版），2008（2）。

［66］李安：《裁判形成的思维过程》，载《法制与社会发展》，2007（4）。

［67］李俊：《3～9岁儿童的攻击心理发展与教育》，载《心理发展与教育》，1994（4）。

［68］李闻戈：《工读学生攻击性行为社会认知特点研究》，华东师范大学博士学位论文，2004。

［69］李冬晖、陈会昌、侯静：《父母控制与儿童顺从行为的研究综述》，载《心理学动态》，2001（4）。

［70］李萌：《论刑罚的人道价值》，载《法学研究》，2007（11）。

［71］李化侠、李小平：《男性盗窃人员人格结构分析》，载《中国健康心理学杂志》，2006（2）。

［72］李亮：《影响有限理性实现程度的因素分析》，南京理工大学产业经济学专业硕士论文，2005－06。

［73］李永军：《民法上的人及其理性基础》，载《法学研究》，2005（5）。

［74］李青：《交换的社会原则》，载《长白学刊》，2003（3）。

［75］李荣：《影响刑事判决的法官情感因素及其制约》，载《河北法学》，2008（4）。

［76］李拥军：《从"人可非人"到"非人可人"：民事主体制度与理念的历史变迁》，载《法制与社会发展》，2005（2）。

［77］李卫红：《当代中国犯罪观的转变》，载《法学研究》，2006（2）。

［78］黎红雷：《人性假设与人类社会的管理之道》，载《中国社会科学》，2001（2）。

［79］里赞：《"人性恶"与法治——一个形而上学的视角》，载《现代法学》，2003（9）。

［80］林喆：《法学应该重视人与法的关系——法哲学研究构想》，载《思想战线》，1989（6）。

［81］林喆：《何谓人权》，载《学习时报》，2004-03-01（B5）。

［82］林喆：《马克思主义法学在当代中国的难题》，载《北京行政学院学报》，2005（3）。

［83］林喆：《人性论，人道主义与人权研究》，载《法学家》，2006（6）。

［84］廉春凌、叶升行：《个体行为成本的分析——社会行为研究的一种探索》，载《科技促进发展》，2007（8）。

［85］罗洪洋：《法人类学论纲——兼与法社会学比较》，载《法商研究》，2007（2）。

［86］梁小川：《法律合法性的社会基础——社会学中的法律合法性》，吉林大学法学硕士论文，2006-04。

［87］梁景山：《边沁的功利主义刑罚观》，吉林大学硕士学位论文，2007-04。

［88］Laura Nader Harry F. Todd，Jr：《人类学视野中的纠纷解决：材料、方法与理论》，徐昕译，载吴敬琏、江平主编《洪范评论》第8辑，北京，中国法制出版社，2006。

［89］蒋莉：《中华成人智力量表全国常模的制定及信效度研究》，中南大学博士论文，2006。

［90］马新彦：《信赖与信赖利益考》，载《法律科学》，2000（3）。

［91］马剑银：《中国语境中德法律认同》，见许章润主编《清华法学》第十一辑，北京，清华大学出版社，2007。

［92］马洪：《法律上的人》，载《上海财经大学学报》，2000（6）。

［93］马先明、姜丽红：《态度及其与行为模式述评》，载《社会心理科学》，2006（3）。

［94］梅传强：《犯罪心理学研究的核心问题——刑事责任的心理基础》，载《现代法学》，2003（2）。

［95］穆岩、何子静、苏彦捷：《3~5岁儿童的交换行为研究》，载《心理行为与研究》，2004（1）。

［96］潘天强：《马克思人性观的现代解读》，载《马克思主义与现实》，2004（3）。

［97］钱逊：《中国古代人性学说的几点启示》，载《哲学研究》，1993（10）。

［98］秦建利：《人性与自然法——以古典自然法为考察对象》，载《法治与社会》，

2007（11）。

［99］乔丽荣：《石桥村纠纷中身份、认同与权利——一个人类学的个素考察》，中央民族大学博士学位论文，2006－05。

［100］邱灼松：《法律上的人、现实中的人与法律的有效性》，载《企业家天地》，2007（7）。

［101］冉井富、王佩芬：《法律规范和社会规范的多元竞争》，载《中国法理学论坛》，北京，中国人民大学出版社，2006（5）。

［102］饶艾、张洪涛：《管理学方法在行为法学中的应用》，载《社会科学研究》，2002（1）。

［103］孙国华：《法学中的一个重大理论问题——一部分法律规范没有阶级性吗?》，载《阵地与熔炉》，1992（2）。

［104］孙国华：《人权：走向自由的标尺》，载《当代法学》，1993（1）。

［105］孙国华、何贝倍：《人权与社会主义法治》，载《法学家》，2001（6）。

［106］孙国华、张小军：《以人为本与法学研究范式》，载《河南省政法管理干部学院学报》，2007（5）。

［107］苏力：《复仇与法律——以赵氏孤儿为例》，载《法学研究》，2005（1）。

［108］史彤彪：《在宣誓中培养对法律的感情》，载《法制日报》，2005－12－01（B11）。

［109］史彤彪：《自然法思想对民法和国际法的贡献》，载《北京行政学院学报》，2007（3）。

［110］史彤彪：《美国宪法中外国人的智慧》，载《法制史研究》，2006（6）。

［111］舒国滢、程春明：《西方法制的文化社会学解释框架》，载《政法论坛》，2001（4）。

［112］舒国滢：《法治与人类形象》，载《法制日报》，2002－10－31。

［113］尚玉昌：《动物的模仿和玩耍学习行为》，载《生物学通报》，2005，40（11）。

［114］宋功德：《司法行为不能无视社会法制感受》，载《法制日报》，2008－04－16（B3）。

［115］宋明：　《人民调解纠纷解决机制的法社会学研究》，吉林大学博士论文，2006－06。

［116］单忠献：《论司法裁判中合理对话机制的构建》，载《广西社会科学》，2006（11）。

［117］台建林：《职业刺激导致暴力情绪 记者调查警察职业风险》，载《法制日报》，2006－11－13。

［118］田凯：《政府与非营利组织的信任关系研究——一个社会学理性选择理论视角的分析》，载《学术研究》，2005（1）。

［119］田东奎：《中国近代水权纠纷解决机制研究》，中国政法大学博士学位论文，

2006 - 04。

[120] 王颖斌:《人是谁》,载《理论界》,2008 (4)。

[121] 王丽华:《谈民事案件当事人的诉讼心理》,载《人民司法》,1991 (1)。

[122] 王亚新:《论民事、经济审判方式改革》,载《中国社会科学》,1994 (1)。

[123] 夏勇:《酷刑与功利主义——一个伦理学的分析》,见王敏远编《公法》,第四卷,北京,法律出版社,2003。

[124] 王艳喜:《中学生自我控制能力及其与父母教养方式的关系研究》,江西师范大学教育学院硕士论文,2007 - 05。

[125] 王申:《论法律与理性》,载《法制与社会发展》,2004 (6)。

[126] 王申:《法官的经验与理性》,载《法制与社会发展》,2007 (5)。

[127] 王彦、刘文彦:《精神损害赔偿问题研究》,载《河北法学》,2000 (6)。

[128] 王维林:《法律意识的心理学分析》,吉林大学法学硕士论文,2004。

[129] 王玉莲:《论陪审团的偏见》,载《湖北行政学院学报》,2007 (3)。

[130] 王以:《民事裁判错误问题研究——以法律救济为视角》,载《陕西职业技术学院学报》,2007 (2)。

[131] 王娟、卢山:《浅析犯罪中的情感因素——以刑法学与犯罪学为视角》,载《犯罪研究》,2007 (4)。

[132] 王牧、赵宝成:《构建和谐社会:中国犯罪学研究的新发展》,载《中国法学》,2008 (2)。

[133] 王牧:《根基性错误:对犯罪学理论前提的质疑》,载《中国法学》,2002 (5)。

[134] 王牧:《犯罪根源是理论逻辑上的一种指向——再论犯罪根源》,载《中国刑事法杂志》(总第33期),1998 (3)。

[135] 王莹、夏红:《对刑事错案形成原因的分析》,载《辽宁警专学报》,2008 (3)。

[136] 王志永:《乡土社会法律缺失的理性思考——兼论法律缺位和法律恐惧》,中国政法大学硕士学位论文,2006 - 03。

[137] 温建辉:《论罪过理论中应有情感的一席之地》,湘潭大学法学院法学硕士论文,2006 - 04。

[138] 魏磊:《法理学公理化方法的构建》,载《湖北经济学院学报》(人文社会科学版),2007 (1)。

[139] 魏月霞:《浅议犯罪意志力》,载《铁道警官高等专科学校学报》,2003 (2)。

[140] 吴菲:《盖奥尔格·西美尔社会交换理论述评》,载《理论观察》,2007 (1)。

[141] 许庆坤:《重读美国法律现实主义》,载《比较法研究》,2007 (4)。

[142] 许苏明:《论社会交换行为的类型及其制约因素》,载《南京大学学报》(哲学·人文科学·社会科学),2000 (3)。

[143] 徐小燕:《大学生情绪智力量表的编制与实测》,西南师范大学硕士学位论文,2000。

[144] 徐文成：《青少年违法犯罪自我控制研究》，华东政法大学硕士论文，2007-04。

[145] 徐昕：《正派社会和制度公正》，见吴敬琏、江平主编《洪范评论》第8辑，北京，中国法制出版社，2006。

[146] 徐昕：《法律是否重要——来自华南的一个民间收债案例》，载《社会学研究》，2004（1）。

[147] 徐力方：《法律行为的人学解读》，载《江苏科技大学学报》（社会科学版），2007（1）。

[148] 徐德华：《犯罪动机研究》，西南政法大学硕士学位论文，2004-09。

[149] 夏勇：《死刑与最严重的犯罪》，见王敏远编《公法》，第二卷，北京，法律出版社，2000。

[150] 肖际红：《作为科学的法律行为理论》，载《湘潭大学学报》（哲学社会科学版），2005（5）。

[151] 向朝霞：《论司法裁判的社会可接受性》，载《太原师范学院学报》（社会科学版），2008-01。

[152] 宣阁：《中国古代复仇制度研究》，安徽大学硕士学位论文，2006-04。

[153] 谢勇、温建辉：《情感因素在自由意志罪过理论中缺失成因的多学科分析》，载《湖南公安高等专科学校学报》，2007（2）。

[154] 严存生：《法治社会中的"法律上的人"的哲理思考——读拉德布鲁赫〈法律上的人〉有感》，载《华东政法学院学报》，2004（6）。

[155] 杨凤云：《从人性假设理论对西方管理模式的解析》，吉林大学硕士学位论文，2004-08。

[156] 于亮：《我国人口文化程度的变动趋势（1990—2000年）及对策研究》，吉林大学硕士论文，2006。

[157] 于国庆：《大学生自我控制研究》，华东师范大学博士学位论文，2004-04。

[158] 余乃忠：《马克思关于人的本质的范畴演变与辩证路线——从〈1844年经济学哲学手稿〉到〈德意志意识形态〉》，载《湖北社会科学》，2008（3）。

[159] 叶传星：《论法治的人性精神》，载《天津社会科学》，1997（4）。

[160] 叶传星：《论人的法律需要》，载《法制与社会发展》，2003（1）。

[161] 叶航、汪丁丁、罗卫东：《作为内生偏好的利他行为及其经济学意义》，载《经济研究》，2005（8）。

[162] 袁芳：《"理性经济人"假设的自然法背景考察》，载《财经界》，2007（1）。

[163] 袁彬：《刑法的心理学分析》，中国政法大学博士学位论文，2006-04。

[164] 翟晟：《男性未成年犯偏差行为、自我控制及其影响因素的研究》，华东师范大学心理学系硕士论文，2006-05。

[165] 郑也夫：《人的本性：生物学的启示》，载《社会学研究》，1999（5）。

[166] 周方莲、张爱卿等：《大学生对艾滋病患者的责任归因及惩戒行为反应》，载

《心理科学》，2005（5）。

　　［167］张爱卿、周方莲：《责任归因与报复行为的结构方程模型研究》，载《中国临床心理学杂志》，2003（3）。

　　［168］张爱卿：《论人类行为的动机——一种新的动机理论构理》，载《华东师范大学学报》（教育科学版），1996（1）。

　　［169］张倩：《攻击性行为儿童大脑半球某些认知特点的研究》，载《心理学报》，1999（1）。

　　［170］张正德、李莹：《论经济分析法学效率与正义的关系》，载《北京科技大学学报》（社会科学版），2006（1）。

　　［171］张世军：《论社会心理疏导机制的构建》，载《四川行政学院学报》，2007（5）。

　　［172］张旭昆：《试析利他行为的不同类型及其原因》，载《浙江大学学报》（人文社会科学版），2005（4）。

　　［173］张仁：《我国法官审判的心理学论纲》，华东政法学院硕士学位论文，2003－04。

　　［174］张红涛、王二平：《态度与行为关系研究现状及发展趋势》，载《心理科学进展》，2007（1）。

　　［175］张艳蓓：《1960—1999年美国治理青少年暴力犯罪政策的演变及效用》，东北师范大学硕士学位论文，2003－05。

　　［176］庄锦英：《情绪与决策的关系》，载《心理科学进展》，2003（4）。

　　［177］庄锦英：《论情绪的生态理性》，载《心理科学进展》，2004（6）。

　　［178］朱景文：《关于法理学向何处去的一点看法》，载《法学》，2000（2）。

　　［179］朱景文：《全球化的法理基础和社会内容》，载《新视野》，2000（6）。

　　［180］朱景文：《关于立法的公众参与的几个问题》，载《浙江社会科学》，2000（1）。

　　［181］朱景文：《从比较法、法社会学到比较法社会学》，载《环球法律评论》，2001。

　　［182］朱景文：《解决争端方式的选择——一个比较法社会学的分析》，载《吉林大学社会科学学报》，2003（5）。

　　［183］朱景文、韩旭：《中国法律发展的理论反思》，载《法学家》，2008（1）。

　　［184］朱力宇：《论"经济人"假设在法学研究中运用的问题》，载《法学家》，1997，12（6）。

　　［185］朱力宇、赵辉：《从哥德尔定理看法学研究》，载《黑龙江省政法管理干部学院学报》，2005（3）。

　　［186］朱力宇：《关于法律的经济分析理论》，载《中国人民大学学报》，1991（4）。

　　［187］朱力宇、朱松岭、王立武：《论我国法律实施过程中的利益驱动》，载《中外企业文化》，2004（1）。

　　［188］赵蕾：《死刑复核：激荡一年间》，载《南方周末》，2007－12－20B（A4）。

　　［189］赵静：《宪法中的自然法思想》，载《中山大学学报论丛》，2006（4）。

　　［190］赵永军：《犯罪决策的心理学研究》，河南大学硕士学位论文，2003－05。

［191］周永坤：《法学的学科定位与法学方法》，载《法学论坛》，2003（1）。

［192］周光权：《刑法学中"人"的观念的演变》，载《法律科学》（西北政法大学学报），2005（1）。

［193］马克昌：《罪刑法定主义比较研究》，载《中外法学》，1997（2）。

［194］赵琳琳：《民愤的反思——刑事司法的阿基里斯之踵》，载《山西警官高等专科学校学报》，2007（1）。

［195］赵琳琳：《刑事错案成因的心理学分析与对策探究》，载《北京人民警察学院学报》，2007（4）。

［196］赵承寿：《论司法裁判的合法性》，载《法律科学》，2002（3）。

［197］赵敦华：《为共同人性辩护》，载《复旦学报》（社会科学版），2004（6）。

［198］赵亚双：《中国人口文化程度及其变动趋势（1982—1990）》，载《西北人口》，1998（2）。

［199］中共福建省南安市委政法委课题组：《激情犯罪的成因及防范》，载《福建法学》，2007（3）。

后 记

这本书是在我的博士论文基础上修改而成的。

1992 年，我以内蒙古自治区普通文科高考第三名的成绩，考入中国人民大学财政金融学院金融专业，1996 年获经济学学士学位。本科期间，我就对法律和心理学、社会学等学科产生了浓厚的兴趣。当时的社会学课程是我们金融专业的选修课，但我的考试成绩仍为优秀。我当时在中国人民大学的图书馆里经常阅读心理学的书籍。我至今还保存着那个时候购买的一些书籍，如马斯洛的《动机与人格》、博登海默的《法律学——法哲学及其方法》等，这些都是 1987 年华夏出版社出版的。

1996 年，我本科毕业后进入邮电部邮政储汇局工作，在工作岗位仍继续研修法律，并于 1998 年通过了律师资格考试，1999 年通过了企业法律顾问考试，并获得了企业法律顾问的职称。为进一步研修法律，2000 年，我重回中国人民大学攻读法律硕士学位。在此期间，我非常荣幸地遇到了朱力宇老师，他当时教授我们法理学课程。他平易近人，非常专业和热心地指导我们这些"半路出家"的学生。在和他的交流过程中，我对法理学产生了浓厚的兴趣。朱力宇老师指导了我的硕士论文《论法哲学的逻辑起点——人性分析》。从那时起，朱力宇老师就希望我能完成"法律人"的研究任务。

2002 年，我有幸通过了中国人民大学法学院的博士生入学考试，在朱力宇教授的指导下开展法理学的学习和研究。在法律专业的学习之路上，朱力宇老师是我的恩师，更是我的益友。在朱力宇老师的指导下，我比较系统地进行了"法律科学关于人的假设"方面的研究。2003 年至 2007 年，我所在的单位——国家邮政局邮政储汇局经历了国家对邮政储蓄体制的改革。2003 年我负责当时的邮政储蓄资金投资工作，2006 年又开始着手农村小额贷款的准备工作，工作压力非常大。我在五年的时间里，没有休过一次假。在家人和导师的鼓励下，我克服困难，坚持学习。在紧张的一天工作之后，我回到家中，不顾疲劳，振作精神，抓紧时间学习。周末，我认真参加导师组织的读书会，向同学们虚心学习；由于工作的原因，我不能经常回学校参加各种研讨会，就经常抽空登录中国人民大学的中国法理网、吉林大学的法学理论研究中心等网站，了解和学习法理学界的最新进展。我不能经常到图书馆，就自费购买书籍、订阅杂志来加强学习；我不能免费使用网络图书资源，就自费购买上网卡，以方便下载文章。工作和学业的长期劳累，使得身体素质急剧下降，心态也经常处于焦虑之中，生活的质量也难以获得保证。这些困难曾使我怀疑我的学业选择是否正确，我还是否要坚持下去。

在这期间，我个人又经历了恋爱、结婚、育女等人生大事。在此，我要衷心地感谢我的爱人——齐滢孜，她非常支持我的学业，承担了大量的家庭劳务，不让家庭生活影响我的研究和论文写作。2008 年 3 月 23 日，我们的女儿——朱齐瑞萱出生了。由于工作异常紧张，我甚至没有请产假，每天晚上陪床后再去上班。对妻子和女儿的愧疚深深地埋在心里。她们是我的精神支柱。这本书献给我的妻子——齐滢孜和我的女儿——朱齐瑞萱。还要衷心感谢我的父母、岳父岳母，他们无私地帮助我，承担了大量的家庭劳务；热情地鼓励我，让我努力提高论文的水平。岳父发的鼓励我的短信我至今还保存着，并将永远记在心里。

在亲人和导师的支持下，我全身心地投入到论文的写作之中。我认真制订了论文的写作计划。每个月，我都将论文写作情况汇报给朱力宇老师，请他在百忙之中对我的论文进行修改；我的同学们，如孙晓东、孙晓红、袁钢、粟丹、熊侃、代秋影，给予了中肯的批评和建议，熊侃还亲自动手帮我修订论文的文字。我则利用一切可以利用的时间，包括在出差的飞机、火车上，尽量修改论文，使得论文能够最终完成。

我的学习和论文写作，还得到了我所在单位领导和同事们的大力支持，他们对我的论文写作给予了热心的帮助，他们的建议，使我的论文水平得以提高。邮储银行还推荐我成为中国国际经济贸易仲裁委员会的仲裁员，使我更加坚定了做好法律研究、长期从事法务工作的信心和决心。我还要特别感谢中国金融出版社的吕楠编辑，在她的热情帮助下，我才决心把论文修改后出版。

最后，我要再次对所有关心和帮助过我的人，给予衷心的感谢和祝福。从亲人到同学，从老师到同事，所有的帮助、支持，一点一滴都非常令我感动。现在，多年的辛勤学习成果就要出版了，我真正地理解"大爱无言"的内涵——"爱"字真切，贵在默默地领会，牢牢地记忆，永远地回报。

朱大鹏

2013 年 1 月 8 日